台灣俗諺語典

卷五◎台灣俗諺的婚姻家庭

陳主顯 著

給我的孩子
宜寧、信慧、立德：

三交代，四吩咐。

Sa^n kau-taì, sì hoan-hù. (11.33)

　　　　　　——叮嚀吩咐，有時頗爲難聽又囉嗦。

望子成龍，望女成凰。

Bāng chú sêng-liông, bāng lú sêng-hông. (33.43)

　　　　　　——恐龍醜陋，自由龍和文明凰才可愛！

序　言

　　家庭、婚姻和養育是人生在世的三件大事。家庭宛如樹木的苗圃，也像人生劇場的第一幕，絕大部份的人在家庭得到養育，甚至長大成人，成家立業。婚姻把劇情帶到高潮，內容的豐富或貧乏，情節的悲喜，影響著這齣戲的命運。生育敎養兒女，更是密切關聯到延續命脈，興旺家勢。因爲這三件事是那麼重要，所以傳統社會、文化發展出根深蒂固的制度和頑強的思想或敎條；我們台灣的傳統社會、文化也不例外。

　　自從過去半世紀以來，台灣人的家庭結構已經發生根本變化，三代同堂的大家庭不再，父子一起下田耕種收成的機會一去不回；女子操作家事的技巧，生男育女的智識，敎養兒女的方法等等，再也不師法老母或隔壁的大妗婆了。結婚，不僅是儀式變得多采多姿，婚姻觀念也發生了劇變；別說「三從四德」或「從一而終」的敎條沒有人相信，就是「男大當婚，女大當嫁」的信條也顯得軟弱無能。傳統的「養龍育鳳」的觀念，自難永遠崇古訓而不變。

　　我們處於就要進入21世紀的前夕，來察看台灣俗諺中的婚姻、家庭、養育，用更清楚的鏡頭來比較、欣賞，甚至反思這些主題。這樣做，可以發覺沈澱在民族集體意識中的許多缺點，若能因此知所警惕，說不定可以避免先人的覆轍。

　　在您眼前這一本《婚姻家庭》是《台灣俗諺語典》第五卷。裏面包含精選的973句有關台灣人的婚姻、家庭和養育的俗語，將之分成三章十九節來加以釋義，藉以揭示其中含蘊的見解和問題。

　　第一章「非豬舍也非天堂」，有八節，452句。見題思義，這一章的主題是「家庭」。古人造「家」字，反映著屋裏人豬同居的歷史事實；家，哪裏是豬舍？屋裏生養、活動的都是萬物之靈！然而，墮落的家庭，亂倫的父子，爭鬧不息的夫妻，鬥爭的同胞手足，有時卻比豬舍更污穢，更險惡，叫人驚懼不安；反之，一個溫馨的家庭，確實具有天堂的影像。家庭不是豬舍也不是天堂，但可能兩者都是！這些可能性涵蓋在本章的俗語裏頭，我們整理出來供您發掘。

　　這一章的前四節，釋義了親子祖孫、兄弟姊妹、婆媳、親戚等一類的俗語，藉以映照家人和親戚間的種種關係和問題所在。接著處理家庭生活，家庭事務和家庭教育的有關俗諺於第五至第七節；而最後一節是有關家庭倫理。

　　「牽手也，萬萬萬歲！」是第二章。「牽手」者，乃是正宗的台灣夫人。她們是先人建設蓬萊寶島的「賢內助」，是台灣的男子漢大丈夫敬愛勝過「天公祖」的好太太。本章精選的395句諺語，都是圍繞著婚姻這個主題。我們將這些俗語分成八節來進行釋義。這裏頭有好多非常有趣，萬分幽默的俗諺，像什麼「猛虎住在房內，半暝展威無人知。」(26.43)又有像「一個枕頭督，卡贏三個總督。」(26.49)之類的詼諧話。

　　本章，按照締結婚姻大事的前後次序而編排。先有婚姻和姻緣的相關諺語，繼之有擇配、訂婚、結婚的俗諺。然後，轉入夫妻關係、婚姻生活、外遇事件等等關涉閨房情事的主題。最後一

節是集有令人啼笑皆非的「嫁翁謠諺」，例如，「嫁著台商翁，驚
伊一邊一某，二國二房。」(28.30)等等。相信，如此編排能夠為
您整理出傳統的婚姻百態和先人的婚姻觀念。

第三章「養龍育鳳大工程」。無庸贅言，傳統的家庭和婚姻的
主要功能和目的無非「生男育女」；但非平凡的生養，乃是要「養
龍育鳳」。夫妻龍鳳交配，而有小龍幼鳳，要龍鳳能夠翻騰飛舞
於天地人間，談何容易，乃是一件家庭全體的大代誌！本章，我
們精選了164句有關養育兒女的諺語，頗能窺見老先人弄璋瓦，
養龍鳳的秘密、方法、苦心。此外，這些諺語更是詼中帶有莊重
的真理，是極值得理解的，例如：

「播田落雨，卡贏娶某大肚。」(31.04)

「向後生尻川，唔向查某囝面。」(32.06)

「十月懷胎，三年奶哺。」(33.15)

本章分成三節來進行釋義：首先焦點在懷孕生子的諺語；其
中反映出女人「生產」的驚懼、痛苦、期望和歡喜等等，非常微妙
的感情。第二節，集的是有關生男育女的俗語；這些諺句透露出
重男輕女的感情，以及養兒防老的宏願的幻滅。最後，我們釋義
有關養育嬰兒、小孩，教養子女為主題的俗語；其中有小孩心身
發展的訊息，有先人養育孩子的方法，有他／她們養育兒女的動
機、態度和願景。

雖然產生這些俗諺的時代背景，絕大部分異於我們現在的處
境，但這並不意味著今之台灣人在家庭、婚姻和養育兒女的心
態、方法和觀念上，已經有足夠的智慧來實踐先人經驗過的，寶
貴的，應該追求的目標。當然，能夠多少避免先人的失敗，也是
另一個嚴肅的問題。這樣的話，台灣俗諺對現代人應該還有值得

留意的地方。

　　本卷將要寫成的時候，遭逢我國九二一集集大地震。這時雖然筆者身在外邦，但心飛本國，深爲家園破碎、死傷的兄弟姊妹心憂如焚。虔祈上主護祐我國我民，特別憐憫扶持受難的同胞！傳統台灣人之愛是極端的「親其親，子其子」的，經此大災難，也許我們的愛心和智慧都將更加深化，對於家庭、夫妻、親子和親人，甚至婚姻和教養兒女的態度和遠景，都會有嶄新的理解。

　　如此，以新的眼界和靈感來檢驗或欣賞傳統的智慧諺語，一定更有趣味。願本卷，帶給您欣賞台灣先人慧語的快樂！

陳 圭 顯 謹誌

1999.11.21於鯉魚潭教會

卷五・婚姻家庭

非豬舍亦非天堂

第一節　親子、祖孫

本節段落：

【01】

有其父，必有其子。

Iú kî-hū, pit-iú kî-chú.

Iu kī-hū, pit-iu kī-chú.

老子真傳？

這是一句有名的老諺，專門用來稱讚人家的賢公子；孩子如此賢能，真像他老爸。一語稱讚了人家父子兩代，好厲害啊！此句，原是宣揚儒家倫常，子思有言：「有此父斯有此子，道之常也。」(《孔叢子·居衛》)類似句有，「豬生豬囝，狗生狗囝。」係根據「是父是子」來罵人「豬囝」、「狗囝」。

本句，一般當做褒詞，但是相當虛泛；被稱讚的人最好注意，有沒有絃外之音。我們知道，賢良不能當遺產，也無從繼承。君不見，孔夫子沒有聖父賢母，他被尊為聖人，得之於自己的再省三省，不斷精進，慢慢地到了七十歲之後，才自覺「從心所欲，不踰矩。」(《論語·為政》)

報載，邱創煥給連副總統競選下屆總統造勢時，推崇連戰

「家教好」、「品種好」、「好德好報」和「官也是做得一代比一代大」，是參選下屆總統最好的候選人。(→《自由時報》1999(3.10):4)

筆者看到這種「褒詞」，深感意外，錯愕不止！家教也好，品種也好，報應也好，官愈做愈大也好，那一項能當做現代文明國家總統候選人的條件？法國沒有！美國沒有！德國沒有！南非沒有！按邱氏此說，何須選舉？交代「命相風水公會」用排八字，算命運，秤陰德，來卜算中華民國的總統算了！

我國大小選戰，抹黃、抹黑，抹口水，已經有夠難看，有夠見笑！今又加上彈品種、彈祖先、彈門閥、彈陰德、彈報應，眞是大開民主政治的倒車！也是大大抹煞了，否定了連戰博士本身的努力和成就。

兒女的人格是獨立的，生命是自主的，能力是自我發展的！豈可把下一代丟進「有其父，必有其子」的煉獄？

【02】
彼號父，生彼號囝。

Hit-hō pē, sīⁿ hit-hō kiáⁿ.

Hit-hō pē, sīⁿ hit-hō kiáⁿ.

樣版製品。

用來鄙薄別人，意思不離「大壞蛋生小壞蛋」這種壞心眼。同類句有：「彼號蛇生彼號卵，彼號囝生獪斷。」「彼號花結彼號籽，彼號粟結彼號米。」這幾句俗語，都不懷好意，請小心應用！

彼號…彼號：(內容、形式等)密切關聯的二樣人、事、物；輕蔑地指某人的性狀。字面義是「這款…彼款」，「這樣…那樣」。　*生獪斷* [sīⁿ boē-tīng]：(頗爲不屑的口氣)累累贅贅的生了那麼多(孩子)；意

指，不該再生孩子的，卻又不斷生產。 籽[chi]：種子。 粟
[chhek]：稻穀。

【03】

好母生好囝，好稻出好米。

Hó-bú siⁿ hó-kiáⁿ, hó-tiū chhut hó-bí.

Ho-bú sīⁿ ho-kiáⁿ, ho-tiū chhut ho-bí.

賢媽終於提出了證據！

　　用指什麼樣的工場，出產什麼樣的貨物。同義句有：「好竹
出好筍，歹竹出痀圇。」「龍生龍，鳳生鳳；隱龜生凍戇。」「龍生
龍子，虎生豹兒。」

　　請小心應用這幾句俗語哦！稱讚人家賢母賢女為「好母生好
囝…」太粗糙了，文雅深深不足，淺陋大大有餘。至於稱讚人家
賢父子都是「龍鳳虎豹」，雖然頗合老漢人的口味，但令人感覺到
褒得不實在，不文明，野獸味太濃！

　　痀圇[ku-lún]：散形的竹筍也，壓迫成不規則的，彎彎曲曲的筍
子。[ku-lún]，筆者不知其正字，「痀圇」係取其音義。坊間有做「痀
忍」、「龜崙」者；又有誤解做此詞為「專吃嫩筍的害蟲」的。 隱龜
[ún-ku]：駝背的人。 凍戇[tòng-gōng]：思想混沌，言語不清，
反應遲鈍，智齡相當低的人。 龍生龍，鳳生鳳：本句，《格言諺語》
作：「龍生龍，鳳生鳳；老鼠生兒會打洞。」 虎生豹兒：喻指，虎父
好本領，生了一個更加厲害的豹子。舊說，「虎生三子，必有一豹」，
咸信豹子的行動力比虎父強大。語見《注釋昔時賢文》。

　　現在，就讓我們試著解讀這四句俗語的現代意義：

　　一、「好生好，歹生歹」一類的「好好壞壞」的說法，用來譏刺
之外，也蘊含勸善懲惡的用意；無關遺傳，也不是自然法則的陳

述。

　　二、此外，「好好歹歹」含有民間積德和報應的信念，不是血統的、種族主義的見解——小蜥蜴宣傳成恐龍，那是落後人民的自覺，是政治文化現象。

　　三、那些有「好公媽、好父母」的人，只能謙卑感謝，更加努力精進；不但要顯祖耀宗，更是要造福人群。賢祖宗、好父母是天賜，哪裏有子孫驕傲的份？——君不見，名門大戶生小人，寒門孤兒出英傑！

　　四、專制極權常利用「種族主義」或「民族主義」來壓迫異己異群，發動侵略。其人民沒有人權，沒有自由，沒有安樂；只有貧窮、痛苦和不安！

　　以色列的先知施洗約翰，曾對那些自恃「祖先偉大」的群衆說：「你們要…離棄罪惡。不要自以爲亞伯拉罕是你們的祖宗；我告訴你們，上帝能拿這些石頭爲亞伯拉罕造出子孫來。」(《聖經·路加福音3:8》)——善哉！頑石生子孫。阿們又阿們！

【04】

囝燴偷生得。

Kiáⁿ boē thau-siⁿ--tit.

Kiáⁿ bē thaū-siⁿ--tit.

壞又愚的敲詐。

　　用法有二：一、老用法，斷言嬰兒的面貌、五官一定是酷似父母的。這句話要小心講，要注意聽，絃外臭彈的是否：「看，這小孩呀，眞像他媽媽的老乾爹哦！」。二、現代用法，警告風流男人和江湖女郎，婚外播種結子賴不得賬，捏造私生子意圖敲詐，行不通了。人家只要一比對基因，誰家種子，一清二楚，偷

生不得啦！

　　偷生：凡是戶籍登記為「父不詳」的人士，屬此；俗稱私生子也。

【05】

歹竹出好筍，好竹出痀崙。

Phaíⁿ-tek chhut hó-sún, hó-tek chhut ku-lún.

Phaiⁿ-tek chhut ho-sún, ho-tek chhut kū-lún.

造化，奇妙啊！

　　這句名諺用來譏刺人，也用來勉勵人。第一分句，見不得人家養了一個顯揚父母的大賢孝子，就妒性大作，說：「沒啥，看他老父母，都是歹竹！」。第二分句，罵人家的孩子是不肖的「痀崙」，卻又假裝同情，說他爸媽還算是「好竹」──如此陽褒陰貶人家二代，好可怕啊！

　　不過，本句的表象生動：「好筍」造型勇猛如犀角，筍質鮮脆可口，營養又豐富；「痀崙」扭曲得不成筍型，被認為是可憐的廢物。本諺造句工整，採用對偶反對式，凸顯出「歹竹」和「好竹」不按一般理解的「好歹原理」，分別生產了「好筍」和「痀崙」。

　　背景：「歹竹出好筍」，雖然是俗語，但實際上有這麼一回事。筍農種植麻竹筍，到了第十年就得更新母竹；從健康，沒有開花的竹叢中採取幼竹。在選取過程中，發現母株瘦小矮弱的，其地下根莖愈發達，長出竹筍愈是體大質佳。筍農朋友莫不讚嘆：「奇妙啊，歹竹出好筍啦！」❶

　　至於「好竹出痀崙」，也是人間事實。今年六月台北市警察局破獲我國不良少年最大幫派，他／她們的父母，極大多數是教授、醫師、法官、警官、董事長、總經理等等，所謂「好竹」一類

的人士，但卻「生出」了一大幫「疴忍」。(→《自由時報》1999(6.23):14)

單把這句俗語解讀做諷刺，實在可惜，她含有先人警世的好意。那是：好囝歹囝變數多，其可變性和可塑性極大。成爲浪子或好囝，個人向上的堅強意志和向善的行動是決定的要素，豈是父母的好種歹種所限定的？「將相本無種，男兒當自強！」

【06】

好種毋傳，歹種毋斷。

Hó-chéng m̄ thoân, phaíⁿ-chéng m̄ tn̄g.

Ho-chéng m̄ thoân, phaiⁿ-chéng m̄ tn̄g.

歹種專家。

背後罵人的話。咒詛人世代不出好人，歷代生產的都是壞蛋；眞是一句可怕的毒咒！

毋傳…毋斷：應該大大生產來傳宗接代的好種人，卻沒有傳下半個後嗣；而那應該絕後嗣的壞品種，卻人口爆炸。

乍看這句俗語，好像比一般台灣三字經來得「文雅」。但仔細一看，她反映的是潛藏於民族「集體意識」裏的邪惡意志，劇毒思想：消滅歹種，另類的種族清洗！想到這裏，身體發寒，鷄皮疙瘩陣陣浮現。

我們不會忘記，德國納粹黨徒曾一口咬定猶太人是該死的「歹種」，結果，殺死了六百萬猶太人！最近，南斯拉夫對科索沃的阿爾巴尼亞人，進行殘酷的「洗種」，死傷數以萬計，被迫逃難的就有55萬人。

不只是外國，我國四百餘年的歷史，分類械鬥和統治階級的族群仇恨，奪走多少寶貴的生命！──這句俗語，應該了解做警語：要保護各個種族的人，反對做「好種歹種」的分類法！要尊重

不同族群的人，反對極權政府壓迫異己，迫害異族！

【07】

十個囝，十樣生。

Cha̍p-ê kiáⁿ, cha̍p-iūⁿ siⁿ.

Cha̍p-ē kiáⁿ, cha̍p-iūⁿ siⁿ.

嘉哉，子子不同！

用來形容每一個孩子的外貌、性格、性向、智能、技能等等，天生的種種稟賦都不相同——十子形貌一模，智能一樣，不是非常呆板，極端單調嗎？

十個…十樣：一人一樣，人人不同；多樣性、豐富性也。　生：生成的、先天的各種才性、條件；不是說呱呱墜地的方式。

【08】

指頭仔伸出，也有長短。

Chńg-thaû-á chhun-chhut, iā-ū tńg-té.

Chng-thaū-á chhūn-chhut, iā-ū tńg-té.

先天厚薄難如意。

用法有二：一、老母用來感嘆，一腹兒女，俏醜、賢愚、成敗，如此不同；也用來告白自己對他／她們的感情和關愛也有深淺厚薄的差別。二、隔壁的大妗婆，可能用這句話來說人家同胞兄弟姊妹的長短。相似句有：「十枝指頭仔伸出來，嘛有長短。」

長短：優劣點，強弱處；無關長度，更非「三長兩短」。　大妗婆：泛稱舊時我國農村那些喜歡傳播鄰居閒話的老婦人。這裏不指「老舅媽」。

父母惋惜兒女之間智能的長短不一，是親情之常；但個人知所反省自己為人處事的長短，來調整人間關係就很不容易了。有

詩吟道：「我手十指，有長有短；如何使人，要我意滿？」（《清詩鐸》卷22）

【09】

會生得囝身，膾生得囝心。

Ē siⁿ-tit kiáⁿ-sin, boē siⁿ-tit kiáⁿ-sim.

Ē sīⁿ-tit kiaⁿ-sin, boē sīⁿ-tit kiaⁿ-sim.

誰知種子生異心。

父母用來怨嘆，說他／她千辛萬苦養大的孩子，不聽話，不孝順，意不共鳴，情不交融。

本句修辭是對偶反對式：「會」對「膾」，表示父母對兒女影響的有限性。生得了「囝身」對生不了「囝心」，表達親子貌合神離的萬般無奈。

看了這句俗語，請勿隨人盲目怨嘆，誤認自己也是「膾生得囝心」的同志。請問，父母生得了「囝心」嗎？時代、社會、世界塑造他／她們「新」的思想、行動和生活方式，豈是父母所能夠控制，應該控制的？

現代年輕子女的心思意念，生存環境，面對的問題，比起他／她們老父老母的，複雜得太多了。寄以同情了解，爲伊虔誠祈禱，比較有益心理健康。此外，應該多少了解他／她們「心的內容」，也頗有助於了解溝通。史玉琪的「⋯Z人類」，整理出現代少年「囝心」的特徵，我們整理其要點以供參考：

・害怕肥胖，「你很肥」是粗話，也是宣戰的號角。

・男孩比女孩依賴心強；孩子生得少，二代間的關係將較親密。

- 晚婚、不婚是趨勢；有74%認爲痛苦結合不如離婚。
- 單親家庭没啥，也不是社會的負數。
- 求職以錢多、事少，自主、享受爲原則；打工比率高，年齡下降。
- 人生求快樂美好；提早經驗到苦悶、性愛；興趣潛能、神秘。
- 電子科技是工具和好友；研究、工作、購物、交友、語言都電腦化。
- 爲求健康，而喜歡非宗教的素食，拒絕酗酒、抽烟、懶睡。
- 知道自保之道：反對暴力，重視環保，但不一定參加抗暴。
- 喜歡古訓、古典詩詞，尤其是電子菁英。
- 没有物質缺乏的經驗，但不浪費，消費講究恬静、品質。
- 視戰爭爲野蠻，重視國際化，偶像崇拜也是國際的。
- 宗教，是信仰，更是毋須實證的科學方法；喜歡短期靈修活動。
- 朋友的影響最大，電腦網友遍天下。❷

　　少年後生和查某囝的「心」，眞是太複雜了！「𣍐生得囝心」既自然又正常，那是個體生命長成，社會進展的必然結果。奈何？──戒急用忍吧！

【10】

父欠囝債，翁欠某債。

Pē khiàm kiáⁿ-chè, ang khiàm bó͘-chè.

Pē khiám kiaⁿ-chè, ang khiám bo͘-chè.

前世的債權人？

　　老爸或老翁，受盡孽子或惡妻忤逆和折磨之後，發出的怨嘆。爲甚麼有此不幸？答案是，「相欠債！」恨命莫怨天，既是欠債，那只好夯团枷囉！俗語云：「欠团債，夯团枷。」

　　夯团枷〔kê〕：喻指背負孩子的重擔，承當他的麻煩、痛苦，宛如替他接受枷刑。　夯枷：負架也，古代罪犯的一種刑罰；台灣民間信仰有惡鬼受罰負荷重枷之說，用來類比「父夯团枷」，豈不慘哉！

　　這種欠債的親子觀、夫妻說，普遍根植在老一輩台灣人的心裏。君不見，多少老爸如牛似馬的操勞賣命來「還債」，咬緊牙關來「夯枷」；雖然，也有極少數的老爸，賣後生，賣查某团來完債解枷。欠債夯枷是相當情緒化的，會妨礙快樂家庭的建設。

　　實際上，大多數妻、子，不僅不是「債」和「枷」的製造者，而且是還債夯枷的承擔者，甚至是歹翁壞爸的受害者！君不見，陳XX的二歲半孩子「皮皮」，因他的父親「盛名」之累，飽受社會的歧視排斥，連寄居在外婆家時，該社區的人也容不得他。小孩子何辜，竟然背負父親的罪債重枷！❸

　　哀哉，鴨霸的父權社會，只是老爺有口咒罵！

【11】

無冤無債，不成父子；無冤無仇，不成夫妻。

Bô-oan bô-chè, put-sêng hū-chú;

　　bô-un bô-siû, put-sêng hu-chhe.

Bō-oān bō-chè, put-sēng hū-chú;

　　bō-ūn bō-siû, put-sēng hū-chhe.

　　第一分句注釋，參看上一句；第二分句，參看25.24。

【12】

夫妻本是同林鳥，父囝原是冤業潲。

Hu-chhe pún-sī tông-lîm-niáu,

　　 pē-kiáⁿ goân-sī oan-giap-siâu.

Hū-chhe pun-sī tōng-līm-niáu,

　　 pē-kiáⁿ goân-sī oān-giap-siâu.

陰差陽錯孽胎結。

　　本句的重點在於第二分句。酷似萬分懊惱的老爸的惡口，可能是長久以來在「夯囝枷」的苦楚之下爆發出來的怒氣。如此的話，豈不徹底糟蹋了美好的父子關係？真不像話！

　　冤業：民間佛教所說的，前世宿業的報應。　　潲：精液也。　　冤業潲：字面義是「冤仇業報的精液」；要說的是，孩子帶來的麻煩和痛苦是精射入陰道之後的業報。

　　從諺語的結構看，本句確實是對絕了。對偶反對式表現著不可思議的怪想：先是，道統地把「夫婦」和「父子」對在一起；然後，狡猾又賴皮地把詩情畫意的「同林鳥」和粗陋下流的「冤業潲」搞成對立，來湊成強烈比對──「同林鳥」，反映著夫妻間萬般柔情，是一幅鸞鳳交頸的圖畫；「冤業潲」詆毀著父慈子孝的感情，是羅漢腳醜陋的惡口！

　　用「冤業潲」的心態來看待父子親情的話，天倫之醜必成，人倫之惡必定！把這句粗話應該丟進回收桶如何？

　　（參看，「夫妻本是同林鳥，大限來時各自飛。」26.55）

【13】

春天，後母面。

Chhun-thiⁿ, aū-bú-bīn.

Chhūn-thiⁿ, aū-bu-bīn.
春風時雨催花開。

　　有新舊二種用法：一、舊時，用來形容繼母對繼子女的態度，刺她性情如同春天「晴時多雲偶陣雨」，善變、冷酷、無情，令繼子難以適應。二、過去，我國氣象局曾用這句俗語來做氣象報告，以描述春天氣候的變化無常。❹

　　這句俗語是歧視繼母的唐山文化的遺毒，顯然地「一枝竹篙，押倒一船載！」(→312.17) 君不見，我台灣的繼母，慈愛賢慧，負擔家計重責，和「前人囝」相處融洽的，大有人在。

　　然而，這句話的背景不可不知。試想，繼母單身入人門戶，要是「前人囝」虎視眈眈，她的防衛心理能不敏銳，爲自己和親生兒女的利益能不設想嗎？更麻煩的是，前人囝還幼小，需要她養育的話，寬嚴很難恰到好處，難免左鄰右舍的九嬸婆用她來做「氣象報告」。後母的厲害啦，自私啦，冷酷啦，極大部分是長舌婦抹黑的。

　　現代家庭變遷急速，個人要成爲繼母、繼父的機率頗高。安啦！若有這種機緣的話，只要心存善意，有自信，有能力，又有法律保障權益，要做個勝任愉快的繼母繼父並不困難──好繼母，心不分「親、繼」，母愛不僅是自然的，也是後天修養的感情。

　　春暉送暖，動土驚蟄，讓大地充滿新的生命。春霖潤澤，催情開花，結綠野累累墜墜的果子。美妙啊，繼嚴冬而來的陽春！

【14】

前人囝，呣敢食後母奶。

Chêng-lâng-kiáⁿ, m̄-káⁿ chia̍h aū-bú-leng.

Chēng-lāng-kiáⁿ, m̄-kaⁿ chiā aū-bu-leng.

鳥鼠毋敢食貓奶？

　　隔壁大嬸婆的閒話，用來諷刺人家繼母，說她是如何殘酷地對待她的小繼子，宛如母貓要給小老鼠哺乳。

　　前人囝：丈夫的先室或前妻所生的孩子。　毋敢食後母奶：喻指前人囝得不到繼母的照顧、愛惜。字面義是，不敢吃後娘的奶。

【15】

別人的母，毋知別人的囝。

Pa̍t-lâng-ê bú, m̄-chai pa̍t-lâng-ê kiáⁿ.

Pa̍t-lāng-ē bú, m̄-chaī pa̍t-lāng-ē kiáⁿ.

通訊系統不相容。

　　冷諷後母或養母，不會體貼，不知愛惜「前人囝」，雖然字面上說的只是簡簡單單的「毋知」二字。但這「毋知」，幾乎全盤否定了為人「母」者，或為人「父」者的資格，因為慈母賢父的必要特質是：「知子知女！」

　　那麼，為甚麼會「毋知」呢？答案是：「別人的」母子父子！哀哉，千百年來「前子後親」水火不相容的毒素如此猛烈！難道，人完全是只能親其親，子其子的動物？

　　別人的母：指繼母或養母；字面義，別人的媽媽。　別人的囝：指繼子或養子，字面是，別人的孩子。　毋知：不關心，不指認識能力的缺乏。

【16】

銅鑼卡拍銅鑼聲，後母卡做後母名。

Tâng-lô khah-pah tâng-lô siaⁿ,

　　aū-bú khah-chò aū-bú miâ.

Tāng-lô khá-pah tāng-lō siaⁿ,

　aū-bú khá-chò aū-bú miâ.

最難扮演的角色！

　　這是繼母的深刻怨嘆。意思是說：我這個慈愛的後娘，百般謹慎，萬分努力來愛惜、照顧、餵養繼子。結果，還不是換來「前人囝，唔敢食後母奶」(→.14)一類的廢話！

　　本句的構造活潑可愛，用的是興詞託物的「起興」修辭法。第一分句「銅鑼卡拍銅鑼聲」是興語，用來揚起第二分句「後母，卡做後母名。」這興語的表象鮮明，兼用來譬喻繼母不論何等慈愛，多麼努力來疼惜繼子，總被說成像打鑼鼓一般的「有聲無影」，完全不被肯定。

　　看了上面這幾句俗語(.13-.16)，您有什麼感想？其實，慈愛的繼母處處有。名藝人孫越，小時候住在瀋陽。九一八事變，每次日機來轟炸，孫媽媽就將孫越緊緊的摟在懷裏，迅速躲進桌子下，用她的身體來掩護孫越。到了孫媽媽離開人間後，家人才告訴孫越，疼他養他長大的媽媽，並不是親生母親。❺

　　我們的文化過份強調慈孝僅存在於「親」母子關係之中，以致於否定了「繼」母子融洽相處的可能性和實在性。例如，民間奉為經典的《二十四孝》，為要突顯繼子的大孝大順，竟然用「閔子騫單衣順母」啦，「王祥臥冰求鯉」啦，來突顯橫心的後母。❻這種非常偏頗的傳說，對於繼子女的心理難免有負面的影響。

　　親其親，真的是出於「血濃於水」的自然感情嗎？值得想一想！

【17】

別人的父，唔知別人的囝。

Pàt-lâng ê pē, m̄-chai pàt-lâng ê kiáⁿ.

Pàt-lāng ē pē, m̄-chaī pàt-lāng ē kiáⁿ.

愚昧的繼父？

　　斷言繼父無法理解，不能關心繼子，因為這些繼子是「別人的囝」！毋庸諱言，這是傳統台灣社會流行的一種見解。

　　（參看，「別人的母，咖知別人的囝。」.15）

【18】

未出後母，先出後父。

Boē chhut aū-bú, seng chhut aū-pē.

Boē chhut aū-bú, sēng chhut aū-pē.

酷刑啊，老翁！

　　老母用來警告那打罵、虐待兒女的老爸。意思是：老娘未死，你老翁未娶後妻，不准你提前操練後父的角色！顯然，這位慈母潛意識裏仍然是鐵筋鞏苦力的後親情結。

　　未出後母：親母在此也。　先出後父：親父像後父一般地打罵，虐待孩子；假設了後父不可能疼愛繼子。後父，也叫做「後叔」[aū-chek]。鐵筋鞏苦力[tekin konkurito]：喻指鋼硬、僵化的頭腦；原義是鋼筋混凝土。此詞係日語「tekin（鐵筋）＋konkurito（混凝土）」，而konkurito又是日人從英語concrete音譯過來的。有趣的是「苦力」[kū-lí]，係日據時代的「運貨工人」，他們個個孔武有力，身體剛強如concrete。讚！台灣先賢吸收外語，製造新詞的天才，跨越數種語言造出「鐵筋鞏苦力」。

【19】

地著親耕，囝著親生。

Tē tiòh chhin-keng, kiáⁿ tiòh chhin-seⁿ.

Tē tiō chhīn-keng, kiáⁿ tiō chhīn-seⁿ.

天眞的安全考慮。

　　舊說，斷言親生的兒女才會孝順父母，正如同田園必要親手耕耘才不至於荒廢。《格言諺語》有「地要親耕，子要親生。」

　　本句用的是起興的修辭法。第一分句是興詞，主句是第二分句。這種造句，不難看出先人用心良苦，先祭出幾乎沒有人懷疑的「地著親耕」，來說服，來合理化「囝著親生！」

　　看了這句俗語，您有什麼感想？地，用力親耕吧！一分耕耘，一分收穫；這是自然法則，雖然沒有萬全的保障。但，兒女，可不能努力親生哦！人口爆炸，人人有責。何況智者洞察先機，說：「濟囝餓死爸！」當知，「親生囝」並不等於孝順子，強求不得也！孝者，盡在人子的自覺，子女的心意和能力。

　　爲甚麼先人如此強調「囝著親生」呢？我們認爲其主要原因在於永續「香火」！一旦沒有後嗣，宗祠香火就熄滅，那是先人所不能想像的。然而，只要是好子，就是繼子、養子照樣保持香火鼎盛。桃園縣新屋鄉有望族「范姜」氏，美好地見證著「囝不一定要親生」的道理。故事是這樣的：

　　有一位寡婦雷氏，夫早逝，她無力養育孤子范文質。於是帶子再嫁給姜同英，但再婚之後沒有生育。繼父待范文質如己出。後來文質成家，連生五子。因感念繼父恩情，遲遲未能決定公平地將那幾個孩子繼承姜氏香火。後來，決定改姓，五子全部都冠上複姓「范姜」。

　　報導者徐蘭川說：「范姜複姓，在百家姓外自創一姓。這種心路歷程，是經由倫理、親情、懷德、報恩的情愫，展示人性的光輝，何其珍貴！范姜兩家都有了後代，掃祭有嗣。」（《中央日報》

1993(11.2):6)

　范姜兄弟的典範永垂不朽，解構了「囝著親生」的密思。但願此一感人故事對於「親生主義者」有所啓迪！

【20】

生的請一邊，養的恩情卡大天。

Siⁿ--ê chhiáⁿ chı̍t-piⁿ, iúⁿ--ê un-chêng khah-toā thiⁿ.

Siⁿ--ê chhiaⁿ chı̍t-piⁿ, iúⁿ--è ūn-chêng khá-toā thiⁿ.

養父母的焦慮。

　勸善者用來勸戒養子，務須銘記恩情如玉山高的養父母，必要盡力孝順；而親生父母，算是「請一邊」的人了！二、養父母用來提醒吵著要認祖歸宗的養子，要他記得回報，養父母含辛茹苦，養他長大成人，助他成家立業的恩情。

　生的…養的：親生父母…養父母。　請一邊：靠邊站也；次要的，可以存而不論的(重要性或必要性)。

　把養子女撫養成人，教育成器的「養父養母」的恩德，會遜於「懷胎生產」的親生父母嗎？答案可能是見仁見智的。這裏有個實例可供參考。

　今年二月，有一個酷似印地安的美國女人Sarah來到台灣。記者，揭開了她封塵已久的一段往事：

　Sarah，原叫「全銀花」，是出生在信義鄉的布農族人。三、四歲的時候感染肺結核，身體非常衰弱，全身佈滿傷口。那時，九十多歲老爸和二十多歲老母，把她帶到埔里基督敎醫院。銀花得到了挪威籍的宣教師夫婦徐賓諾、紀歐惠醫師的治療和照顧。徐醫師伉儷收養這個小女孩一直到要上小學，才介紹給一個美國軍人收養。她的二個胞兄，一個弟弟，都分別為人養子，散居國

內。

現在，Sarah已經36歲了，猶仍保有台灣原住民女子淸楚美麗的面容。她官拜美國海軍陸戰隊上尉，而且結婚生子，已有三個可愛的小寶貝。(→《自由時報》1999(2.15):5)

三十年後，Sarah回來探親。她母語忘光，語言不通。會不會，夢裏的親人和現實之間，已經有無法逾越的深淵？會不會，故鄉淪爲異鄉，親人形同陌生人？血緣究竟無能跨越長久疏離所造成的深淵，雖然她會過了親人，祭拜過了父母的墳墓。

然而，Sarah拜訪她的恩人徐醫師夫婦時，語言和思想的溝通良好，彼此關懷表露無餘。知道埔里基督教醫院缺乏建築經費之後，答應要盡力協助籌募。她懷恩圖報的態度，令人感動。

雖說「血濃於水」，但Sarah只能把親生父母送歸圖騰的世界，因爲生命、工作、生活都需要能夠安定發展和延續的社會和家庭，而這一切她都在美國得到。

反觀戰後由中國撤退來台灣的某些人士，見「台灣鄉土」就要詆譭、打壓，甚至要出賣。爲甚麼不愛惜收養你們的，養育你們的鄉土台灣呢？台灣在呼喚「生的請一邊，養的恩情卡大天！」台灣需要你們認同，需要你們愛惜！

【21】

六十無孫，老來無根。

Lȧk-chȧp bô sun, laū--laî bi kun.

Lȧk-chȧp bō sun, laū--laì bō kun.

公媽的永世關懷。

用來鼓勵人，必要及時給後生完婚，新婦快快生幾個千禧年孫來永續後嗣，永傳香火。不然，阿公阿媽就成爲斷根人，「百

歲年後」沒有子孫來燒香點燭，豈不成了孤魂野鬼？

　　這句俗語的形式整齊，內容正統，音韻好聽，「孫」和「根」都押[-un]。真能供人想像，六十歲的阿公，買飴弄孫，撫摸著自己的命根子時的歡喜滿足。

　　六十：舊時代的六十歲，算是就木之齡；健在的，就有資格來「做大壽」了。現代，從六十五歲開始才有資格被冠上「老」字，老先生、老姊妹從此誕生。

【22】

愛花連盆，愛子及孫。

Aì hoa liân-phûn, aì chú kip-sun.

Aí hoa lēn-phûn, aí chú kip-sun.

深沉的愛屋及烏！

　　斷言公媽疼愛自己的孩子，連帶地愛惜孩子的孩子，孩子的孩子的孩子。

　　本句的「愛花連盆」是興句，「愛子及孫」是主句，表示公媽對孫兒的愛，宛如花和盆一起喜愛，是一種「連帶關係」的愛惜。

　　台灣人的親情世界，子和孫之間沒有清楚的界線。「子孫」是一套環節，結構在同一個祖靈。「子子孫孫」是自己的生命的具體延伸，是宗族這顆生命樹的活枝活葉。

　　阿孫者，公媽精神世界的精靈也。阿公阿媽的願景中，阿孫是魁星、金星、財星、明星，何只是金童、玉女？

【23】

雙手抱雙孫，無手通攏裙。

Siang-chhiú phō siang-sun, bô-chhiú thang láng-kûn.

Siāng-chhiú phō siāng-sūn, bō-chhiú thāng lang-kûn.

真天倫之魯也！

　　大妗婆用來消遣隔壁的少年阿媽，調侃她把幾個千禧年孫寶寶，照顧得團團轉。

　　無…通：常用的重要句型，表達「(物質、時空的)」缺乏，限制。例如：「無飯通煮，無水通飲。」「無時間通讀冊。」　攏：用手拉上(鬆弛、滑落的褲、裙)，如，攏裙、攏褲。　魯：弄得精疲力竭的操勞。　育孫[io-sun]：隔代養育也，幫媳婦帶她的幼嬰、小孩。

　　本句生動地描畫著「戀媽育孫圖」。君不見，戀媽抱的孫仔，不是單孫，而是「雙孫」；暗示人丁興旺，後生新婦很會生子！同時，左右雙臂緊抱的金孫鑽孫，健康活潑如台灣的猴山仔。他們四手亂撫，四腳亂踢，好像努力要解放戀媽的裙帶。

　　最妙的是，抱雙孫的阿媽，深深陶醉於魯孫的快樂！長裙就是要從腰間滑落，就是要脫裙示眾，也懶得理它——攏什麼裙？育孫嘛！

【24】

枵鬼逐師公，枵孫逐阿公。

Iau-kuí jiok sai-kong, iau-sun jiok a-kong.

Iāu-kuí jiok saī-kong, iāu-sun jiok ā-kong.

阿公育孫一景。

　　用來描繪舊時代(現代？)阿公育孫、弄孫的快樂圖：阿公手裏握有小孩愛吃的糖果，孫兒一見口水難禁，追逐阿公，要討顆糖來解饞。

　　本句用的是起興的描寫手法，極盡調笑能事地用興語「枵鬼逐師公」，來引起「枵孫逐阿公！」把這個追逐阿公的「枵孫」，取笑做「枵鬼」。這句俗語用此不倫不類的比擬，突顯出她的美妙。

枵鬼：地獄中的餓鬼；貪吃的傢伙。枵，飢也、貪欲也。　逐：追逐；隨後緊跟不捨。　師公：民間道教的道士。　枵孫：嘴饞的孫兒（心裏滿有歡喜的取笑）。

這句俗語，簡簡單單的「枵孫逐阿公」五字，把祖孫二人親密的互動，快樂的嬉戲寫得非常鮮活，散發出無窮的天倫之樂！

做了「阿公」的人除了享受「天倫之樂」外，應該有一些感觸吧！例如：

——英雄老矣！想當年弄璋弄瓦，何等氣慨！現在呢？心有餘力不足，許多阿公猛吞中國的「三鞭丸」，美國的「威而剛」——蚯蚓望春風啦！

——放下身段！阿公們拿飴弄孫，都得彎腰伏就小孫，褲袋裏裝備著行賄的糖果，嘴巴會咿咿呀呀——阿孫可愛，阿公古錐。但見，那些喜歡裝撲克臉，耍威嚴的阿公，戀孫怕他三分，他的兇相保持七分。

——世代交替！有些人就任了「阿公」，高高興興地放下公職，充滿信心來辦時代交替。但有一幫老公公，就是戀棧肥位，貪婪權勢。腐化了社會家重，弄傻了賢良子孫。

——擁抱生命！阿公和細孫不談「溝通」，但有「擁抱」。懷中小孫勇敢地撫弄著阿公的金框老花眼鏡，無禮地扭拔著他稀疏剛硬的八字鬍鬚，無情地搓揉著曩時阿媽訂情的花領帶！阿公不閃不避，只有「乖，乖，乖乖！」

……

我今夜的祈禱是：「主啊，請賜我幾個金孫吧！好讓我三不五時經驗『戀阿公逐乖孫』的快樂……」

【25】

做豬食潘，做媽育孫。

Choè ti chiàh-phun, choè má io-sun.

Choé ti chiā-phun, choé má iō-sun.

阿媽的自覺。

用法、意旨、修辭式，都類似上一句。也有加上了另一個分句的：「做豬食潘，做公著育孫；做豬上槽，做公著迌迌。」

上槽[chiū°-chô]：指小豬兒已經斷奶，自己會上飼料槽吃潘。

公媽育孫是舊時代大家庭的例行要事，但現代的賢新婦疑忌這種「隔代教養」的比比皆是。奉勸阿公阿媽，多一事不如少一事。萬一，不得不育孫的話，請先溫習一下「衛生常識」和「媬母守則」。此外，還得測驗一下自己的「理性強度」是否不寵不酷，恰到好處。還有，學一二手電腦遊戲吧！乖孫是用電腦進行胎教的！

電腦不能玩太久！跟乖孫咿咿呀呀，唸些「天烏烏」、「搖也搖」、「打馬膠黏著腳」吧。稍大的，自自由由地跟他／她們背些台語詩；輕輕鬆鬆的講些台灣歷史故事。青少年的，不妨隨機露幾句台灣精諺，經典名句，給他／她們一些台灣母語的好感。

公媽育孫？千萬不要有「教不嚴，公之過」的使命感。當知，異想天開地祭出家法、手銬、腳鐐來馴化金孫，是大大犯法也！報載：

七十四歲蔣姓爺爺，照顧讀國中的二個孫兒。見孫不受教訓，放學後留連外頭。屢勸不聽，下跪求孫學好；孫答的是：「少來這一套！」防他做壞事，爺爺夥同叔叔，用鍊條將之鎖住。乃父知情，大怒，一狀告進地院。檢官起訴：爺爺犯妨害自由

罪，處拘役50天；叔叔幫兇罰金6000元。後雖原告後悔，但不能
撤回告訴，因爲阿公阿叔犯了「公訴罪」。(→《自由時報》1997(12.12):
6)

　　唉！阿孫只能是疼愛的對象，不能打，更不能鍊。就算是阿
公要捨身坐牢，阿叔要花錢受罰，都是一派野蠻愚行，大大違背
「孫權」的了。

【26】

啥人父母無疼囝？啥人公媽無疼孫？

Siáⁿ-lâng pē-bú bô-thiàⁿ kiáⁿ?

　　siáⁿ-lâng kong-má bô thiàⁿ-sun?

Siaⁿ-lāng pē-bú bō-thiáⁿ kiáⁿ?

　　siaⁿ-lāng kōng-má bō thiáⁿ-sun?

不求解答的問題。

　　父母公媽的慈愛受到埋沒、歪曲、糟蹋時，用來發洩哀怨。
台灣人的傳統理解，父母公媽都是純善純愛的，哪會有什麼「無
疼囝孫」的代誌？誰敢懷疑？眞是膽大包天！

　　僅以父母而言，他／她不一定「完全會」，不一定「都知道」愛
惜子女的。君不見，殺子傷女、抱子跳樓、灌兒毒液、姦淫親
女、販女賣淫，等等親情爆亂案件常有所聞。這雖是極少惡例，
卻是「父母只有純愛」的反證。

　　事實上，父母的惡行和兒女的不孝一樣，都是人性的幽暗軟
弱。爲人父母、子女，只有謙卑反省、誠心懺悔，時時意識到慈
和愛是永遠行之不足，是永遠的虧欠！

　　祖孫、親子共同來努力超越可能墜落的親情，乃是應有的警
惕和努力。雖然我極願意保持「父母是愛」這個密思！

【27】

互囝吵無夠，孫仔掠來鬥。

Hō͘ kiáⁿ chhá bô-kàu, sun-á liảh-laî-taù.

Hō͘ kiáⁿ chha bō-kàu, sūn-á liā-laī-taù.

有夠力的公媽。

親人朋友，用來調侃「少年」公媽。看，他／她們一邊要看顧爬來爬去的屘囝，一邊要照顧顛簸學步的小孫兒，洋溢著鬧和熱的天倫之魯！

本句的結構眞妙，試想，什麼是「吵無夠」又「掠來鬥」？這一鬥，阿公阿媽就得由黎明忙到深夜，從地板魯到床上；一天魯下來，無不腰酸背痛。活該！——「掠來鬥」暗示公媽一廂情願的「隔代養育」，人家媳婦是頗不放心的也。

掠來鬥：把（甲）強拉來湊上（乙）；掠，勉強；鬥，A＋B也。

【28】

一個人，四兩福。

Chı̍t-ê lâng, sì-niú hok.

Chı̍t-ē lâng, sí-niu hok.

所以大力生産。

舊時，用來鼓勵生育，祝福親人朋友弄璋弄瓦之喜。類句有：「一個囝仔，四兩福。」

一個人：指每一個孩子。　四兩福：命相家之言也，指上天給每一個人必有的福氣的重量。

既然「一個人，四兩福」，就當認眞生子，積少成多，來實現「濟人，濟福氣」了（→15.05）。是嗎？請不要忘記，先人另有警告：「濟囝，餓死父！」(→.64)——恐怕福氣尙未積成，人口洪流

已經毀滅了眾生。

　　國和家一樣，沒有「人」的話，談福說禍沒有什麼意義。但人口氾濫成災的國家，豈像毛澤東的「人多好辦事」？到頭來「香公所」連門都沒有，女士「辦事」得用陽傘、報紙來遮羞！──十二億的人口，其「福」何等沈重呀！

【29】

濟囝，毋認散。

Chē kiáⁿ, m̄-jīn sàn.

Chē kiáⁿ, m̄-jīn sàn.

勞動力豐富。

　　貧窮而又生了一大串兒女的父母，用這句話給自己加油。這顯然是把兒女當做「搖錢樹」了，既天真又可怕的如意算盤啊！不過，在那奉行《二十四孝》爲聖典的世代，這句話是聖言，不無鼓勵作用。

　　　（參看，「多丁，奪財。」32.24）

【30】

千兩銀，艙買親生囝。

Chheng-niú gîn, boē bé-tit chhin-siⁿ-kiáⁿ.

Chhēng-niu gîn, boē be-tit chhīn-sīⁿ-kiáⁿ.

金兒，我的心肝仔！

　　可能用法：一、手抱男嬰的窮老爸，用來表達有子萬事足的歡喜。二、窮父親斷然拒絕人口販子「買囝」的誘惑之後，吐露出的心底的感受。

　　看到這句古諺，覺得這個嬰孩的父母何等仁慈，儘管窮困，就是不被錢財引誘來出賣心愛的細囝。孩子是「金不換」呀！深愛

溢於言表，大大感動我心。

反觀，我國「假棄嬰」真買賣的案件時有所聞。仲介集團勾結不肖醫師，偽造出生證明，使非法買賣成為合法收養，來賺取暴利。這豈是解決不孕者「有後」，未婚生子「無憂」的方法？今日世界，有那一個文明之邦的報紙登上「男嬰X萬，女嬰X萬」的商業廣告？

販賣嬰兒是野蠻的行為，隱藏著無數罪惡——台灣人談心靈改革，豈能不開刀這種惡質唐山文化的遺毒嗎？

【31】

有子萬事足，無官一身輕。

Iú chú bān-sū chiok, bû koan it-sin kheng.

Iu chú bān-sū chiok, bū koan it-sīn kheng.

窮秀才的自慰。

這句名諺出自蘇軾的詩，原文作：「無官一身輕，有子萬事足。」(蘇軾《賀子由生第四孫詩》)有趣的是，變成諺語後，把「有子」放在首句來強調子嗣的重要性，反映著平民的價值觀——民間文學的「厲害」在此！

兒子是父母、社會的希望所在，「萬事足」寫盡父母弄璋的歡喜滿足——非常遺憾，老先人心中「弄瓦」並不見得歡喜。(→32.05-08)寄以希望的「後生」，實際上並不如所期待的那樣令老父母滿意。(→11.58-63)

【32】

娘，惜細囝。

Niû, sioh sè-kiáⁿ.

Niû, sió sé-kiáⁿ.

憐惜疼愛。

　　用來斷言，老母總是比較寵愛么兒。爲甚麼？可能是因爲尾囝比哥哥姊姊有更多的時間來親近阿母，向她撒嬌的緣故吧。同時，多數細囝是老母接近停經時，最後最偉大的參與造化工程，潛意識難免格外珍愛。同義句有：「父母疼細囝，公媽疼大孫。」

　　惜：這裏含有「偏愛、溺愛」的意思。　細囝：指尾囝、么兒。
公媽疼大孫：爲甚麼？因爲：有孫，才當得上公媽；有孫，百歲年後的儀禮，才有捧香爐的人；有孫，就有後嗣、有香火、有另類永生的願景。

【33】

三交代，四吩咐。

Saⁿ kau-taì, sì hoan-hù.

Sāⁿ kaū-taì, sí hoān-hù.

是叮嚀，不是囉嗦。

　　用來形容父母對子女的關愛。尤其是重要的、危險的事，總要叮嚀，又交代，又吩咐！

　　也許，年輕的兒女對於「三交代，四吩咐」會覺得不耐煩。因爲老父母重複的幾乎不離：吃飽穿暖，小心火燭，注意交通，毋交損友，財不露白，一類的「瑣事」。然而，這些看似平常無奇的叮嚀，常常是救命的「寶筏」啊！那是來自父母的洞察先機，預見紅燈，甚至是虎口餘生的智慧。

　　雖是如此，父母必須因應現代處境，來修訂「三交代，四吩咐」的內容，以免不合時宜之嫌。現在，我願以老爸的身份，以及快要就任「阿公」的心情，給我福爾摩沙的年輕乖兒女，幾句誠心的「交代」和「吩咐」：

一交代，今早時裝夜故衣，跟人哈穿缺主意，適份穿著才合理。
二吩咐，是方便上路開車，注意拋開沙石車，豬車狗車和戰車！
三交代，出國觀光眼界開，髒蠻地方財命害，文明城鄉邀你來。
四吩咐，鳥爲食亡非定命，當呆胞豈可向前，要命西進怎謀生？
五交代，電腦好用資訊靈，屁股一坐大半天，划不來受傷眼睛。
六吩咐，面容缺陷宜整形，仿星縮顏不必行，扭曲眞相誰愛卿？
七交代，胸平臀坦健康人，塡隆塡滿植病根，走奶墜股遲悔恨。
八吩咐，天天發福請注意，抽脂塑身啥道理？尋根解決才合宜。
九交代，別煩惱手槍小型，加長擴大不定行，五公分中靶稱能。
十吩咐，雜居亂交多熱烈，心病愛滋會作孽，大好前程遭毀滅！
再叮嚀，金卡在手眞方便，血刷好像免付錢，逃債落跑罪罰刑！
又叮嚀，單身貴族免驕傲，黃金勇智不可少，趁早規劃免煩惱！

　　足矣！再叮嚀下來，又交代下去，眞囉嗦也。

【34】
指頭仔咬著，逐枝疼。

Chńg-thaû-á kā--tio̍h, ta̍k-ki thiàⁿ.

Chng-thaū-a kā--tiō, ta̍k-kī thiàⁿ.

攏總是乖囝！

　　用來強調父母對兒女公平的愛，任何一個被「咬」傷的孩子，都同樣感到心疼。同義語有：「指頭仔咬著，疼命命。」「十指，通心肝。」古人有言：「手中十指有長短，截之痛惜皆相似。」

（唐、劉商《胡笳十八拍·第十四拍》）

　　指頭：喻指父母所生的兒女，是大大小小的一班手足同胞。　咬

著：譬喻被傷害到、有困難、有問題。　逐枝：每一個孩子；字面是
「每一根指頭。」　疼命命：要命一般的疼痛。　通〔thàng〕：關聯
到，通到（器官、地點、處所），例如：「一條腸仔，通尻川。」（→
312.01）

【35】

摸著卵脬，疼命命。

Bong--tio̍h lān-pha, thiàⁿ miā-miā.

Bōng--tiō lān-pha, thiáⁿ miā-miā.

金囝在此，閒手勿摸。

　　用來譏刺過份呵護孩子的老爸。小男生之間偶而發生肢體衝
突，吃了虧，老父就萬分痛心，親身出馬去討回公道。──傳統
上，老父總是嚴加督責自己的後生，沒有代子出爭的也。俗語
說：「是唔是，罵家己。」（→*17.18*）

　　摸著：被人打到身體（非嚴重傷害）；字面是「觸摸到」。　卵脬：
喻指兒子，陰囊也。用他比擬「兒子」，含義雙關，真妙。

【36】

人生人疼，狗生狗疼。

Lâng-siⁿ lâng-thiàⁿ, kaú-siⁿ kaú-thiàⁿ.

Lâng-siⁿ lâng-thiàⁿ, kaú-siⁿ kaú-thiàⁿ.

親其親，子其子。

　　斷言，凡是父母都愛他／她們的孩子。這句俗語的重點在於
第一分句，強調人莫不愛其子；第二分句的「疼狗」，只當做襯
映──連狗都能愛牠們的孩子，人為甚麼不能，哪有不愛的道
理？同義句有：「豬生豬疼，狗生狗疼。」

【37】

老父扛轎，囝坐轎。

Laū-pē kng-kiō, kiáⁿ chē-kiō.

Laū-pē kng-kiō, kiáⁿ chē-kiō.

天倫之樂乎？碌乎？

　　用來調侃老爸辛苦工作，勤儉有成，但是少爺「手不動三寶」（→133.01），只會坐享其成。本句用「轎夫抬轎」來譬喻勞苦工作的爸爸；「坐轎」比擬享福的兒子。

【38】

應時勢，呣是老父戇。

Èng sî-sè, m̄-sī laū-pē gōng.

Éng sī-sè, m̄-sī laū-pē gōng.

適應不良的老爸。

　　老爸用來自嘲，企圖消解這樣的心情：孩子已經不信服我這個老爸的權威，不尊重我的教導，不理睬我的意見。無法可施，只能裝聾作啞，委曲求全，來維持脆弱的父子關係。

　　本句有趣的是，老爸把這種「相忍爲家」的態度，說成「應時勢」。很好，識時務爲俊傑啊！只是這個老爸心有未甘，清楚意識到自己被孩子們當傻瓜看待。——老弟兄，認了。應時勢嘛！

　　應時勢：順應時代流行的潮勢。　呣是老父戇：裝傻的爸爸也。看子女的所做所爲，頗不敢苟同，但又能怎樣？老爸自認不傻，那麼是誰愚昧？

【39】

知子，莫若父。

Ti chú, bo̍k-jio̍k hū.

Tī chú, bo̍k-jio̍k hū.

自信又自義的老爸。

　　舊說，斷言爸爸最了解孩子的能力、性格和爲人。這是一句老諺，舊書常見引用，例如，《管子·大匡篇》鮑叔曰：「先人有言，知子莫若父，知臣莫若君。」同義句有：「知子莫若父，知弟莫若師。」

　　「知子，莫若父」在農業時期的閉鎖社會，或許可能。但急變的現代世界，子的社會和世界不一定是父所能認識或經驗的，說要「知子」，談何容易！例如，兒女講話，父母能聽懂多少？孩子講的不是異方之言，有何不懂？有！少年家的字彙、語氣、句式是另一種世界，非老父母所熟悉的。

　　孩子的價值觀，殊異於老花眼裏的價值。常言道，他／她們的價值觀比較是現實的，物質的，工具的，自我中心的；是的話，老父母能共鳴，能接受嗎？多少彼此「看不順眼」，可能是價值觀的無法對焦。

　　大吹「知子，莫若父」沒有什麼意義，多建造些橋樑，多求「同情的」(sympathetic)理解吧！──至於「人莫知其子之惡。」(《禮記·大學》)丟入回收桶可也！

【40】

至親，莫若父子。

Chì chhin, bo̍k-jio̍k hū-chú.

Chí chhin, bo̍k-jio̍k hū-chú.

無可奈何的關係？

　　斷言人間一切的關係，以父子間的距離最近。爲甚麼？因爲

是血緣的、先天的、獨一的、繼承的關聯。語見《漢書·高帝紀》:「人之至親,莫親於父子。故父有天下,傳歸於子;子有天下,尊於父。」

　　句裏只提到父親。那麼「母親」呢?比較而言,筆者認爲「母子親」是接近神秘的,是親「蜜」之親,帶有子宮的溫暖,乳房的滿足,懷抱的孺慕!而「父親」是親「屬」之親,干聯到DNA,歸結到宗姓構造,不准他像一隻四處忙著授粉的雄蜂──人家上法庭一告,證據昭彰,不得不認祖歸宗。

　　素來,父子「至親」,大多太注意強調血統、世襲、利益、孝道,結果變成相當冰冷,缺乏活生生的「親情」交流和互動,或「思想」理解和分享的溫暖。爲父者,應掃除死硬呆板的「大人」臭氣,免作「濃血」一類的八股,而盡力培養懷陰抱陽的親情吧!

【41】

父母疼囝長流水,囝疼父母樹尾搖風。

Pē-bú thiàⁿ kiáⁿ tn̂g-laû chuí,

　　kiáⁿ thiàⁿ pē-bú chhiū-boé iô-hong.

Pē-bú thiáⁿ kiáⁿ tn̄g-laū chuí,

　　kiáⁿ thiáⁿ pē-bú chhiū-boé iō-hong.

只要綠水長流,微風颱風不論。

　　勸善老人的名諺,也可能是父母的感嘆。本句用「長流水」來高舉父母親的愛,如同常年不斷的水流;「樹尾搖風」是感嘆兒女的孝養短暫微小,如同吹過樹梢的微風。

　　我們看了這句俗語,大可不必爲了「樹尾搖風」的愛而嘆息。照顧年老的父母,不論久暫,都是珍貴孝心,是高難度的侍奉,需要精神、時間、金錢、體力等等條件。然而,俱備這些條件的

孝子不多吧！每年，大善士吳修齊的「大孝獎」得主，沒有一個不是「刻苦犧己」行孝的孝子孝女。

父母的愛如「長流水」，心所願也！雖然像長流水的父母，處處有，但不要忘記，父母有人性的弱點，有不健全的人格，有不會教養兒女的遺憾。所以，爲人父母千萬不能以「長流水」自居自義。淘淸泉源、潔淨水質、疏浚溝渠、拒絕污染才是重要。

說長流，話微風，旨在勸慈敎孝。但願，生命力比較豐富的，積極行愛吧！分什麼父母子女！

【42】

第一戇，做老父。

Tē-it gōng, choè laū-pē.

Tē-it gōng, chó laū-pē.

永遠的自覺。

年老的父母的怨嘆。他／她夜半驚醒，覺得一生爲子女付出的關愛和犧牲都是枉費的。類語有：「第一憨做皇帝，第二憨做老父。」

戇：沒有價值的(行爲)；這裏不指智能的賢愚。　**老父**：這裏是用父來指代父母親。

【43】

虎毒，不食子。

Hó·-tȯk, put sı̍t chú.

Hó·-tȯk, put sı̍t chú.

親愛的面目。

這句名諺，常被老虎一般的父母，用來做虐待兒女的辯護詞；許多村長老用來給受傷的孩子當紅藥水。歪理是：父母無毒

純善，就是咒罵、毒打、橫逆，都是恨鐵不成鋼的必要措施。語見《格言諺語》：「虎毒不食子，老虎雄心在。」

虎不食子嗎？很難說哦！生物學家指出：鳥、魚、昆蟲類，哺乳動物中的囓齒類、肉食類、靈長類的動物，都有殺嬰的事實。恐龍化石體顯示，早在22億年前，已經有食小恐龍的劣跡。獅王、大猩猩，都有殺害獅嬰、猩嬰的惡行。❼

那麼，人類的父母呢？答曰：人也「吃」他／她們的孩子！在家醜不可外揚的烟幕下，掩蓋著多少虐待、傷害兒童的案件。「現代婦女基金會」指出，去年126件兒童保護案件，其中有六成是遭到親生父親強暴；有一成男童受到母親性的侵害。又說，此類「亂倫案件」的發生，實際上恐怕要比這個數字多出10倍以上。「主計處」公佈，去年6至11歲受虐兒童，有4099人，其中83%是親生父母(→《自由時報》1999(5.25):8；1999(5.19):14)

讀了「親毒，食子」的報導，難免感傷！不過，人間有無數慈父悲母的事實，豈不是人類有克服「食子」的惡性的能力和實際？「虎毒，不食子。」很好！人不食子，人不吃人，才是重要。

【44】

父母疼歹囝，皇帝愛奸臣。

Pē-bú thiàⁿ phaíⁿ-kiáⁿ, hông-tè ài kan-sîn.

Pē-bú thiáⁿ phaiⁿ-kiáⁿ, hōng-tè aí kān-sîn.

口水為上，實踐為下。

用來諷刺父母(或任何人)，對於親近的，寵愛的人，往往看不見他／她們的缺點。因為採信的，聽進耳朵的儘是甜言蜜語，一片抹黑塗黃的幻象。

【45】

囡仔看著娘，無事吼三場。

Gín-á khoàⁿ-tiòh niû, bû-sū haú saⁿ tiûⁿ.

Gin-á khoáⁿ-tiō niû, bū-sū hau sāⁿ tiûⁿ.

撒嬌嗎？思奶啦！

　　舊時，形容可愛的小孩兒，思慕母親，喜歡依偎在母親懷裏，用撒嬌的假哭，引誘媽媽注意的情形。

　　小孩子「無事吼」，跟媽媽的育兒方式有密切的關係；也是昔日台灣孩子的一種特性。筆者印象是，德國幼兒的個性和行動比我們的獨立得太多，小孩總是著走在媽媽的前面；我們的孩子，常常行在父母「牽手」的身邊，來保護，來引導。

　　有趣的是，德嬰牙牙學語的第一句話是，「奈！」(Nein！)——不，不爽也！我們的乖寶寶，大多先會叫「爸」，而後叫「媽」——爲甚麼？還不是媽媽胎敎、嬰敎有方，燒錄進去的訊號都是「爸爸媽媽眞偉大…！」

　　「獨立」、「自由」是現代人的生活和思想的特徵。也許，「唔！唔！唔！」，「不！不！不！」將是我們台灣千禧年寶寶的初啼聲哦。斯時也，台灣完全獨立之吉日良辰也。

【46】

兒無嫌母醜，狗無嫌厝散。

Jî bô hiâm bú baí, kaú bô-hiâm chhù-sàn.

Jî bō hiâm bû baí, kaú bō-hiâm chhù-sàn.

孝子，忠犬一同。

　　斷言，好孩子不會嫌棄面貌難看的母親，正如同忠狗之不離棄貧窮的主人。語見《注解昔時賢文》和《人生必讀》，原典作：

「兒不嫌母醜，犬不厭家貧。」同義句有：「囝無嫌母醜，狗無嫌主人窮。」「父母無嫌囝無，囝無嫌父母散。」

典故：諸葛亮的太太才德雙全，但面貌極醜，生成「黃頭黑色」。因此好事的人譏刺他／她們的孩子諸葛瞻為「黃頭黑色子！」瞻兒每次聽到這種譏誚，就很生氣，回答譏刺的人：「黃與黑，吾父所願也，子何失德。」老父諸葛亮聽了，感慨萬千，口吐眞言，道：「兒無嫌母醜！」（→《注解昔時賢文》）

然而，最不忍心的是，有一位慈母恐怕把自己的醜相遺傳給小嬰孩的故事。話說，有一個面貌難看的阿母，深夜臨盆。急忙叫人拿燈來照亮嬰孩，一再端詳她的心肝寶貝。為甚麼？據說，她千萬放心不下，寶寶是否像自己一樣的難看。（→《莊子‧天地篇》）❽

時代不同了，今之台灣孩子恐怕大大反對「兒無嫌母醜」的「謬說」。君不見，社會一片熱愛「面子」，素來深信涵蓄美的阿母，走上伸展台，來顯三圍，來示胴体，來比風韻，來獻魅示衆。幾年前，我國有「媽媽選美」活動。這第一屆的評選「標準」是：

參選資格：20歲以上，有子女的媽媽；離婚可，未婚媽媽不准。評分標準包含三大美：

母性美：含蓋慈愛、溫柔、細膩、犧牲、忍耐等五項重點，各佔本項總分的20%。

智慧美：含蓋口才、機智、智識、風範、人緣等五項重點，各佔本項總分的20%。

體態美：含蓋膚質、五官、髮型、胴体四肢比例、三圍、曲

線、風度、表情、氣質、談吐等十項重點，各佔總分10%。(《中國時報》1990(1.12):26)

　　據悉，報名參加的四百多位媽媽，絕大多數是自己的孩子「鼓勵」出來參選的。難矣哉！台灣人的乖孩子，眼裏沒有醜媽媽的存在！——「美式」家教大獲全勝，奈何？諸葛夫人，失禮啦！

【47】

臭頭囝，嘛是古錐古錐。

Chhaù-thaû kiáⁿ, mā-sī kó·-chui kó·-chui.

Chhaú-thaû kiáⁿ, mā-sī ko·-chui ko·-chui.

慈愛超越衛生？

　　斷言每一個小孩在父母的心目中都是極「古錐」的，就算是生了一個臭頭的，醜陋的孩子。

　　臭頭囝：頭皮生瘡或患皮膚病的孩子。　古錐：(小孩、玩具、小器物等)可愛；古錐古錐，非常非常的可愛。

　　「臭頭囝」有什麼古錐？這個孩子可能不怎麼漂亮，但他一定是比較會親近父母，常來依偎，來思奶[saī-nai]，來撒嬌的。這種親密的感情，是恥笑的人所無法體會的。

　　孩子就是再嚴重的臭頭，還是父母的寶貝囝；說不定愈臭頭，父母愈覺得他古錐也未可知。爲甚麼？因爲帶去看皮膚科醫生的機會一多，憐愛的感情也就愈增加，古錐的感覺也就愈濃厚。——眞費解，慈愛的眼睛！

【48】

靠父食父，靠母食母。

Khò pē chiåh-pē, khò bú chiåh-bú.

Khó pē chiā-pē, khó bú chiā-bú.

天才兒or變色龍。

用法有二：一、形容滿會討好雙親的孩子，穿梭在父母之間都深得寵愛。二、譏刺沒有原則的人，以自己的利益來決定投靠的對象。

　　　（參看，「靠山食山，靠海食海。」432.04）

【49】

自細唔通無母，食老唔通無某。

Chū-sè m̄-thang bô bú, chiah-laū m̄-thang bô-bó˙.

Chū-sè m̄-thāng bō bú, chiā-laū m̄-thāng bō-bó˙.

無比的嬭母。

斷言母親對於「細」囝，老妻對於老翁是何等的重要。

自細：幼小的時候。　唔通：不要有（不好的情況發生）；這繪沒有「不可」的禁止意義。　食老：年老的時候。

為甚麼「自細唔通無母」呢？答案難以盡述，但每年母親大節的「歌母功，頌媽德」，是個很清楚的答案，即使籠罩在商機炒作之下。慈母育幼算是和上帝合作的「同工」，強做工具主義的分解，功利思想的演繹未免太離譜了！

　　　（第二分句，「食老唔通無某。」請看25.04）

【50】

三十無見囝，終身磨到死。

Saⁿ-chap bô kìⁿ-kiáⁿ, chiong-sin boâ-kaù-sí.

Sāⁿ-chap bō kíⁿ-kiáⁿ, chiōng-sin boā-kaú-sí.

老年人的一個紅燈。

舊說，賢妻沒有給三十歲的老翁弄璋的話，那麼，他就得勞

碌一生了。

（本句詳解，參看123.05）

【51】

好囝好迌迌，歹囝不如無。

Hó-kiáⁿ hó-thit-thô, phaiⁿ-kiáⁿ put-jû-bô.

Ho-kiáⁿ ho-thit-thô, phaiⁿ-kiáⁿ put-jū-bô.

好玩vs.不好玩。

　　父母的怨嘆，也是村老長的眞言。白描好孩子，善待父母，使之稱心如意，眞是很「好迌迌！」那麼「歹囝」呢？問題多多，使父母憂心忡忡，一切鬱卒盡在「不如無」三字。

　　好迌迌：孝養週到，承歡膝下，萬分歡喜滿足也；無關新人類的「好玩」。　不如無：歹迌迌，比沒有孩子還要糟糕。

【52】

好田地，唔値著好子弟。

Hó chhân-tē, m̄-ta̍t-tio̍h hó chú-tē.

Ho chhān-tē, m̄-ta̍t-tiō ho chu-tē.

一個好子弟，勝過萬頃良田。

　　用法有二：一、父母心裏深處的期待，出個好子女，勝過擁有一大片肥沃的田園。二、擇婿的一個原則：女婿的人才比財富重要。

（本句又見，23.12）

【53】

人皆愛珠玉，我愛子孫賢。

Jîn kai ài chu-gio̍k, ngó͘ ài chú-sun hiân.

Jîn kaī aí chū-gio̍k, ngó͘ aí chu-sūn hên.

獨排眾議的老家長！

用做警語。舊說，只要有賢子孫，哪怕沒有「珠玉」？就是得不到珠玉，至少也能得到賢子孫的孝順。反之，後果堪虞！語見，《注解昔時賢文》。

台灣人普遍重視子女教育，同時更加拚命賺錢。據此，這句話若是改成：「我愛珠玉，兼愛子孫賢」可能比較實在——錢、才盡歸我家，不亦樂乎？

不過，對於錢才都要的台灣人，另有勸化真言，說：「誰人不愛子孫賢？誰人不愛千鍾粟？奈五行不是這般題目！」(《增廣昔時賢文》)

奈五行不是這般題目：命運不濟，沒有福份(如，賢子孫、高官厚祿)；五行，「命運」的代名詞，因為命運之學有按五行的生剋來決定和推算的。

【54】

寧養賊子，不養痴兒。

Lêng ióng chha̍t-chú, put ióng chhi-jî.

Lēng iong chha̍t-chú, put iong chhī-jî.

聰明就好賊腦何妨？

舊時，父母用來告白心裏的隱憂：萬一生個智障兒，生活不能獨立，就得照顧他／她一生一世；於是，進一步坦白說，寧願養一個高智齡的賊子。為甚麼？據說，賊子有回頭的希望，而痴兒是無法可施的！同義句有：「要生浪子，毋生戇囝。」

相信現代人都會批判這句老諺的「教示」！家有賊子破壞治安，危害眾人；等他犯下大案，面臨槍斃才來悔改，已經傷害了多少生命，付出了多少社會成本——「寧養賊子」之心大大乖謬！

在一個文明富裕的國家裏，智障兒、肢障人是全體社會的責任，政府、敎會設有機構來敎養照顧，使他／她們平安快樂地過一生。

可憐，「不養痴兒」的思想，養成大多數台灣人輕看，虐待智障者、殘障兒；就是父母、鄰里、同學也缺少同情；就是認養，大多要求「絕對健康的嬰兒」。

反觀歐美善士，他／她們注意的比較是自己收養的能力，沒有考慮小孩的身體和智力狀態。高雄市受虐兒「小豪」，腦受重創，智力損傷，仍然獲得荷蘭夫妻收養，給「痴兒」醫治、照顧，給他新的家庭，新的國家。(→《自由時報》1999(5.30):5)

「寧養賊子，不養痴兒」，多麼嚇人的思想呀！台灣人大談心靈改革，能不清除唐山文化的這種遺毒嗎？

【55】

歹囝，飼老父。

Phaíⁿ kiáⁿ, chhī laū-pē.

Phaíⁿ kiáⁿ, chhī laū-pē.

乖囝臨陣逃亡！

　　用法有二：一、用做警語。提醒父母不可偏愛子女，說不定那個被寵愛的「好囝」在外地飛黃騰達，在外國大大發財，但早已忘記故鄉還有老父老母。而那個所謂「歹囝」，反而乖乖的待在家裏挑起奉養父母的重擔。二、浪子用來自我解嘲：如今奉待父母的，還不是我這個父母眼中的「歹囝」！——好囝那裏去了？老父母心裏應該有數！

　　歹囝：做人做事不正經，不認真，遊蕩多於工作的浪子；不是作奸犯科的罪犯。

【56】

抱囝閣飼父，好囝唔免濟。

Phō-kiáⁿ koh chhī-pē, hó-kiáⁿ m̄-bián chē.

Phō-kiáⁿ kó chhī-pē, ho-kiáⁿ m̄-ben chē.

育兒養親好囝也。

　　用來稱讚「好囝」。通常娶妻生子之後，就顧不得孝養父母了。但有個後生，他「抱囝閣飼父！」見者，不禁讚嘆道：如此好孩兒「唔免濟」，一個足矣！

　　抱囝閣飼父：一邊養育自己的幼嬰，一邊奉養自己的父母。這裏單舉「父」，實含「母」，只是要與「濟」字和韻，而省掉「母」字。　*唔免濟*：不需要多(人、物)。例如，「胡椒會辛，唔免濟。」

　　其實，好囝是多多益善的，不只是攸關興旺家門，也不僅是關聯敦厚社會風氣，而是維持高度老齡化社會的實際需要——試想，需要幾個年輕人來工作、賺錢、納稅才能夠維持一個長命又常病的老父母、老人家？需要多少個專業人員來服務、照顧他／她們？

　　先人太客氣了！他／她們心裏要說的莫非：「好囝」歡迎多，「歹囝」不嫌少！

【57】

不孝新婦三頓燒，有孝查某囝路裏搖。

Put-haù sin-pū saⁿ-tǹg sio, iú-haù cha-bó͘-kiáⁿ lō͘--nih iô.

Put-haú sīn-pū sāⁿ-tńg sio, iu-haú chā-bo-kiáⁿ lō͘--nì iô.

夢裏的孝女。

　　這句是「大家官」的感嘆。心裏老是惦念著嫁出去的乖查某囝，想她們是多麼的孝順，哪裏像這個媳婦，那麼不孝！可是，

「嫁出去的查某囝，潑出去的水。」(→24.15)奈何？這時，大家官忽然良心發現，說：「不孝新婦三頓燒。」媳婦不孝，熱騰騰的三餐供養不缺。

此句，修辭和意境都很美麗。修辭上，採用的是對偶反對式，「不孝新婦」對「有孝查某囝」；「三頓燒」經常奉待，實際的有孝，對「路裏搖」的三不五時，搖搖擺擺的回來做人客。

意義上，提醒爲人父母的、大家官的，不要執迷，認爲只有自己的查某囝才會孝順，而媳婦永遠是不孝的同義詞。誰比較有孝？本句，有解。

大家官：翁姑也，「大家」[tā-ke]和「大官」[tē-koaⁿ]的省略詞。 路裏搖：姍姍來遲，人還在路上蹣跚行走。

【58】

聽某嘴，乖骨肉。

Thiaⁿ bó· chhuì, koai kut-jiȯk.

Thiāⁿ bo· chhuì, koāi kut-jiȯk.

夫人聖旨聽不得！

舊說。提醒爲人丈夫的，不可聽信妻子的話，以免兄弟姊妹被離間，以致於破壞情誼。

乖骨肉：離間手足親情；兄弟姊妹是骨肉之親。

俗語顯示，先人對於老妻之言抱持著既敬畏且懷疑的態度。懷疑的有「毋通聽某嘴，則免攬胸吐大氣。」(→26.52)敬畏的有「聽某嘴，大富貴。」(→26.51)和「聽某令，卡好敬神明。」(→26.51*)

(本句詳解，見25.35)

【59】

細漢母生，大漢某生。

Sè-hàn bú siⁿ, toā-hàn bó· siⁿ.

Sé-hàn bú siⁿ, toā-hàn bó· siⁿ.

開竅了嗎？老公。

　　父母，特別是老母，用來發洩憂怨。眼見小時乖巧聽話的心肝寶貝，結婚之後太太萬歲。老父母覺得再也得不到了解、尊重、孝順；十月懷胎，三年奶哺，一生的關愛，宛如一場惡夢。同義句有：「細漢母親，大漢某親。」

　　以前曾聽說，台灣人的老母，尤其是老寡母，三更半夜會潛近媳婦的房間來偵察動靜，探看情況；嚴重的，還會祭出「狐狸精」一類的咒語，並處媳婦孤守空房。當然，這是少數特例，不必驚奇。

　　可喜的是，以色列人的洞房花燭夜，老爸媽給他／她們的後生和新婦，也給自己，唱出一首美妙的詩歌：

> 妳是我骨裏的骨
> 我肉中的肉；
> 你我離開了父母
> 結合在一起
> 連成了一體。
> 妳啊！
> 光著身體
> 我啊！
> 沒有害羞
> 只有……❾

　　何時？我們的老爸媽才會哼「離開了父母」的情歌，來代替

「大漢某生」的哀怨。我們相信，孩子離開了，獨立了，反而更知道「有孝」，更會關懷！

【60】

未娶是母囝，娶了是某囝。

Boē-chhoā sī bú-kiáⁿ, chhoā-liáu sī bó·-kiáⁿ.

Boē-chhoā sī bu-kiáⁿ, chhoā-liáu sī bo·-kiáⁿ.

心酸酸的阿母。

用法和意思相似於上一句。

本句，構造工整巧妙，修辭用的是對偶反對式：「未娶」、「娶了」，「母囝」、「某囝」，一對對的反對。尤其是「母囝」質變，成為「某囝」，此情此景，難免叫媽媽心裏醋醋然了。

奉勸少年夫妻，身邊有喜歡吃酸的老母者，您們的大小貼心動作應考慮時間地點，而知所節制才好！

【61】

有直抱的娘，燴記得橫抱的娘。

Ū ti̍t-phō--ê niû, boē kì-tit hoêⁿ-phō--ê niû.

Ū ti̍t-phō--e niû, bē kí-tit hoēⁿ-phō--e niû.

記憶體更新了！

後壁厝九嬸婆，用來恥笑李老太太給她的單生獨子娶了媳婦之後，後生就把她忘得一乾二淨，眞是所謂的「娶一個新婦，過一個囝！」(→13.16)

這句俗語用了二個多采多姿，又相當寫實的表象：「直抱的娘」和「橫抱的娘」。同時，暗示這兩種「娘」，水火不相容，有妳就無我！眞可憐，李老太太認同的這個「橫抱的娘」，看來早已大大不敵「直抱的娘」了！

「新娘」上場,「老娘」退場,是人生戲劇的一種場面。想通了,沒啥!李老夫人啊,安啦!

【62】

翁親某親,老婆仔拋車輪。

Ang-chhin bó·-chhin, laū-pô-á pha-chhia-lin.

Āng-chhin bo· chhin, laū-pō-á phā-chhiā-lin.

婆婆的有氧體操。

老母的怨嘆。眼看自己一手養大的心肝寶貝,自從娶媳婦以來,效法鴛鴦,永浴愛河。老母不但得不到新婦的奉待,反而像「老婆仔」一般地,煮三餐,清內外,忙得團團轉地款待他/她。

翁親某親:形容夫妻卿卿我我,非常親密。　老婆仔:老媽子。　拋車輪:忙碌工作如車輪轉動不息。

【63】

丈人丈姆,眞珠寶貝;老父老母,路邊柴紕。

Tiūⁿ-lâng tiūⁿ-ḿ, chin-chu pó-poè;

　　laū-pē laū-bú, lō·-piⁿ chhâ-phoè.

Tiūⁿ-lāng tiūⁿ-ḿ, chīn-chu po-poè;

　　laū-pē laū-bú, lō·-piⁿ chhā-phoè.

泰山泰水萬歲!

用來諷刺爲人後生的,自從娶妻以來,全心全意歸向妻的娘家,對於岳父母大人尊敬得五體投地。同時,冷落了自己的父母,待他/她們如同廢物。類似句有:「丈人丈姆,眞珠寶貝;舅仔國公元帥;老父老母,六月破被。」

本句修辭,用上了二種的對偶反對式:「丈人丈姆」對「老父老母」乃是本家對外家;「眞珠寶貝」對「路邊柴紕」是珠寶對垃圾

的價值差異，也是冷暖的差別對待。句子用腳韻[-oè]，都是擲地有聲的尊重和輕賤。

　　路邊柴紕：形容被丟棄的，沒有用的東西；柴紕：原木裁製後，鋸掉的不成材料的柴片。　　六月破被[phoà-phoē]：喻指廢物；夏天不必用，冬天用不得。

【64】

濟囝，餓死父。

Chē kiáⁿ, gō-sí pē.

Chē kiáⁿ, gō-si pē.

通通不肖？

　　用來諷刺一家大小兄弟多人，沒有一個孝養父母親的，讓他們的父母挨餓受凍。

　　背景：古今內外，這種情形常常發生。不僅是貧窮的家庭，因為孩子長大，必須離家謀生，而失於照顧父母。就是富有的父母，將財產一盡分給孩子之後，父母得「輪伙鬮」了。此後，「餓死父」的不幸，很可能發生，特別是那些硬脾氣的父母。類句有：「好囝唔免濟，濟囝餓死父。」「好囝唔免濟，歹囝誤老父。」

　　濟：多也，如「濟濟多士」。　　餓死父：誇張地形容遭到子女冷落，生活沒有得到照顧。　　輪伙鬮[lûn hoé-khau]：父母按月或旬輪流到兒子的家庭居住，接受孝養；字面義是，抽籤決定供應伙食的輪番次序。

【65】

飼囝無論飯，飼父母算頓。

Chhī-kiáⁿ bô-lūn pñg, chhī pē-bú sòng-tòng.

Chhī-kiáⁿ bō-lūn pñg, chhī pē-bú sńg-tòng.

親愛vs.子愛。

　　父母得不到孩子扶養，憤懣不平的怨言；冷眼的旁觀者或勸善老人，可能用這句話來教導少年後生孝養的道理。

　　句裏提出親子間二種相對的愛：父母的愛是「無論飯」的愛，而子女的卻是「算頓」的敷衍。

　　未免太誇張了！虐兒的父母和孝養的兒女一樣，多多有！親子的感情不可以如此二刀分法。把這句話當做警語，如何？

　　無論飯：形容盡心疼惜、養育，不計較金錢、不計較一切；字面是，不計較孩子吃多少飯。　算頓：表示對父母的愛是極有限的，會計較的；字面義是，替父母數饅頭，計算再過幾餐飯，就要通知老二來接過去供養。

【66】

飼囝無卡快，飼父母卡奧。

Chhī-kiáⁿ bô-khah-khoài, chhī pē-bú khah-oh.

Chhī-kiáⁿ bō-khá-khoài, chhī pē-bú khá-oh.

兒心不古？

　　用法類似上一句。斷言，父母養育兒女容易，兒女孝順父母困難——一股強烈的，孝道淪喪的怨嘆。

　　卡快…卡奧：（行爲、事理）較容易…較困難（實行、了解）；例如，「講卡快，行卡奧。」「開錢卡快，趁錢卡奧。」

【67】

食翁的坐得食，食囝的跪得食。

Chiảh-ang--ê chē-teh chiảh, chiảh-kiáⁿ--ê kuī-teh chiảh.

Chiā-ang--è chē-té chiā, chiā-kiáⁿ--è kuī-té chiā.

夫人變乞婦！

　　老智者冷眼觀看人間，感慨地道出這句眞言：婦人安穩吃定了老翁，大辣辣地「坐得食」；難囉，媽媽要依賴兒女供養，就要「跪得食」哦！

　　無解，無解！爲甚麼「食翁」和「食囝」之間，就是尊嚴和屈辱之別？

　　食翁：妻子從丈夫獲得生活的一切需要；字面是食丈夫。　坐得食：喩指自然的，理所當然的享有。　食囝：指父母依靠兒女供應度日。　跪得食：指仰子鼻息，看孩子的臉色來維持生活；字面義，跪乞捨施食物。

　　（本句又見，25.13）

【68】

刣鷄，阿媽名。

Thaî ke, a-má miâ.

Thaī ke, a-ma miâ.

口水孝。

　　大概是老母沒吃到鷄屁股的不平之鳴吧。

　　背景：老外媽到女婿家裏去了。乖查某囝歡喜難禁，在老母面前向孩子們鄭重其事的宣告：

　　「今天，我們要宰一隻大鷄來孝敬阿媽！」諸孫一聽歡聲雷動。

　　吃晚飯的時候，桌上果然擺著一大盤蒜泥白片鷄。

　　「阿母，著挾起來食！」乖查某囝慇懃勸吃。

　　老母挾一塊，送入嘴，咬動了一排蛀齒，再也不敢嘗試。

　　「阿媽，妳呣著吃！」乖孫也熱烈勸吃鷄肉。

　　老阿媽只能聞蒜香，而凝視硬鷄肉，來猛吞口水。但見幾個

戇孫仔大快朵頤，一下子吃得盤底朝天。

　　好高興喲！媽媽給外婆宰了一隻老母鷄，做了一好好吃的⋯⋯

　　阿媽名：（所做的事）頂著祖母的名，看在她的份上而爲，其實另有用意。

【69】

新婦，大家；查某囝，娘嬭。

Sin-pū ta-ke, cha-bó͘-kiáⁿ niû-lé.

Sīn-pū tā-ke, chā-bo͘-kiáⁿ niū-lé.

反了，反了！

　　用來調侃人，恥笑他／她們的家庭倫理秩序紛亂，「新婦」和「查某囝」既能幹又厲害，把「大家」當做小媳婦來發號施令，把媽媽看成小女孩來調教。

　　本句的構造是俗語所常用的「縮句法」。「新婦，大家」整句是「新婦不像新婦，反而像大家一般」。第二分句，似此。

　　新婦：媳婦。　　大家：婆婆。　　查某囝：女兒。　　娘嬭：媽媽。

　　（本句又見，13.18）

【70】

欠債怨財主，不孝怨父母。

Khiàm-chè oàn chaî-chú, put-haù oàn pē-bú.

Khiám-chè oán chaī-chú, put-haù oán pē-bú.

船過水無痕。

　　用做警言。指出不孝的子女怨恨他／她們的父母，宛如負債者怨恨債主。當然，這不是一般人的德性，但「不孝」和「不義」的人，不無這種可能性。用此古諺來做格言，還是滿有甦醒作用

的。語見,《注解昔時賢文》。

（本句詳解，請看427.49）

【71】

雙手抱孩兒,則知父母時。

Siang-chhiú phō haî-jî, chiah-chai pē-bú sî.

Siāng-chhiú phō haī-jî, chiá-chaī pē-bu sî.

原來如此！

善士用來勸人及時孝養父母；兒女用來表達虧欠孝親的懊悔。意思是：當自己爲人父母,手抱兒女來養育,來疼惜的時候,才體會到,知道父母的慈愛是什麼一回事。

善哉,人生重要的發現！但願子欲養而雙親健在。

【72】

手夯孝杖,則知苦哀。

Chhiú giảh haù-tñg, chiah-chai khó·-ai.

Chhiú giā haú-tñg, chiá-chaī kho·-ai.

子欲養而親不待也！

用來勸人及時孝養父母,因爲當一個人成爲「手夯孝杖」的孝男時,才知道要愛父母、孝父母,才知道父母貴重,已經來不及了——「樹欲靜而風不止,子欲養而親不待也。」《《韓詩外傳》》

孝杖：父母之喪,出山時,孝男隨靈柩而行,手上所持的竹杖；該杖長有1.4尺,上結麻布條。孝男每人一枝孝杖,長男一枝插在米斗內。❿ 樹欲靜而風不止：喻指父母逝世,兒女已經沒有機會奉養。（→18.22）

【73】

一錢,二父囝。

It chîⁿ, jī pē-kiáⁿ.

It chîⁿ, jī pē-kiáⁿ.

金老爺的頓悟。

懊惱的老爸，看破父子實相的怨嘆。說，金錢比親子的情份更加重要。大概是家有不肖子，要錢的時候才想到老爸吧。

【74】

親囝親兒，呣值著荷包仔兩個錢。

Chhin-kiáⁿ chhin-jî, m̄-tat-tioh hā-pau-á nn̄g-ê chîⁿ.

Chhīn-kiáⁿ chhīn-jî, m̄-tat-tiō hā-paū-á nn̄g-ē chîⁿ.

還是錢奴可靠。

老父母的怨嘆。經驗到一生期待奉養的親生孩子的冷落，被刺激出「金錢至親」的偏極思想。

親囝親兒：親生兒女，不是領養的。　呣值著：(價值)比不上。　荷包仔：小荷包也，舊時繫在腰間，藏在上衣底下的錢包、錢囊。

反了，反了！老父母為甚麼推翻了、否定了一向堅信的「地著親耕，囝著親生」(11.19)和「千兩銀，𣍐買親生囝」(11.30)的傳統教條呢？為何那麼悲憤地高估著「荷包仔」裏面的兩個小銅板？

世上有許多孝順的「親囝親兒」，為甚麼金老爺賢伉儷遇子不孝？假如金錢是那麼「有夠力」，為甚麼不用它來「購買」孝心孝思呢？這裏有一些問題頗值得三思。

【75】

一朝無食，父子無義。

It-tiau bû sit, hū-chú bû gī.

It-tiau bū sit, hū-chú bū gī.

何其絕情哉！

諷刺人家父子不和。這句老名諺挑出人性弱點，爲了「爭意氣」，非鬥得你死我亡不可，即使至親如父子也難逃這種罪性。

典故：唐、長孫順德受賄犯罪，太宗賜死，令他自盡。順德自縊之前要他的孩子給他準備最後的酒食；但他的孩子拒絕。順德大怒，奏請太宗皇帝以其子代死。皇帝准奏。當時的人，搖頭嘆息，用這句話來叙述父子間的一場悲劇。(→《注解昔時賢文》)

雖然長孫順德父子過去爲了什麼而爭執，我們不得而知，但一定不是什麼血海深仇。爲甚麼結局變成如此悲慘？顯然，這兩父子都是乾屎性子，我執頑強。孩子拒絕老爸最後一餐的要求，放棄「修和」破碎的感情的最後機會。那個老爸，惡用「不孝子」的罪名，利用昏君來滿足老頑固邪惡的意志。眞悽慘！

父子瓜葛有如此嚴重的嗎？道統所謂的「父慈子孝」到那裏去了？以小見大，「一朝無食」只是倫理冰山的一小角！

【76】

一欉肉豆，卡好三個查某囝。

Chit-châng bah-taū, khah-hó saⁿ-ê cha-bó·-kiáⁿ.

Chit-chāng bá-taū, khá-ho sāⁿ-ē chā-bo·-kiáⁿ.

查某囝不如肉豆？

舊時，窮父母的怨嘆。眼看一家養了三個快要出嫁的女孩，心裏就有自己無能張羅她們的嫁妝的悲哀。她轉身看到茅舍後的那欉肉豆，生得累累墜墜，供給一家所需的菜蔬！老人如有開悟，認爲「女孩不如肉豆」──眞務實之徒也！

肉豆：鵲豆、扁豆也。蝶形花科扁豆屬蔓性多年生植物，原產熱帶非洲。莖蔓長可達8公尺，開白、紅花，豆莢扁平，內包3-6粒種

子。肉豆的幼嫩豆莢，或是成熟豆粒都可食用，營養豐富又好吃。我國的主要產地：台南、嘉義、雲林；11至2月爲盛產期。⓫

【77】

兒孫自有兒孫福，莫爲子孫作馬牛。

Jî-sun chū iú jî-sun hok, bôk uî chú-sun chok má-ngiû.

Jī-sun chū iu jī-sun hok, bôk uī chu-sun chok ma-ngiû.

不當牛馬，當清潔工人吧！

　　用做警語，勸解父祖毋庸爲子孫太過操心計較，兒孫自有他／她們的福氣！

　　這是一句流傳久遠的古諺，《增廣昔時賢文》作如：「莫把眞心空計較，兒孫自有兒孫福。」十一世紀中葉，天台道士徐守信，瀟灑地吟道：

　　　　汲汲光音似水流［Khip-khip kong-im sū suí-liū］，
　　　　隨時得過便須休［suî-sî tek-kò piān-su hiu］；
　　　　兒孫自有兒孫計［jî-sun chū-iú jî-sun kè］，
　　　　莫與子孫作馬牛［bôk-ú chú-sun chok má-ngiû］。⓬

　　不錯，「莫爲子孫作馬牛！」有道理。可惜，近代多數台灣人做了經濟繁榮的「牛馬」，以至於污染環境、耗盡資源、破壞土地，讓空氣、水源、田園、海洋，處處充滿奪命毒物。同時，政治、社會、治安、教育的嚴重問題一大堆。逍遙道人的「隨時得過便須休」，豈是現時台灣人所能安心享受的清福？

　　「兒孫自有兒孫福」何處來哉？答曰：來自全體台灣父母的覺醒和奮鬥。不然，處處「娼寮」、「毒窟」、「賭場」、「廢墟」，⓭哪

裏是有福的台灣子孫的生活環境？

　　不當馬牛，可以理解，擔當美麗島的「清潔工人」如何？

注釋

1. 吳昭其，「麻竹筍」《台灣的蔬菜㈠》(台北：渡假出版社，1997)，頁39。

2. 按史玉琪的報導，我們標題式的摘出一些要點。原文從族群觀、家庭觀、婚姻觀、工作觀、宗教觀，等方面做了比較全面的概說，很有參考價值。(史玉琪「遇見21世紀的Z人類」《自由時報》1999(1.2):44)

3. 報載，「皮皮」在去年十月得到一位林姓牧師的認養。他雖育有兩個孩子，還決定認養他，據悉，「皮皮」深得愛戴接納。(見，《自由時報》1998(11.11):7)

4. 最近，婦女團嚴重抗議中央氣象局這種不合時宜的用法。而該局決定「從善如流」不再用這句俗語來描述。(見，《自由時報》1999(2.28):9)

5. 參看，陳正家「家中活佛與快樂天堂」《中央日報》1994(1.5):5。

6. 「閔子騫單衣順母」：春秋魯人閔子騫，後母給他穿的是蘆絮單衣，給親生的是棉裘，但閔子騫忍苦不言。寒冬某日，給父親推車，因體寒，無力控制。父察覺原因，要休後母。但閔子騫為她求情，因而感動繼母。

　　　「王祥臥冰求鯉」：晉時，王祥的繼母不慈，經常向丈夫說祥的壞話，以致失愛於父親。但祥極孝順她。某日寒冬，後母愛吃鯉魚，祥裸體躺在冰凍的河上，用體溫化冰，跳出一尾鯉魚來。祥帶回奉母。(《二十四孝》之第四、十二孝。)

7. 楊志有一篇極有啟發性的文章，從生物學，演化學的角度，看劉朝坤殺害駱明慧的幼子的罪行。除了提到人和動物殺幼童兒嬰獸的事例和學理以外，他肯定人可能掙脫自私的基因的控制。(參看，楊志「人類虐殺幼童與動物殺嬰行為」《自由時報》1999(5.17):15)

8. 這段《莊子‧天地篇》原文是:「厲之人,夜半生其子,遽取火而視之,汲汲然,唯恐其似己也。」「厲之人」,唐成玄英疏:「醜人也。」有將之解釋做「痲瘋病人(the leper)」的。(James R. Ware譯,《莊子》台北:文致出版社,1983,頁145)

9. 為了表達詩情,筆者更動了句式,但原義是一樣的。原典請看,《聖經‧創世記》2:22-24。

10. 洪惟仁,「孝杖」《台灣禮俗語典》(台北:自立晚報,1986),頁290。

11. 吳昭其,「鵲豆」,同上引㈡,頁134-135。

12. 見,清、厲鶚輯《宋詩記事》。

13. 我國文學家宋澤萊名著《廢墟台灣》(台北:草根出版公司,1995)發人深省,尤其是對台灣自然、社會生態有重要的信息和啟示。

第二節　兄弟、姊妹

本節段落：
手足之情01-09　分家獨立10-15　兄弟不睦16-22
帶壞妹妹23-24　另類兄姊25-28

【01】

大是兄，細是弟。

Toā sī hiaⁿ, sè sī tē.

Toā sī hiaⁿ, sè sī tē.

長幼有序。

用來教導小孩，應該敬愛哥哥姊姊，「大」的是兄姊；「細」的是弟妹。這就是所謂的「有大有細」，眞有禮貌也。

大…細：這裏指的是長幼；另指尊卑，輩份。　兄…弟：實際上也包含姊妹。　有大有細：（下輩對上輩）有禮貌。

【02】

共父各母是該親，共母各父是他人。

Kāng-pē koh-bú sī kai-chhin, kāng-bú koh-pē sī tha-jîn.

Kāng-pē kó-bú sī kaī-chhin, kāng-bú kó-pē sī thā-jîn.

血統之親也。

斷言，所謂「親」兄弟姊妹是以「共父」爲標準的，即使是「各母」。至於，「共母各父」，雖然也是以「兄弟姊妹」相稱，但不算是親的兄弟姊妹了。──這是父系社會的統譜。

這句話的修辭，用的是對偶反對式，對得相當工整：「共父

各母」和「共母各父」，真是同中有異，異中有同的好對偶；民間是那麼重視血緣，於是分出親中有疏，那是「該親」和「他人」之別。

　　共…各…：同…異…。　　該親：當然算是至親的兄弟姊妹，都冠父姓。　　他人：誇張的說法，別人，不是親人；實際上，沒有如此小心眼的看待。

【03】

兄弟若手足。

Hiaⁿ-tī ná chhiú-chiok.

Hiāⁿ-tī na chhiu-chiok.

不即不離也！

　　用來描述和強調兄弟姊妹的密切關係，那是如同手腳之不可分離，尤其是童年時期的同手足之情；遊戲打架，吃飯睡覺，讀書工作也都在一起。眞手足也！

　　（參看，「兄弟如手足，妻子似衣服。」J.09）

【04】

苦瓜雖苦共一藤，兄弟雖歹共一心。

Khó·-koe sui-khó· kāng chi̍t-tîn,

　　hiaⁿ-tī sui-phaíⁿ kāng-chi̍t-sim.

Kho·-koe suī-khó· kāng chi̍t-tîn,

　　hiāⁿ-tī suī-phaíⁿ kāng-chi̍t-sim.

好厲害的共一！

　　舊時，兄弟姊妹之間若有紛爭不睦，村長老可能用這句俗語來勸勉，要他／她們，同一顆頭顱，同一副心肺，同一個鼻孔，來相忍爲家。

本句是用「苦瓜雖苦共一藤」爲興句，言下之意，同一藤苦瓜，彼此以「苦」對待對方，是自然之後事；都是苦瓜嘛，沒啥！然後，引出主句「兄弟雖歹共一心！」說的是，兄弟之間難免有糾紛，但實際上是「共一心」的；所以，不要計較，馬馬虎虎算了。

苦瓜：我國的重要蔬菜之一，可做「苦瓜沙拉」等等多種好吃的料理，也可做食療用。5至10月是盛產期，主要的產地有柳營、田中、二水、田尾等地。我國的俗語中，有許多可愛的「苦瓜」。（參看，134.18; 247.09; 11.01*; 12.04） 共一：同一、同樣的（根莖、父母、思想等等）。 歹：紛爭不睦，意見相左，無法協調等等，不好的事。

規勸兄弟姊妹和睦相處，用意至佳！若有什麼摩擦，應該彼此反省；有過則改，那管序大序細，用懺悔的心來重修舊好是必要的。

雖然這句俗語的原意甚好，但類比不倫，需要注意。試問：歹兄弟，有「共一心」的可能性嗎？歹兄弟的思想行爲，符合「兄友弟恭」的倫理規範嗎？同父同母，必然同「一心」嗎？一藤大小苦瓜都苦，可能；一胞大小兄弟都同心，未必然也！

那麼，這句俗語有何意義呢？答曰：有！激發台灣人看清「同文同種」和「共一心」沒有必然的關係。試問，兄弟之邦中國，善待過我國嗎？文攻武嚇，無所不用其極的壓迫。若說「共一心」，豈非自欺欺人？

模糊的「同一」，隱含危險的同一化，暗含「統一」的惡念！歹兄弟，就是歹兄弟，何來一心一德？散夥都來不及，還敢高吭貫徹始終？

「落地爲兄弟，何必骨肉親？」（陶潛《人生無根蒂》）多偉大的心

啊！爲甚麼要製造家族、種族、民族主義來壓迫異己，殘殺異族？

【05】

手曲，屈入無屈出。

Chhiú-khiau, khut-ji̍p bô khut-chhut.

Chhiu-khiau, khut-ji̍p bō khut-chhut.

台奸都不是台灣人？

　　這是一句老名諺。村長老用來勸勉兄弟姊妹必須互相信任，可能是彼此之間有了「吃裏扒外」一類的猜忌。理由是：兄弟姊妹的感情構造如同「手曲」，它一定是「屈入」，絕對沒有「屈出」的道理。同義句有：「指頭仔，屈入無屈出。」

　　手曲：前肘部，上臂和下臂的結聯部位。　屈入：上臂和下臂的運動都是向裏面彎的；嚴重脫臼或斷臂，可能屈出。　指頭仔[chńg-thaû-á]：手指頭。

　　　（參看，「豬肚咬出去，草鞋咬入來。」16.22）

【06】

兄弟同心，烏土變做金。

Hiaⁿ-tī tâng-sim, o·-thô· piàn-choè kim.

Hiāⁿ-tī tāng-sim, ō·-thô· pián-chó kim.

㊣黑金兄弟。

　　用來勸勉兄弟姊妹同心協力，一起打拚耕耘田園、經營事業，則可賺錢獲利。《格言諺語》做：「二人同心，黃土變金。」

　　這句諺語的基本句式可能是《易·繫辭上》的「二人同心，其利斷金。」然後演變成「二人同心，黃土變金。」，繼之從第一分句衍生出：「三人同心…」、「父子同心…」、「兄弟同心…」、「翁某

同心…」等等。這種衍生句，是俗諺常有的句式。

　　烏土變做金：化烏泥爲金錢，耕耘收穫以得地利也；非今之「黑金兄弟人」。

　　大家一起做事，歹事例外，不論是耕作或經商都是應該同心協力的。這是家庭成員的重要德目，也是工商從業人員的職業道德。如古人所言：「兩人一條心，有錢堪買金；一人一條心，無錢堪買針。」(《增廣昔時賢文》)

【07】

拍虎掠賊，嘛著親兄弟。

Phah-hó͘ liáh-chhát, mā-tióh chhin-hiaⁿ-tī.

Phá-hó͘ liā-chhát, mā-tiō chhīn-hiaⁿ-tī.

所謂親兄弟。

　　這是很有名的俗語。用來勸勉兄弟要互相幫助，特別是扶持軟弱，解救危險艱難。因爲「拍虎掠賊」一類的，只能依靠「親兄弟」，外人是不伸援手的。《訓蒙教兒經》有言：「有酒有肉多兄弟，急難何曾見一人；打虎必須親兄弟，上陣還須弟子兵。」

　　拍虎掠賊：泛指遭遇危險，前來冒險救命的行爲。　　拍虎：打老虎也。動物保育人士抗議我國的教科書有「武松打虎」；老虎是珍獸，不是被打來取鞭壯陽的對象。　　掠賊：捉賊也。

　　同胞手足，親愛互助，我們必不乏親身經驗，其感人故事難以盡述。

　　這裏有個「古典的」問題，如同耶穌基督反問衆人的：「誰是我的母親？誰是我的弟兄？」會是誰？耶穌的答得很淸楚：凡是實行上帝的仁愛、公義的旨意者，就是！(→《聖經·馬太福音》12: 48-50)

似此，針對現代台灣社會實況，我們要說：凡是救人脫出虎口，保人免得賊手陷害的，保障女人不被強暴殺害的人，通通有資格稱為「兄弟姊妹」了。說得通嗎？通得很！且別說，現代家庭單生獨子的比比皆是，「親兄弟」幾乎不可得；就是有，也不見得願意，不見得有能力來「打虎捉賊」。所以，凡是伸出援手的，不論親疏，不是「兄弟姊妹」又是什麼？

文明社會，「虎」是保育的對象；掠賊，由警察來執行。至於，個人、社會的大災難，陌生人兄弟、外人姊妹，出力相助的多多有——我國以三億美元援助柯索沃重建。唐山頭腦想得通嗎？

【08】

三兄弟，股一條瓊麻索。

Saⁿ hiaⁿ-tī, kó͘ chi̍t-tiâu khēng-moâ-soh.

Sāⁿ hiāⁿ-tī, kó͘ chi̍t-tiâu khēng-moâ-soh.

團結團結打草索。

舊時，用來教訓兄弟，不可「獨立」發展，一定要同心興旺大家庭。理由是：如人「股」索，三兄弟人手一股，打來省事、快速，打出來的繩索粗細均勻又牢靠耐用。

股：（瓊麻絲、棉、毛等等）撚成粗線。　　股…索：將幾根粗線絞結成更粗的繩索。　　瓊麻：狀如林投樹，但樹身單一無枝又比較矮胖。葉長可達1.8公尺，寬可有10-18公分，形如雙刃劍，葉緣有銳利細齒，呈深綠色。原產地中美洲，在1930年代引進我國，在尼龍繩未流行之前，我國的山坡地，沿海一帶常有種植。瓊麻堅韌耐浸，早在哥倫布發現美洲之前，已經用來做船索了。

【09】

兄弟如手足，妻子似衣服。

Heng-tē jû chhiú-chiok, chhe-chú sū i-ho̍k.

Hēng-tē jū chhiu-chiok, chhē-chú sū ī-ho̍k.

手腳vs.衣褲。

　　用來強調兄弟的關係是多麼密切，如同手足之不可分離。這也就是所謂的「骨肉」之親。語見，《格言注解》。

　　本句用了「手足」和「衣服」做表象，要凸顯出兄弟和夫婦，二者之間的不同關係。手足，是肢體，是血肉關聯，有顯然的不可取代性；衣服，是商品，喻指可變、可替換的關係。——「兄弟如手足」是美妙的想像，但「妻子如衣服」確是野蠻的惡見，把妻子，把女人看成什麼東西啦？唐山屎！

　　典故：古書記載，張存，性孝友，從當官的外地帶回好多奇繪美錦。他將這些物品擺在大廳，任由兄弟選取，而罔顧妻子的需要。他說：「兄弟如手足也，妻妾外舍人耳，何先外人而後手足乎？」(《宋史·張存傳》)

　　諸位女讀者，請別害怕！這句俗語反映的是，舊時頑固的老秀才的思想，在台灣這個新世界，「妻子如衣服」的毒素難以散播。君不見，台灣男人疼某的不但是大部分，驚某的大丈夫更是家家都有。有許多台灣俗語可以為證，僅舉出三句給姊妹們壯膽：

　　　　「聽某令，卡好敬神明。」(→26.51*)
　　　　「一個枕頭督，卡贏三個總督。」(→26.49)
　　　　「猛虎住於房內，半暝展威無人知。」(→26.43)
看，台灣人的妻子何等尊貴威嚴，她像靈聖的「神明」，像大權在

握的「總督」，像威武攝魂的「猛虎！」──假猛的啦！

【10】

一家，一業。

Chı̍t ke, chı̍t gia̍p.

Chı̍t kē, chı̍t gia̍p.

獨立發展啦！

　　斷言，兄弟已經長大成人，分家獨立，各做各的事，各自努力奮鬥，認眞管理經營，不可多管閒事，不可給兄弟姊妹製造麻煩。

【11】

樹大分椏，囝大拆伙。

Chhiū toā pun-oē, kiáⁿ toā thiah-hoé.

Chhiū toā pūn-oē, kiáⁿ toā thiá-hoé.

分散是力量的擴張。

　　名諺也。用來主張兄弟分家的道理。此說，以大樹爲譬喻：樹大分枝，才會茂盛；似此，孩子長大了，就必須獨立門戶來奮發圖強，家族才會興盛。同義句有，「樹大分椏，人大分家。」

　　本句修辭用的是對偶同義式，大樹對大孩子，「分椏」對「拆伙」，對得好。腳韻用[-oe]，眞好聽。

　　分椏：樹木分枝，將來長大成大樹幹。　　**拆伙**：分享祖產也。舊時，有產業的老爸爸在「退休」前後或是身罹絕症的時候，大多會將家產分做幾個等份來給每一個孩子，讓他／她們自己管理。

【12】

兄弟分開，五服外。

Hiaⁿ-tī pun-khui, ngó·-ho̍k goā.

Hiāⁿ-tī pūn-khui, ngo·-ho̍k goā.

被他獨立去了！

　　斷言，兄弟「拆伙」，分門別戶以後，漸漸疏遠，甚至遠離在親族喪制之外。本句，用「五服外」來反映疏離之甚；其實，兄弟之喪，原來就是「五服」外的，和外親一樣服「白」。——古諺有言：「分家三年成鄰舍。」(《格言諺語》)

　　五服：五種不同的喪服，依親疏而異其服色。一、麻：麻布，子女、媳婦、長孫穿戴；二、苧，熟麻布，孫、甥、姪帶；三、淺，淺布，曾孫及其同輩帶；四、黃，黃布，玄孫及其同輩帶；五、紅，紅布，直系玄孫的兒子帶。所以用紅色，表示死者一族人丁興旺，是大哀榮的標誌。還有，死者同輩，及外親用「白」，即披白布衣，或是繫白布於上臂。❶

【13】

少時是兄弟，長大各鄉里。

Siàu-sî sī heng-tē, tióng-taī kok hiong-lí.

Siáu-sî sī hēng-tē, tióng-taī kok hiōng-lí.

珍貴萬分手足情，聚少離多奈何天？

　　各奔前程，散居異地的兄弟姊妹，回想小時候相處在同一個屋簷下的種種，而流露出來的感慨。語見，《注解昔時賢文》、《人生必讀》等書。

【14】

兄弟是兄弟，過江須用錢。

Heng-tē sī heng-tē, koè-kang su iong-chên.

Hēng-tē sī hēng-tē, koé-kang sū iōng-chên.

兄弟渡小筏，不搭霸王舟？

斷言，需要付錢的事，就算是親兄弟在經營，還得照樣算帳。語見，《注解昔時賢文》等。類語：「兄弟是兄弟，隨人照顧家己。」

典故：楚平王捕伍子胥急，胥至江上，有父老駕舟渡之。胥解劍謂之曰：「兄弟是兄弟，過江須用錢。今窮途無以為報，願酬以百金之劍。」父老辭不受曰：「楚法捕得子胥，賜粟十萬石…，豈圖百金之劍耶？以子之賢，遭楚之難，急渡汝矣！」子胥受其惠，後每食必祝曰：「江上丈人。」(見，《注解昔時賢文》舊注。)

【15】

親兄弟，勤算賬。

Chhin hiaⁿ-tī, khîn sǹg-siàu.

Chhīn hiāⁿ-tī, khīn sńg-siàu.

還欠債，通財之理。

用法和意義類似上一句。《格言諺語》做：「親兄弟，明算帳。」

【16】

家己的狗，咬無癀。

Ka-kī--ê kaú, kā bô-hông.

Kā-kī--e kaú, kā bō-hông.

兄弟難免有爭吵，沒啥！

用來勸解吵架的兄弟雙方，要他們多多忍耐，不要計較，因為這種衝突是像「家己的狗」，不會有惡意傷害，也不會發「癀」。——若是皮膚擦傷，就抹點紅藥水吧！

　　家己的：自己的（人、物）。　家己的狗：喻指同一家人，一家兄弟姊妹。　癀：傷處感染細菌發炎紅腫。

【17】

牛稠內，觸牛母。

Gû-tiâu laī, tak gû-bú.

Gū-tiāu laī, tak gū-bú.

內鬥英雄。

　　舊時，家長或村長老，用來責備那只會在家裏欺負兄弟姊妹的人。這種嗜好內鬥的人，都是眼中無人，心性狹窄。同時，是虛有其表之徒，遇見外敵只知逃命轉進。

　　句裏隱藏了一個攻擊「牛母」的主角，牠大概是一條胡亂發性的野牛港吧。可能心懷不軌，想要侵犯美麗又溫柔的母牛。

　　牛稠：牛欄、牛舍。　觸：（用惡語、暴行等等）欺負、攻擊；字面義是，用獸角攻擊。

【18】

三虎，必有一豹；三鷹，必有一鷄。

Sam hó·, pit-iú it pà; sam eng, pit-iú it ke.

Sām hó·, pit-iu it pà; sām eng, pit-iu it ke.

良莠不一，相爭難免。

　　斷言，同胞兄弟姊妹，體力智力有異，心性各自不同，難免強弱相欺。譬喻虎子之中也有小如豹的，鷹也會生出像小鷄一般的孩子。

　　第二分句，「三鷹，必有一鷄」，《格言諺語》作「三鷹，必有一鶬。」屬「鶬」雖然兇猛，還是比不上老「鷹」的。

【19】

無好兄，累小弟。

Bô hó-hiaⁿ, luī sió-tī.

Bō ho-hiaⁿ, luī sio-tī.

歹模作用。

　　用來教訓做哥哥姊姊的人，要他／她們記得做個好榜樣；要是自己行為不良，就會帶壞弟妹，連累他／她們。同義句有，「歹兄累弟，歹囝累父。」

　　無好：不好的(人、物)。　累：連累。

【20】

寧願飼虎，毋願飼狗。

Lêng-goān chhī hó͘, m̄-goān chhī kaú.

Lēng-goān chhī hó͘, m̄-goān chhī kaú.

寧給外敵，不給家奴。

　　指出兄弟為爭奪遺產而紛爭的可怕的心態：寧願給外人霸佔祖產，也不願讓給自己的兄弟姊妹。句裏，用「飼虎」喻表圖利外人；「飼狗」，說的是利益不給自己的狗兄狗弟。——老國民黨統治台灣的態度也！

【21】

兄弟相害，不如獨立。

Heng-tē siong-haī, put-jû tòk-lịp.

Hēng-tē siōng-haī, put-jū tòk-lịp.

獨立，最基本的安全。

　　用法有二：一、舊用法，老智者用來開化「老父母」，與其維

持一個吵吵鬧鬧，為分祖產而衝突的家庭，不如趁早讓他們兄弟
各自獨立。二、現代用法，當做警言，提醒人保護自己不受壞兄
弟傷害之道，就是獨立門戶，不要有任何瓜葛。

　　這句老諺是民間慘痛經驗的結晶，戳破道德主義者「兄友弟
恭」的粉飾，暴露出大家庭糊在一起的嚴重問題：「兄弟相害」！
本句，諺語書多有收集，但第二分句稍異，例如，《增廣昔時賢
文》作「…不如不生。」《人生必讀》作如「…不如路人。」《格言注
解》作「不如自生。」但意思是要人離開歹兄弟，獨立奮鬥，自謀
出路！

　　每當思想起這句俗語，都有深刻的感觸！獨立無礙於好兄弟
之間的感情，反而會有更多的力量來彼此互助合作。家庭的平安
興盛，因為是兄弟姊妹個個有獨立的能力；而國家主權的完全獨
立，才有免於被侵略的危險，才有安和樂利的可能性。不然，據
說，李登輝總統就是退休以後，中國仍然不准他去訪問日本。

　　兄弟失和、互相殘殺，一般是為了錢財、祖產；而古中國皇
家兄弟，則是為了權力、帝位。游鍵至此，憶起《三國演義》中的
一段故事：曹丕給他弟弟曹植羅織「恃才蔑禮」的罪名，令他七步
做成以「兄弟」為題目的詩，否則從重治罪。幸虧，曹植才思敏
捷，隨即吟出：

　　　　煮豆燃豆萁[Chú-tō· jiân tō·-ki]，
　　　　豆在釜中泣[tō· chaī hú-tiong khip]；
　　　　本是同根生[pún-sī tông-kin seng]，
　　　　相煎何太急[siong-chian hô thaì-kip]？❷

　　這是流傳千古的「七步詩」，用燃燒豆其來煮豆漿，譬喻兄弟相害之慘烈。每次誦唸，心裏莫不充滿難以名狀的悲痛、憤慨。

　　啊，是的，是的！「兄弟傷害，不如獨立！」

【22】

兄弟不和，交友無益。

Heng-tē put hô, kau-iú bû ek.

Hēng tē put hô, kaū-iú bū ek.

歹兄弟vs.好朋友。

　　用做警語，指出同胞兄弟姊妹無法和睦親愛相處，也就談不交朋友了！語見，《人生必讀》。

　　這句諺語不無道理！兄弟姊妹自幼生活在一起，只要沒有大利大害的衝突，而又有賢父母的「兄友弟恭」家教，有處處「血濃於水」的家族主義口號，要是「兄弟不和」，其人格就很有「研究」的餘地了。若問，這種人可能成為好朋友嗎？答曰：免想！「交友無益」也。

　　然而，兄弟姊妹是「骨肉」之親，不是自由意志選擇的，許多問題常常隱忍在「家醜不可外揚」的教條下。若是要等到修完「兄弟大和」的學分，再來實踐交友，恐怕沒有那麼一天哦。說不定，經驗過「兄弟不和」的，更知道交友之道，因為「交友」基本上是「選擇」；個性、興趣、志向格格不入的，自難成為朋友。一旦香味相投，很快就不聞其香了。

　　兄弟姊妹是必要親愛的，因為是上天的好意，因為是哥哥姊姊，是弟弟妹妹。不過，人必須要有好朋友！君不見，人生許多悲喜的代誌，「好朋友」都出現在身邊；就是工作、生活、思想也都有朋友的合作、關懷和影響！

【23】

大姊做鞋，二姊照樣。

Toā-ché choè-ê, jī-ché chiàu-iūⁿ.

Toā-ché chó-ê, jī-ché chiáu-iūⁿ.

家學淵源？

　　用來諷刺，壞姊姊帶壞了妹妹。同時，用來提醒爲人姊姊的，包含哥哥，必須要做個好榜樣，起個最佳的帶頭作用。

　　　（參看，325.03）

【24】

大的無好樣，細的討和尙。

Toā--ê bô hó-iūⁿ, soè---ê thó hoê-siūⁿ.

Toā--è bō ho-iūⁿ, sè---è tho hoē-siūⁿ.

上行下效。

　　用法相似於上一句。指出上不正，下則歪的道理。

　　　（參看，325.17）

【25】

不求同年同月同日生，但願同年同月同日死。

Put-kiû tông-liân tông-goa̍t tông-ji̍t seng, tàn-goān tông-liân tông-goa̍t tông-ji̍t sú.

Put-kiû tōng-lên tōng-goa̍t tōng-ji̍t seng, tàn-goān tōng-lên tōng-goa̍t tōng-ji̍t sú.

「死黨」口號第一句！

　　這句名諺原是誓詞，古代那些做好朋友猶嫌不足者，用來加深，用來堅固情意和義氣，以成爲結拜的另類兄弟姊妹。語見，

《三國演義》第一回。

【26】

桃園三結義,張飛關公扶劉備。

Thô-hn̂g sam kiat-gī, Tiuⁿ-hui Koan-kong hû Laû-pī.

Thō-hn̂g sām ket-gī, Tiūⁿ-hui Koān-kong hū Laū-pī.

異姓兄弟的典範。

　　本句可能是講古仙的「講目」,述說張關如何「扶」義兄劉備來
圖謀天下的故事。長久以來,經過《三國演義》的戲劇化渲染,劉
關張這三個異姓兄弟,已成為結拜兄弟的典範,也是傳統教導友
愛的常用題材。

　　這裏有二句相當好笑的諺語,是關於交上「兄弟人」的自我解
嘲:「人交桃園結義,咱交林投竹刺。」「別人交陪攏是關公劉
備,咱交陪攏是林投竹刺。」──看到自己交的這些人,又想到
「桃園三結義」而發出的嘆息。

　　扶:推尊、輔助。　桃園三結義:張飛、關公和劉備三人,在張
飛莊後的桃園,以烏牛白馬為祭牲來祝告天地,拜誓為兄弟的故事。
(→《三國演義》第一回)。　交陪[kau-poê]:(親友)來往交誼;平常有
(紅包、白包的)禮尚往來的交情。　攏是[lóng-sī]:都是。　林投
[nâ-taû]:鳳梨葉狀樹,深綠色長葉,葉之雙緣有小利齒,果形也頗
像鳳梨。我國沿海荒埔常可看到此類野生植物。許成章謂「林投」是俗
名,本名是「露兜樹」,又名「榮蘭。」❸　林投竹刺:喻指地痞流氓,
如同林投竹刺,一身是刺,隨時可能傷人。

【27】

酒食兄弟千個有,患難之時一個無。

Chiú-sı̍t heng-tē chhian-kô iú, hoān-lān chi-sî it-kô bû.

Chiu-si̍t hēng-tē chhēn-kō iú hoān-lān chī-sî it-kō bû.

酒酣耳熱席已散。

　　用做警言。提醒人酒肉朋友不可交，因爲在人生患難需要幫助的時候，這一夥劣等酒友都將做鳥獸散。當然，這句諺語間接地刺激我們反省，自己對朋友是否盡誠。語見，《訓蒙教兒經》。

　　這句俗語的修辭用的是對比異對式：「酒食兄弟」對「患難之時」，彼時划拳行令好不威風，好不熱鬧；此時，艱難落魄，走頭無路，眞悽慘也。「千個有」台上人物的風光場面，對上「一個無」的落幕後的悽涼。

　　爲甚麼交陪朋友，爲甚麼稱兄道弟呢？古以色列智者，答得頗乾脆：「朋友乃時常親愛，弟兄爲患難而生。」(《聖經‧箴言17:17》)其實，這也是本句俗語所蘊含的意思。——啊，爲親愛而生，爲共患難而活，多麼沈重！

　　人雖是軟弱的，但朋友親愛，兄弟姊妹分擔憂患的，也是處處可遇，時時可聞。深願大家，平安如意，不必麻煩兄弟或朋友。來，來，來，乾啦！

【28】

歹貓勢嗅尋，歹查某厚姊妹。

Phaíⁿ-niau gaû phīⁿ-chhoē, phaíⁿ-cha-bó͘ kaū chí-moē.

Phaiⁿ-niau gaū phīⁿ-chhoē, phaiⁿ-chā-bó͘ kaū chi-moē.

太妹原型？

　　舊時，用來譏刺一小群稱姊道妹的擅社交，有能力，敢拋頭露面來活動，來一起做事的女人。曩時，所謂大家閨秀，幾乎都是「禁閉」在深閨的，那裏敢製造什麼「厚姊妹」？

　　這句俗語的第一分句是興句，用「歹貓勢嗅尋」來引出主句

「歹查某厚姊妹。」與句是帶有譬喻性質的，句裏粗魯地用「歹貓」來比擬這群「姊妹」。

勢嗅尋：暗示，此貓偷腥的興趣勝過捕鼠；擺在桌上的、掛在壁上的獸肉、魚肉都離不開牠的嗅覺，逃不掉牠的腸胃。字義是，擅於用嗅的來尋找（獵物、食物）。　*厚姊妹*：結義的姊妹多；言下不懷好意，一群義姊妹在一起，還能幹什麼正經的事。這當然是老偏見。

我覺得「厚姊妹」是應該稱讚的。她們大都是見過世面的女人，滾過風塵的女士；知道單獨要面對大男人的世界，歧視女人的社會幾乎是不可能的。於是，結合在「十二金釵」，「十三姊妹」的旗幟下，群策群力，來做事業、打天下。

這一班姊妹，有一些共同特色：擅予交際，慷慨豪爽，有強烈的企圖心。在在是個勝任的女老闆、女總理。怎麼捨得用「歹貓」來諷刺呢？眞是！

二次世界大戰後，這一族人相當活躍，對於戰後的台灣社會的復甦有一定的貢獻。

注釋

1. 吳瀛濤用「麻、苧、淺、黃、紅」來描述「五服」，頗能反映台灣民間穿戴孝服的實際。此五等喪服的古代專名是：斬衰、齊衰、大功、小功、緦麻。（參看，吳瀛濤《台灣民俗》（台北：振文書局，1970），頁150；洪惟仁《台灣禮俗語典》，頁251-256。）

2. 這首詩的作者是否曹植，學界頗有爭論。我們引用的是根據《三國演義》79回「兄迫弟曹植賦詩…」。各本的句數、用字不一。首見於劉義慶的

《世說新語·文學》，原詩有六句：

　　　　煮豆持作羹，漉菽以為汁。

　　　　萁在釜下燃，豆在釜中泣；

　　　　本是同根生，相煎何太急？

3. 許成章《台灣漢語辭典》(台北：自立晚報，1992)，頁1533。

第三節 大家、新婦

本節段落：

【01】

飼查某囝別人的，飼新婦通做大家。

Chhī cha-bó·-kiáⁿ pat-lâng--ê,

　　chhī sin-pū thang-choè ta-ke.

Chhī chā-bo·-kiáⁿ pat-lāng--ê,

　　chhī sīn-pū thāng-chó tā-ke.

查某囝不如新婦仔。

　　舊時精明的老母用來自嘲。說什麼生養女孩最無利，十七八歲得把她嫁人，徹頭徹尾是別家的貨色。但「飼新婦」最合算，花少錢，多了一個幫手；昔時沒有男孩或獨子的家庭，常有此舉，正是俗語所說的：「無米有舂臼，無囝抱新婦。」把她養大後，贅個女婿或「抹做堆」，老母就可當「大家」了！

　　本句用的是對偶反對式，查某囝和新婦仔同雖是同樣要「飼」養，但結果大大不同，前者出嫁做別人的媳婦，後者留下來做自己的媳婦。

　　飼：養育。　飼新婦：童養媳婦也；是所謂的「養」新婦仔[sin-pū-á]，不是「娶」新婦。　通做：就能做（職位）。　大家：婆婆，丈夫的老母。　抹做堆[sak chó-tui]：看個吉日或是在除夕

夜，將長大成人的童養媳婦和後生送入洞房，成爲正式的媳婦。 ❶

　　半世紀之前，乞養童養媳婦之事時有所聞。那個小小新婦仔，在二三歲時就送過來收養。這樣做的目的可說是相當功利的，認爲將來可以省下給孩子完婚的一筆費用，家裏又能提早得到一個免費的全職工人。至於說，倆小夫妻的感情會比一般婚姻結合的更加親愛，是頗有疑問的；養了一個「新婦仔王」的慘重災情，也是時有所聞，所以俗云：「三年做大風颱，都唔養人新婦仔栽。」

　　現代台灣社會進入工商、科技時代，父母對於傳宗接代有不同的見解，使童養媳婦的事烟消雲散。可愛又可憐的「新婦仔」是已經走入婚姻史了！

【02】

飼後生替老父，飼新婦替大家。

Chhī haū-siⁿ thè laū-pē, chhī sin-pū thè ta-ke.

Chhī haū-siⁿ thé laū-pē, chhī sīn-pū thé tā-ke.

如意算盤裏的勞工。

　　舊時，小農戶或小商店，世世代代由長子來繼承。後生從青少年時期已經開始幫助父親做事，長大後管理父業，所以說「飼後生替老父！」

　　至於「飼新婦」所以替大家，根本是曩時社會結構使然，所謂「男治外，女治內」(→26.16*)，成爲煮三頓，綑柴搦草，飼豬飼鷄等比較是家裏的工作；當然，平時偶而也得巡田水，搔田草的，眞是大家的忠實又廉價的女工也。

　　這一類的勞動力是要準備，要提早飼養的。有時老母會自小收養來哺乳，讓小孩從小在一起，以收「全頓奶頭，卡同心」的期

待。

本句修辭式是對偶同對式：「飼後生」和「飼新婦」，對出了陣陣忙碌，對出了一個滿有企圖心的家庭。同時，「替老父」和「替大家」也都替得非常週到，天地日月都有助理人員。老公婆大可「蹺腳，撚嘴鬚」(→133.08) 了！

【03】

唔曾做著大家，腳手肉慄慄惙。

M̄-bat choè-tiȯh ta-ke, kha-chhiú-bah la̍k-la̍k-chhoah.

M̄-bat chó-tiō tā-ke, khā-chhiu-bah la̍k-la̍k-chhoah.

為何坐立不安？

名諺也。用法有二：一、調侃為了給後生完婚、宴客，而忙得團團轉的老母——老爸的話，就說成「唔曾做著大官…」。二、挪揄人面臨比較重要的、正式的新鮮事時，因缺乏經驗又缺乏自信，而反射出來的張惶失措。

從構句看，用「腳手肉慄慄惙」這樣的白描來調侃人是很成功的。試想，上任當婆婆那種愉快和緊張交戰的心情，那些親身指揮辦喜事的頻頻小動作，豈可形容成如患瘧疾的顛慄抖擻？人逢喜事精神爽嘛。嘲弄狂喜的，高度緊張的人，的確會製造詼諧的氣氛。

唔曾：未曾，還沒有做過。　腳手肉：指的是整個身體；字面上是，手和腳的肌肉。　慄慄惙：（害怕或歡喜的緊張；眼目、嘴唇、牙齒、手腳或全身的）戰慄、震抖，坐立不安。　大官[tā-koaⁿ]：公公也，不是舊時斷根的那種；丈夫的老爸。

【04】

初來新娘，月內幼囝——奧款待。

Chho·-laî sin-niû, goe̍h-laī iù-kiáⁿ──oh khoán-thaī.

Chhō·-laî sīn-niû, goē-laī iú-kiáⁿ──ó khoan-thaī.

待媳第一戒！

　　用做警語。可能是婆婆有志一同，用來互相提醒「初來新娘」是「奧款待」的，必要擺出一定的姿態，例如，要裝做很精明的樣子，隨時調敎，不可寵愛，使她在最短期間內習慣婆婆的「家敎」方式。

　　婆婆說新娘「奧款待」，頗有「防衛過當」的嫌疑哦。不過，這也確實是固有的傳統文化啊！從來認爲新媳婦剛進門的時候，比較容易調敎，若是寵幸有加，將來就會驕傲又懶惰，不出一個月媳婦平常婆婆。

　　奧款待：(態度、行爲)不容易對待；而「歹款待」是虐待。奧，難也；歹，惡也。　家敎[ke-kaù]：一個家庭特有的要求，不是家庭敎師那種「家敎」[ka-kaù]。

【05】

未娶新婦涎道流，娶了新婦目屎流。

Boē chhoā-sin-pū noā tō-laû,

　　chhoā-liáu sin-pū ba̍k-saí laû.

Boē chhoā-sīn-pū noā tō-laû,

　　chhoā-liau sīn-pū ba̍k-saí laû.

雙流婆婆。

　　九嬸婆用來諷刺急著要娶媳婦的劉太太，刺激她別太天眞，想媳婦想得「涎道流」。警告她，一旦媳婦娶進門來，可有她「目屎流」的日子。──啊，若是變成了「雙流」婆婆，不是很可憐的嗎？

　　這句俗語的形式和表象都很美麗精彩：把「道流涎」和「流目屎」倒裝起來，成爲「涎道流」和「目屎流」，形成了工整的對偶反對句式。這二個表象，一個活潑，另一個沈重；先寫貪愛，後述後悔。這樣的造句，力道夠，腳韻美，尤其是押下[-au]韻，眞好聽。

　　涎道流：動物非常飢餓，美食當前而又不得開動，刺激得口水直流。這個詞組裏的「道」字，介述著生理、心理、感情和意志活動的反應，例如，「聽著參加過八二三砲戰，四肢道無力。」──此處，「道」[tō]，「著」[tiō]相通。　目屎流：痛心流淚。

【06】

慄慄惙，獪得新婦著；新婦著，褲頭帶目藥。

Lak-lak chhoah, boē-tit sin-pū--tioh;

　　sin-pū--tioh, khò·-thaû toà bak-ioh.

Lak-lak chhoah, bē-tit sīn-pū--tiō;

　　sīn-pū--tiō, khó·-thaû toá bak-io.

用法和意思相似於上一句。

　　本句，比上一句詼諧百倍，諷力更強。天可憐見，「獪得新婦著」的時候，到處燒香拜佛，虔誠祈禱早日娶媳婦。誰知，婆媳進門不久，婆婆竟然被媳婦煎熬得兩眼紅腫，只好隨時「褲頭帶目藥」來濕潤流盡眼淚的乾眼球了。

　　這句俗語採用的形式相當特別，用了回環修辭式：第一分句末尾的「新婦著」，回過來做第二分句的句首，再用「新婦著」和「帶目藥」來相呼應；「著」和「藥」音義奇妙，豈不是說「著藥」嗎？還有，「褲頭帶目藥」，暗示這位婆婆是單純的農家婦女，不是穿長裙、穿旗袍的厲害腳色。啊，眞漂亮的台灣諺語！

慄慄愓：（爲要滿足渴望已久的欲望，引起的）坐立不安，動作頻頻。（→「腳手肉慄慄愓」.03）　繪得…著：渴求（人、物、理想）而不得。　褲頭帶…：舊時，男女穿長褲是不用皮帶的，把極寬闊的褲頭拉來叉在一起就行了；這瓶眼藥水也就可藏身褲頭之間。　目藥：眼藥水。

　　注釋這句俗語的時候，心裏一直浮現出，一個古意、軟弱的老姊妹，不時從褲頭摸出一瓶目藥水，來點睛潤球，準備再哭。害，害，害！婆媳眞的如此薪火難容嗎？「褲頭帶目藥」，多麼可憐，多麼滑稽啊！

【07】

赤腳大家。

Chhiah-kha ta-ke.

Chhiá-khā tā-ke.

頗有意見的婆婆。

　　可能是旗鼓相當的賢媳婦，用來「尊稱」她的婆婆吧。說她的婆婆厲害萬分，雖然是「讀人之初，畢業的」（→411.17），但講話直接有力，又兼嘮叨萬分，也敢調教我這個高女出身的千金小姐。

　　赤腳大家：喻指這個婆婆沒有讀書，但很敢「督導」媳婦做事。此類婆婆腦筋都頗清楚，做事乾淨俐落，又有「不忍人」的德性，雖然沒有穿鞋上過幼稚園。

【08】

大家勇，吗驚新婦軟腳。

Ta-ke ióng, m̄-kiaⁿ sin-pū nńg-kha.

Tā-ke ióng, m̄-kiāⁿ sīn-pū nng-kha.

總經理兼工友。

親友給婆婆加油的話。意思是：只要婆婆身體健康，做事敏捷，就是媳婦軟弱些也沒有什麼關係。——請賢慧的媳婦不要用這句話；三八的，不妨一試。

背景：婆婆和孩子、媳婦、孫兒住在一起的家庭，有時候媳婦要天天「通勤」上班。這時，婆婆就要繼續負起一切家務，別說一日三餐要操勞，又得戀媽育金孫。一天操下來，沒有不腰酸背痛，滿腹鬱悶的了。

久悶難過，老婆婆向九嬸婆訴苦，但回答的是這句：「大家勇，唔驚新婦軟腳。」共勉了，妳這個婆婆身體硬朗得很呀，怕什麼！何況，媳婦是出門賺錢的；何況，在家裏有金孫可育，也是跟妳老人家做伴的呀！

軟腳：身體比較軟弱，例如，「軟腳蝦」，不夠力的男人也。　通勤：不住在工作場所，或其附近，而天天要通車上下班。

【09】

大家有嘴，新婦無嘴。

Ta-ke ū chhuì, sin-pū bô chhuì.

Tā-ke ū chhuì, sīn-pū bō chhuì.

含水以赴吧！

古之訓女要言。這是舊時代的賢媽媽，送女兒上轎前的「三交代，四吩咐」(→11.33)之一。說的大道理是：忍耐，再忍耐，又忍耐吧！要是婆婆公公有什麼委屈妳的，只能伏首認錯，不准辯解，絕對不許頂撞。——難矣哉，媳婦也。同義句有：「大家有話，新婦無嘴。」

這句抑壓個性的女戒，卻是用最簡捷有力的對偶反對式來修辭構句的：「大家」和「新婦」成水火對偶；「有嘴」的專制婆婆來反

對「無嘴」的媳婦。

　　大家有嘴：只許她老人家有意見；有嘴，喻指有話說，有意見來督促。　　*新婦無嘴：不能有意見，更不准發表「家是」一類的宣言。*

　　古訓要求媳婦單行道的忍耐，當然是偏頗的。想到老婆婆一生忍耐，也夠受的了！應該放媳婦一馬，不要再製造困難給媳婦來學習堅忍。當媳婦和當婆婆的機會是均等的，何必急急地相煎熬？

　　有大善人在五股觀音山風景區，登山路旁，立了一大塊「勸婆石」，上面刻下斗大，漆白的諍言：

　　　　少時媳婦老爲婆
　　　　婆媳干戈歷久遠
　　　　既是媳婦又是婆
　　　　何苦受害又害人　　（→《自由時報》1998(2.16):12）

　　啊，婆婆媳婦利害共一體，爲何心頭要憋住無明毒氣呢？

【10】
雜唸大家，出頑皮新婦。
Cha̍p-liām ta-ke, chhut bân-phoê sin-pū.
Cha̍p-liām tā-ke, chhut bān-phoê sīn-pū.
體制內改革的原型。

　　可能是勸善人用來開化那些「大家有嘴，新婦無嘴」主義者。所根據的理由是：婆婆「雜唸」不改的話，雖然媳婦忍不頂撞，但會慢慢修煉成置之不理的功夫。婆婆有嘮叨嘴，媳婦有消音法！——根據老子的陰柔勝剛強原理，誰是最後的勝利者，不言

可知。

　　雜唸：嘮叨也。　頑皮：有所感覺，但遲遲不做反應；不是「頑皮豹」的那種。

【11】

九頓米糕無上算，一頓冷糜扱起來唸。

Kaú-tǹg bí-ko bô chiūⁿ-sǹg,

　　chi̍t-tǹg léng-moê khioh-khit-laî liām.

Kau-tńg bí-ko bō chiūⁿ-sǹg,

　　chi̍t-tńg leng-moê khió-khit-laī liām.

歹婆婆的德性。

　　這是乖媳婦受盡委屈後的怨嘆：好好孝敬婆婆的事，她不吭一聲；偶而侍奉得不週到，就常常掛在嘴巴上背誦。

　　本句，用「九頓米糕」來喻指平時的用心孝敬；又用「一餐冷糜」來譬喻罕有的疏忽。這都是家庭日常生活情景，如此用喻，樸實得相當可愛！

　　九頓：多頓，常吃也；九，相當多。　米糕：糯米參其他好料做成的飯，類同肉粽飯；民間咸信米糕滋補。　無上算：不上算，不被正視。　扱起來唸：提起來數落。

【12】

無想好死，也著想好生。

Bô-siūⁿ hó sí, iā-tio̍h siūⁿ hó-sîⁿ.

Bō-siūⁿ ho sí, iā-tiō siūⁿ ho-sîⁿ.

婆婆的魔咒。

　　舊時，歹婆婆用來咒詛所謂「不孝新婦」的惡口。

　　背景：台灣民間信仰中有善終為善報，凶死為惡報之說。同

時，相信產婦順產是「好生」，是孝敬父母和公婆的善報；好生，不但保她一命，也減輕許多生產的苦楚。在婦產科醫學未發達的時代，女人生產確實是冒生命的危險。俗語有言：「生囝得平安，親像重出世。」「生贏鷄酒香，生輸四片枋。」(→31.22-23) 在這種氣氛之下，有些火氣大，沒有修養的婆婆就祭出這句毒咒來威嚇，要不孝媳婦等著瞧！

無想…也著想…：不顧慮（甲種情形、狀況），也該考慮（乙種情形、狀況）。　好死：享長壽，並且無疾而終。　好生：孕婦順利生產。

【13】

死新婦，好風水；死後生，折腳腿。

Sí sin-pū, hó hong-suí; sí haū-siⁿ, chi̍h kha-thuí.

Si sīn-pū, ho hōng-suí; sí haū-siⁿ, chī khā-thuí.

媳婦該死？

用來諷刺歹婆婆，她平時虐待媳婦。若是媳婦不幸逝世，就說是祖先的風水好；如果是她的兒子死去，則痛苦得呼天搶地，好像折斷了她的大腿。

哀哉，唐山惡質的婆婆文化！難道祖先會變成婆婆報復的工具不成？難道只有自己的「後生」才是人，而媳婦是該死的東西？——談台灣人心靈改革者，豈可不注意婆媳間潛在的問題？

然而，我們認爲婆媳間的緊張並不是必然的，而是密切關聯著文化傳統、社會結構和個人道德修養。成書於公元前第四世紀中葉的《路得記》，記載著一對流芳萬世的婆媳。故事的梗概是這樣：

相傳士師時期(公元前12－10世紀)，有猶大的伯利恆人以利米勒一家，因爲饑荒，逃難到外國，在那裏寄居。二個孩子也娶了本地人爲妻。非常不幸，一家三個男人病逝，剩下婆婆和二個年輕的外國媳婦。

這時，婆婆拿俄米獲悉故鄉農產豐收，就決定要回猶大地。於是，拿俄米對二位媳婦說：

「妳們回娘家去吧！願上主祝福妳們，使妳們兩人有機會再結婚，都有歸宿。」於是，婆婆吻別她們。

「不！我們願意跟著妳，回到妳自己人那裏去。」兩個媳婦哭著對婆婆說。

「女兒啊，妳們回去吧！爲甚麼要跟我走呢？妳們想想，我還能再生兒子來做妳們的丈夫嗎？回去吧！我的女兒……」婆婆回她們說。

她們又哭了起來。於是大媳婦去親她的婆婆，和她辭別，回娘家去了。但，小媳婦路得決心和婆婆一起走。就對她婆婆說：

「不要勉強我離開妳。讓我跟妳一起去吧！妳到哪裏，我也到那裏；妳住哪裏，我也住那裏；妳的同胞就是我的同胞；妳的上帝就是我的上帝。妳死在哪裏，我也要死在那裏……」

婆婆拿俄米見路得這樣堅決要跟自己走，也就不再勸阻她了。她們就回到故鄉猶大的伯利恆。婆媳相依爲命，路得的孝行傳遍鄉里。婆婆關心路得的婚姻，傳授她如何按當地風俗去親近一位近親。終於，路得獲得了幸福的歸宿。❷

以色列人有模範婆媳，當然，我們台灣人也有！只是變遷中的台灣家庭形式和家庭倫理，叫許多婆媳不知如何是好。婆媳隔

閩的傳統思想，猶仍陰魂未散。現代台灣婆媳應有的關係，有待多多研究了！

【14】

一年新婦，二年話抵，三年師傅。

Chit-nî sin-pū, nn̄g-nî oē-tú, saⁿ-nî sai-hū.

Chit-nî sīn-pū, nn̄g-nî oē-tú, sāⁿ-nî saī-hū.

媳婦進化三步曲。

　　順口溜。用來諷刺媳婦適應「赤腳大家」(→.07)的三個階段，那是：初來的第一年，客氣有禮，善待公婆，好媳婦也。到了第二年，媳婦不服「大家有嘴，新婦無嘴」(→..09)的專制家政，開始抗爭，發揮「話抵」的功夫，終於爭得言論自由權。好厲害！到了第三年，媳婦「變家」成功，出頭天為「師傅」，自動就任為一家的女王了。

　　話抵：抵話也；鑼鼓相當，婆一聲，媳一句，誰也不服誰。

【15】

濟囝濟迫腹，濟新婦濟推託。

Chē-kiáⁿ chē peh-pak, chē sin-pū che the-thok.

Chē-kiáⁿ chē pé-pak, chē sīn-pū chē thē-thok.

多子多媳的困惑。

　　父母和婆婆的怨嘆。原來這對父母抱著多子多福的信念，努力增加生產。眼看子子長大成人，頗有興旺家門的願景；誰知，多囝多問題，父母時時頭為之痛，心為之「迫腹」。再看，一大群乖媳婦，做起家事來是多麼的彼此客氣謙讓；婆婆公公有事，諸位乖媳婦更加不敢爭先恐後。終於，公公婆婆不得不看破「濟新婦濟推託！」沒辦法，繼續拖老命吧。

迫腹：操心、煩惱。　　推託：推三託四，互相推諉。

【16】

娶一個新婦，過一個囝。

Chhoā chi̍t-ê sin-pū, koè chi̍t-ê kiáⁿ.

Chhoā chi̍t-ē sīn-pū, koé chi̍t-ē kiáⁿ.

婆婆大願總是夢。

　　婆婆的怨嘆。說的是，給幾個孩子娶了媳婦，但個個婚後很快就變了款式。先前對老母的親愛體貼烟消雲散，難道眞的「過」給媳婦做乖囝去了？——啊，可悲的婆婆，可憐的老母！

　　過：過房爲子也；被同宗收養，來繼承其產業，永續其香火。

　　媳婦眞的像這句俗語說的那麼厲害嗎？會不會女人一旦由媳婦升等爲婆婆，火氣也就隨著升級，動不動就說什麼「囝、新婦不孝」。這是爲甚麼？不見得吧！只要婆媳雙方稍有自信，稍能冷靜觀察，說不定會發現彼此間存有自己喜歡、尊重、信任的許多美德，而這將是建立良好的婆媳關係的基礎。

　　公元第三世紀，植物學家嵇含(263-306)在吟詠伉儷情深的同時，是那麼高興地提到她的妻子很會欣賞母親，她知道自己娶的是一個賢慧的女人：

> 余執百輛轡[Û chip pek-lióng pì]，
> 之子詠采蘩[chi-chú éng chhaí-hoân]。
> 我憐聖善色[ngó· lîn sèng-siān sek]，
> 爾悅慈姑顏[ní ia̍t chû-ko·gân]。❸

　　嵇含，覺得母親和岳母和藹可親；嵇太太，敏銳地體會到婆

婆是慈愛的，打從心的深處湧出尊敬、信賴和深沉的歡喜。——
「爾悅慈姑顏」，婆媳五字眞言也！

【17】

十囝十新婦，剩一個老寡婦。

Cha̍p-kiáⁿ cha̍p sin-pū, chhun chi̍t-ê laū-koáⁿ-hū.
Cha̍p-kiáⁿ cha̍p sīn-pū, chhūn chi̍t-ē laū-koaⁿ-hū.

婆婆的頓悟。

　　用法有三：一、左鄰右舍用來發表他／她們的同情心。眼看
老太太雖然有「十囝十新婦」，但個個不孝，讓她老身一人在掙扎
著生活。二、譏刺老婆婆性情古怪，非常孤癖，沒有和兒子媳婦
一起生活的能力，甘願自己一個人過生活。三、大概是老單身貴
族的酸話吧，譏笑人家子多、媳多，也沒啥用，還不是剩下她一
個老寡婦。

　　*老寡婦：孤獨的老人；此詞，一語雙關，說她是很孤獨的老婦
人，同時可能是喪偶的婦人。　　孤佬：封閉自己，不要接近別人，也
不喜歡子孫或是親人接近；字面是孤立自己的老人，也不排除中年
人。*

　　這句俗語雖然說的是舊式「老大家」的問題。但這種問題，現
在可能要比過去更嚴重。此處，讓我摘出一則旅美台灣人的眞實
故事：

　　　*張老太太早寡，含辛茹苦一手栽培三男一女。么女在台之
　　外，三個男孩都留美，成家立業，生根於斯。張太太思念兒孫
　　心切，飛來探親。*

　　　某日，遇見一群旅美台灣鄉親。大家異口同聲恭喜老太

太,說她真有福氣,養育了三個傑出的孩子,媳婦一定是非常賢慧又孝順,可以過著幸福清閒的晚年了……

但見,老太太遲疑了半天,說道:「……俺的媳婦體貼入微。大媳婦怕我自己一個人在家無聊,經常摔盆打碗。第二媳婦,怕俺想念台北的么女,總是催俺快回台北去吧。第三媳婦更有孝,吃飯的時候總是勸我:『媽媽,老年人少吃一口,多活一百年。』現在,俺連早飯都免了!」❹

鍵完上面幾行字,耳朵裏「…剩一個老寡婦……剩一個老……剩一個……」的嘆息不絕!忽然,靈竅大開,感應到:孤獨是老人的命運!

【18】

新婦,大家;查某囝,娘嬭。

Sīn-pū, tā-ke; cha-bó͘-kiáⁿ, niû-lé.

Sīn-pū, tā-ke; chā-bo͘-kiáⁿ, niū-lé.

一代強過一代!

用來調侃人,恥笑他／她們的家庭倫理秩序紛亂。第一分句說的是:娶進門的媳婦,是個厲害腳色,根本不把婆婆看在眼裏,豈只是言語頂撞,還敢向她發號施令哩,哪有媳婦的樣子!

近來,台灣新婦大力搶攻,社會一片:「古早是大家新婦,現在是新婦大家。」迫得「婆婆」跌停板!破產的,比比皆是。

看了這句「新婦,大家…」名諺,憶及咱台灣一首可愛的囡仔歌,「嘓嘓雞」,頗能反映婆媳之間的緊張,描寫一般人對於「厲害新婦」的觀感:

　咽咽鷄，新婦拍大家；

　大家無施捨，厝內搬大戲。

　大官無威能，厝邊頭尾喝不平；

　……

　好命生做翁仔面，配恁膾過重頭輕。

　小姑去煮飯，大姑去飼豬；

　大伯落海去掠魚，小叔上山挖蕃藷。

　頭光鬢也光，一日食飽顧眠床；

　要食要穿有嫁妝，一暝睏到二暝長。❺

　　爲甚麼會「新婦，大家」呢？理由也頗淺顯，因爲是「查某
囝，娘嫺」呀！──在娘家已經很會、很習慣於調敎媽媽。人家
媳婦當然是弱者不來，來者不弱的呀！老婆婆啊，請多多保重
啦！

　　（本句又見，11.69）

【19】

濟囝，碌死老父；濟新婦，氣死大家。

Chē-kiáⁿ, le̍k-sí laū-pē; chē sīn-pū, khì-sí tā-ke.

Chē-kiáⁿ, le̍k-si laū-pē; chē sīn-pū, khí-si tā-ke.

大家庭大魯氣。

　　可能是老智者，冷眼看過台灣人的大家庭以後，發出的慨嘆
吧。但見，那個相信多子多福的老爸，如願的養了十幾個後生；
只得咬緊牙關，日夜勞碌，拚命賺錢來維持家計。又見，那個應
該享清福的老婆婆，一手十幾個後生婆的都是「新婦，大家！」
(→.18)整天不亦苦乎地浸淫在諸賢媳婦的家敎中！同義句有：

「濟囝，餓死老父；濟新婦，磨死大家。」

磨死：煩重的操勞，不死也傷的勞苦。　魯氣[ló͘-khì]：氣魯也，是一種鬱悶難申的懊惱，來自身體和精神的勞磨折磨。

（比較，「濟囝，餓死父。」11.64）

【20】

不孝新婦，三頓燒；有孝查某囝，路裏搖。

Put-haù sin-pū, saⁿ-tǹg-sio;

　　iú-haù cha-bó͘-kiáⁿ, lō͘--nih iô.

Put-haú sīn-pū, sāⁿ-tńg-sio;

　　iu-haú chā-bo͘-kiáⁿ, lō͘--nì iô.

婆婆，真務實者也。

可能是忽然開竅的婆婆的感言吧。眼見夢裏的乖查某囝久久沒有回來孝順了。還好，媳婦雖然有所「不孝」，仍能按時供養三頓熱食。馬馬虎虎，𣍐醜啦！

本句可用做警言。提醒爲人父母的，爲人公公婆婆的，不要太執迷，認爲只有自己的查某囝才會孝順，而媳婦永遠是不孝的外人。這裏蘊含一項重要眞理：媳婦的孝養是日常的、平實的；而查某囝的，比較是「三不五時」的、夢寐以求的。

看了這句諺語，憶及客家的一句名諺，說：「寧食開眉糜，唔食臭面飯。」客家婆婆眞是志氣高！是的，是的，只要是媳婦歡歡喜喜奉養的，儘管是一碗稀飯，也甘之如飴，也一定很好消化！誰要吃她的「臭面飯」？稀罕她的山珍海味？

（本句另解，參看11.57）

【21】

一人看出一家，新婦看出大家。

Chit-lâng khoàⁿ-chhut chit-ke,

　　sin-pū khoàⁿ-chhut tā-ke.

Chit-lâng khoáⁿ-chhut chit-ke,

　　sīn-pū khoáⁿ-chhut tā-ke.

那樣的婆婆，那樣的媳婦。

　　用來斷言，家人是家庭的縮影，媳婦是婆婆的樣品。嘻，何等深邃的智慧洞見也！凡我媽媽爸爸，婆婆公公，多多加油了，多多推出精品吧。

　　傳統上，總是把婆媳間的問題，歸咎於媳婦的壞、媳婦的不孝。現在，這句台灣智諺大大推翻老唐山文化的偏見，大膽要求爸媽公婆負起責任來。啊，該是好好反省反省的時候了。──千萬別再溫習什麼「天下無不是的⋯」

【22】

一個歹新婦，二個歹大家，三個歹家教。

Chit-ê phaíⁿ sin-pū, nn̄g-ê phaíⁿ tā-ke,

　　saⁿ-ê phaíⁿ ke-kaù.

Chit-ê phaiⁿ sīn-pū, nn̄g-ê phaiⁿ tā-ke,

　　sāⁿ-ê phaiⁿ kē-kaù.

婆媳評鑑原理。

　　可能是媒婆或村長老，用來勸解心懷怨氣的婆婆。說的是：您老人家，切莫一口咬定，娶進門的三個媳婦，人人不孝，個個不行。您該知道，婆媳好壞自有公斷呀！真的三個媳婦都「歹」嗎？是的話，當知，「歹」的是您老人家了，也是府上「家教」有了問題囉！──您的媳婦都很賢慧呀，出了一個「歹」的，算什麼？人家會說是她壞，說您老大家很慈祥。

　　這句俗語的造句特別，用的是鑲嵌修辭式，把主詞夾帶在「一個…，二個…，三個…」文式中來發揮意見。同時，用了非常巧妙的省略法，把長而囉嗦的句子精簡了；整全的句子是「一個媳婦不好，是這個媳婦壞；有二個媳婦壞，就是婆婆不好；若有三個壞媳婦，那就是家教差勁的了。」

　　歹：不好、不良。媳婦的「歹」真是一言難盡，其實也沒有什麼大不了的壞；凡是公婆覺得心裏不爽的，就是了。　家教：→.04。

【23】

序大若是做得好，新婦無人敢夯篙。

Sī-toā nā-sī choè-tit-hó, sin-pū bô-lâng káⁿ giâ-ko.

Sī-toā nā-sī chó-tit-hó, sīn-pū bō-lâng kaⁿ giā-ko.

無風不起浪。

　　用做警語。提醒那些覺得媳婦膽敢「夯篙」的「序大」，必須深切反省自己的言行。理由是：媳婦是否孝順，盡在反應婆婆公公的做法。

　　噫，問題有夠嚴重的了，婆婆也得惡補三省老身。哈！

　　序大：序大人也，這裏指的是公公婆婆；此詞原指父母。　夯篙：用粗糙激烈的言語頂撞，用行動抵制；揭竿示警也，再接再厲的話就要「竹篙鬥菜刀」了。

【24】

會做大家真清閒，獪做大家跍灶前。

Ē-chò tā-ke chin-chheng-êng,

　　boē-chò tā-ke ku chaù-chêng.

Ē-chó tā-ke chīn-chhēng-êng,

　　bē-chó tā-ke kū chaú-chêng.

校長兼摃鐘。

　　用法有二：一、諷刺愚昧的婆婆，刺她不會處理婆媳關係，不敢要求她幫忙做家事，事事自己來，每天三餐就得「踞灶前」了。——叫婆婆心酸的是，隔壁人家的婆婆是多麼「清閒」呀！二、斷言，合作處事有其要領，只要分工得宜，主持者可享清閒。

　　這句俗語用了對偶反對修辭式，不論譬喻表象或是音韻，都很生動可愛。君不見，同樣當婆婆，就有「會做」和「𣍐做」之別，而其結果是大不同的：一個婆婆快樂輕鬆地哈燒茶，看歌仔戲，「真清閒」也；另一個是三餐弄鼎弄灶，兩眼燻得淚水直流，真艱苦地「踞灶前」啊！

　　想像這個婆婆「踞灶前」的情景，我忍俊不禁！咎由自取嗎？

　　會做：善盡角色、有效的完成任務。　　𣍐做：「會做」反義詞。
踞灶前：蹲在大灶前，用力操作炊具，實踐著伙頭軍的任務。

【25】

窟仔內無水，𣍐飼得人的魚。

Khut-laī bô-chuí, boē chhī tit lâng--ê hî.

Khut-laī bō-chuí, bē chhī-tit lāng--ē hî.

養魚有時，放魚有時。

　　用法有二：一、特別的，可憐的婆婆用來怨嘆。說的是：心肝囝不幸英年逝世，守了幾天寡的媳婦，要嫁人去了。啊，「窟仔內無水」，無法度啦！二、一般的，用來表示自己客觀條件的限制太大，以致於做事難以如願達成。這怪不得人家，只能怪自己。

　　本句，用「窟仔內無水」來譬喻家裏的後生沒了，「窟仔」的水

已經乾涸了。當然，養「魚」的條件一旦消失，就不該再妄想——
應該祝福魚入洋海，繁衍不息，豈忍心涸窟曬魚乾？

　　窟仔：指小水池；通常小又淺，沒有泉源，頗容易乾涸。

【26】

好子事父母，好女順翁姑。

Hó-chú sū hū-bú, hó-lú sūn ong-ko˙.

Ho-chú sū hū-bú, ho-lú sūn ōng-ko˙.

大孝獎候選人。

　　舊時家庭教育的金言玉語。一語斷定「事父母」和「順翁姑」就
是「好子」、「好女」！這是傳統孝道的「絕對訓令」(Categorical
Imperative)，❻絲毫不必考慮「孝」和「順」要不要以「慈」爲前提；
就是不仁不義，甚至爲非作歹的父母翁姑，也得照孝、照順不
誤。語見，《注解昔時賢文》，但「翁姑」作「家官」。

　　典故：虞舜的老爸頑固，老母張狂，但舜毫不爲意，承順父
母，但求雙親歡喜。後來帝堯獲悉此事，把他的兩個女兒嫁給
舜。這二個金枝玉葉，萬分謙遜，優美地承順公公婆婆。堯的大
臣契獲悉此事，非常感動，說：「好子事父母，好女順家官。」希
望後來的人效法他／她們。(→《賢文》舊注)

　　*事：供養事奉，乃是讓父母覺得有子萬事足的行動。 順：承意
順從，讓公婆體驗到娶一個媳婦同時添了一個乖女兒的大喜樂。 翁
姑：古詞，公公婆婆也，丈夫的父母。 家官：翁姑也，即是大家大
官[tā-ke tā-koaⁿ]。——現代，媳婦常隨同丈夫稱呼「阿爸」、「阿
母」、「爸爸」、「媽媽」；至於「大官」[tā-koaⁿ]、「大家」[tā-ke]；「乾
肝仔」[tā-koaⁿ-á]，「乾鷄仔」[tā-ke-á]是背後的指謂，當面如此稱
呼的，就很三八了。*

　　孝敬父母公婆，無須先設什麼「配天地」！孝是勉強不來的，
是子女媳婦，包含子婿，親情自然的感應。傳統勸孝的大善人都
好像忘了提醒：序大人有人格異常，暴虐性癖，人性軟弱的事實
和可能性。實踐孝行，要知道保護自己，以免造成兩代間更大的
不幸。

　　古人的「愚孝」，不足爲訓！正常的情形下，孝是漂漂亮亮，
快快樂樂的代誌。但是，需要成熟的人格，豐富的能力和深邃的
智慧！——現代的「大孝」爲甚麼仍然大多數是慘烈的苦孝呢？值
得再思。

【27】

在厝，查某囝皇帝；出厝，查某嫻大細。

Chaī-chhù, cha-bó·-kiáⁿ hông-tè;

　　chhut-chhù, cha-bó·-kán toā-sè.

Chaī-chhù, chā-bo·-kiáⁿ hōng-tè;

　　chhut-chhù, chā-bo·-kán toā-sè.

最難放心的叮嚀！

　　金枝小姐要出嫁的前夕，她媽媽走進閨房，給她上最後一課
「家敎」。據聞，老母的敎誨是這樣的：

　　　　金枝啊，妳「在厝」是眞好命。恁老母一手加妳擔戴，互妳
　　干若會曉食飯、迌迌；瞑，嘛是睏到日頭曝尻川，親像懶屍國
　　的女王……。

　　　　現在啊，妳要上轎「出厝」，來做人的媳婦……頂有一對序
　　大人，下有一大陣大姑小姑，大伯小叔……想著就替妳頭殼一
　　粒二粒大，要按怎則好啊？……親事閣是妳家己合意的，無覺

悟是獪使得啦！

　　唉，妳自細驕生慣養，「查某嫺」妳敢做會落去……？大家官著孝順，大姑大伯著敬重，小姑小叔著照顧……這妳敢會曉啊？

　　鷄未啼，狗未吠，著趕緊起床哦！面著洗，頭鬃著梳……熊茶、煮飯，拭大廳、掃大埕，飼豬、飼鷄……洗衫褲、清屎礐……

　　但聽到，金枝和老母，一把鼻涕，一把淚地哭在一起……
　在厝：在娘家，未出嫁的時期。　干若會曉[kān-nā ē-hiáu]：只知道、只會。　日頭曝尻川：戀床不起，睡到太陽曬到屁股。　懶屍：懶得像死屍。　出厝：嫁出門。　按怎則好[àn-choán chiah-hó]：如何是好啊？　合意[ká-i]：看上眼。　查某嫺：婢女。　妳敢做會落去？：妳做得下去嗎？　親事：婚事。　則好[chiah-hó]：才好。　熊茶[hiân-tê]：燒開水泡茶。　鼻流涎滴[phīn-laû noā-tih]：鼻涕和眼淚齊下。　屎礐：毛廁。

【28】

做鷄角著知啼，做新婦著早起。

Choè ke-kak tioh-chai thî, choè sīn-pū tioh chá-khí.

Chó kē-kak tiō-chaī thî, chó sīn-pū tiō cha-khí.

金鷄初唱時，媳婦灶火起。

　　舊時，賢慧的老母或是赤腳大家，用來教訓女兒和媳婦。要她們黎明早起，灑水掃地，生火做飯，事奉翁姑盥洗，然後遞烟送茶，開始媳婦勞動的一日。

　　本句俗語的強調點在於第二分句，而「鷄角」早起是興句。舊時代「牝鷄司晨」是禁忌，不可能把媳婦比擬做公鷄，只是摘取牠

早起勞動的義務。不過「著知啼」和「著早起」，意思滿配合的，音韻也很和諧。

【29】

起早得罪翁婿，起晏得罪公婆。

Khí chá tek-choē ang-saì, khí-oàⁿ tek-choē kong-pô.

Khi chá tek-choē āng-saì, khi-oàⁿ tek-choē kōng-pô.

這一家人真難應付！

　　媳婦睡爛覺，公婆不高興，因爲烟癮難煞，飢腸轆轆，等待乖媳婦來救命也。那麼，賢妻黎明起床做家事，丈夫有什麼不高興的？費解！

　　起早：「床起得早」的省略。　起晏：晏起床也，遲遲難以起床。

【30】

驚看日頭影，頇顢新婦搢破鼎。

Kiaⁿ khoàⁿ ji̍t-thaû-iáⁿ, han-bān sin-pū kòng-phoà-tiáⁿ..

Kiaⁿ khoàⁿ ji̍t-thaū-iáⁿ, hān-bān sīn-pū kóng-phoá-tiáⁿ.

日落西山心起寒。

　　用來諷刺動作遲鈍，做家事能力差的媳婦。取笑她大鍋飯煮不來，就是煮大鍋菜也大有困難。她最怕的是看到西斜的太陽，因爲一家人就要回來吃晚飯，但米還未下鍋，做什麼菜還在發呆亂想。

　　這句俗語很美，能夠充分表現初爲媳婦，廚房大事笨手笨腳，自覺無能按時擺上晚飯，心驚膽寒的窘態。——婚前，黃昏是情詩畫意的憧憬；婚後，日落西山卻是可怕的「搢破鼎」的緊張。噫！

　　頇顢：（做事）能力不好、行動遲鈍。　搢破鼎：喻指匆匆忙忙，

笨手笨腳地煮飯或做菜；字面是，打破鍋鼎。

【31】

會做新婦雙頭瞞，繪做新婦雙頭傳。

Ē-choè sin-pū siang-thaû moâ,

　　boē-choè sin-pū siang-thaû thoân.

Ē-chó sīn-pū siāng-thaū moâ,

　　bē-chó sīn-pū siāng-thaū thoân.

抹壁雙面光，佳媳也！

　　媒婆用來提醒初嫁娘。要她知道：善為媳婦的，必須謹慎言語，閉口藏舌。雙方家人聽不進去的話，像聘金太少啦，嫁妝粗陋啦，宴席寒酸啦，婆婆厲害啦，親家有前科啦，小姑懶惰又挑剔啦，切莫拿來雙頭撥弄！這些閒言閒語是必要「雙頭瞞」的，唯有如此，才可望維繫親家的感情。

　　會做…繪做：知道如何扮演（某種）角色。　雙頭：指夫家和娘家雙方。　瞞：知而不言，隱忍在心裏；無關「瞞騙」。　傳：傳話也，加油加醬來炒作閒話。　抹壁雙面光：手腕圓滑，內外都是好人。

（→311.04）

【32】

嘴食嘴嫌，臭酸食到生黏。

Chhuì-chiảh chhuì-hiâm, chhaù-sng chiảh-kaù siⁿ-liâm.

Chhuì-chiā chhuì-hiâm, chhaú-sng chiā-kaú sīⁿ-liâm.

雜唸婆婆有虧吃！

　　這句俗語可能是頑皮媳婦，用來頂撞雜唸婆婆的。意思是：您婆婆老人家，天天說我孝敬的米糕不好吃，為甚麼捨不得吃，放到發酸發霉還在吃？——婆婆太挑剔的話，媳婦力不從心，結

果會是什麼？最常用的方法是：敷衍！到頭來，吃虧的還是婆婆。

嘴食嘴嫌：一邊狼嚥虎吞，一邊說難吃。 生黏：食物腐敗時產生的黏液。

媳婦最討厭這種「嘴食嘴嫌」的婆婆。要是她真能「品味」，就算不是料理高手，起碼也會做幾道好吃的菜，或是炊粿縛粽。為甚麼不放下身段，下廚來做些好吃的給家人解饞，製造有吃有笑的快樂氣氛呢？王麗琴「粽香裏的愛」一文，給我們寫了很美的婆媳間的故事。我就抄下幾句給諸位欣賞欣賞。

　……

　年年端午節前，婆婆一定早早選好糯米一斗，花生一鍋，及包含香菇等林林總總的餡兒……。我這個粗手笨腳的媳婦，除了一邊遞東拿西之外，就只等著吃現成的，怪不好意思的……。

　…婚前，原是對糯米類食不大感興趣…但是看著婆婆包的一粒粒外形飽滿，內裏結實，且又粽香不停飄送的粽子，說是不想嚐它，也難。兼又看到一家大小津津有味的食用，誘得我無法控制……愛上粽子固然是這緣由，但最重要的因素，無寧是婆婆的疼惜。

　……

　去年端午節前夕，婆婆知道我諸事忙碌，特地將剛起鍋的肉粽用菜籃裝著，然後搭著公路客車一路顛簸而來。到了我們住處時，已經是華燈初上了。當我雙手接過那一籃沈棉棉的粽子時，也正深刻的感受到婆婆對我的疼愛……。

　…在燈光下，望著婆婆有些泛白的鬢髮，不住的閃動著銀

光，彷彿是她對我的關照，越是年久，越是晶瑩，我當然要善加珍藏。(《中央日報》1994(6.9):4)

　　顯然的，「嘴食嘴嫌」的婆婆，火氣太旺了！原性不改的話，難逃「臭酸食到生黏」的命運！爲甚麼不學學王女士的婆婆，給一家人縛些粽子來飄香示愛呢？我相信，婆婆做的一粒燒肉粽的感化力，遠勝過她一天24小時誦唸的《孝經》！

注釋

1. 參看，吳瀛濤《台灣民俗》(台北：振文書局，1970)，頁106-107。
2. 參看，《聖經，路得記》全卷。這些文字是筆者根據第一章改寫的，但保留原來的意思。
3. 見，嵇含「伉儷詩」《漢魏晉南北朝隋詩鑑賞辭典》(太原：人民出版社，1989)，頁443。我們僅摘引有關婆媳部分的句子。簡注於下——百輛彎：喻指好多輛馬車；彎，馬韁繩。　之子：意指，妳這位小姐。采蘩：是《詩經·召南》篇名；用該篇描述婦女養蠶的勞苦，來喻指小姐嫁過來夫家，克盡做妻子的責任。　聖善：《詩經·凱風》稱讚母親的美德。　慈姑：六朝時代，稱呼婆婆。

　　這四行詩，意譯如下：
　　　　我用許多輛車子來娶妳啊
　　　　這個賢慧的姑娘啊，做了我的妻子
　　　　我說，我媽媽非常和藹
　　　　妳道，我的婆婆很慈祥
4. 摘自，王醒民「如此孝媳？」(《聯合報》1994(7.16):4)。

5. 見，「台灣囡仔歌」《台灣教會公報》1995(7.30):5。我們更動了其中一些字，做了這個簡注。——無施捨：可憐。　厝內搬大戲：喻指家庭事變，吵架、打罵。　喝不平〔hoah put-pêng〕：(旁觀吵架的人)交相指責無理的一方。　翁仔面：玩偶般的臉龐，美而無情；指性情驕矜冷酷。　配恁檜過重頭輕：門不當戶不對；指媳婦是千金小姐，自己是甲級貧民。　頭光髻也光：頭髮梳得光亮，裝飾得漂亮。　要食要穿有嫁妝：不從事生產工作，靠著妝奩來維持生活。

6. 「絕對訓令」(Categorical Imperative)，係指無條件的道德要求，例如，「毋偷盜！」並不因為要表現誠實，或是獲得別人的尊敬而遵守。這是德國哲學家康德(Immanuel Kant, 1724-1804)「道德批判」的基本思想。

第四節　親家、親戚

本節段落：

【01】
草地親家，坐大位。

Chhaú-tē chhin-ke, chē toā-uī.

Chhau-tē chhīn-ke, chē toā-uī.

人俗禮貴也。

　　這是台灣民間禮俗的名諺，指出：一、宴請姻親，親家一定要請他坐「大位」。二、斷言，親戚禮儀規範是按照禮俗定位，而不以社會地位的高低為標準。類似語有：「除了親家，無大客。」

　　這句俗語也莊也諢。「草地親家」雖不一定是，但頗可能是「阿草阿草也」之徒。要是在冠蓋雲集，互相推讓「請上座」的場面，勉強坐上大位，大概這一頓酒席是很不好消化的了。

　　草地：鄉下。　親家：夫、妻的爸爸；媽媽叫做「親姆」[chhiⁿ-ḿ]。　大位：宴席間最重要的賓客的坐位。　阿草阿草也[a-chhau a-chhaú-à]：沒有見過世面，常識缺乏，又不知社交禮節的人；非耕讀隱士，是弄土之子。

　　古今內外，社交守則第一條是揀「小位」坐！不僅是我國台灣的禮儀如此，古猶太人也然。二千年前，耶穌有這樣的教導，說：「你被請的時候，就去坐在末位上，好叫那請你的人來，對

你說：『朋友，請上坐！』因爲，凡自高的，必降爲卑；自謙的，必升爲高。」(《聖經・路加福音》14:10-11)

【02】

歹歹人客，卡贏一個好好親家。

Phaíⁿ-phaíⁿ lâng-kheh, khah-iâⁿ chi̍t-ê hó-hó chhin-ke.

Phaiⁿ-phaiⁿ lāng-kheh, khá-iāⁿ chi̍t-ē ho-ho chhīn-ke.

親家不如顧客。

　　可能是對於來往頻繁的親家的怨言。不論親家是多麽好，多麽親，每次帶來的「等路」是多麽的貴重，都是要花時間、花金錢、花精神來招待的。至於「歹歹人客」，雖然囉嗦了些，但多多少少有所交關，小店才能維持。

　　歹歹人客：嫌東嫌西，但多小會買點物件的顧客。　　卡贏：（價值、利益）勝過。　　等路［tán-lō·］：做客或旅行回來，順手帶回來給親人，特別是小孩的禮物。　　交關：來買東西。

【03】

拍狗唔出門，親家你也來。

Phah-kaú m̄ chhut-mn̂g, chhin-ke lí iā-laî.

Phá-kaú m̄ chhut-mn̂g, chhīn-ke lí iā-laî.

風雨無阻老饕來！

　　戲謔話。用來諷刺「愛食」［aì-chia̍h］親家和食客。

　　(本句詳解，請看422.19)

【04】

丈人丈姆，眞珠寶貝；老爸老母，路邊柴杮。

Tiūⁿ-lâng tiūⁿ-ḿ, chin-chu pó-poè;

　　laū-pē laū-bú, lō·-piⁿ chhâ-phoè.

Tiūⁿ-lāng tiūⁿ-ḿ, chhīn-chu po-poè;

　　laū-pē laū-bú, lō·-piⁿ chhā-phoè.

泰山泰水萬萬歲！老父老母嫌猥褻。

　　（本句詳解，請看11.63）

【05】

丈姆看团婿，愈看愈可愛。

Tiūⁿ-ḿ khoàⁿ kiáⁿ-saì, ná-khoàⁿ ná khó-aì.

Tiūⁿ-ḿ khoáⁿ kiaⁿ-saì, na-khoàⁿ na kho-aì.

今閃閃的龜婿也！

　　說的是，丈母娘喜歡女婿，而且喜歡度是愈來愈高！為甚麼？據說，這個女婿原來就是「金龜族」、「銀湯匙」一幫出身的！又聽說，最近股票炒了幾千億NT$。據悉，窮女婿是「愈看愈討厭」的也！

　　豈有此理，難道丈姆是如此的勢利兼唯物？當然不全部是。但是所謂「會揀，揀人頭；𣍐揀，揀門頭」(→23.13)的丈母娘頗少，何況「人敬有錢人」是常情，是社會常態！君不聞，多少老母要死要活，老爸日夜發動武嚇，要宰殺女孩來餵豬，也不准她嫁給那個什麼窮秀才！

　　人窮志不窮，多多戒急用忍吧！老諺道：「牛有料，人無料！」(→114.08)窮漢努力精進為要，不可妄圖橫財黑金來承歡於人？當知，窮秀才沒有足夠的能力來改變這種勢利主義的信徒。

【06】

团婿，半子。

Kiáⁿ-saì, poàn-chú.

Kiaⁿ-saì, poán-chú.

可不是半丁哦！

用來斷言泰山泰水對於女婿的親密感情和接納。從感情的角度看，他／她們一般愛女婿的程度和愛自己的女兒是成正比的，確實有某種高成分的親密感。從血統和社會習俗看，囝婿究竟有其不能逾越，不准紛亂的DNA系統啊！所以嘛，雖然丈人丈姆再怎樣打從心裏疼愛女婿，但禮俗和血統的意識迫著他／她們不給他打個大折扣——「五折」好啦，封他一個「半子！」

半丁：舊時，台北石牌一地，稱女人爲「半丁」；該地流傳這樣的俗語：「石牌仔查某——半丁。」

【07】

丈姆請囝婿，米粉炒鷄屎。

Tiūⁿ-ḿ chhiáⁿ kiáⁿ-saì, bí-hún chhá ke-saí.

Tiūⁿ-ḿ chhiaⁿ kiaⁿ-saì, bi-hún chhá kē-saí.

受寵大驚了！

用來諷刺熱心萬分，忙碌下廚來煮腥臊請囝婿的丈母娘。

可能的背景：舊時每逢女婿大人光臨，岳母大人少不了「煠蟳炒蟻，呵鷄燖鱉」(→422.78)大開殺戒一番。我國北港有一個比較特別的風俗：丈姆爲要表示十二萬分的歡迎，就得先炒一道米粉來奉待他。相傳，某次，某老丈姆手忙腳亂地宰殺了一隻老公鷄，因爲患有嚴重的青光老花眼，鷄屎處理得不很徹底，炒出來的米粉也就多了那個「佐料」！——賢媳婦看在眼裏，噁心萬分，努力宣傳的結果，這道「米粉炒鷄屎」的非常料理終於名聞全國。

【08】

囝婿一下到，丈姆婆仔雙腳囊落灶。

Kiáⁿ-saì chi̍t-ē kaù, tiūⁿ-ḿ pô-á siang-kha long-lo̍h chaù.

Kiáⁿ-saì chìt-ē kaù, tiūⁿ-m pō-á siāng-kha lōng-lō chaù.

真天下無比的泰水也！

　　隔壁阿花用來調侃李老太太的名諺。她實在太看不過去啦，老太太身患嚴重的巴金森症多年，卻不顧自己四肢「慄慄慄」，勉力給她的賢囝婿炒「歡迎的米粉！」句裏用「雙腳囊落灶」來形容老丈姆的歡喜、緊張、忙碌、錯亂。

　　雙腳囊落灶：誇張地，忙於炊事；字面是，把自己的雙足誤當柴草送之入灶。　慄慄慄：→13.06。　歡迎的米粉：→.07。

【09】

錢銀幾萬千，呣值著囝婿才情。

Chîⁿ-gîn kuí bān-chheng, m̄-tàt-tiòh kiáⁿ-saì chaî-chêng.

Chīⁿ-gīn kuí bān-chheng, m̄-tàt-tiō kiaⁿ-saì chaī-chêng.

秀才勝金龜？

　　老丈人賢伉儷用來給自己安慰的話。意思是：看！我們的囝婿人品出眾，又是尖端科技的大專家，雖然尚未名利齊暴，但請稍安勿躁，他過不了幾天，身價就增值萬萬千了！

　　「錢銀幾萬千」算什麼？只要有「才情」，將來連住的都是黃金屋呀！要娶的細奶們也都是如璧如玉的也！——噫，說的頗有文化基礎，老賢人就是如此鼓勵才情的啊！

　　厲害啊，厲害！才情原來是金鷄母、吸鈔機！

【10】

惜花，連枝惜。

Sioh-hoe, liân-ki sioh.

Sió-hoe, lēn-ki sioh.

外婆的感情關聯。

用來描寫外婆疼愛外孫的心情。正如同愛花的人，是將花朵和她的枝葉一起愛惜的！句裏用「花」來喻指心愛的查某囝，而聯帶的「枝」當然是戀外孫一同了。

（*參看，「愛花連盆，愛子及孫。」11.22*）

【11】

戀外媽育外孫，戀鷄母孵草墩。

Gōng goā-má io goā-sun, gōng ke-bú pū chhaú-tun.

Gōng goā-má iō goā-sun, gōng kē-bú pū chhau-tun.

疼惜不分內外。

用來調侃隔壁的劉太太給她的查某囝照顧嬰孩。這樣的「育外孫」被描寫做「戀鷄母孵草墩」，眞是天來之筆，何等酷似，何等可愛！試想像，一隻決心「負起宇宙繼起的生命」的戀鷄母，不眠不休的蹲踞在沒有半顆鷄蛋的草墩上「孵卵」。眞不忍心說牠愚戀啊！

本句，也有單用「戀外媽，疼外孫」的。不過，這樣用的話，外媽的戀厚的慈愛就大大的打了折扣，變得平淡無奇了。

爲甚麼說育外孫就像「戀鷄母孵草墩」那樣虛空無益呢？還不是外姓血脈觀念在作祟。——唐山惡質文化影響我們的不是「人不爲己，天誅地滅」嗎？（→222.17）由此敎條看來，這位外婆何「巧」之有？不罵她老人家「混賬」才怪。

啊，何時慧光驅散幽黯的、好譏誚的靈魂，激發欣賞美善的心智？

巧[khiáu]：聰明、機敏；愚、拙的反義詞。

【12】

戀鷄母孵鴨孫，戀外媽疼外孫。

Gōng ke-bú pū ah-sun, gōng goā-má thià" goā-sun.

Gōng kē-bú pū á-sun, gōng goā-má thiá" goā-sun.

　　用法和意思相似於上一句。也有單用「戀鷄母，孵鴨孫」的。

【13】

俺媽兜好迌迌！

Án-má-tau hó thit-thô.

An-má-tau ho thit-thô.

懷抱疼愛的阿媽。

　　這句是謠諺。童心未泯地道出每一次回來外婆家的歡喜快樂。

　　有什麼「好迌迌」的？我們不難體會出小孩子的感受，譬如說「來去俺媽兜，食腥臊」吧。好吃的魷蝦爆米粉炒、蒜蘋烤鵝腿、菇仁油滴肉粽、半鹹甜的年粿，這些雖然好吃，雖然印象深刻，但將被消化，被更好吃的取代。但，只有俺媽的擁抱愛撫，她細說的故事，她教唱的「耶穌疼我，我知明」，她的「三交代，四吩咐」(→11.33)和她慈祥的音容所匯集的「生命流」，會瀰漫滲透孩子的心靈，形成一生一世的感應。這是孩子的「俺媽兜」的秘密啊。

　　提到「俺媽兜」，在四十年代以前我們美麗的台灣鄉下，還不是指著：厝前幾大窟活滿鯽仔、鮘仔、草魚、土虱、胡鰡和菱角的大魚池；一大群半夜獵回三隻野兔的台灣土狗；一陣專門歪著脖頸給烏狗兄送秋波的呆頭鵝。當然，「俺媽兜」有的是攜甥入池戲水摸蝦，帶甥爬樹探卵，教甥通穴弄蛇的幾個少年阿舅。「俺媽兜」，還有八仙女！她們的臉龐、高矮、姿態，口音、、IQ、EQ、MQ和LQ都酷似老母──多麼窈窕的阿姨啊。

　　是俺媽兜，不是迪斯奈，連做夢我都在那兒迌迌！

兜：厝也、家也，當然包含親人和它的環境。　好迌迌：回味無窮，印象深刻，樂此不疲的行動；不是迪斯奈樂園的那種好玩。

LQ：愛齡也，衡量鬧戀愛的幼稚或成熟度；近年來IQ、EQ、MQ已經通用，就不贅言。　迪斯奈：泛指世上一切大規模的兒童樂園，沒有貶抑Disneyland的意思。

【14】

白鬚孫，土腳叔。

Pe̍h-chhiu sun, thô͘-khā chek.

Pē-chhiū sun, thō͘-khā chek.

論輩無論歲也。

　　斷言親戚的輩份、稱謂、禮儀不是按照年齒，而是按親族關係的輩份來規範的。這句俗語的意思是：在地上爬的那個小孩，不是別人，正是這位白髮公公的叔叔呀！

　　背景：這種關係的可能性是這樣的，祖父母年輕的時候就喜獲長孫了。因為他／她們生產力旺盛，在長孫白髮蒼蒼之年，再生了一個囝囝。這時，老長孫只得乖乖的按照禮數，叫這小嬰孩「阿叔！」

　　孫：這裏指的是「侄子」，書面語做「侄、甥」，口頭語為「孫」。
土腳叔：阿叔是個還在地板上學爬的小孩。

　　先慈和我的大姊同年「做月內！」我的這個漂亮的大女甥長我幾個月。小時，兩家住得很近；我們剛會說幾句短句，就會「冤家」。過後，她總是一派沒啥的過來叫我一聲「阿龜[ku]！」或「阿久[kú]！」──「免，免叫阿舅[kū]！」我總是這樣回她。

　　這六十年來，她叫我「阿龜」也好，「阿久」也好，「阿舅」也好，總帶有「親密」加上「沒啥」的味道。……大甥女啊，我就要飛

回來，重溫妳的：「龜久舅！」

【15】

無囝毋通靠孫，無褲毋通靠裙。

Bô-kiáⁿ m̄-thang khò sun, bô-khò· m̄-thang khò kun.

Bō-kiáⁿ m̄-thāng khó sun, bō-khò· m̄-thāng khó kûn.

唯靠親囝親兒了。

　　斷言，侄兒無法替代自己的孩子，正如同穿褲的男人，不能用裙子來代替。

　　孫：這裏做「侄」解。(→.14)

　　所謂「無褲毋通靠裙」，對於我國大部份人的穿著來說確是如此！但不要忘記，我們還有以「丁字褲」爲大禮服的民族。他們根本不必考慮穿長褲或短裙。

　　多年前，筆者由劍橋去蘇格蘭做「學習之旅」，在愛丁堡看到一群粗壯的男人，穿著艷麗的厚尼格子摺裙，腰前垂掛一個小皮包，隨著宏亮激昂的風笛起舞，煞是可愛又好看。這摺裙也是英勇的蘇格蘭軍人的制服；也是新郎按古禮穿的結婚禮服。若說它有什麼缺點，一定是太通風了！——在我國屏東來穿，還差不多。

　　對了，遊該地，乍見該物，切莫大嚷skirt！skirt！人家是大名頂頂的kilt！

【16】

親堂好，相致蔭；親堂歹，相連累。

Chhin-tông hó, sio tì-ìm; chhin-tông phaíⁿ, sio liân-luī.

Chhīn-tông hó, siō tí-ìm; chhīn-tông phaíⁿ, siō lēn-luī.

親戚關係有利弊。

舊時，一人爲大官，全族威風又大利多，好「致蔭」也；一人造反失敗爲寇，全族斬首示衆，歹「連累」也。羅織「連累」，何其野蠻！

然而，蔣政權統治台灣，用的正是野蠻的「連累法」！君不見，一人入黑名單，全家不得超生！就以廖文毅博士的台獨運動來說，有千餘人因此送軍法處。廖氏的財產沒收以外，他的數十位親人被捕下獄，有被判死刑的、無期徒的、最輕七、五年的，無一倖免。❶

親堂：同宗親戚。　　致蔭：庇蔭也，如國庫通私庫，奉令不起訴，關說圍標等等特權。

【17】

天頂天公，地下母舅公。

Thiⁿ-téng thiⁿ-kong, tē-ē bú-kū-kong.

Thīⁿ-téng thīⁿ-kong, tē-ē bu-kū-kong.

舅父大人萬歲！

這是常常聽到的名諺，用來斷言舅父在家族中的重要地位。

本句用的是對比法，以民間衆所周知的「天頂天公」，天神之間的至尊無對，來比擬「地下母舅公」，親人之間最尊貴的地位。

背景：爲甚麼說「地下母舅公」呢？如此尊重母舅是何道理？我們認爲這是母系社會的遺跡。按母系社會的婚俗，結婚的男主角必要住進女人之家(但非入贅)。她這個丈夫對於家庭大小事無權過問；家庭重大問題，則需請那些遷出去結婚的舅舅們回來商量。外甥的婚事，也是由舅舅主婚；母親的死亡，也得請舅父回來「驗屍」，查無問題之後，始可埋葬。

現在，台灣漢人雖然早已採用父系社會婚姻制度(女人嫁來男

家），但這種遠古母系社會婚姻制度的「母舅公」權威，模糊地遺留了下來，且得到尊重。顯然，「地下母舅公」是維繫親密的姻親關係的一種形式。

我國東海岸的阿美族，尚保持著母系社會的氏族關係，他／她們忠實地遵守著阿美族形態的「地下母舅公！」❷

天頂…地下…：天上人間。　天公：俗稱玉皇上帝為天公；祂是民間宗教信仰中的最高神，祂沒有有偶像，虔誠的信仰者在大廳吊個「天公爐」，晨昏上香禮拜；祂的神誕日是正月初九。　母舅公：舅父大人也，雖然媽媽的阿舅稱為「舅公」，但不是「母舅公」。

【18】

母舅公，卡大三界公。

Bú-kū-kong, khah-toā Sam-kaì-kong.

Bu-kū-kong, khá-toā Sām-kaí-kong.

用法和意思相似於上一句。

三界公：台灣民間信仰中，神格僅次於玉皇上帝者。祂們是天、地、水三界的的神化，道教稱之為三官大帝。祂們的名稱和主要功能是：天官紫微大帝，賜福；地官清虛大帝，赦罪；水官洞陰大帝，解厄。神誕日分別在上中下三元之日。

【19】

叫大舅，掠大龜。

Kiò toā-kū, liảh toā-ku.

Kió toā-kū, liā toā-ku.

另類舅公。

順口溜。也可用來調侃阿舅長，阿舅短的乖甥仔。

本句的滑稽處，在於用「大龜」音擬「大舅」，硬把毫不相干的

舅公和烏龜套在一起。

【20】

外甥親像狗，食了就要走。

Goē-seng chhin-chhiūⁿ kaú, chiàh-liáu chiū-beh chaú.

Goē-seng chhīn-chhiūⁿ kaú, chiā-liáu chiū-bé chaú.

來去自如好外甥。

　　用來形容甥舅之間的親密。說的是，外甥煞像台灣土狗，要過來吃一頓飯從不，也不必事先打電話，約時間。來了，吃飽了，說醜就醜醜，自動得很呀！——不過嘛，要是阿妗「赤腳」，而阿舅又是「驚某」的，另當別論哦！

　　說醜就醜醜：說走就走，說bye就bye-bye啦。　　赤腳：喻指厲害萬分的女人，例如，「赤腳大家。」(→13.07)

【21】

飼豬好刣，飼外甥仔，去呣來。

Chhī-ti hó thaî, chhī goē-seng-á, khì m̄-laî.

Chhī-ti ho thaî, chhī goē-sēng-á, khì m̄-laî.

最枉費是疼外甥。

　　順口溜。用阿舅的口氣說，疼愛外甥最浪費感情，眞是餵豬不如。一旦有事要他幫忙，何曾探個頭。——安啦！這種外甥極少。

　　飼豬好刣：養豬至少有宰來吃的好處。

【22】

外甥食母舅，親像食豆腐；
　　母舅食外甥，親像豬母哺鐵釘。

Goē-seng chiah bú-kū, chhin-chhiuⁿ chiah taū-hū;

　　bú-kū chiah goē-seng, chhin-chhiuⁿ ti-bú pō· thih-teng.

Goē-seng chiā bú-kū, chhin-chhiuⁿ chiā taū-hū;

　　bú-kū chiā goē-seng, chhin-chhiuⁿ tī-bú pō· thí-teng.

放不下身段的老舅公。

　　順口溜。唸誦的是，小外甥輕鬆自在地在老舅公家吃飯，很好消化，如同「豬母食豆腐」。反過來看，母舅吃外甥的話，就頗難下嚥，要不是太浪費，就是太簡慢，好像「豬母哺鐵釘」，消化大有問題了。——或單用第一分句：「外甥食母舅，親像食豆腐。」

　　豬母：喻指這位母舅大人是容易款待的；不挑食，胃口好。

【23】

衆人舅，無衆人姊夫。

Chèng-lâng kū, bô chèng-lâng ché-hu.

Chéng-lāng kū, bō cháng-lāng che-hu.

所謂阿舅。

　　斷言，姻親關係中的「阿舅」可能比較自由來稱呼，但「姊夫」則是不可以亂叫的。

　　筆者有此親身經驗！青少年時，每逢假日總是喜歡到幾個姊姊家去迌迌。原以爲只有那些小外甥叫我阿舅。誰知，親家親姆稱我阿舅，大伯大姆呼我阿舅，大姑屘姑，所有的姻親，連厝邊隔壁也都異口同聲叫我阿舅！如今，回想及此，頭腦一片混沌，搞不懂我究竟是那一種阿舅？啊，「衆人舅」啦！——我心裏那一大團甜蜜感，至今猶濃！

【24】

有錢姑半路接，無錢姑嘴若鱉。

Ū-chîⁿ-ko· poàⁿ-lō· chih, bô-chîⁿ-ko· chhuì ná-pih.

Ū-chīⁿ-ko· poáⁿ-lō· chih, bō-chīⁿ-ko· chhuì na-pih.

勢利功第一招。

　　用來諷刺以金錢調整歡迎度的親人。有錢阿姑要回來，總有令人意外驚喜，有高貴的禮物，又有紅包；如此阿姑，不半路歡迎怎麼行？那可憐的窮阿姑，總要讓幾個睜大眼睛的小孩看破，只有閃到門後來向她鱉嘴。窮姑，自己進門！

　　有錢姑半路接：接什麼？接阿姑，和接她的「等路」呀！　嘴若
鱉：雙關語，指孩子不叫她「阿姑」；又指不甘願和鄙夷混合的感情，
表現成「鱉嘴」似的尖硬嘴唇。

【25】

姑來加添水，姨來加量米。

Ko· laî ke-thîⁿ-chuí, î laî ke-niû-bî.

Ko· laî kē-thīⁿ-chuí, î laî kē-niū-bí.

童言無忌道親情。

　　一語道破，媽媽不喜歡姑姑回來「巡視」，但是多麼高興自己的姊妹前來「會親」。何以見得？句裏用了二種情態來描寫：招待阿姑，煮飯只是「加添水」，不加米；歡迎阿姨的，卻是「加量米」！這種加水添米之分，正是阿姑和阿姨在孩子心目中的不同關係和地位。

　　賢母親這種輕父系親戚，而重母系親人的態度，也就如此代代相傳，造成台灣人的兄嫂小姑、大姑弟婦之間永遠的緊張。

　　這真是所謂的「揀佛燒香，看人撒油」了！(→222.12)是的，人

情之常嘛！常聽到的「沒有差等的愛」，是否實在，是否可行？──但願，就是多加水時，不至於煮成可見鍋底的淸糜。

【26】

姑表骨肉親，姨表是他人。

Ko·-piáu kut-jiok-chhin, î-piáu sī tha-jîn.

Kō·-piáu kut-jiok-chhin, ī-piáu sī thā-jîn.

禁忌和浪漫。

　　一語界定什麼是血統親屬，好用來規範聯姻的範圍：姑表，不可有婚姻關係，因爲是「骨肉親」；而姨表，則可以，因爲是「他人」。

　　背景：姑表是同祖、同伯叔所生的這一輩子女間的關係，他／她們同「姓」氏，是父系的骨肉之親，是不可以通婚的。若果通婚了，便是觸患亂倫禁忌，爲社會習俗和法律所不容。

　　姨表是同外祖、同阿姨，所生的這一輩子女間的關係，是母系的所謂「他人」。如此了解的「他人」，姨表結婚的頗有人在，雖然素來認爲會產生畸形、或低能兒。然而這樣的「他人」還是太親！當知，旁系姻親在五等親之外，才有資格當「外人」的哦！❸

　　爲甚麼姨表結婚的還是大有人在？是否賢媽賢姨提供的方便？靑年人接觸一多，潛在的戀母戀姨情結演變成戀表兄弟姊妹，也是可能的！戀情狂燒，熱暈心頭，還會敬畏什麼禁忌，顧慮什麼民法？

　　血濃於水，血不可親，血是禁忌！水淡於血，水可親、可愛、可飮！啊，原來水是智慧，是生命，是心愛的表妹！

【27】

姑疼孫，仝一姓；妗疼孫，使目箭。

Ko͘ thiàⁿ sun, kāng chi̍t-sìⁿ; kīm thiàⁿ sun, saí ba̍k-chìⁿ.

Ko͘ thiáⁿ sun, kāng chi̍t-sìⁿ; kīm thiáⁿ sun, saí ba̍k-chìⁿ.

同姓相親，異姓相輕？

　　用來支持血親比姻親的關係親密的說法。意思是：「姑孫」是血統關係，比「妗孫」親密，「仝一姓」也，同祖也！然而，感情的世界是奇妙的，是非常個人化的，豈是每一個賢阿妗敢「使目箭」？難道「仝一姓」是好親情的保證書？

　　這句俗語的修辭用的是對比異對式。姑妗不同，疼孫的感情和表達方式也自有異：姑的「仝一姓」，和妗的「使目箭！」；前者，血統和姓氏觀念為動機的愛；後者，感性的，個性的表現。

　　姑孫：姑姪也。　妗孫：舅的某是妗；孫是外甥；孫，甥的台語音。　使目箭：義同「使目尾」；用來送秋波，瞧扁人。

【28】

姑丈，變姊夫。

Ko͘-tiūⁿ, piàn ché-hu.

Kō͘-tiūⁿ, pén che-hu.

姑丈去姊夫來。

　　斷言，親戚往來交誼，因生命的歷程和親人的世代變遷而改變。

　　背景：舊時，我國中上人家，大多備有「人客間」，專供往來頻繁的親戚過夜。因為是祖母當家，諸位出嫁的阿姑和姑丈，也就常常回來做客。這人客間，不是別的，是姑丈房。

　　人世無常，阿媽凋零了。這時姑丈也已經有了五六個小孩，難得回來做客；「姑丈房」終於成了空間。同時，家庭由阿母來當家，幾個姊姊都有了姊夫。這樣一來，家庭另有了一番氣象：

「姑丈」房變成「姊夫」房了！

　　如此「姑丈，變姊夫。」唯恐幽默大師林語堂要自嘆不如！

【29】

有姑是姑丈，無姑是野和尚。

Ū koˑ sī ko-tiūⁿ, bô koˑ sī iá-hôe-siūⁿ.

Ū koˑ sī kō-tiūⁿ, bō koˑ sī ia-hôe-siūⁿ.

姑丈vs.野漢。

　　用來描述姻親關係的脆弱。說的是：阿姑和姑丈維續著婚姻關係的時候，是有這麼一個姑丈存在。萬一阿姑凋零，或是各奔前程，哪裏還有什麼姑丈，莫非是個「野和尚」罷了——姑者，「姑丈」存在的基礎也。

　　野和尚：指外人、野漢，無關和尚。

【30】

親姨，娘嬭面。

Chhin î, niû-lé bīn.

Chhīn î, niū-le bīn.

乙媽公司製品。

　　阿母和阿姨的面容，何其相似也！——「親姨」才算哦。

　　親姨：阿媽生的那一群女生也。結拜的、眾人的阿姨都不算。

娘嬭：阿母也。

【31】

一代姨，二代表，三代煞了了。

It-taī î, jī-taī piáu, saⁿ-taī soah-liáu-liáu.

It-taī î, jī-taī piáu, sāⁿ-taī soá-liau-liáu.

姨表雖親三代盡。

斷言姨表關係親密的持久度不超過三代人。說的是：第一代稱姨呼甥，好不親熱；第二代，姨表兄弟姊妹繼續精誠親愛，甚至於有鬧戀愛，走紅毯的喜劇演出；但未知何故，到了第三代忽然「煞了了」也。同義語有：「一代親，二代表，三代無了了。」

煞了了：這裏指的是，姨表親到了第三代，其親密關係是全面解散了；此詞另有：（事情）完全停頓、（希望）完蛋了，等等意涵。

【32】

一世人的父母，二世人的妗仔兄嫂。

Chi̍t sì-lâng ê pē-bú, nn̄g sì-lâng ê kīm-á hiaⁿ-só.

Chi̍t sí-lâng ē pē-bú, nn̄g sí-lâng ē kīm-á hiaⁿ-só.

妗仔兄嫂通二世之好。

指出孝養父母和妗仔兄嫂交陪的久暫：前者，只是一生一世的奉待；後者，竟然要維持二世之久。

背景：子女對於父母的孝養是「一世人」的代誌，這是明白可懂的。那麼，為甚麼妗仔兄嫂的關係，說是「二世人」呢？首先要知道的是，這句俗語是替嫁出門的「大姑」或「阿姑仔」來說的。她們在娘家時，「妗仔兄嫂」要好好的對待她們；她們出嫁後，萬一不幸逝世，那麼出殯之日，不但要娘家的兄弟，「阿舅」來「封釘」，娘家的「妗仔」和「兄嫂」都得來祭拜一番。如此，這個出嫁了的「阿姑」，生死「二世人」都沒有脫離「妗仔兄嫂」的關係。這樣講，難免多少帶有不耐煩的嫌疑。

一世人：一生的（關係、狀態等等）。　二世人：今生和死後（關係、狀態等等）。　妗仔：嫁出的查某团，稱呼娘家的弟婦。　兄嫂：嫁出的查某团，稱呼娘家的哥哥的妻子。　封釘：按我國民間喪俗，出殯之日在道士引導下，母舅象徵地將五寸鐵釘在棺木上，表示

他的姊妹歲壽該終，沒有被虐，或被謀殺之嫌，准予安葬。

【33】

女死男門斷，男死女轉厝。

Lú-sí lâm mn̂g-tn̄g, lâm-sí lú tńg-chhù.

Lú-sí lām mn̂g-tn̄g, lâm-sí lú tng-chhù.

情淡義絕實無奈！

　　斷言姻親關係急轉直下的二種極無捨施的情形，即是結婚不久的當事人的過往：女死的話，這個男人也就慢慢的跟岳家斷絕往來；男死的話，這個女人也就回娘家去了。

　　門斷：不再進入岳家的門戶。　轉厝：回娘家也。　無捨施：可憐的(事情)。

【34】

三代，無絕後頭親。

Saⁿ-taī, bô-choa̍t aū-thaû-chhin.

Sāⁿ-taī, bō-choa̍t aū-thaū-chhin.

永續娘家親情。

　　戀查某囝愛娘家的告白。這個嫁出的查某囝多麼一廂情願地，說要永遠愛娘家所有的親人。——誰知，娘家的惡黨，早已向鄰里宣言：查某囝是潑出去的水，是外頭家神也。她的資格和地位，都由媳婦取代。哀哉！

　　可是，天下事總有意外！有這樣的好娘家：父母一代，寵愛查某囝勝過保險箱裏的大鑽石；哥哥嫂嫂這一代，關懷有加，來往頻頻是眾所周知；內姪孫兒這一代，親愛阿姑的感情彌久益馨，有口皆碑。看，三代人多麼美麗地發展著珍貴的娘家親情！

　　後頭親：娘家的親人；後頭，娘家也。

【35】

丈姆厝，好迌迌。

Tiūⁿ-ḿ chhù, hó thit-thô.

Tiūⁿ-m chhù, ho thit-thô.

有「炒米粉」可吃哦！

斷言，岳母家是女婿最喜歡去，也覺得最好玩的地方。為甚麼？因為丈姆娘萬分愛屋及烏，對他莫不歡天喜地的接待，又有特製的「米粉炒」來歡迎他。怎能印象不深刻，魂魄不感動呢？

米粉炒：炒米粉也。

（*參看，丈姆請囝婿，米粉炒鷄屎。*.07

囝婿一下到，丈姆婆仔雙腳囊落灶。.08）

【36】

外家厝，怙燴富。

Goā-ke chhù, tiàm boē-pù.

Goā-kē chhù, tiám bē-pù.

外家雖好，非久居之地。

用做警言。提醒為人女婿者，依賴岳家，甚至住在外家的話，將必貧窮。顯然，這是在鼓勵獨立奮鬥，自立門戶，才有前途。

外家厝：娘家。　怙燴富：住在那裏（外家厝），不會致富；怙，住也。

（*本句另解，參看24.37*）

【37】

定滯丈姆厝，萬年免想富。

Tiāⁿ toà tiūⁿ-ḿ-chhù, bān-nî bián-siūⁿ pù.

Tiāⁿ toá tiūⁿ-m-chhù, bān-nî ben-siūⁿ pù.

　　用法和意思類似上一句。

　　定滯：常常住在（地點、家庭）；字面義是，住定在（某個地點）。

【38】

食到頭毛白紗紗，嘛愛外家。

Chia̍h kah thaû-mn̂g pe̍h-se-se, mā-aì goā-ke.

Chiā ká thaū-mn̂g pē-sē-se, mā-aí goā-ke.

夢中的家鄉。

　　用來形容出嫁的查某囝的心事：不論是否三代以前出嫁的老姑婆，不論現今娘家親人是否凋零，一生一世熱愛「外家！」

　　食到頭毛白紗紗：活到很老很老的時候；頭毛白紗紗，白髮蒼蒼也。　嘛愛：（條件有所限制之下）仍然愛著（所愛的對象）。

【39】

斷鹽斷醋，呣斷外家厝。

Tn̄g-iâm tn̄g-chhò͘, m̄-tn̄g goā-ke-chhù.

Tn̄g-iâm tn̄g-chhò͘, m̄-tn̄g goā-kē-chhù.

迴旋空間要愛惜。

　　用做女戒。教導要出嫁的查某囝，無論將來的境遇如何，就是到了「斷鹽斷醋」的苦境，都不可以和娘家斷絕關係。──言下之意，娘家是優良的避風港，可供暫時逃避現實的磨難。

　　斷鹽斷醋：喻指貧窮至極；鹽和醋是家庭必備的粗品，連鹽醋斷絕，可見其窮困了。

【40】

好新婦，歹後頭。

Hó sin-pū, phaíⁿ aū-thaû.

Ho sīn-pū, phaiⁿ aū-thaû.

歹竹出好筍？

　姻親名諺也。親姆用來批評親家一幫人。可能是這位「大家」吃了親家闔府一同的許多悶虧吧。說的是：雖然娶進門的媳婦眞乖巧、好女德、知孝順，但差勁的是她的「後頭」，龜龜鱉鱉的代誌一大拖，眞難應付！

　　後頭：媳婦娘家的父母祖媽、兄弟姊妹等人。　歹竹出好筍：參看，「歹竹出好筍，好竹出疴侖。」(11.05)　*龜龜鱉鱉的代誌[kū-kū pih-pih ē taī-chì]：囉囉嗦嗦，沒有什麼大不了的事情，卻又是那麼難纏。　一大拖[chĺt toā-thoa]：（累累贅贅的事）一籮筐！*

【41】

論輩，無論歲。

Lūn poè, bo-lūn hoè.

Lūn poè, bō-lūn hoè.

輩份大於年紀。

　親族交際常用語。請上坐的，不是按照年齒，而是根據親族關係的輩份高低。不過，上面這種說法，視宴會或集會的性質和主角而改變。

【42】

有錢，就大輩。

Ū chîⁿ, chiū toā-poè.

Ū chîⁿ, chiū toā-poè.

財富大於親族關係。

　大概是被冷落的窮親戚，用來諷刺勢利眼的親人吧。刺他尊

重的是錢財，不是親情義理。

眞是一語中的，君不見「貧在鬧市無人問，富在深山有遠親！」——空牢騷，傷心敗氣。士君子，宜立志發財！

【43】

菜瓜鬚，肉豆藤。

Chhaì-koe chhiu, bah-taū tîn.

Chhaí-koē chhiu, bá-taū tîn.

親戚何其雜多也！

形容血親、姻親、義親、非親之親多得不得了，有如「菜瓜鬚」，花苞吐絲難理會；有如「肉豆藤」，蔓蔓延延不知所止。

請注意，這句俗語不但指「多而亂」，也含「賤又俗」。介紹貴親族時，千萬不可右手一比，說：「這些菜瓜鬚，肉豆藤是我的……」

菜瓜鬚：絲瓜的花苞開放以後生長的長曲細嫩的鬚根；據說，菜瓜鬚已成爲我國新興的一道料理。❹ 肉豆藤：鵲豆的莖蔓也，長可達八公尺。❺

【44】

溪埔蕃藷厚根，平埔媽厚親。

Khe-po· han-chî kaū-kin, pîⁿ-po·-má kaū chhin.

Khē-pō· hān-chî kaū-kin, pīⁿ-pō·-má kaū chhin.

平埔情好親人多。

用來形容漢人娶平埔媳婦，姻親關係好，後頭親人來往熱絡。本句用「溪埔蕃藷」多根，以致於蕃藷難得大塊，以譬喻「厚親」是有損無益的。——顯見，這一幫漢人的婚姻以利爲義！

溪埔蕃藷厚根：因爲溪埔是沙質土壤，容易生根。 厚親：親戚

人數多，關係又親密。

讀此語，應有許多反省，例如：一、懺悔古今大多數所謂「漢人」剝削平埔親人。二、當感謝平埔族人！當時，唐山過台灣的漢人，絕大多數是「羅漢腳」。沒有平埔族人結親的恩情，結果會怎樣？三、不可迷信「大漢主義」，應該歡喜承認絕多數的台灣人擁有平埔的血親關係，而應以此為榮。四、反對民族歧視，參與關愛少數民族的活動。

【45】

親成五十, 朋友七十。

Chhin-chiâⁿ gō͘-chảp, pêng-iú chhit-chảp.

Chhīn-chiâⁿ gō͘-chảp, pēng-iú chhit-chảp.

親人的世界。

用來通稱親戚。要點不在多少，乃在於泛指血親和姻親這一張羅網。第二分句「朋友七十」是陪襯的，非主句。

【46】

隔壁親家, 禮數原在。

Keh-piah chhin-ke, lé-sò͘ goân-chaī.

Ké-piá chhīn-ke, le-sò͘ goān-chaī.

行禮如儀俗不得！

斷言，禮儀不因為對象是日常接近，是深刻了解的人而弛廢。句裏用人知厝識，甚至是「尻川幾枝毛，知知咧！」(→326.04)的隔壁親家為譬喻，來強調「禮數原在！」同義句有：「親家對面，禮數原在。」

隔壁親家：喻指非常熟知的親友；字面義是，家在隔壁的親家大人。　禮數原在：適合其身份的禮儀，是不可以偷工減料的。　人知

唇識：喻指個人資料瞭若指掌；字面是，知其人，也知其住所。

【47】

隔壁，請親家。

Keh-piah, chhiáⁿ chhin-ke.

Ké-piah, chhiaⁿ chhīn-ke.

三顧草蘆？

用法和意思類似上一句。

宴請隔壁親家，雖是近在咫尺，平時也頗「靠俗」，但在此重要場合，是不可以從這邊大喊：「喂，親家啊，要開桌啦，過來哦！」仍然要由這頭親家，禮禮貌貌的趨叩親家府，再請三請的勞煩他駕臨指導食燒酒。

【48】

親戚是親戚，錢數要分明。

Chhin-chhek sī chhin-chhek, chîⁿ-siàu aì hun-bêng.

Chhīn-chhek sī chhīn-chhek, chīⁿ-siàu aí hūn-bêng.

人親，錢免親。

用做警語。雖然親人朋友，通財之義處處有，但錢是可以分明計算的現實價值，賒欠借貸不是紅包，不是白包，應該清楚分別，明白處理。

【49】

親戚莫交財，交財斷往來。

Chhin-chhek b̍ok-kau chaî, kau-chaî tng óng-laî.

Chhīn-chhek b̍ok-kaū chaî, kaū-chaî tng ong-laî.

通財斷往來！

　　用做警語。提醒人不要對親戚有通財的做法，要是通來通去，通到流沙河，通到烏龍江，通到黑洞，不趕快斷往來，也就完了！亂通是絕對有害的，可不愼戒乎？古賢道：「言多語失皆因酒，義斷親疏只爲財。」(《名賢集》)——本句，《格言諺語》作如：「親戚不共財，共財斷往來。」

【50】

親輸友，親成輸朋友。

Chhin su iú, chhin-chiâⁿ su pêng-iú.

Chhīn su iú, chhīn-chiâⁿ sū pēng-iú.

勝敗關鍵愛、自由。

　　用來怨嘆，也可用做警語。這是一個從親人吃了大虧，卻從朋友獲得珍貴的協助之後的激烈言論。「…，親成輸朋友」，語義甚明，毋庸贅言。

　　這句俗語，造型特別，氣勢強烈，會不會是先人從《三字經》的「親師友，習禮儀」逸脫出來的妙句？

　　「親成輸朋友」嗎？頗有可能！多少兄弟爲了爭祖產而相殘，爲了爭父母寵愛而互相嫉妒，計較切身利害而失落感情。那麼朋友呢？當然要看是何種朋友，以利爲義的，以酒色爲媒的，照樣無採工也。但好朋友，反映人性光輝的能力較強，因爲用來反射的多面鏡之中，有二面相當明亮可喜的，那是：愛和自由。❻

　　無採工[bô-chhai-kang]**：浪費時間，枉費精神，毫無成果。**

【51】

是親呣是親，無親卻是親。

Sī-chhin m̄-sī chhin, bô-chhin khiok-sī chhin.

Sī-chhin m̄-sī chhin, bō-chhin khiok-sī chhin.

親不如外人好！

用意類似上一句。供我人反省：要做一個台灣人的「好親人」，實在太困難了！怎麼辦？

【52】

會，無論親疏。

Ē, bô-lūn chhin-se.

Ē, bō-lūn chhīn-se.

會𣍐定親疏。

一語道破，親成五十網絡中的「親疏」並非完全按照靜態的、先天的血親或是後天的姻親來決定，而是取決於「會」或「𣍐」的行爲。什麼是「會」和「𣍐」呢？乃是「會曉做人」或「𣍐曉做人！」

這種做人，不是弄璋瓦，而是做爲人的情意的輸送感通。

【53】

親欺，極無醫。

Chhin khi, kėk-bô i.

Chhin khi, kėk-bō i.

真軟土深掘也。

用來怨嘆。斷言親人中，有比「熟似食厝內」(→246.27)更嚴重的「親欺」；這種欺凌可親可信，有情有義的親人的行爲，如同絕症，「極無醫」也！

那麼，是誰「無醫」？欺親的傢伙，或是被欺的？當然是欺親的人，這種人喪心病狂，如同邪惡之徒自滅前的掙扎。可悲又可嘆！

「親」是關係密切、誠懇往來、感情清純甜蜜，如賢伉儷、好昆仲、令好友。這般親情何等珍貴，豐富了生命，成全了快樂的

人生。然而，最可惡的是心懷奸詐，濫套「親」字，以圖登堂入室，行騙耍詐，要吞要殺。

　　據悉，不久之前，中國領導人對我國代表說：兩國人民「本是同根生」。有朋友看到如此報導，大大感動！接著，心中起疑，問道：要是同根之親，爲甚麼台灣有史以來從中國得到的盡是欺壓、出賣、災難，從無關懷鼓勵，更缺扶持幫助？答案甚明：他的「同根生」是，中國爲鍋鼎豆萁，台灣爲釜中滾湯的綠豆！

　　萁煮豆！中國廚房慣技也。綠豆有知，當即割斷瓜葛，各奔前程！

【54】

親家, 變冤家。

Chhin-ke, piàn oan-ke.

Chhīn-ke, pén oān-ke.

親家冤家一字之差！

　　用做警言。務必謹愼珍重親家之間的情誼，因爲那是容易變遷的。讓「親家」變成「冤家」，豈不太傷感情？

【55】

捷關, 無親人。

Chia̍p koeⁿ, bô chhin-lâng.

Chia̍p koēⁿ, bō chhīn-lâng.

酷政、慣賊、良心犯？

　　用做警言。這句話教人不可做殺人放火，行惡害人的「捷關」罪犯。屢犯不改，親人都將離他而去！

　　爲甚麼「捷關，無親人」？親人關照初犯，是常有的事，但是

以犯罪為職業的，就不可能期待親人繼續關照他。繼續接濟援助，豈不成了支持他繼續作惡，鼓勵他繼續犯罪嗎？自暴自棄，怪不得親人。

然而，有一種「捷關」的人士，他／她們卻獲得親人朋友，全體人民，國際社會的積極關心和幫助！那會是什麼樣的人？他／她們是人權鬥士，為人民的自由、幸福、尊嚴，而遭受專制政府的迫害。

我國台灣有過無數仁人志士，出入日本的、國民黨政府的政治黑牢。台灣人為他／她們請願，為他／她們呼籲國際救援。他們的夫人，被送入國會殿堂；他／她們出獄後大多高票當選為各級民意代表。這一切，豈不是說明了「關」不是問題，要問的是：因何被關？是什麼樣的政府關他／她們？

且慢，還要追問：出獄以後的情形是什麼？君不見，有一種人是藉著「關」而身價百倍，人氣愈旺盛，名利愈豐收；又有一種人，炫耀「關」的經歷，自誇為政治理論天才，肆無忌憚，儼然自以為台灣獨一的政治領袖！對於這些人，台灣人能報答的，已經做了！今後，應該注意其言行，揭穿其「把戲」！

「捷關，無親人！」不僅是受刑人藉以悔悟改過的警言，而且含有許多值得參透的玄機。

捷關：頻頻被關進監獄；捷，常常也。

注釋

1. 參看，施明雄《白色恐怖黑暗時代台灣人受難史》(台北：前衛出版社，

1998)，頁44-47。

2. 我們所說的「天下母舅公」可能是母系社會婚姻制度的遺跡一事，也許可由人類學者林美容，論述的東海岸阿美族婚姻形態，得到旁證。參看，林著「母系社會的婚姻形態」《人類學與台灣》(台北：稻鄉出版社，1989)，頁259-264。

3. 此處，我們趣味的是俗語和民俗，沒有表述「姨表結婚」一類的意見，那是法律問題。應該介紹的是，有關這個問題，林美容教授從民法和社會觀點有很好的見解。請參看，「表兄表妹此情如何了？」同上引，頁237-243。

4. 參看，吳昭其，「絲瓜綠花苞」《台灣的蔬菜(三)》，頁151。

5. 參看，「鵲豆」，同上引，頁134。

6. 我們這樣講，是根據英語「朋友」(friend)一字，在其語源中所含有的二個重要概念：「愛」(to love)和「自由」(free)。(參看，"friend." in *Webster's 3rd New Dictionary of the English Languageg.* (Unabridged 1993).筆者相信，「朋友」之所以可能勝過親人之處，儘在於此。尤其是「自由」，對於友誼的純潔、持久有決定性的作用。

第五節　家庭生活

本節段落：

什麼是家01-04　家口問題05-11　家庭生活12-16

過年過節20-23　關係緊張24-31

【01】

無婦不成家，無夫不成室。

Bû-hū put-sêng ka, bū-hu put-sêng sek.

Bū-hū put-sēng ka, bū-hu put-sēng sek.

翁＋某＝家室

　　舊說。用來界定什麼是「家庭」。說的是：家是由夫和婦構成的，男人有婦，就是所謂的「成家」；女人有夫，成為人家的太太，就是「成室」了。

　　室：妻也，所謂妻室。

　　顯然，這句俗語反映的是先人想當然的「家庭」。現代人的生涯規劃，不一定包含娶某嫁翁；單親，不一定要再嫁再娶；寡婦鰥夫，不一定再婚。看來，婚姻並不是建立「家庭」唯一的、必要的條件了。

　　那麼，請教一下：「什麼是家庭？」

　　不婚族曰：「自己就是自己的家，我回去的地方就是我的家。它不是旅館，家的功能樣樣俱備。」

　　再請教：「不弄璋瓦，缺少千金或公子，算啥家庭？」

　　單身族反問：「孩子是家庭必要的條件嗎？只要『理由』和『條

件』具備，『收璋養瓦』可也！君不見，世上多少可憐的小孩，需要人養育！何必親…」

再請敎：「……??」

淸官難斷家內事！不婚族也好，單身族也好，要緊的是趁著年靑力壯時多賺錢，多買保險，多交朋友，培養多方面的興趣，以避免「老孤佬」。

（本句又見，21.04）

【02】

在厝日日好，出厝朝朝難。

Chaī-chhù ji̍t-ji̍t hó, chhut-chhù tiau-tiau lân.

Chaī-chhù ji̍t-ji̍t hó, chhut-chhù tiāu-tiāu lân.

另類戀母情結？

用法有二：一、斷言人在本地，可以過得比較平安的日子，而出門在外，則有隨時遭遇困難的可能性。二、用來表達遊子思家的心情，「厝」是超越地理和建築物的，是營養生命，營造私人生活的地方。有人認爲厝也是遭難的日子的「逃閃城」。效果如何？最好「存而不論」吧！

（本句另解，參看423.20）

【03】

千好萬好，呣值著咱厝好。

Chhian-hó bān-hó, m̄-ta̍t--tio̍h lán-chhù hó.

Chhēn-ho bān-hó, m̄-ta̍t--tiò lan-chhù hó.

家在蓬萊仙島！

可能是父母給孩子們的精神訓話。斷言世上雖有「千好萬好」的地方，但這些都比不上我們家的「好」。我們的家是無可比擬

的！類語有：「千富萬富，唔值著家己厝。」

　　上面二條俗語的第一分句都是省略句：「千好萬好」全句是「別人的厝千好萬好，唔值…」；「千富萬富」也是省掉了「別人的厝」這一片語。

　　千好萬好：不論多好。　　*千富萬富*［chhian-pù bān-pù］：*不論多麼有錢。*

　　走鍵至此，知道李登輝總統宣示「國對國關係」。報紙不停傳來中國的文攻武嚇，國內虎倀圍剿「二國論」；國人心驚膽裂，股票滑落谷底。啊，我可憐的，善良的台灣人，為甚麼壓迫、凌辱、苦難都來自中國？為甚麼我國有那麼多吃裏扒外的人？啊，我美麗的故鄉，我親愛的家人朋友：

　　　　家
　　　　超越了意識形態
　　　　躍過了文化藩籬
　　　　無需圖騰裝門面
　　　　智慧開擴了疆界
　　　　她
　　　　生產了蕃藷
　　　　養育著芋仔！
　　　　為甚麼
　　　　踐踏仁愛和公義
　　　　迷戀黷武的恐龍？
　　　　為甚麼
　　　　淪為鳥鼠咬布袋
　　　　甘做虎倀賣靈魂？

醒醒吧

從那奪命的毒潭

來建造新鄉台灣！

【04】

休戀故鄉生處好，受恩深處便爲家。

Hiu-loân kó·-hiong seng-chhù hó,

　　siū-un chhim-chhù piān uî-ka.

Hiū-loân kó·-hiong sēng-chhù hó,

　　siū-un chhīm-chhù pēn uī-ka.

家不在山的那一邊！

　　什麼是「家」？先人簡單明瞭地說是「受恩深處！」句裏含蘊的大道理，請在台灣的中國人三思！也請台灣人和世界村民想一想。

　　（本句詳解，請看424.17）

【05】

濟人，濟福氣。

Chē lâng, chē hok-khì.

Chē lâng, chē hok-khì.

生產力強。

　　用法有二：一、舊時，給家口興旺的親人或朋友的恭維話。二、用來鼓勵食指煩多，怨嘆「濟囝多業，少囝卡澀疊」(→.08)的人。——也許，對方聽到「濟福氣」時，煩惱馬上消散，希望猛湧，心裏暗喜道：「不錯，濟囝，唔認散啦！」(→11.29)

【06】

大囝啼，細囝吼。

Toā-kiáⁿ thî, sè-kiáⁿ haú.

Toā-kiáⁿ thî, sé-kiáⁿ haú.

忙亂的媽媽！

　　舊時，我國農家的少年媽媽，年頭生一個，年尾又一個。生產之外，也得綑柴搦草，洗衣褲、煮正餐、做點心，又得餵豬養狗，又得下田搓草。大囝細囝哪能照顧，只好困他／她們在小欄車裏。時間一久，小孩也就不客氣的這個啼，那個吼了！──「大囝啼，細囝吼！」可不是湊熱鬧的哦，乃是赤子嚴重的抗議也！

　　這句俗語，簡簡單單的六個字，激發人想像一個忙亂成一團的家庭，算是很成功的一句白描。

　　綑柴搦草：把枯枝和乾稻草，綑成小把，以便做爲燃料。　搓草：下水田除雜草。

【07】

一個囝仔，卡鬧熱過三個大人。

Chi̍t-ê gin-á, khau laū-jia̍t-koè saⁿ-ê toā-lâng.

Chi̍t-ē gin-á, khá laū-jia̍t-koé sāⁿ-ē toā-lâng.

孩子是家的喜氣！

　　描寫囝仔帶來的歡喜和忙碌。舊時，咱台灣人有的是大家庭。家裏有了小孩，不只是父母抱囝、餵囝、養囝、育囝，忙得不亦「碌」乎；上自阿公阿媽，下至小兄小姊，都可能扮演臨時媬母。但見，大人們忙著給孩子餵食啦、逗樂啦、「哄騙」啦、說牙牙語啦、牽手學走啦，熱鬧得不得了！

　　鬧熱：熱鬧也，一群人忙著辦喜事發出來的吵雜聲和高昂的氣氛。

【08】

濟囝多業，少囝卡屧疊。

Chē-kiáⁿ chē-giáp, chió-kiáⁿ khah siap-tiáp.

Chē-kiáⁿ chē-giáp, chio-kiáⁿ khá siap-tiáp.

辛苦了，大家長先生。

　　舊時，公媽、父母常用來回答人家恭維的話。

　　可能背景：多年互不通訊的九叔公來訪。但見一餐飯就得連開三桌，又有九女八丁就位等吃。叔公一看，笑微微地說：

　　「來福啊，恭喜哦！恭喜！才幾年無來，恁已經生……」

　　「歹講！濟囝多業，少囝卡……」叔公的生字還未說完，福也口不擇言連發了一陣囉嗦。

　　吃飯的時候，福也滿臉狐疑，頻頻射出？？？？？眼波，透視這一大群救國團和童子軍，尋思如何拯救這個人口爆炸的窮苦家庭。

　　屧疊：(人、事)單純而清閒；辭書有解做「堆放得整齊而密實。」❶此詞，坊間諺語集有寫成「澀疊」的。

【09】

有囝是勞，無囝是苦。

Ū-kiáⁿ sī lô, bô-kiáⁿ sī khó͘.

Ū-kiáⁿ sī lô, bō-kiáⁿ sī khó͘.

來個雙贏吧！

　　這是舊時家庭生活常有的嘆息，反映著多子和無後兩方面的心情。

　　人心實難知足，世上哪能只要孩子，不要養育孩子的勞苦？我們說，無「勞」就無養，無勞就無疼愛！不過，「有囝是勞」是一種「過程勞」，一時的氣話也。當不得眞的！君不見，只要孩兒爭了一個秀才，老父母就歡喜得顛顛醉了！

　　舊時，「無囝」確是相當嚴重的代誌哦！這種無囝之苦，是結構在傳統社會、宗教、文化的，是實存的，是心裏深處的痛苦。有這麼嚴重麼？有！因爲老頭腦裏的「無囝」是：天倫破局，待老無望，孤苦難免，香火熄滅，陰間超生無門。如何？驚死我也！

　　反觀現代人，連「無囝」都在規劃之中，而且也發明了許許多多「免勞免苦」的妙法。且不要問效果如何，這將是越來越多的人所要面對的命運。

【10】

跋落囝兒坑。

Poa̍h-lo̍h kiáⁿ-jî khiⁿ.

Poā-lō kiáⁿ-jī khiⁿ.

可憐的孩子們。

　　左鄰右舍同情的訊息。這句話對父母的同情，多於憐憫那一大群困陷在坑洞裏的子女。

　　話說，添丁和招弟結婚十八年，精疲力盡地打拚生產璋瓦，連舉一斤。兩夫妻日夜打散工，張羅子女的衣食而不足，每一個孩子瘦骨嶙峋，雙足扛著一個大肚子。一家人擠在一間時時傳出「大囝啼，細囝吼」(→.06)的破茅屋。啊，眞慘的囝兒坑！──同類句有：「跋落囝兒坑，泔糜仔相爭。」

　　泔糜仔：清澈見底的稀飯。　　相爭[siō-chiⁿ]：搶先爭取(食物、利益)。

【11】

人濟好做穡，人少好過年。

Lâng-chē hó choè-sit, lâng-chió hó koè-nî.

Lâng-chē ho chó-sit, lâng-chió ho koè-nî.

務實派大家長。

　　窮家長的心底話。說的是：為要興盛祖家，增加生產，繁榮經濟，會打拚的壯丁愈多愈好。為要節制消費，鼓勵勤勞，那些吃喝玩樂，排隊領紅包，等候過年的人愈少愈好。

　　此句俗語用「人濟」和「人少」為對偶；然後坦白供出，前者是「好做穡」，而後者是「好過年」。如此構成一句相當現實的對偶反對句式。

　　人濟好做穡：人多好種田；濟，多也；做穡，耕做也。

　　這句俗語用了莊重和輕鬆的二個表象：田園的勞動和農家過年的民俗節慶。但是她過份強調勞動，重視生產，而抹煞了辛苦的農民，一年到頭僅有的，比較能夠休息或遊玩的過年。

　　農家需要勞動力，要求「人濟」是可以理解的。可憐的是，過年的時候，反而顧慮人口太多！為甚麼？發不出紅包呀！沒有錢過一個像樣的年。

　　雖然現代台灣人的家庭，幾乎是「做穡無，過年有」，但也不見得把時間用來「打造新甜蜜家庭」。據今年兒童節前的一個報導，說家人在一起時：有64%看電視；24%戶外活動；10%談心；2%其他。——先人100%在一起種田，他／她們的現代子孫「演化」成64%一起看電視，不知先人在天之靈有何感想？

　　此外，小孩兒要求和家人在一起活動是：戶外活動高達83%；看電視的只有9%；談心的少到6%；其他有3%。（→《自由

時報》1999(4.4):44)當然，戶外活動絕對不是大家下放種田，而幾乎是國內外的「學習之旅」了。

【12】

父傳囝，囝傳孫，三代公家一口鼎。

Pē thoân kiáⁿ, kiáⁿ thoân sun,

    saⁿ-taī kong-ke chi̍t-khaú tiáⁿ.

Pē thoān kiáⁿ, kiáⁿ thoān sun,

    saⁿ-taī kōng-kē chi̍t-khau tiáⁿ.

破鼎自珍乎？

用法有新舊：一、舊說，看他三代同堂，正身護龍住滿家人，幾個老少媳婦共用一座燒柴草的大鼎灶，吃飯又得敲鐘集合。好偉大喲！二、今說，慘了！為甚麼我家三代五人，仍須擠進這間租來的小國民住宅？

本句反映的是，舊時台灣農業社會的大家庭制度，及其相關的倫理觀念。這句用「三代公家一口鼎」，喻指父業子繼，世代相承，既使是一分薄田、一隻老牛，也要「三代同堂」，養老育幼，擠在一起生活。

正身護龍 [chiàⁿ-sin hō-lêng]：舊時農家 ㄇ字型的房屋，正面向外庭的房屋謂之「正身」；它的左右兩棟相對的房屋，則稱之為「護龍。」

對於老家長而言，這口一補再補的老鼎的傳承，象徵著克紹箕裘有人，含飴弄孫可期，壽終正寢於老家草堂有望，祖先馨香香火永續也有了保證。這口老破鼎，豈是瓦斯、電磁、微波爐，以及大組小組的不銹鋼的、琺瑯的平底鍋所能取代？

然而，我們的老家長這種天倫美夢破滅了，姑不論他／她們

的期待是否不合時宜，家庭倫理的「祖父子」三代，已經被國府的學校教育調包成「夏商周」；他／她們講的「台灣母語」，也變成無法溝通的北京話。還有，農業社會崩盤，子孫擠入都市求生，大部份老祖困守在日暫破爛的農舍。——啊，叫我如何把這口破鼎傳下去呢？真慘！

　　報載，弘道老人會和自由時報合辦「三代同堂孝親楷模表揚」。選拔的標準是：三代同堂之外，還須祖父母現年超過八十歲，他／她們從65歲起和子孫同住15年以上。結果，除了二縣市沒有推薦外，共有107位通過初審。(→《自由時報》1999(7.13):7)——獎勵「三代同堂」用意良苦，但是否經得起時代的考驗，確是問題！

　　台灣人尚無「非孝」狂人，也沒人敢公開反對「三代同堂」的。但十年前有一個研究指出：新莊市受訪1140位家長，其中76%是核心家庭。(→《中國時報》1989(11.16):30)

　　看來，「三代同堂」煞像「三民主義統一中國」，是說的，不是練的。

【13】

食飯坩中央。

Chia̍h pn̄g-khaⁿ tiong-ng.

Chiā pn̄g-khāⁿ tiōng-ng.

但知消費！

　　用來形容中上層家庭的孩子，他／她們不愁衣食，愁的是要吃巧、要穿名牌；他／她們讀書不煩惱註冊費無著，耽心的是成績可能頗不如意；他／她慣「獲得」、熟悉「享受」，對於「回饋」、「分擔」、「關心」一類的，頗為生疏。

老母用這句話來說她的孩子，溺愛的成分多於指責；出自隔壁九嬸婆的嘴巴，則是罵人軟弱無知，只會吃喝拉撒。——「鳥鼠仔，食飯坩中央！」語氣更強。

【14】

食飯食阿爹，趁錢積私奇。

Chia̍h-pn̄g chia̍h a-tia, thàn-chîⁿ chek saī-khia.

Chiā-pn̄g chiā ā-tia, thán-chîⁿ chek saī-khia.

吃大鍋飯，發私人財。

用來形容「好命囝」，特別是查某囝。說的是：大孩子，就職了。薪水一盡充當「私奇」，但食衣住仍然由老爸全面負責。

私　：私房錢。

【15】

有牛小叔，無牛大伯。

Ū gû-sió-chek, bô gû-toā-peh.

Ū gū-sio-chek, bō gū-toā-peh.

媳婦秘笈。

可能是賢老母傳授給就要坐轎出閣的查某囝，告訴她：小叔似牛，行動可能比較散形，但頗可利用；大伯，可能斯文有禮，但保持距離，千萬別想差遣利用。

句裏用「有牛」和「無牛」，來形容小叔和大伯的性格，眞是巧思天來，萬分傳神。大凡身爲小叔的，多少「牛」性未馴，嫂嫂大可應用；大伯，就是翁婿都得敬重三分，媳婦又要怎樣。

有牛…，無牛…：有像牛一般的(性格、體力)…，沒有牛一樣的…。

【16】

三個小叔三擔柴，三個小姑箭嘴貓。

Saⁿ-ê sió-chek saⁿ-tàⁿ-chhâ, saⁿ-ê sió-ko͘ chìⁿ-chhuì-bâ.

Sāⁿ-ē sio-chek sāⁿ-táⁿ-chhâ, sāⁿ-ē sio-ko͘ chíⁿ-chhuí-bâ.

進口的小叔vs.出口的小姑。

　　這句俗語從嫂嫂的立場，透視了小叔和小姑的人格特質。小叔似牛，人人給嫂嫂進口柴薪，一人一擔，免得淪爲煮飯婆兼採樵婦人。那麼，小姑呢？三個小姑湊在一起就非常熱鬧了，個個搖身一變，成爲厲害萬分的「箭嘴貓！」

　　箭嘴貓：小姐牙硬嘴尖，習以用話傷人；箭嘴，傷人的口舌也；貓[bâ]，野母貓。

　　心蓮的「一生的刺痛」，通篇描她寫遭受小姑的傷害。讀後深深感覺箭嘴貓殺傷力的可怕。讓我抄引幾句心蓮的刺痛：

　　　婚後我第一次回去，小姑給我們開門，她叫我先生一聲「阿兄」。我這個剛進門的「阿嫂」她看都不看一眼掉頭走進屋子裏去了。等我們進了客廳，她立刻站在兒說話了：「去叫阿爸阿母！」我是聽了第二遍才知道這是她對我「上規矩」，即使阿公阿婆在廁所，在洗澡，在樓上、院子，我都得敲門或找到他們，告訴他們我回來了才行，否則她一定嘀嘀嘟嘟不停。

　　　……記得有一次回家，就去廚房幫忙做飯，看到一條魚在菜板上，我就問小姑奶奶；今晚是不是要燒這條魚呀！要不要洗呀！（當然我這話有語病）她突然回頭對我說：「妳們家吃魚不洗的？」我突然如雷轟頂，站在那裏楞了一下，半晌才回神過來……晚上面對桌上那條紅燒魚，覺得我是那條躺在那裏的魚，讓她們

用筷子在夾在刺在翻……(→《中央日報》1999(3.22):8)

天下之大無奇不有，箭嘴貓小姑奶奶難免，但善良可親，宛如姊妹的小姑一定不少。安啦！運氣哪會像心蓮那樣差？

【17】

囡仔食到飫，則有通落到公媽嘴。

Gín-á chiàh-kaù uì,

　　chiah-ū-thang lòh-kaù kong-má chhuì.

Gín-á chiā-ká uì,

　　chiá-ū-thāng lō-kaú kōng-má chhuì.

孝孫也。

　　用來描寫公媽疼愛孫兒，可能是老公媽給乖孫餵食的情景吧。意思是：有什麼好料的，都是小孫兒先吃；吃到膩、吃剩下來的，才輪到阿公阿媽吃。這句俗語，一面形容戀公媽的愛，另一面暗示孫兒的父母從未施行「孝敬教育」，眼見公媽口水直流，還是繼續照吃不誤。

　　食到飫：吃到飽厭，吃到膩。　　則有通：才可能有(行動)。　　落到…嘴：指吃到(食物)。

【18】

大人咬一嘴，囡仔食到飫。

Toā-lâng kā chìt-chhuì, gín-á chiàh-kaù uì.

Toā-lâng kā chìt-chhuì, gin-á chiā-kah uì.

省吃餵孫戀公媽。

　　阿公阿媽用來自我節制的話。意思是：好料的，少吃一口

吧，咱們的金孫就可以吃到膩了。

　　台灣人的公媽何等疼孫，不僅是爲孫省吃，更有萬千公媽努力要製造「阿媽囝」抑或「阿公囝」。當知，現代媳婦能幹萬分，用不著公媽帶孫，她們大聲宣言：「自己的孩子，自己帶！」戀公媽啊，回魂哦！

【19】

囝仔是翁某的蜈蚣釘。

Gín-á sī ang-bó͘ ê gô͘-khî-teng.

Gin-á sī āng-bó͘ ē gō͘-khī-teng.

最可愛的接合劑。

　　斷言，孩子是溝通父母間的感情最好的媒介。句裏用了日式木造房屋常用的「蜈蚣釘」來做譬喻。

　　蜈蚣釘：粗可1.5公分的圓鐵材，二端打尖，一端打彎向上，另端向左，或向右；如此，就可釘牢交會的上下二根木材。　蜈蚣：軟體動物，能吸住動物身體，吸取其血液；用此物的特性來稱鐵釘，頗有土味。

【20】

大人生日食肉,囝仔生日食拍。

Toā-lâng siⁿ-ji̍t chia̍h-bah, gín-á siⁿ-ji̍t chia̍h-phah.

Toā-lâng sīⁿ-ji̍t chiā-bah, gin-á sīⁿ-ji̍t chiā-phah.

好「痛」快的生日喲！

　　反映著舊時家庭生活的一種習俗：大人的生日可以吃「肉」，孩子在生日這一天則得吃「拍」──象徵性的拍一下屁股，因爲這天正是老母陣痛受苦之日也。

　　背景：曩時，囝仔除了「做度晬」以外不做生日，就是大人，

也非年年做。做過了十六歲的「成人禮」之後，就要等到三十歲再做一次比較隆重的生日；四五十歲，一般人不敢做生日，因為自覺尚未「立德、立功、立言」，似乎沒有做生日的理由。再過三十年，做六十歲生日，其後逢十年祝壽。有名望的人士在七十可能大大慶祝一番，以後祝壽的場面漸漸縮小；民間俗信以為如此可免折壽。——雖然家人內祝慶生年年可為，人人有資格，但要大規模慶祝「華誕」，則是一種社交遊戲，必要是「有頭有臉」的人物，才不致於獻醜。

歐風美雨洗禮過後，父母對孩子的隱性親情得到釋放，變得熱烈，表現的形式多樣而花俏。孩子的生日，年年做，盡量做，反正只生這嘛一個金囝。

【21】

年成年，節成節。

Nî chiâⁿ-nî, cheh chiâⁿ-cheh.
Nî chiāⁿ-nî, cheh chiāⁿ-cheh.
幾家歡樂，幾家愁。

舊時，用來形容家庭富裕，家長很會主持家政，喜歡與里人同樂，每當過年過節，一家三代老少都能過得萬分愉快，充分享受著年節帶來的歡樂。——反義句有：「年若年，節若節。」這個「若[ná]」字，洩漏出「不像」年節的感嘆。可憐！

那麼，什麼是成年成節呢？簡言之，就是忠實地按照當地民俗規範的禮節來慶祝。例如：二四送神以後要炊年粿。二九日下午要祀神祭祖；晚餐要圍爐，分壓歲錢紅包；夜間要守歲，男人要跳火盆。新正要貼春聯，要開正，要祭祖迎新年，要拜正……。初二，做客。初三不外出。初四接神。初五隔開。

　　嚴格意義下的過年過節囉嗦又麻煩，不是人人願意奉行的。所以，現代的家庭主婦只要把祖先和神明的「腥臊」準備無缺，如儀祭拜；給一家人備好豐富的吃喝，比去年更厚重些的紅包，就可以「成年成節」了。

　　且慢，我們忘了老母老某，在過年前連續好多天，從天花板上清到地板下，從廚房洗刷到毛廁，從……。如此清洗下來，少年母，筋疲力盡，腰酸背痛；老母，骨頭散了！眞可憐，阿母有啥年節？

【22】

大人煩惱無錢，囝仔歡喜過年。

Toā-lâng hoân-ló bô-chîⁿ, gín-a hoaⁿ-hí koè-nî.

Toā-lâng hoān-lo bō-chîⁿ, gin-á hoaⁿ-hí koé-nî.

年都節到，大人囝仔亂操操。

　　又是一句家庭的年節諺。一語道破過年的二種迥異的心情：負責一家之計的，爲了沒有錢過年而煩惱；小孩是那麼天眞，幾十天前就開始歡喜要過年了。——看來，煩惱和歡喜的，都是和錢老弟有關的哦！

　　類似句有，「大人煩惱無錢，囝仔煩惱過年。」此第二分句中的「煩惱」，用得十二分傳神。這種煩惱當然不是「存在的」的焦慮，而是迎接天大喜事之前心身的按捺不住。

　　此句結構工整，用的是對偶反對修辭式：「大人」和「囝仔」，全票和半票是個對偶；「煩惱無錢」和「歡喜過年」是對反的二種過節的心情。

　　年都[tau]節到：過年佳節到了；年都，又做「年兜」，歲末也。

　　小孩歡喜過年嗎？當然囉！不過，也不能一概而論，是有一

些條件限制的。例如，升學班的，今年暑假考上了明星學校；期末考的成績尚能保住「好班」；寒假作業少又容易；老爸股票大賺，壓歲錢升級在望！

說來也真丟人，我國的孩子要過個快樂年，還得看中國的眼色，看他／她們是否「高抬貴手」，暫停「文攻武嚇！」不然，社會一片腦震盪，股市變地獄，人人憂心忡忡，哪有心情來過年？

【23】

清明無轉厝，無祖；過年不回家，無某。

Chheng-bêng bô tńg-chhù, bô chó;

　　koè-nî bo hoê-ka, bô bó.

Chhēng-bêng bō tng-chhù, bō chó;

　　koé-nî bō hoē-ka, bō bó.

會通幽明敬祖愛某。

斷言，整年節期之中，「清明」和「過年」具有重要的家庭意義；同時指出此二節必要的行動是「轉厝」，否則將會招致「無祖」和「無某」的不幸。然而，同樣是「轉厝」，但行事和目的確是不同：前者，轉厝掃墓祭祖，表示香火家統健在，列祖列媽大可安享祭祀。後者，轉厝團圓圍爐，宣示伉儷情篤，父慈子孝，家勢大興大旺！

　　轉厝：從(工作、讀書的)外地趕回家。　無祖：心中沒有祖先，忘記了先人；道學先生看得很嚴重，說是「數典忘祖也。」

這句俗語告訴我們的還算客氣，用「無某」來恐嚇那些過年不回家的老翁。其實，過年的回家這個習俗，已經造成相當大的困擾。蘇惠昭在「我得了過年恐懼症」透露常常被人忽略的「恐年」現象：

　　……就為了「過年要有過年的樣子」，不知多少人吞忍下苦水和淚水。年前失業的朋友準備挖出孩子撲滿裏的錢，湊一湊，拿去換成新鈔，包一個紅包給父母。過完年後再坦白相告，以免破壞過年「應該有的」和樂融融的氣氛。

　　……有位朋友決定「頂客」一生，…到了過年，這個不得回去「家族大團圓」的媳婦就必須接受「無後為大」的高分貝轟炸。直到有一年她受不了，向公司宣稱值班，以便逃離「家族團聚」的靈夢。

　　……過年的團圓文化以及被刻意強調的歡樂景象，同時帶給越來越多的單親家庭，再婚家庭和孤單老人無限壓力，更加強化這個族群「我的家庭不美滿」、「我的子女不孝順」的罪惡感和被迫害感。前陣子社會新聞，一個老人手刃媳婦的理由之一，就是媳婦不等吃團圓飯便要搬出去住，帶走他孝順的兒子。

　　……就這個角度看，「年」果然如古人所說是噬人怪獸，不錯了。(《自由時報》1999(2.10):44)

　　鍵入這幾句恐年的文字後，想到耶穌基督曾遭受到祖國文化至上派的圍剿，攻擊他不遵守猶太人的節日。耶穌反駁他們，說：節期是為了要服務人而設立，人不是為了節期而生的。❷

　　台灣人真的要心靈改革的話，一定要學會做年節的主人，做傳統文化的主人！

【24】

出門忍忍辱辱，入門苦死某囝。

Chhut-mn̂g jín-jín jiá-jiá, ji̍p-mn̂g khó͘-sí bó͘-kiáⁿ.

Chhut-mn̂g jīn-jīn jia-jiá, ji̍p-mn̂g kho͘-si bó͘-kiáⁿ.

外聖內王？

　　用來諷刺雙面人。在外，一派溫良謙恭，眞紳士也。但一入家門，對待某囝則是作威作福，稍微觸到神經，馬上淸算鬥爭。

　　爲甚麼「忍忍辱辱」君子，一進寒舍就蛻變成專制魔王呢？可能是自卑感作祟吧！大槪在外頭他「偉大」不起來，只好裝做滿有修養的樣子；或許遭受的挫折太多，壓抑太重，誤把善良無辜的家人當做出氣筒。

　　忍忍辱辱：（性情、態度）通情達理，事事都好商量，好好先生也。

【25】

過來獪中翁意，過去獪中囝意。

Koè-laî boē-tiòng ang ì, koè-khì boē-tiòng kiáⁿ ì.

Koé-laî boē-tióng āng ì, koé-khì boē-tióng kiáⁿ ì.

最難走中間路線。

　　用法有二：一、原始的，指出一般台灣媽媽的「床事」問題。原來父母和嬰孩睡在一張床上。媽媽翻身過去哺乳，翁就不高興；翻過來老翁這一邊，囝就抗議。如何是好啊？二、衍生的，用做警語。指出爲人不能總是不分是非，雙面討好。有些事是不能有「模糊地帶」的，存心投機取巧，龜腳遲早會趖出來。相似句有：「睏過來獪中翁意，睏過去獪中囝意。」──「睏」，有做爲「翻」的。

　　本句釋義，漢學家許成章有妙見，他寫道：「指婦人（比公僕）難爲。…公僕也睡在黨意與民意之間。如不能在背部再生兩乳，似應挂冠求去爲宜。能在這節骨眼裏發揮，是孟子所謂『知言』者也。」❸

【26】

大姑大若婆，小姑賽閻羅。

Toā-kọ· toā ná-pô, sió-kọ· saì giâm-lô.

Toā-kọ· toā na-pô, sio-kọ· saí giām-lô.

難應付的一家人。

　　用來形容受到精神虐待的媳婦。她嫁進這個家庭，上有大姑，下有小姑。這二位女士都是萬分厲害的腳色：大姑，宛如「赤腳大家」(→13.07)；小姑，可比「閻羅」王。眞慘，這個媳婦要如何才能應付此二正副大家，以及一個審判官呢？

【27】

哥好，呣值著嫂好。

Ko hó, m̄ ta̍t-tio̍h só hó.

Ko hó, m̄ ta̍t-tiō só hó.

差不多嫂嫂。

　　小姑的怨嘆。說的是，哥哥一向疼愛有加，雖然嫂嫂也算不錯，但待我這個小姑還不夠好！話中說是：現在，嫂嫂掌握家庭經濟大權，她荷包看得那麼緊，出手不像哥哥那樣大方可愛。

【28】

盤嘴小姑，缺嘴尿壺。

Poâⁿ-chhuì sió-kọ·, khih-chhuì jiō-ô·.

Poâⁿ-chhuí sio-kọ·, khí-chhuí jiō-ô·.

討厭的小姑。

　　嫂嫂的感慨。她嫁到這一家，什麼都好，就是有個喜歡搬弄是非，傳話老是加了許多黑胡椒的小姑。當知，尿壺缺嘴，淋漓

的災害難免。

這句俗語用的是雙關修辭法,小姑亂噴口水的嘴巴,煞像婦人討厭的缺嘴尿壺。

　　盤嘴:喜歡傳話的嘴;嘴巴不牢固也。　缺嘴:(容器等)缺口。

【29】

叫豬叫狗,唔值著家己走。

Kiò-ti kiò-kaú, m̄-ta̍t-tio̍h ka-kī chaú.

Kió-tī kió-kaú, m̄-ta̍t-tiō kā-kī chaú.

一群懶惰的孩子。

　　用做警言。要人凡事不要依賴別人。本句說的是:阿母辛辛苦苦地養了一群救國團員和童子軍,有事要他／她們跑腿,要他／她們幫忙,個個推三託四的。阿母無法可想,只好「家己走」了。生氣的阿母,口不擇言,把這群孩子比擬做豬狗。相似句有:「教[kà]豬教狗,唔值著家己走。」

【30】

五男二女,食飯家己煮。

Gō͘-lâm nn̄g-lú, chia̍h-pn̄g ka-kī chú.

Gō͘-lâm nn̄g-lú, chiā-pn̄g kā-kī chú.

還是自己可靠!

　　父母的怨嘆。一手養育了七個兒女,卻落到無人供養,多麼落魄啊!怎麼辦?「食飯家己煮!」。——老父母後悔了,他／她們「獨立」得太晚。

【31】

出門假那拍唔見,轉來親像扱著。

Chhut-mn̂g ká-ná pah-m̄-kìⁿ,

　　tn̂g-laî chhin-chhiuⁿ khioh-tio̍h.

Chhut-mn̂g ka-na pháng-kìⁿ,

　　tn̂g-laì chhīn-chhiūⁿ khioh--tiò.

志在四方？不安於室？

　　用法有新舊：一、舊的，用來形容，到處亂跑，整天不知去向的「摸飛兒」。老母用埋怨的口氣說孩子不願意留在家裏，一出門就好像失踪的人口，不知何時回來。只有回到家中，才知道沒事，煞像撿到的一般。

　　二、新的，用來反映父母的憂慮，因為近年來「逃家兒」湧現；更加令人痛心的是「失踪兒」時有所聞。

　　此語的構句是對偶反對句式，用「出門」對「轉來」，「拍唔見」反對「扱著」。對得頗為整齊，只是沒有對上腳韻。

　　假那：好像，宛如。　拍唔見：丟掉了。　轉來：回到了家裏。　親像：如同，好像。　扱著：撿到（東西）。　摸飛兒[mô-hui jî]：借故在外遊蕩，以逃避功課或工作的孩子。

　　「摸飛兒」或「逃家兒」是家長之痛，但還有「浪子回家」的希望。至於「失踪兒」是父母一生的慘痛，更是國家治安的紅燈。據聞，失踪兒童的事件，我國每一縣市都曾發生過。兒童福聯自從1992成立至今，共協助過615個家庭尋找失踪兒童少年，共尋獲449個孩子。至今仍然有一百多位父母等待與孩子有相見的一天。

　　失踪兒父母的心痛，我們不難想像！他／她們求神問卜，千方百計求助，苦苦尋找而不可得。心裏鬱抑著難以解釋的問題：

　　「孩子是無辜的，你疼愛孩子可以認養，為甚麼要活生生把

孩子抓走？」

「不管是好是壞，都希望能有個答案，只要能聽到孩子的聲音，孩子送給他都無所謂。」

「希望你告訴我們，孩子在哪裏？」(→《自由時報》1999(5.3):7)

最近從我國有好友一家來訪。談話中聽到一則令我憂傷終日的壞消息：「…有失踪兒的父母到中國觀光。在某個大城，迎面來要錢的是一個被切斷一腳一手的小乞丐。夫妻二人仔細一看，這個小乞食不是別人，正是失踪了好幾年的孩子！……二人無法可想，知道孩子是被龐大的犯罪集團抓走的，被他們斷肢製成殘廢，求乞取利……聽說，我國台灣近年來失踪兒童約有20,000人！」

哀哉，我願意所聽到的是「謠言」！但，不論如何，這絕非「惑衆」，我國的兒童失踪事件常有所聞，宛如戰後，所謂「回歸祖國」那時的糟糕。

反觀我國有那麼多線民、警察、情報人員，難道都在渡假嗎？我國的戶籍系統何等嚴密，能夠容許抓孩子養在國內嗎？我國沿海到處不是有海防，不是有緝私警察嗎？孩子爲甚麼會被擄到中國去當乞丐？難道是和匪徒勾結不成？

立委、監委、國民黨，多多加油！豈可罔顧中國和台灣的黑道掛勾橫行！

失踪的孩子到那裏去了？問神求佛、祈禱上帝之後，請擦乾眼淚，起來督促政府掃除黑道匪徒，來保護我們的孩子。

注釋

1. 楊青矗主編《國臺雙語辭典》(台北：敦理出版社，1992)，頁272。

2. 背景是：猶太人攻擊耶穌沒有遵守安息日的習俗，因為在這節日耶穌驅鬼治病、傳播福音。按摩西的律法，就是善事也不准在安息日行動。於是，耶穌回答抗告他的人，說：「安息日是為人設立的，人不是為安息日設立的。」(《聖經‧馬可福音》2:27)

3. 許成章「台灣諺語賞析(六)」《台灣文化》(1987年5期)，頁52-53。

第六節 紛紛家事

本節段落：

日常家事01-03 家庭大事04-08 困難家事09-14

家勢頹廢15-24 門戶獨立25-28

【01】

開門七件事，柴米油鹽醬醋茶。

Khui-mn̂g chhit-kiāⁿ sū, chhâ-bí iû-iâm chiùⁿ-chhò͘ tê.

Khuī-mn̂g chhit-kiāⁿ sū, chhâ-bí iû-iâm chiùⁿ-chhò͘ tê.

家事七科。

指出家庭日常生活必須面對的「七件事」，那是天一亮，門一開，就得支付，就要填進腸胃的東西。

「柴米油鹽醬醋茶」，看似瑣事，卻是維持生命、健康和快樂的物質基礎。貧窮夫妻之所以百事哀，莫不是應付不了這七項的索求無度。

然而，現代台灣人，雖然普遍擁有充裕的「七件事」，卻不見得快樂，可能是因為絕對化了「柴米」，而忽略了精神營養吧。在這方面，筆者試就俗語，按「柴米油鹽醬醋茶」字序來關聯家庭生活的精神面，得到下列幾句：

> 意見不同，保持溝通，共識包容，
> 　　不要「橫柴，夯入灶！」（→245.04）
> 平常飲食，歡喜感謝，不可浪費，

記得「…食米飯拜田頭！」(→213.09)

遇有矛盾，冷靜降溫，分析討論，
　　切莫「加油，加蒜！」(→332.06)

人生失意，救急扶危，通財有義，
　　豈可「開鹽館…？」(→243.16)

優劣弱強，長處欣賞，不吝褒獎，
　　勿謂「烏矸仔貯豆油！」(→328.07)

老夫老妻，培養感情，互動無間，
　　少飲「三禮拜，六點鐘！」(→211.25)

交陪對待，開懷自在，誠懇愉快，
　　正是「眞茶無色…！」(→426.20)

【02】

一豬，二婿，三囝，四翁。

It ti, jī saì, saⁿ kiáⁿ, sì ang.

It ti, jī saì, sāⁿ kiáⁿ, sí ang.

老婦家事四要。

　　指出舊時一個老媽媽日常生活中，最用心，最花時間來照料的四件人物。有趣的是，其優先次序竟然是「豬」得冠軍，老「翁」殿末；囝「婿」又比親生「囝」高一級！這個老婆婆的感情路線是怎樣羅織的呀？豬八戒第一，可以理解，因爲要賣錢的；「囝婿」算什麼東西？老祖不是說「囝婿，半子」嗎？

【03】

家內飼豬著豬槽，泔若濟，潘著濁。

Ke-laī chhī-ti tiòh ti-chô, ám nā-chē, phun tiòh-lô.

Kē-laī chhī-ti tiō tī-chô, ám nā-chē, phun tiō-lô.

最難料理是窮家。

這是一句謠諺。描寫小農家養豬的情形。他們用「泔」和「潘」來養豬，倒進「豬槽」裏的是「泔少少，潘淸淸」的日常三餐剩餘食物──小農家的豬飼料也。

背景：舊時農民的家庭副業，主要是養豬。大農戶養豬的規模大些，在住宅的附近建有「豬稠」，養個十來隻肉豬。幾個媳婦一天就要忙著煤豬菜、攪豆餅來餵豬。用泔和潘爲養豬飼料來養豬的，頂多養得一頭半頭的，主要目的是要「扱頭扱尾！」

豬槽：豬稠裏，盛裝飼料，給豬飲食的器具。舊時，常用笨重的木槽製成的。 泔：曩時用大鼎煮飯，米和蕃藷煮熟後，濾出飯汁，以便悶出乾飯。泔，就是如此濾出來的飯汁。 潘：泔混合剩餘食物，太稀的話，得加上其他飼料。 豬稠[ti-tiâu]：豬舍也。 扱頭扱尾[khioh-thaû khioh-boé]：吃剩下的食物，以免暴殄天物；字義是，撿頭撿尾。可能是，節儉的媽媽常常撿小孩吃不了的「鷄頭、鷄尾巴，魚頭，魚尾叉」來吃的緣故吧。

【04】

兒成雙，女成對。

Jî chiâⁿ-siang, lú chiâⁿ-tuì.

Jî chiāⁿ-siang, lú chiāⁿ-tuì.

男有家，女有室。

斷言，父母完成他／她們神聖的使命，不是國民黨敎導的「反共大陸，殺豬拔毛」，而是把金団完婚，把玉女嫁出。這句話，有時加上另一個分句，說成：「兒成雙女成對，一生大事明白。」好像重大使命達成，死而無憾了！聽起來頗像講給自己聽

的「慰詞。」

　　慰詞[uí-sû]：弔詞也，安慰喪家的話。

　　這句俗語所含蘊的父母的愛，令您覺得沈重嗎？在那封建的社會裏，連要娶、要嫁，都得由父母出面來央媒說親，由算命仙仔來對「八字」，由雙方父母來裁決，來完成父母們的大使命，來成全後生和查某囝的人生大事。

　　時過境遷，自己做媒，自己結婚，早已成爲咱台灣人進入世界潮流的第一步。這句諺語，所映照的曩時民俗，只好收集在語典中做一筆記錄了。

【05】

查某囝，繪藏得。

Cha-bó· kiáⁿ, boē khǹg-tit.

Chā-bo· kiáⁿ, bē khǹg-tit.

要趕出家門？

　　舊說，女孩子長大成人，或尙未成人，一定要把她嫁出去。

　　爲甚麼一定要嫁人？答案有簡單的，有複雜的。簡單的是，男人一定要娶某呀！父母一定要完成他／她們的「神聖的使命」啊！複雜的，那就一言難盡，例如，萬一有了什麼「閒言閒語」發生，父母的英明家教就要掃地囉！僅就這一點，老父母的面子就掛不住了。

　　現代的「單身貴族」，在唐山文化中沒有地位，還是個大異端哦！

　　繪藏得：(人、物)留不得；藏[khǹg]，借字，儲藏也。

【06】

查某囝飼大就加嫁，嗯通剃頭做尼姑。

Cha-bó·-kiáⁿ chhī-toā tiòh-ka kè,

　　m̄-thang thih-thaû choè nî-ko·.

Chā-bo·-kiáⁿ chhī-toā tō-kā kè,

　　m̄-thāng thí-thaû chó nī-ko·.

查某囝，燴藏得？

　　意思相似於上一句。本句清楚道出：萬一沒有及時把查某囝嫁出去，結果將是「剃頭做尼姑」──這是舊時老人家無法想像的慘事。

　　滿腦生生不息，一心祈禱香火不斷的台灣父母，無法了解「出家」為尼為僧的意義。人家中世紀的歐洲人，就是豪門的男孩、女孩不乏自幼被父母送入修院，終身修道，學有所長，一生服務社會！

　　宗教改革家馬丁路德博士的太太Katharina von Bora（1499-1552），出身貴族，也是大地主的掌上明珠。五歲時，被家長送入「小修院」接受當代女孩可能獲得的最好的教育。學習拉丁文、德文、音樂、管家、醫學、宗教。在十六歲時，受戒成為基督宗教的尼姑，後來有力地協助馬丁路德的宗教改革。

　　基督宗教有無數修女，佛教有許多尼姑，默默地服務著苦難的男婦老幼。真不知台灣人的列祖列媽在天之靈有知，做何感想？難道不改變看法，猶仍堅持「查某囝飼大就加嫁，唔通剃頭做尼姑」嗎？

【07】

家用長子，國用大臣。

Ka iōng tióng-chú, kok iōng taī-sîn.

Ka iōng tiong-chú, kok iōng taī-sîn.

克紹箕裘？

　　我們注意的重點在於第一分句，她斷言著，長子對於父業傳統的重要性。古代的王位、族長的地位，都是嫡長子來繼承的。就一般人而言，長子比次子更快的幫助老爸經營事業，所以家用長子算是自然的事，雖然固守的通常是祖傳破舊的老店。語見，《注解昔時賢文》。

　　原典：「《左傳》盧閔公曰：『家用長子，國用大臣。所以奉宗廟祖社稷一盛，皆用長子；國之傾危，全賴德業名望之大臣。』」（《賢文》古注）

【08】

贅翁養子，事出無奈。

Chio-ang ióng-chú, sū-chhut bû-naī.

Chiō-ang iong-chú, sū-chhut bū-naī.

難解的大事？

　　老家長用來透露家中憾事，說他／她們的「贅翁養子」是非常不得已的代誌，是「事出無奈」！這樣講不是很奇怪的事嗎？「贅翁」、「養子」都是喜事啊！前者，是招進一個大男人進來成婚的喜事；而後者，是養了一個中意的兒子的喜事。

　　背景：既然老先人說「贅翁養子」是事出無奈，必定有他／她們的「苦衷」。就我國民間實況言，「贅翁」的主因是：一、家庭富有，而且單生一顆大明珠，父母捨不得把她嫁出去；二、婦女婚後不久，丈夫逝世，又多少留有產業。——一貧如洗的婦女，跟贅翁是絕緣的！❶至於「養子」，根本原因是家無男兒，甚至未能生男育女！為要傳宗接代，「不得已」決定做出「贅翁養子」的家庭大事。

看了這句諺語難免疑問：既然要「贅翁養子」，就應該誠心誠意的接受這件喜事，怎麼可以說「無奈」？問得不無道理，但這是怪不得當事人的。當知，這種無奈感是整個社會落伍的思想鑄造出來的。君不聞，老先人說：「好囝，唔出贅。」(→24.33) 甚至不客氣地說：「有一碗通食，唔敢互人贅！」(→24.34) 無奈感，算是民間偏見的惡性循環吧。

近年來，國人已經把「贅和養」打入模糊地帶；大多數領養者，努力要把「養子」隱藏、改變成親生長男的身份！❷可見，「贅翁養子」的壓力是大大釋放了。

【09】

家家有難唸之經。

Ka-ka iú lân-liām chi keng.

Kā-kā iu lān-liām chī keng.

經義誨澀嗎？

斷言，不論是誰的家庭，都有其難以解決，不足以外人道的困難。這種問題，先人比擬做「難唸之經」──從來認為這部經的難唸儘在先生和太太的閨房之私，後生和查某囝的隱私。這些代誌，沒有人要自翻底牌，沒有人敢請教家庭協談專家。

上面的解讀，乃是傳統的意見。筆者從我們台灣人現代家庭生活看來，有三大篇章構成「難唸之經」的中心部分：

一、經濟篇：貧賤夫妻百事哀！若把夫婦關係說成「柴米夫妻」，未免聽之不爽；不過，事實如此哦！經濟富裕，生活安定，乃是心身康泰的基本條件。貧窮，好多是以妻離子散為終局的！窮苦破壞了家庭可能的幸福。

二、倫理篇：台灣人有什麼樣的家庭倫理思想？大概是那一

套陳義過高，可說不可練的五倫敎條吧！雖然，社會仍然一片頌揚「父慈子孝」。什麼是父母和子女之間應有的倫理關係呢？誰也說不上叫人信服的，合乎現代人的實踐規範。二代間失序了！親情馨香的可能感受，大部分人是已經斷絕了。

　　三、生活篇：全家人一起作息的生活韻律，碎矣！家人個別的需要和興趣割裂了家庭共同活動的參與——要是還有這一碼事。離多於聚，乃是家人的生活實況。如此，溝通、理解、信任和互相支持，只能存在於空論的世界。單憑「血濃於水」的意志，能夠營造活潑快樂的家庭生活嗎？

　　難經難唸！但應該尋求的是，參透難經的智慧。

【10】

清官，難斷家內事。

Chheng koaⁿ, lân-toàn ke-laī-sū.

Chhēng koaⁿ, lān-toàn kē-laī-sū.

尚未斷奶！

　　用來指摘，家庭難事不是「清官」所能夠斷定是非曲直的。語見，《格言諺語》。類似語有：「三廳官，𣍐判得家內事。」

*　　清官：一、清廉的官；二、經驗不足的判官也。　　三廳官[saⁿ-thiaⁿ koaⁿ]：經過三庭官司的審理。*

　　本句的注釋者，大多認為，這個家事是夫妻間的「那回事」，所以難斷。要真是如此，我們就有理由說：這個清官，可能是剛從書蟲蛻化的，通情達理之前，糊里糊塗上榜的！不然，就是食古不化的老進士；再不然，就是乳臭未乾的狀元。

　　遇上這種清官，不妨和高明的律師商量一下，送他一個奶嘴！

【11】

一枝牛尾,遮一個尻川。

Chi̍t-ki gû-bóe, jia chi̍t-ê kha-chhng.

Chi̍t-kī gū-bóe, jiā chi̍t-ē khā-chhng.

姑妄遮羞。

用來形容每一個家庭都有不好示衆的地方,它宛如牛「尻川」的難看。然而,這個難看處卻是人盡皆知的隱私,因爲只有一根單薄的「牛尾」擺在那上端。——牛哥牛妹,是那麼自信十足,搖尾不息,根本不理牧童的指指點點,說什麼「欲蓋彌彰!」

安啦,我國已經從農業社會脫胎換骨,現代是「一人一家代,公媽隨人祀」(→.28)的社會。他的尻川是他的屁股,只要不隨地方便,就是放臭屁也是有「世界人權宣言」來保障的哦。

【12】

烏鷄母生白鷄蛋,家家都有長短事。

Ơ·-ke-bú siⁿ pe̍h-ke-nn̄g, ke-ke to-ū tn̂g-té-sū.

Ō·-kē-bú sīⁿ pē-kē-nn̄g, kē-ke tō-ū tn̂g-te-sū.

李家的老母鷄,生了一打皮蛋。

用指家家戶戶都有叫人閒話的代誌。說的是,烏鷄白蛋原是造化使然,但是在長舌婦眼中卻成爲傳播的「長短事」了。

本句,清楚反映著舊時農村生活缺乏「隱私性」,不論是夜半貓母叫春,或是黎明母鷄司晨,都成爲吃閒飯,管閒事的九嬸婆一幫人的頭條新聞。

烏鷄母生白鷄蛋:喩指沒啥代誌,烏鷄生白蛋常事也。(→23. 21) 長短事:給人家說長論短的事;這裏不指家庭的紅包白包大事。

【13】

無食人的家內飯，呣知人的家內事。

Bô-chia̍h lâng-ê ke-la̍i-pn̄g, m̄-chai lâng-e ke-la̍i-sū.

Bō-chiā lāng-ē kē-la̍i-pn̄g, m̄-chāi lāng-ē kē-la̍i-sū.

家醜不外揚也。

　　斷言，家家都有長短的代誌，但這種「家內事」是一家老少努力保守的秘密。第一分句「無食人的家內飯」，喻指外人。

　　什麼是「家內事」？一言難盡，但離不了那些丟臉現眼的醜聞、歹事。君不見，喜事：平常的，一定有數串鞭炮來敬告左鄰右舍；偉大一點點的，免不了滿壁紅紙金字的「廣告」，來歡迎貴賓光臨賀喜；規模宏大的，還得通知平面的、立體的媒體採訪，招集千萬徒衆造勢，動用警察管制交通，清出體育場辦個千百桌，來大飲大醉一場。

　　咱台灣有一句名諺，說：「一人一家代，公媽隨人祀。」（→.28)處世爲人，絕不可「食飽傷閒」，愛管人家的「閨房事！」

【14】

父母無捨施，送囝去學戲。

Pē-bú bô siá-sì, sàng-kiáⁿ khì o̍h-hì.

Pē-bú bō sia-sì, sáng-kiáⁿ khí ō-hì.

學稼無田，奈何？

　　九嬸婆看到隔壁火塗也送一個就要讀國校的查某囝，跟戲班去學唱歌仔戲。她憐憫之心大動，傳播了這句名諺。類似句有：「無捨施，生囝去學戲。」

　　爲甚麼送女孩去學戲，學做伶人是「無捨施」的代誌呢？主要的原因是：曩時伶人的社會地位甚低，民衆愛看戲，但不知道敬

重他／她們的職業。還有，學戲，居無定所，學藝本身又是非常艱苦的訓練。我國「歌仔戲第一苦旦」廖瓊枝，現身說法：

> 戲曲裏有句俗語說：「父母無捨施，生囝去學戲」，所謂「縛戲囝仔」，往往是因為家庭情況不佳，把子女送進戲班，藉此換得一筆錢。學戲生活很苦，每天天剛亮就得起床，生火燒水給先生洗臉，接著練習拉筋、劈腿、拿頂、蹲馬步、跑圓場，一做不好，就棍如雨下了。（《中央日報》1987(7.16):5）

積五十餘年的才藝，廖瓊枝女士已是國寶級的大師，桃李遍天下，其藝術貢獻獲得當局的肯定。在1988年，榮獲教育部的「藝術薪傳獎」。真不簡單哦，「縛戲囝仔」，終於出頭天了！

（本句又見，425.10）

【15】
守錢爸，了尾仔囝。

Chiú-chîⁿ pâ, liáu-boé-á kiáⁿ.

Chiu-chīⁿ pâ, liau-boe-á kiáⁿ.

一硬一冇，奈何？

用來譏刺人家父子二代，說他老爸雖然是個道地的守財奴，但他的孩子大大突變，是個道道地地的散財童子。

本句俗語形式精簡，整句原是「守錢爸，生了一個了尾仔囝。」同時，用上「了尾」和「守錢」來針鋒相對，頗有震撼力。我們知道：守錢爸，是一分半釐都捨不得花的愛錢者也；而了尾仔囝，不是別的，乃是祖產的終結者，浪蕩子也。

（參看，「戇仔鯊，守珊瑚。」243.15）

【16】

惡妻孽子，無法可治。

Ok-chhe giàt-chú, bû-hoat khó-tī.

Ok-chhe gèt-chú, bū-hoat kho-tī.

踢到了鐵板？

這是老式家長的權威失靈的怨嘆。舊時，老翁的夫權至尊，老爸的父權至猛，怎麼會有這種無能的感慨？而且又說得那麼難聽：「…無法可治」！難道這個老爸棋逢敵手？我猜，心理的不平衡，大過所謂「惡妻孽子」的事實吧？《格言諺語》做：「蠢妻拗子，無法可治。」

雖然，我們也看到有人為爭奪老母靠以養老的房產，恐嚇她：「如果不拿出房地產權狀出來，要將你的老骨頭，一枝一枝抽出來。」(《自由時報》1997(3.23):11) 但，這是極少數的，不足為證。

嚴格而言，每一個人對他人都是「另類」，思想、言語、行動，表達感情的方式，實行關懷和支持的行動，都可能是一種陌生的形態。要是老爸老翁一定要迷信「天下無不是之父之夫」，那麼，要自尋苦惱，保證非常容易。用權威的老花眼一照，左鄰右舍的賢妻們、好兒好女們，個個都是「惡妻孽子！」

正港的「惡妻孽子」必定難治，幸虧相當稀罕。我想，難治的，該是嘴巴常掛「惡妻孽子」的老翁爸！

【17】

家無主，掃帚頭著顛倒扳。

Ke bô-chú, saù-chiú-thaû tiòh ten-tò-péng.

Ke bō-chú, saú-chiu-thaû tiō tēn-tó-péng.

無政府狀態。

斷言，家裏沒有主持者，或是家主無能，那麼這個家庭的秩序一定紊亂。句裏用喻非常奇妙可愛，說那些「掃帚頭」也會起來揭竿造反。

掃帚頭：小掃把，暗含它已經用了好長一段時期，快要報銷的廢物。 顛倒扱：喻指作亂；字義是倒立、翻轉過來。

【18】

門戶破鬖，豬狗亂藏。

Mn̂g-hō͘ phoà-sàm, ti-káu loān chhàng.

Mn̄g-hō͘ phoá-sàm, tī-káu loān chhàng.

不設防的海關！

用做警語。指出一個家庭若是門戶洞開，容許地痞流氓出入，也就無異於豬寮狗寶了。句裏的譬喻形像是老先人所熟悉的：但見，破爛的門戶，放牧的豬，流浪的狗，是那麼自由自在的出入。

這句俗語讓您聯想到什麼？……會不會是：我國的海關「門戶破鬖！」君不見，一批又一批的偷渡犯，一件又一件的毒品、武器、人畜疫病，一群又一群的妓女、黑工、間諜，由中國源源而來！何等嚴重的私通呀！

台灣啊！妳的門戶為何如此破鬖？妳的管家何在？怎能讓那豬狗亂藏！

【19】

釣魚掠鳥，某囝餓死了了。

Tiò-hî liah-chiáu, bó͘-kiáⁿ gō-sí liáu-liáu.

Tió-hî liā-chiáu, bo͘-kiáⁿ gō-si liau-liáu.

鄙人職業：休閒。

　　用做警語：沈迷在休閒的戶外運動或是娛樂，而輕忽自己靠以爲生的正業者，將會傾家蕩產，無米斷炊。本句用「釣魚掠鳥」來譬喻有損無益的休閒活動；此詞無關漁業或原住民的狩獵。

　　釣魚掠鳥：先人認爲這二項活動費時而少收穫，沈溺其中必然導至家散人亡。

【20】

飯籬吊韆鞦，鼎蓋水內泅。

Pn̄g-lē tiàu chhian-chhiu, tiáⁿ-koà chuí-laī siû.

Pn̄g-lē tiáu chhēn-chhiu, tiaⁿ-koà chui-laī siû.

斷炊久矣！

　　用來形容貧窮至極，廚具一盡派不上用場，因爲絕糧已久。

　　（本句詳解，請看131.19）

【21】

日來畫龍虎，雨來叮噹鼓。

Ji̍t-laî oē lêng-hó͘, hō͘-laî tin-tong kó͘.

Ji̍t-laî oē lēng-hó͘, hō͘-laî tīn-tōng kó͘.

窮開心的詩人。

　　寒詩人的自嘲。說他蝸居的破屋，晴不能防曬，雨不能防水。但他出口爲詩，第一分句「日來畫龍虎」，原來是寒詩人眼見陽光穿透破屋，照射在牆壁、在地面的不規則影像。第二分句「雨來叮噹鼓」，乃是寒詩人在大雨之日，聞聽穿頂雨水擊打到承雨面盆的咚咚聲。

　　怎樣？看來貧窮還尚未擊敗寒詩人。本句，梧棲陳秀華女士有解，同時她的感想是：「……家境貧困，改善無力，與其困坐

愁城，不如苦中作樂。窮開心也是生活調劑的方式。」(見,「台灣
精諺」《自由時報》)

　　雖然幽默的窮士，比財粗氣大的暴發戶可愛。然而，貧窮本
身對於人的尊嚴的屈辱並不可愛，因之而有的幽默何異於自嘲、
自慰？長吟哀歌，心病難免！

【22】

豬肚咬出去，草鞋咬入來。

Ti-tō͘ kā-chhut--khì, chhaú-ê kā-jip̍--laî.

Tī-tō͘ kā-chhut--khì, chhau-ê kā-jip̍--laì.

笨狗乎？禪犬乎？

　　老家長用來責備愚昧、不肖的後生，罵他花費家裏寶貴的資
產，用來和一些有損無益的人交際。

　　此語，我國台灣的名諺也。老先人用「豬肚」交換「草鞋」的笨
狗，來譬喻「了尾仔囝」，其筆力眞是入木三分。同時，把這隻狗
形容得太不可思議，咬回來的不是鹹魚頭，也不是死老鼠，竟然
是一隻爛草鞋。如此巧思妙想，就是《伊索寓言》也遜她幾分。

　　「破草鞋」是破爛、髒臭，應該遺棄的廢物。但是，在修禪者
的眼中，一雙「破草鞋」，說不定比一個「豬肚」更微妙，而藏有禪
機。日人若山牧水的「草鞋」就是如此：

　　　　草鞋啊！你已經破爛了，

　　　　今天、昨天、前天，已經穿了三天，

　　　　善於穿草鞋的我，你卻善做草鞋，二人同甘共苦，

　　　　同行山河時，總是捨不得丟棄，

　　　　可愛的草鞋，令人懷念不已。❸

讚，台灣「豬肚」對上了日本「草鞋」！諸君有何慧光禪悟？
（參看，「手曲，屈入無屈出。」12.05）

【23】
一稠豬仔，無一隻會刣得。

Chit-tiâu ti-á, bô chit-chiah oē-thaî--tit.

Chit-tiāu tī-á, bō chit-chiá ē-thaî--tit.

三保公司製品。

　可能是老家長的怨嘆，也可能是鄰居大妗婆的譏刺。說的
是，知高秀才一家十三個子女，沒有一個中用。用來比擬的是，
一稠豬都是瘦骨嶙峋的，找不到一隻可以賣錢。類似句有：「一
窟蟳，無一隻有膏。」

　一稠：一寮，一個養豬舍。　一窟：一池，一池養紅蟳的塭
仔。　有膏[ū-ko]：有蟹黃的紅蟳，比擬有能力、有學問，例如，
「台灣蟳，有膏！」(→232.01)三保：樣樣都差勁。(→433.43)

【24】
一年培墓，一年少人。

Chit-nî poê-bōng, chit-nî chió-lâng.

Chit-nī poē-bōng, chit-nī chio-lâng.

離散，不是離棄！

　家人用來發洩家勢一年不如一年的鬱悶，雖然句子說的是
「掃墓」的子孫，年年減少。當然，這是傳統的了解，但現實而
言，掃墓的人雖然減少，說不定是各自分開發展，分別興旺；大
家蝟集在一起，並不見得就能興家！

　背景：曩時大家長在世，一年一度要祭掃祖墳，各房子孫數

十百人集合,「轟轟烈烈」地進行掃墓、拜祖先,好不威風。但自從我國社會轉型,農村衰微,子孫四散,往都市、往外國謀生發展去了。如此急變,活人自顧不暇,而列祖列宗已經入土爲安,掃墓追遠之事,眞是心有餘而力不足了。

至此停鍵,爲我已故的親人默哀三分鐘。他/她們的音容一一掠過腦幕,心裏湧現,一波波的愁思。我清楚意識到「一年培墓,一年少人」是無法克服的慣力,也是每一個現代人必須勇敢面對的孤獨。——願海內外的親友,平安、如意、萬福!

【25】

樹大分椏,囝大拆伙。

Chhiū-toā pun-oe, kiáⁿ-toā thiah-hoé.

Chhiū-toā pūn-oe, kiáⁿ-toā thiá-hoé.

獨立奮鬥,天經地義。

斷言,兄弟長大之後,就應該獨立門戶,個別追求發展。同類句有:「樹大分椏,人大分家。」

（**本句另解,參看12.11**）

【26】

水大流田,囝大艱難。

Chuí-toā laû-chhân, kiáⁿ-toā kan-lân.

Chuí-toā laū-chhân, kiáⁿ-toā kān-lân.

小美大醜?

指出一項既自然又莊重的家內事,乃是孩子長大成人了,他/她們的問題也隨著變大、變難。到底是什麼樣子的困難呢?傳統的說法是,怕他/她們學壞、變壞。但,我們認爲老父母最耽心的困難是:大孩子的終身大事;大孩子的「食頭路」問題;大孩

子的棄養老父母。

　　從構句上看，「水大流田」是興語，要引出「囝大艱難」這個子句。在複雜的社會上，大孩子會不會像田園被大水淹沒一般地遭害，這也是戀父母終身掛念的代誌啊！

【27】

隨人討米，隨人落鼎。

Suî-lâng thó-bí, suî-lâng lóh-tiáⁿ.

Suī-lâng tho-bí, suī-lāng lō-tiáⁿ.

各有爐灶。

　　形容兄弟已經分門別戶，各自賺錢，過著獨立的生活。句子用的是白描，「討米」和「落鼎」都是兩家分別進行，互不相干的事。

　　討米：賺錢也。　　落鼎：生活也，字義是煮飯。

　　眞讚啊！「隨人討米，隨人落鼎」，讀來心裏感動萬分！台灣先賢的志氣高，獨立精神好。不錯，台灣歷史就是一部「隨人討米，隨人落鼎的奮鬥史！」

　　李登輝總統最近宣示，中國和台灣是「國對國」的關係。這不過是挑明「一人一家代，公媽隨人祀」的事實而已。中國政府大可不必惱羞成怒，更不應該開口閉口要動武開戰。別說出兵無名，就是恐嚇都已經太野蠻了，台灣人怕什麼？

　　中國和我國台灣的關係，自從淸國把台灣出賣給日本以來，就是「隨人討米，隨人落鼎」了。最可笑的是，國民黨政府還再嘀咕著「統一中國」！

　　中國、台灣，一旁一國！來！來討咱的米，落咱的鼎！

【28】
一人一家代,公媽隨人祀。

Chi̍t-lâng chi̍t-ke taī, kong-má suî-lâng saī.

Chi̍t-lāng chi̍t-kē taī, kōng-má suī-lāng chhaī.

黃帝公vs.平埔媽!

　　當做警語。用法有二:一、兄弟已經分別獨立,就不應該隨意干涉對方;這樣用時,強調點在第一分句。二、各自祭拜自己的「公媽」,河水不可侵犯井水。

　　代:代誌,家務事。　公媽:祖先牌位,神主牌。　祀:奉祀、祭拜也。

　　這句名諺,對當前台灣全體人民有重要的意義。謹誌深刻感懷:

　　　　你獨立,我也獨立,

　　　　你拜你的黃帝公,我祭我的平埔媽;

　　　　你有中國,我有台灣,

　　　　別想併吞阮的蓬萊寶島!

　　　　大唐山你通打獵,大海洋我通討掠。

　　　　隨人討米,隨人落鼎哦!

　　　　專制vs.民主。爲甚麼

　　　　阮選總統,你就想要放大砲?當知

　　　　台灣股市若崩盤,恁的人民幣也腐爛!

注釋

1. 民族學家何聯奎，認為「招贅婚」的形成原因有以下數項：「有因女方等等困難，乏人照料，故招婿以服役者，此其一。有因女不忍離開父母，求侶有心，故招婿以入贅者，此其二。有因女家境況貧困，家口又單，故招婿以接嗣傳代者，此其三。有因兄弟眾多，或隨其所欲，或無力婚娶，故願就婚於女家者，此其四。」(轉引自，林美容《人類學與台灣》，頁230)

2. 值得注意的是，有人想盡辦法要把「養子」，改成親生子的事也時有所聞。但這是違法的，有紛亂血統的危險。但由此可見，國人仍然迷信「地著親耕，囝著親生」(→11.19)。報載，有53%受訪民眾表示，不贊成在戶籍上註明「養子女」；只有27%受訪民眾表示「無所謂」。(→《自由時報》1998(5.10):7)

3. 竹君編譯《禪語百選》(台南：大坤書局，1983)，頁51。

第七節　家庭教育

本節段落：

原則：教導慎始01-04　嚴格專一05-07　良模好範08-11
　　　不可溺愛12-19

項目：言行舉止20-23　餐桌規矩24-28　讀書學藝29-33
　　　安全常識34-36

方法：責罵恐嚇37-49　棒打體罰50-59

限制：打罵無效60-68　嚴厲無功69-71

【01】

細漢偷挽匏，大漢偷牽牛。

Sè-hàn thau-bán pû, toā-hàn thau-khan gû.

Sé-hàn thaū-ban pû, toā-hàn thaū-khān gû.

大盜的由來。

用做警語。提醒做父母的，要注意培養小孩子誠實的品格，再小的東西也不可偷拿，以免淪落成「今日少年犯，明日成人犯！」

本句有工整美麗的修辭，是一個對偶正對式：「細漢」和「大漢」成對；「偷挽匏」對「偷牽牛」來表現偷盜的壞習慣隨著年齡而惡化。

細漢：小孩，少年郎。　挽：用手摘取（瓜果、花朵）。　匏：胡瓜。　大漢：成人。

少年或成人的年齡是法律規定的，而各國，甚至各地的認定

有所不同：例如：New York 州 7 歲，Vermont 州 10 歲，Colorado 州 12 歲，Alabama 州 14 歲，Louisiana 州 15 歲為成人。(→ Time. 1998(April, 6): 44) 我國是「十六歲」，從犯罪年齡逐漸下降而言，十六歲似嫌太老了！

也許，封閉的舊農村社會裏，「細漢偷挽匏，大漢偷牽牛」是可以成立的。但當今暴力的映像瀰漫，「細漢」犯的不一定都是小罪，觸犯吸毒、猥褻、強暴、搶劫、殺人，持槍濫殺等等「成人罪」的，也時時可聞。

然而，這句俗語在家庭教育上仍然有其意義：預防孩子犯罪要從小開始。積極地培養小孩純良的品格，例如：尊重別人，不侵佔他人的所有物；分別是非，尊重好人，反對暴力、犯罪；愛好公義、秩序，心意充滿虔誠。

記得《聖經》有言：「義人輕視犯罪作惡的人，尊重敬畏上主的人。」(《詩篇15:4》) 我覺得我們台灣人頗缺乏「輕視作惡的人」的勇氣，頗不「敬愛義人」。而這是建立一個好的社會必要的公民性，需要自幼開始教育薰陶的。

【02】

細漢若唔鬱，大漢著鬱不卒。

Sè-hàn nā-m̄ ut, toā-hàn tio̍h ut-put-chut.

Sé-hàn nā-m̄ ut, toā-hàn tiō ut-put-chut.

請幼筍入鐵模！

用來強調幼兒教育，主張「慎始」的重要。說的是：孩子「細漢」的時候若不「鬱」，若不引導於智慧和良善的思想和生活，而讓他／她們變壞，等待長大之後要來改正也就「鬱不卒」了。──類似句有：「細漢無責督，大漢做碌碡。」

背景：這句俗語是用製造牛挑，來譬喻兒童教育的。所謂「牛挑[gû-taⁿ]」是水牛耕田，或是黃牛拉車時，橫跨在牛頸上那截彎曲，八字形兩端翹起的竹幹。

製造牛挑，要趁著竹子還是幼筍的時候，就把它套入牛挑型的鐵模子裏面，讓竹繼續生長，但竹幹的下截隨著牛挑形的模範老熟變硬。數年後，解開鐵模，基部那一段就可鋸下來做牛挑了。❶

鬱[ut]：喻指訓練、教導；字面義，使之適合範型。 鬱不卒：教不來了；原指無法攝之成形。 責督：督責、管教(使之知所應知，行所應行)。 碌碡：庸碌之徒；可能是「碌碌」的訛音。 若哖[nā-m̄]：若不(行動)。

這種「牛挑說」的幼教見解，當然有其嚴重的限制和缺失，例如，什麼是小孩標準的好範型？假使有這回事，教育方式難道是用「鬱」，用「引筍入鐵模」的嗎？

我們不可忘記，近代史上人類大災難的元凶，都是利用鐵模造牛挑式的教育，來製造愚民和幫兇的，例如，「希特勒的幼童」，毛澤東的「紅衛兵」。

顯然的，不可以按字面效法這句俗語，取其慎教於孩提的精神可也。

【03】

幼不學，老何爲？

Iù put-ha̍k, ló hô-uî?

Iù put-ha̍k, ló hō-uî?

做老不修嗎？

用做警語。斷言，人生在世，自小應該「學」習謀生的知識和

技能，以免長大成人之後，無能無力，無法可想。出自，《三字經》。

　　背景：國人重視教育已經是根深柢固的代誌，清賀思興《三字經注解備要》露骨地指出「學」的最後希望在於當官。他說：「……能學則庶民之子爲公卿，不學則公卿之子爲庶民。學者如禾如稻，不學者如莠如草。如禾如稻兮，乃國之津梁，世之大寶；如莠如草兮，乃耕者憎嫌，商者煩惱。他日面牆，悔之已晚，日月逝矣，時不我與，嗚呼老矣，是誰之愆？詩云：『三更燈火五更鷄，正是男兒立志時；黑髮不知勤早學，白髮方悔讀書遲。』」❷

　　學：這裏所說的「學」是指「讀書」，參加科舉；其終局目的在於求得一官半職。

　　學！學！學！學什麼？學識字、學讀書、學功夫啊！這是謀生活命所需。但反思一生所學，會不會除了要「塡飽肚子」，要成爲「有用的人」，要「賺更多的錢」之外，沒學到什麼？偉人的心智，美的世界，神聖的實在，好像都不在「學」這個字的義蘊和範圍裏面。太過於「務實」了！

　　有一窩蜂人在「學」快樂，在「學」幸福，但學得頗不快樂，也極不幸福。爲甚麼？因爲太過於貪婪物質，太集中於一己的慾望和得失，離開體悟快樂和幸福的靈性活動太遠了。

　　近來，國人一陣風地「學」道，而「學」的態度是趕流行，是要追求功利的神功奇蹟。多少人盲目附和亂湊的教理，浪費大把鈔票來消災，來拜自封「大師」的郎中爲師父。如此，我國的神棍詐財騙色，怎能不頻頻發生呢？

　　「老何爲？」是超越吃飯和私慾的哲學的、宗教的問題。正派

的哲人、正信的信徒，應該都有可以互相切蹉磨盪的地方。

【04】

教婦初來，教兒嬰孩。

Kàu hū chho·-laî, kàu jî eng-haî.

Káu hū chhō·-laî, káu jî ēng-haî.

善良好欺？

第二分句的強調點是，教育子女應該在嬰孩的時候開始；此時，給與優良的教育的話，則可養成美好的學習態度；起跑快，讀書學藝，參加科舉，參加人生各種競賽也就有利得多了。語見，顏之推《顏氏家訓·教子篇》。

「教囝嬰孩」一類的說法相當普遍，古賢人有言：「善教子者，教於孩提。」(宋、林逋《省心錄》)以色列的智者說：「教導兒童走正路，他將終生不忘。」(《聖經·箴言》22:6)

(參看，「初來新娘，月內幼囝──奧款待。」13.04)

【05】

嚴父出孝子。

Giâm-hū chhut haù-chú.

Giām-hū chhut haú-chú.

戒嚴出良民？

舊說，孝子出乎父親嚴格的教導。教什麼？當然是教「三綱五常」啦，「三從四德」啦；教《二十四孝》的「戀猛飼蚊」啦，「臥冰求鯉」啦，這一類的教孝、教忠。

從來只要是提到「教」，一定不離「嚴」字，所謂：「嚴家無悍虜，慈母多敗子。」(《韓非子·顯學》)。然而，黑白嚴，鴨霸戒嚴，不但沒有效果，而且反效果。我國的名諺曰：「嚴官府出厚賊，

嚴父母出阿里不達。」(→.70)信哉，斯言！

　　老爸母教導子女既然不可以「亂嚴」，那麼要如何是好呢？這雖是一言難盡的問題，但也是有軌跡可尋的：參考所謂「成功的父母」的家教經驗如何？選一些適合自己和孩子的情況的先例來做參考或許有所幫助。

　　小布朗在《教子小品》說：「父親的責任並不在為子女修路，而是為他們畫一張地圖。」這本書是作者為他的孩子寫的，而且得到孩子很高的讚賞。老康整理出該書一些重點，例如：

- ・每年至少觀賞日出一次。
- ・不要在學著投機取巧上浪費光陰；要敬業。
- ・學著傾聽；「良機」往往敲門的聲音很小。
- ・千萬不可掃人的興；它可能是這個人所有的希望所寄。
- ・當你生氣的時候，千萬不可採取行動。
- ・要有好風度。懷著意志和信心登堂入室。
- ・絕對不可低估寬恕的力量。
- ・遇到嚴重的健康問題時，至少要聽聽三種醫療的意見。❸

　　怎樣？沒有嚴老爺的八股吧！都是慈父親切的叮嚀，都是引導人生前程的智慧啊！嚴近暴，類似單行道；慈近智，宛如多線道。慈愛而有智慧的老爸比較有希望獲得孩子的尊重、了解和回饋。

【06】

教之道，貴以專。

Kaù chi tō, kuì í choan.

Kaù chī tō, kuì i choan.

來一碗雜菜麵！

　　童蒙眞言。提醒老夫子、老師傅、或老父母，教導小孩童，一定要專一，不論是認字讀書，或學功夫。切勿一藝未精就見異思遷，淺嚐即止地亂學一通，沒啥路用！語出，《三字經》。

【07】

養子不教如養驢，養女不教如養豬。

Ióng-chú put-kaù jû ióng lû, ióng-lú put-kaù jû ióng-ti.

Iong-chú put-kaù jū iong lû, iong-lú put-kaù jū iong-ti.

回歸原始，野驢蠢豬。

　　舊時的家教名箴。警告家長女士先生，一定要嚴加雕琢兒女，不然後生的性情可能變得像野驢那般倔強，查某囝將變成豬母般的愚昧蹩躂。語見，《增廣昔時賢文》、《人生必讀》等書。

　　說到驢子，筆者倒有美麗的印象。大前年再去以色列做「聖經地理見學旅行」。在耶利哥野外，遇見一個少年郎，向我們大叫"Taxi! Taxi!"。何來Taxi?少年手指他那隻毛髮刷得非常光鮮的驢子。但見少年愛驢有加，逍遙自在地乘坐在背上，人驢一體，好看又親愛！

　　至於豬，是德國人的「親愛的」；豬母和豬哥，常常應邀上電視做秀。不但洗得乾乾淨淨，而且毛髮理得整整齊齊，肥頷頸總打有艷結，儀容端莊，頗有文化的樣子！當知，牠主要象徵著「財富」，撲滿的造型大都採用「肥豬母」。

　　然而，以色列人是嚴重厭惡豬，排斥豬，特別是像德國這種化裝豬是萬萬不得超生的！君不聞，他／她們的老智者說什麼：「婦女美貌而無見識，如同金環帶在豬鼻上。」(《聖經·箴言》11:22)

看來，驢和豬並不一定要和野蠻、髒臭結緣。何以致之？當然是養者的文化思想發生了問題！漢人的傳統思想中，豬驢都是該死的畜生，何必愛惜？儘管牠們也是生產部門的忠實同志。

來，快來參與進化工程，變驢港為金童，化豬母裝玉女！

【08】

毛蟹，教囝祖橫行。

Môʼ-hê, kà-kiáⁿ thán-huîⁿ-kiâⁿ.

Mōʼ-hē, kà-kiaⁿ than-huīⁿ-kiâⁿ.

身教之功？

用法有二：一、用做警言。提醒為人父母的，必要謹慎言行，因為他／她們的言行舉止決定性地影響小孩的行為。二、用來諷刺。某個父、母素行不良，調教出一群子女都是「稂不稂，莠不莠。」(→241.16)

本句用借代的修辭式來表現諷刺：用螃蟹的「祖橫行」，來暗刺那群子女的橫行霸道原是他／她們的賢父母聖範垂教的果實呀！

祖橫行：身體向正面的左右行動，如蟹的橫行。這是常用的雙關語，身體的橫行來影射道德行為的橫行。

【09】

大的無好樣，細的討和尙。

Toā--ê bô hó-iūⁿ, sè--ê thó hoê-siūⁿ.

Toā--ê bō ho-iūⁿ, sè--è tho hoē-siūⁿ.

上不正，下則歪。

用來罵人。一家人壞透了，從老哥老姊開始，到小弟小妹，集體腐敗。

　　從造句看來，本句是相當工整的對偶同對形式：「大的」配「細的」，對得好；而「無好樣」和「討和尙」，同樣是行爲上的污點。同時，「樣」和「尙」的腳韻和諧。

　　應該檢討的是，漢人文化及其影響下的民間文學，喜歡消遣「和尙」、「尼姑」，並且常常將之關聯到性啦，私通啦，婚姻啦。在在顯出對於那些宗教人的無知和偏見。爲甚麼老是用「性趣」的眼光來看他／她們呢？

　　討：（女人與男人）有染，私通；如，討客兄。

　　（本句又見，325.17）

【10】

序大無好叫，序細無好應。

Sī-toā bô hó-kiò, sī-sè bô hó-ìn.

Sī-toā bō ho-kiò, sī-sè bō hu-ìn.

粗魯的循環。

　　用做警語。警戒那些霸氣十足，自以爲是的「序大」人，對「序細」講話要有分寸，要有「禮貌」！若是動輒惡形惡狀，文攻武嚇，孩子的自尊心受到傷害，心和情早就背棄，雖然不一定要吵架，或大打出手。相似語有：「序大無好話，序細無好聲。」

　　序大…序細：長輩…晚輩；序大人…序細，則指父母和孩子。

　　基督的使徒保羅，勉勵信徒說：「你們做父親的，不要惹兒女的氣，恐怕他們失了志氣。」(《聖經‧歌羅西書》3:21)對於自己所喜愛的兒女如此，對於解釋爭執，更是要好叫好應，切勿惡言相向。以色列的智者道：「回答柔和，使怒氣消退；言語暴戾，觸動怒氣。」(《聖經‧箴言》15:1)

【11】

照父梳頭，照母縛髻。

Chiàu pē se-thaû, chiàu bú pa̍k-kit.

Chiáu pē sē-thaû, chiáu bú pa̍k-kit.

尊公媽法制。

舊時，家庭的遊戲規則也。父母對小孩說：「跟我這樣做！」——現代，孩子獨立思想開發得甚早，才不跟老人家玩那一套。

（本句詳解，請看325.02）

【12】

抱的貓，燴咬鳥鼠。

Phō--ê niau, boē-kā niáu-chhí.

Phō--ē niau, bē-kā niau-chhí.

文化貓也。

用做警語。教訓為人父母，絕對不可溺愛兒女。照顧得太週到的話，孩子可能失去適應力和創造力，如同「抱的貓」，已經退化(進化？)成寵物，就是「大腸告小腸」，也只能忍耐等候主人的垂憐。

　抱的貓：喻指備受寵愛的孩子。　　大腸告小腸：飢腸轆轆也。

【13】

盛豬夯灶，盛囝不孝。

Sēng-ti giâ-chaù, sēng-kiáⁿ put-haù.

Sēng-ti giā-chaù, sēng-kiáⁿ put-haù.

自由主義者的果實。

用做警語。教訓爲人父母者，不可挺「盛」子女，因爲「盛」孩子是在製造不孝子。

本句的修辭是用對比同對式：豬不能「盛」比對孩子的不可「盛」。正如任豬自由遊走，可能衝入廚房，爬上灶頭來自己開葷，任子自由放蕩，結果不言可知。

本句的類似句有：「盛囝不孝，盛某攪鬧。」「盛夯灶，盛囝不孝；盛查某囝，𣍐落人家教。」——分別用妻子，用女兒做比對。而寵盛的程度，則有：「盛到爬上天。」

盛：溺愛，白話說是「疼到無屎無尿」。 攪鬧［kaú-kaū］：無理取鬧。 夯灶［giâ-chaù］：推翻爐灶。 𣍐落人家教［boe-lòh lâng ke-kaù］：無法適應婆家的規矩；家教：→13.04。

【14】

互你食，互你穿，互你用，互你做人無路用。

Hō͘ lí chiàh, hō͘ lí chhēng, hō͘ lí ēng,

　　hō͘ lí choè-lâng bô lō͘-ēng.

Hō͘ li chiā, hō͘ li chhēng, hō͘ li ēng,

　　hō͘ li chó-lâng bō lō͘-ēng.

假如父母是「有應公」。

老父母的重大發現和怨嘆。他／她們寵壞了兒女，生活的基本需要豐富供給之外，說要什麼就給什麼，宛如是「咬金湯匙出世的」。

本句是乾脆有力的白描，連連用了四次「互你」；清楚宣告，凡是後生、查某囝所要的、索求的，都給了。然後突兀地說，「互你」得太多，給得太爛，連「無路用人」也給了。眞是句讚，義嚴！

　　互你：供給你、給你。句裏最後的「互你」，暗含「害你」的意思。　食…穿…用：指生活上一切需要。　無路用：「無路用的人」的簡略。　有應公〔lú-èng kong〕：字面直解，指有求必應的序大人，不指民間宗教的神祇。

　　這句俗語指出父母寵愛孩子的盲點：儘量給。這樣的結果，孩子無形中養成嚴重的依賴性，也會昧於實際生活狀況，將不知道什麼是缺乏、艱難，也不會節儉、自制、感恩！眞是寵愛之，足以害之。溺愛，對於孩子的人格發展大大有害。

【15】

食潘吮吮叫，剪耳吱吱叫。

Chia̍h-phun sū-sū-kiò, chián-hīⁿ ki-ki-kiò.

Chiā-phun sū-sū-kiò, chén-hīⁿ kī-kī-kiò.

好吃懶做豬性也。

　　用來諷刺嬌生慣養的孩子。他／她讀書不用功，但喜歡四處遊蕩，要不是上電腦耍遊戲，就是看X片，睡爛覺。要他／她們幫點家事，就吱吱叫。

　　本句文學技巧特別，是一句借喻。她的喻體豬哥豬嫂都不曝光，喻詞沒有，但用擬聲來做喻依，傳入聽者耳中的是魔音穿腦的「吮吮叫」、哽哽叫、吱雜叫——八戒在「食潘」啦！接著，「吱吱叫」的絕命哀嚎陣陣傳來。啥事？但見，八戒穿了耳，打了洞。——好不風騷！非也，是日本大人給八戒上了規矩，牠再也不敢私通了。

　　食潘：豬吃潘泔、飼料。　吮吮叫：豬猛吞飼料時，口腔暴發的響聲。　剪耳：第二次世界大戰末期，日本政府在台灣實施物資統制，每一頭豬都得剪耳爲記，養豬戶無法私宰——實際上，直到終戰

前，有管道的人，還能買到黑市豬肉。

【16】

偏憐之子不保業，難得之婦不保家。

Phian-lîn chi chú put-pó giap, lân-tit chi hū put-pó ka.

Phiān-lîn chī chú put-po giap, lān-tit chī hū put-po ka.

憐兒浪子，嬌妻蕩婦。

　　用做警語。提醒人不要寵壞兒女和妻子，老先人認爲，得到父母特別愛惜的孩子，常常難保祖宗的事業；而鍾愛的妻子，則可能引鬼入宅，弄得鷄犬不寧。語見，《格言諺語》。

　　偏憐：偏袒地愛惜（兒女）。　　難得之婦：夢寐以求的枕頭督。

（→「一個枕頭督，卡贏三個總督。」26.49）

【17】

父一頭，母一擔，公婆一菜籃。

Pē chit-thaû, bú chit-tàⁿ, kong-pô chit chhaì-nâ.

Pē chit-thaû, bú chit-tàⁿ, kōng-pô chit chhaí-nâ.

受不盡的家教。

　　用做警語。提醒父母和公婆，要他／她們對子女和媳婦的品質優劣好壞負責。如何負責？責任是按影響力的多寡分攤的：對於兒女，父母的責任各佔50%；對於嫁出去的查某囝，父母負責75%，公婆打個折扣，算他／她25%。

　　然而，老母至上主義者，給媽媽更偉大的責任和榮耀，說是：「父一頭，母三擔。」──25% vs. 75%。可憐的阿母，害您身負深責重任！不考個老童生來榮耀您，怎麼過得去！

　　一頭…一擔：一擔擔子有雙頭，扁擔的雙頭各提吊一個畚箕等容器。這裏用「頭」，用「擔」，雙關重量和責任。　　一菜籃：形容比「一

頭」更少的份量。　老童生：老學生也，參加科舉從沒有榜上題過名的學生。

【18】

是唔是，罵家己。

Sī m̄-sī, mē ka-kí.

Sī m̄-sī, mē kā-kī.

糊塗父母！

老先人，用來表示人格修養很夠，敦睦鄰里，教子有方。句子的意思是：假若自己的孩子和對面的吵架，賢明的父母不要問是非曲直，務必先開罵自己的孩子來息事寧人。

是唔是：不論是對或錯，有理或無理。　罵家己：先責備自己的孩子！

不分青紅皂白，就罵自己的孩子給別人看，眞是不足爲訓！這種「罵家己」，不但對於教育孩子沒有幫助，而且會給孩子們「看破腳手」，透露出老父母人格的糊塗、虛僞和敷衍。

不分是非的「罵家己」，可能的結果是：孩子會變成軟腳蝦、糊塗蟲；反正什麼都是自己不對，什麼都是不能激怒人家。孩子會變得更頑皮、更刁頑；反正是虛與委蛇。假如亂「罵家己」是國民性，則我懷疑這樣的人民有能力應用人權，更遑論支持眞理和公義了。

最近，李登輝總統提出「二國論」，隨即有一幫人發動「是唔是，罵家己」；粗陋地謾罵總統，大喊「停止二國論」，「打倒李登輝」，說是，「二國論」激怒中國。台灣、中國，一旁一國，是明白不過的事實，絕對不可以當做小孩吵架，來「是唔是，罵家己。」

台灣頭腦無法理解這幫人！他／她說擁戴「中華民國」，但實際上，見「中華民國的李總統」必反、必罵！最不可思議的，都是有意罵給他／她們不久以前，要消滅的「共產匪徒」看！告訴我，世界有比這幫人更奸詐的嗎？

不分是非就開罵，罵自己也好，罵別人也好，都是荒謬的行為──談心靈改革，不能不向「是嗯是，罵家己」挑戰！

【19】

鷄母嗯關，要拍鵰鴞。

Ke-bú m̄ koeⁿ, beh phah bā-hioh.

Kē-bú m̄ koeⁿ, bé phá bā-hioh.

弱者總是不對？

村長老或是老公親用來指責某個家長，說他／她們溺愛查某囝，沒有好好的管教，被人「欺負」，吃了虧，沒有理由怪別人。

背景：本句雖然有強詞奪理之嫌，但映照出舊時台灣田園生活的一景。話說，有一隻愛好自由，性情活潑的「鷄母」，興高采烈地帶著她那一群小孩出來大埕做戶外活動。牠們是多麼高興又自在地玩耍著。說時遲，那時快，忽有一隻「鵰鴞」伏衝下來，抓了四隻鷄小孩。主人怒不可遏，此後一見鵰鴞就開打。

村裏的多秀才聞報，駕臨了解。之後大大申誡鷄主，要他自認倒楣，不可反對鵰鴞，鷄母鷄仔必要好好管束，若要出國訪問，先得徵求鵰鴞的同意。

──讀者諸君，難道多秀才的腦筋裏沒有是非對錯？鴨霸、強權就是真理嗎？這是什麼樣的文化？還有，您認為鷄主應該自認倒楣嗎？不然的話，要如何應付？

（比較，「五里鵰鴞，要啄七里鷄仔。」333.03）

【20】

囡仔人，有耳無嘴。

Gín-á-lâng, ū-hīⁿ bô-chhuì.

Gin-a-lâng, ū-hīⁿ bō-chhuì.

言論自由？免想！

　　老父母用來阻止孩子插話。舊時，鄰居三五好友，吃飽晚飯，就來某一家開講。小孩自然也有插一腳的份。聽到爽快處，小孩意見難禁，但是脫口秀不了幾個單字，老爸母緊急下令：「囡仔人，有耳無嘴！」孩子一聽，只好疲軟在一邊了。

　　有耳無嘴：聽話可以，動嘴不准；不准有意見也。

　　這句俗語太過於否定孩子的會話權，有其時代的侷限性。但不論是孩子或是成人，先聽，先聽懂而後發表意見是應該的。古以色列人也頗強調聽，有話說：「我兒，你當聽，當存智慧，好在正道上引導你的心。」(《聖經・箴言》23:19)

　　不過，以色列人的孩子比我們的更有「孩權」。君不見，耶穌在十二歲那一年，上耶路撒冷聖殿過節，並和當代的猶太教神學家、律法學者討論學問。聖經說，耶穌「坐在教師中間，一面聽，一面問。」(《聖經・路加福音》2:46)

　　以色列人的父母沒有「給我閉嘴」的話，更沒有「囡仔人，有耳無嘴」的邪說。為甚麼？答案頗單純，因為上帝沒有創造「有耳無嘴」的孩子。

　　聽和講，是孩子學習的根本方法，兼有情理交融，慧心感通的作用，應該大大鼓勵小孩善用耳和嘴才好。家長何須神經過敏地怕孩子「亂講話」？

　　諸位，要是我們的孩子真的「有耳無嘴」，該當如何是好啊？

【21】

濟話，食臭焦餅。

Chē oē, chiah chhaù-tā piáⁿ.

Chē oē, chiā chhaú-tā piáⁿ.

給我掌嘴！

可能是老父用來阻止孩子辯解，特別是孩子受到誤解、冤枉的時候。序大人是那麼橫蠻地剝奪他／她們的「辯護權」。孩子若是不服，要繼續說明，老父就恐嚇說「濟話，食臭焦餅！」

　　濟話：再囉嗦、再不閉嘴。　食臭焦餅：掌嘴也；文義，烤焦了的餅。

　　上面二句俗語(.20-21)，反映著先人家庭教育的嚴重缺點：禁止發表意見！大人的話難免有臭彈、亂彈，孩子有能力反駁，應該聽聽看。請問，孩子到上國小之前，您一共下達幾次「住嘴！」的命令？千次，萬次？

　　「濟話，食臭焦餅」是反對話精神的，不但製造語障兒童，而且是專門鑄造讀「語錄」、「遺囑」、「主義」的愚民。我們懷疑，有耳無嘴的孩子學習能力，因為他／她們屬於「乖乖牌」的，沒有批判思考的習慣，沒有發表思考的結果的能力，只要上自皇帝、女王、主席，下至警察、保正、鄰長發言，莫不尊為聖旨。

　　偉大的心智和思想，來自「對話」(dialogue)！西方文明是對話的文明，我國的是什麼？是「自言自語」(monologue)的，或是「濟話，食臭焦餅」的？不應該是這些。君不見，我們的先賢不是人人捧讀《論語》，奉之為聖經的嗎？

【22】

大人起，囡仔佔椅。

Toā-lâng khí, gín-á chiàm-í.

Toā-lâng khí, gín-á chiám-í.

小孩，站票。

用來教導小孩讓坐的禮貌。坐位是以貴賓和大人為優先的。

椅：源於古埃及。中國在漢朝以前沒有使用椅的習慣。唐代隨佛教引入垂腳坐椅和高腳靠背椅，但尚未取代坐榻。（→《中央日報》1994 (11.13):4)

搶坐是很難看，又沒有禮貌的事，豈只是小孩不可以如此？坐的問題，在家裏沒啥，在公共汽車和火車，就得尊重幼弱殘障，不可佔用他／她們的「保留座」──「禮讓」是優美的風度，由「不佔椅」來開始操練吧！

【23】

老人吐氣會輕鬆，囡仔吐氣想要嫁翁。

Laū-lâng thó·-khuì oē khin-sang,

　　gín-á thó·-khuì siūⁿ beh kè-ang.

Laū-lâng tho·-khuì ē khīn-sang,

　　gín-á tho·-khuì siūⁿ bé ké-ang.

事實如山勿模糊。

用來調侃小女孩，當她嘆氣的時候。舊說，老人一生勞碌，難免有不如意的地方，要是有嘆息的機會，壓抑的痛苦得到疏解，心裏也就快樂了。小女孩應該是天真無邪，嘆什麼氣，嘆？聽來好笑，說她是：「想要嫁翁！」

吐氣：嘆息、嘆氣也；不是練氣功的吐氣。

看了這句話，覺得又氣又好笑！為甚麼如此逃避「現實」，隨便將小女孩的「吐氣」，嘻嘻哈哈地說是「想要嫁翁」呢？難道不知

道小孩也有煩惱嗎？向來威權家長一概拒絕了解孩子的怨嘆，說：孩子不愁吃，不愁穿，給他／她們專心讀書，煩惱啥？「吐氣」啥？

其實，我們的摩登小孩是大有煩惱的！據「兒福聯盟調查」，小學五、六年級的小朋友，90%有鬱卒；九成囝仔可能大大「吐氣」！而「不知煩惱為何物」的，只有6%。小朋友煩惱的排行榜前三名是：

一、功課：壓力太大，考不好會被罵被打；成績不好，沒有前途。

二、外表：社會流行瘦身、美容；擔心自己太胖、太矮、太醜。

三、交友：交不到好朋友。

此外，小朋友的人格尊重權、隱私權、遊戲權和受保障權，都不及格！(→《自由時報》1999(4.3):7)這是我們的小孩的憂鬱的狀態。真慘！

下次，聽到貴府的小朋友「吐氣」，請多多關懷囉！別再「娶某嫁翁」的來裝糊塗，粉飾太平！疼愛孩子，就不應該模糊他／她們的問題！

【24】

食飯扒無清氣，會娶貓某。

Chiàh-pn̄g pe-bô chheng-khì, oē chhoa niau-bó.

Chiā-pn̄g pē-bō chhēng-khì, ē chhoā niāu-bó.

所謂騙囝仔。

用來督責細漢後生，不要浪費食物。吃飯，必要把飯碗裏的飯，吃得清潔溜溜的；不然，將來會娶到麻臉新娘。——對細漢

查某囝則說：「食飯扒無清氣，會嫁貓翁。」

扒：張開嘴巴，套上飯碗，用筷子趕飯入口。請注意，這是羅漢腳和粗陋人的扒飯方式，凡我現代文明的鄉親，請考慮改用「箸，夾飯入口」的方式，可否？　清氣：乾淨；此處指沒有吃完盛來的飯。　貓某、貓翁：麻面的妻子、丈夫；舊時天花或痘子肆虐的痕跡。

【25】

桌頭，食到桌尾。

Toh thaû, chiȧh-kaù toh-boé.

Tó thaû, chiā-kaú tó-boé.

食慾不振？

用來責備孩子，要他／她們吃飯集中精神，必要一口氣吃飽飯，不可邊吃邊玩，邊玩邊吃。

桌頭…桌尾：小孩從最初大家一起用飯，吃到最後剩下他／她還在吃——通常是漫不經心地邊吃邊玩。

【26】

食一，挾二，想三，驚四。

Chiȧh chȧt, ngeh nñg, siūⁿ saⁿ, kiaⁿ sì.

Chiā chȧt, ngé nñg, siūⁿ saⁿ, kiāⁿ sì.

勿貪好料的。

用來教導子女，吃飯配菜，不可老是揀肉吃，更加不准：嘴巴塞著一塊肉，手裏的筷子挾著第二塊，眼睛又注視著第三塊，心裏急著第四塊肉被人挾去。這是餓鬼般的吃相，大大禁止。同類語有：「一塊即入肚，一塊嘴那哺，一塊在半路，亦擱一塊在盤仔地顧。」(→422.54*)

這句俗語的構造特別，用四個動詞和四個數詞來構成相當複雜的行動和思想。動詞「食、挾、想、驚」，四個數詞「一、二、三、四」引帶四個簡略句來做爲它們的受詞。

【27】

一嘴飯，一尾鮭到。

Chi̍t-chhuì pn̄g, chi̍t-bóe kê kaù.

Chi̍t-chhuí pn̄g, chi̍t-boe kē kaù.

勿吃菜配飯。

用來敎導子女，應該多吃飯，少吃好料的。——「鮭」是舊時窮人的珍饈，一口飯配一尾鮭，豈是窮父母應付得了的？同時，鮭極鹹，多吃會傷害身體。

　　（本句另解，422.54）

【28】

來興，顧嘴無顧身。

Laî-heng, kò·-chhuì bô-kò· sin.

Laī-heng, kó·-chhuì bō-kó· sin.

勿重吃。

諷刺人著重滿足口腹之慾勝過穿著儀容。據說，好久以前有一位「來興先生」，就是專門交關飯店和出入胃腸科的，跟服裝店和理容院絕緣。

【29】

子孫雖愚，經書不可不讀。

Chú-sun sui-gû, keng-su put-khó put thók.

Chu-sun suī-gû, kēng-su put-kho put thók.

經書治愚癡？

老家長的讀書主義也。叮嚀子孫，不論IQ多麼低，「經書」是一定要讀下去的。語出，《朱子家訓》，本句還有上聯：「祖宗雖遠，祭祀不可不誠。」

經書：狹義的指四書五經；泛指舊時儒家的經籍；廣義的包含儒道釋三教經典；實際而言，一切科舉必考的書籍，有時甚至包含御制文章。

爲甚麼戀囝孫不能不讀經書呢？唸得幾字「之乎者也」能救愚治痴嗎？老家長心裏到底想的是什麼？

當知，古今漢人誘導讀詩書的最終目的就是「當官發財」！就是儒家大文豪韓愈也脫離不了這種庸俗。他給十七歲孩子韓符的勉學詩，露骨地道出要認眞讀經書的目的：

> 木之就規矩，在梓匠輪輿。
> 人之能爲人，由腹有詩書。
> 詩書勤乃有，不勤腹空虛。
> 欲知學之方，賢愚同一初。
> 由其不能學，所人遂異閭。
> 兩家各生子，孩提巧相如。
> 少長聚嬉戲，不殊同隊魚。
> 年至十二三，頭角稍相疏。
> 二十漸乖張，清溝映污渠。
> 三十骨格成，乃一龍一豬。
> 飛黃騰達去，不能顧蟾蜍。
> 一爲馬前卒，鞭背生蟲蛆。
> 一爲公與相，潭潭府中居。
> 問之何因爾？學與不學歟！

……❹

　　韓愈的父母心是可以理解的，就算是現代台灣吧，學優而仕，而高官，而發財，仍然是一條千萬人投資，努力爭前的大利路。

【30】

家無讀書子,官從何處來?

Ka bû tha̍k-su chú, koan chiông hô-chhù laî.

Ka bū tha̍k-sū chú, koan chiōng hō-chhú laî.

官倉老鼠何處來?

　　古今漢人老父母的「夢幻」。鼓勵子弟苦讀，來做官發財。

　　其實，舊時當官並不如想像的那樣威風，大官小吏，還不是該死的皇奴。薪俸吃不肥，餓不死，如先人名諺所說：「做官清廉，食飯攪鹽」！那麼，「三年清知府，十萬雪花銀」，從何而來？第九世紀中葉，詩人曹鄴的「官倉鼠」道出真象：

　　　官倉老鼠大如斗，見人開倉也不走；
　　　健兒無糧百姓飢，誰遣朝朝入君口？

　　可憐，讀聖賢書淪落為國庫大老鼠，學聖學賢的所為何事，盡在口水間。

　　現代小官，「黑紗」發財，一本傳統。大官呢？據說紅包不感興趣，小兒科也！他／她們生產黑金，既沒有貪污的證據，更有兄弟人的擁戴，何樂而不為？

　　因何如此？據說是漢文「官」字本身的官格不善所致！拆字大

師常常怨嘆，說什麼：「官帶兩口！」好可怕也！說是，一口吃飯，一口吃錢；一口辦生，一口辦死……。

　　據悉，咱台灣人的秀才郎都立志要當官。令後生、令查某囝要當什麼樣的官？據說好多種，有「食飯攪鹽的」，有「國庫通私庫的」，有「直撥匯入瑞士銀行的」，有…？

　　（本句另解，參看411.03）

【31】

黃金滿籯，不如教子一經。

Ng-kim boán êng, put-jû kaù chú it-keng.

Ng-kim boan êng, put-jū kaú chú it-keng.

窮秀才好氣魄。

　　舊說，用來鼓勵家長，必要使自己的孩子接受教育。讀通一部經典，比留給他滿箱的黃金更有價值。語出自，《注解昔時賢文》，原文有一下聯：「賜子千金，不如教子一藝。」

　　這句名諺帶有濃厚的窮秀才說教的氣息！「黃金滿籯」的大老爺，可能如此輕黃金，而重經書，重教育嗎？不見得吧！我們知道，黃金和經書都重要，二者之間也沒有因果關係。然而，黃金滿籯的人，確實須要多多讀經，好讓黃金反映些人文光采，如此才能應付傳統要求的：富且貴！

　　籯：竹製的容器，可容四斗穀物。　經：→.29。

　　近年來台北市政府推行「兒童讀經」。今年六月下旬又舉行「小狀元大會考」。據報導，約有500個小朋友參加，孔廟內處處朗朗讀經聲，參加的小自二、三歲，大至十二、三歲。其中三歲半的李應煜順利背完《弟子規》。問起經書的意思，小朋友們大多「唔知影」，顯得「有口無心。」（→《自由時報》1999(6.28):12）

　　撇開文化復興，經典的潛移默化，假若這種活動是自由、輕鬆，沒有比賽的火藥味來舉行，並不失為父母子女在一起的好活動。若是過份強調或當做「運動」，「比賽」，豈非大開倒車？因為這些古經或童蒙，文字艱澀難懂，義理不切合現代生活處境，實非兒童時期的最必要讀物。

　　遊鍵至此，心生歡喜！憶起四、五歲時，阿母教我背「人之初」。但我的後生立德，三、四歲時，背的卻是"come came come"了！

【32】

會讀册是戀父母，燴讀册是戀子弟。

Ē thák-chheh sī gōng pē-bú, boē thák-chheh sī gōng chú-tē.
Ē thák-chheh sī gōng pē-bú, bē thák-chheh sī gōng chu-tē.
轉進如何？

　　這句話是父母的怨嘆。孩子會讀書，但家庭貧窮，不得不舉債來栽培孩子，真是「戀父母」；富裕人家，有錢註冊，但孩子卻考不上學校，說是「戀子弟。」

　　其實，雙方家長都不必怨嘆。借錢栽培孩子，比借錢給他／她們娶某嫁翁，比借錢投資股票，更有意思、有保險、有利潤，即使不談義務。孩子「燴讀册」，父母也不必怨嘆，只要還想讀書，該請家教，就家教；該上升學保證班，就上保證班。再考不上，而又不死心的話，再繼續想辦法。

　　我國政界人物都在比賽「世界觀」嗎？所以嘛，看看世界各地，找出有教無類，適合貴子弟的學校。戀，何須認得那麼早？共勉了！

　　（本句另解，參看411.16）

【33】

第一煮三頓,第二炊粿,第三縛粽,第四做豆醬。

Tē-it chú saⁿ-tǹg, tē-jī chhoe-koé,

　　tē-saⁿ pák-chàng, tē-sì choè taū-chiùⁿ.

Tē-it chu sāⁿ-tǹg, tē-jī chhoē-koé,

　　tē-saⁿ pák-chàng, tē-sì chó taū-chiùⁿ.

查某囝的家事教育。

這是舊時女孩最基本的家事訓練。煮三頓、炊粿、縛粽、做豆醬等四項功夫,是要「捧人的飯碗」最起碼的資格。而這些是老母教導的,她邊教功夫,邊教規矩,耳提面命,絕不許「帶桃花夜馬,煮一頓飯過三口灶。」

本句構造用的是鑲嵌法,把四項家事嵌進序數裏,按家事的輕重先後排序:「煮三頓」最重要,漸漸遞減到「做豆醬」。

炊粿:炊年粿、菜頭粿、酸粿等等。　縛粽:北京語的包粽。台語縛粽,萬分傳神,突顯出縛粽最重要的那一道功夫:縛!縛得精緻,粽飯才會「誠實」,粽香才會「敦厚」,粽角才有「莊嚴」,吃起來才能接二連三!　做豆醬:醬菜用的醬液,常由發酵後的黃豆、鹽水和香料做成。

現時,台灣人居家的時候,大多由太太主廚,台中洋料理也成為錢閒兩兼的夫人的「娛樂」——據說,先生會炒菜的,妻的愛情提升了七成!

「煮三頓」?太瘋狂了吧!今之都市太太偶而煮一頓晚飯,做一二道「家常菜」,先生、小孩就要三呼萬歲了!其實,換一換外買速食的口味,是有益心身健康的呀。過年過節、招待自己和親友,能做一道「私廚好菜」來欣賞的話,咽喉、腸胃、心臟和腦筋

也比較有節慶的味道！

「縛粽」、「包中」如何？看是愈來愈重要了！君不見，近來我國動不動就集體「包中」：五日節「包中」，畢業班「包中」，選里長、選總統也「包中」……。如此，當好媽媽必要能「縛粽」，想升大學的學生也必要會「縛粽」，要當里長太太、或是第一夫人的，更要會「縛肉粽」「縛金粽」了！驚死我，台灣人何時突變成肉粽族？

在「二國論」引起中國再度文攻武嚇之時，台灣人的老母應該少教「煮飯、縛粽」，而多多啓發孩子緊急又重要的意識，例如：台灣人的國家地位，台灣人的尊嚴；什麼是人權、民主的理念；如何關懷國家的安全，社會的公義和平安；什麼是好的立委、市長、總統。

遊鍵至此，憶及小時阿母教我要爲親人、敎會、國家祈禱。現在該是敎小孩，和小孩一起，爲母國台灣的平安祈禱的時候了！

【34】

敎囝學泅，毋通敎囝爬樹。

Kà-kiáⁿ o̍h-siû, m̄-thang kà-kiáⁿ peh-chhiū.

Ká-kiáⁿ ō-siû, m̄-thāng ká-kiáⁿ pé-chhiū.

海島的兒女也。

用做警語。特別是看到小孩爬樹的時候，三叔公就要教訓序大人，要他／她們注意孩子的安全：「敎囝學泅」，可以！學猴子爬上爬下，不准！

我國排水溝渠如網，池湖處處，又是四面環海，所以國人常這些地方戲水游泳。然而，在這地方暗藏危險，造成我國意外溺

斃者，居世界第三位；十年來有16,000人溺水，爲歐美開發國家的3-40倍。（→《自由時報》1999(9.13):14）

「敎囝學泅」很好，但更要注意場所、安全和衛生！

【35】

一二三四，囝仔人落水無代誌。

Chı̍t nn̄g saⁿ sì, gín-á-lâng lo̍h-chuí bô taī-chì.

Chı̍t nn̄g saⁿ sì, gin-a-lâng lō-chuí bō taī-chì.

老爸的叮嚀。

泳前禱咒。老爸或是「囝仔頭」，用來敎導游泳。進入圳溝泅水之前，必先捧水濕潤身體，一邊打濕，一邊拍胸，唸唸有詞，道：「一二三四，囝仔人落水無代誌！」

落水：下水（嬉戲、運動）；另義「掉下水裏」。　無代誌：沒事，不會受到傷害。　囝仔頭：一群小孩之中，長個三四歲的小哥哥；他上樹探巢，下水摸蝦，通穴弄蛇，都有一定的水準，是他們打野外的領袖。

這算是一句「保護咒語」，多少帶有巫術意味。從體育科學的立場看，則是劇烈運動前的準備，必要的熱身。

筆者小時入溪游泳之前，也是如此「急急如律令」一番。據泳伴說，如此就可以驅逐水鬼，保護人入水「無代誌」。

我很歡喜這句「咒語」，莫不隨同泳伴嘻嘻哈哈地邊拍胸膛，邊唸「一二三四…無代誌！」但每次，我一定悄悄加上：「…主耶穌，阿們！」

【36】

三回著賊偷，嘸值著一回火交落。

Saⁿ-hoê tio̍h-chhat-thau, m̄-ta̍t-tio̍h chı̍t-hoê hoé kā-lau̍h.

Sāⁿ-hoê tiō-chha̍t-thau, m̄-ta̍t-tiō chi̍t-hoê hoé kā-lau̍h.
小心火燭！

　　父母用來教導孩子，不可玩弄火燭。句裏強調火災帶來的傷害，比失竊更可怕：三次「著賊偷」的損失，比不上一次「火交落」的慘重。

　　唔值著：(傷害、價值的程度)比不上。　　火交落：多妙的詞彙！描寫「火，不安份守己，從應有的位置墜落了下來！」骨子裏好像民間信仰：「火神下降」的餘緒，記得《感應篇》有「水火刀兵」殃報之說。

　　上面四句俗語，表明舊時代的父母，得教授子女煮飯、縛粽(.33)，游泳(.34-.35)和火燭安全(.36)。這些事包蓋著是生活的基本技能和安全的常識。

【37】

乞食，有你份。

Khit-chia̍h, ū lí-hūn.

Khit-chiā, ū li-hūn.

乞丐保證班。

　　舊時，嘴巴沒有修行的老母用來罵那些懶惰，不認眞讀書，更是不願意幫助做家事的後生或查某囝。警告他／她們，如此懶下去，就和乞丐結緣了。

　　我們都知道，淪落爲乞食並不都是因爲懶惰。這裏要強調的是，要沿門討飯的話，也得認眞、忍耐才行！

　　有你份：跑不了的(用在消極的結果)。例如，「出錢有你份，食點心無你份！」還沒聽說過「趁錢有你份！」

　　（參看，「大本乞食。」242.41）

【38】

食飽,通互人割肉。

Chiảh-pá, thang hō·-lâng koah-bah.

Chiā-pá, thāng hō·-lāng koá-bah.

怨氣難申的八戒。

　　氣憤的老母用來詈罵非常懶惰的孩子。說得更露骨的有：「食互肥，通互人割肉。」

　　這句俗語的含意極兇，但修辭是有技巧的「借代」。台灣人大概很少不知道什麼是「食飽，通互人割肉」的東西吧？

【38】

要死,死路去。

Beh sí, sí-lō· khì.

Bé sí, si-lō· khì.

懶死鬼！

　　舊時，惡口的老母的咒罵。大概是她的孩子太懶惰，結交一些游手好閒的死黨，整日在外遊蕩。同類句有：「著做乞食，呣著死！」

　　看來，老母是真的生氣了，但咒詛一定是假的！不然孩子真的聽話，如咒實行「死路去！」老媽媽一定連哭三年四個月的哀歌：「我囝啊！我囝！夭壽短命啊，做你死路去哦！害我無囝，又閣無兒啊，通燒香…通點…啊！」

【40】

長尾星仔。

Tńg-boé chhiⁿ-á.

Tńg-boe chhīⁿ-á.

好漂亮的壞孩子！

　　曩時，老母用來詈罵不受教訓的小孩。為甚麼罵「長尾星仔」呢？因為民間認為它是災星，看到長尾星仔的人，表示惡運當頭，將有死傷、火災等等來襲。似此，家庭出現了長尾星仔，乃是家庭衰敗的徵兆。

　　本句俗語的修辭式是借代，假借「惡星」來詈罵孩子。

　　長尾星仔：彗星，流星也；長尾星仔是台灣名，也叫做潒屎星。舊時，看到「長尾星仔」的人，要趕快唸「星過宮，人過運」三遍，來消災改運。

【41】

雷公，尋無著。

Luî-kong, chhoē-bô--tiòh.

Luī-kong, chhoē-bō--tiō.

孽子安了避雷針哦！

　　害，害！又是老母罵她的不孝子，她一定是受了天大的忤逆吧！——不過，幸虧「雷公，尋無著。」要是「尋著」，老媽媽就要苦囝了。相似句有：「雷公仔點心！[Luî-kong-á tiám-sim!]」

　　雷公：雷神也，雷電的擬人化。民間咸信，雷公專司掃除不孝子，以及暴殄天物的小孩。

【42】

賣去唐山，挖心肝。

Bē khì Tńg-soaⁿ, ó· sim-koaⁿ.

Bē khí Tńg-soaⁿ, o· sīm-koaⁿ.

恐怖教育。

　　父母用來恐嚇不聽話，老是吵吵鬧鬧，或是喜歡往外跑的小孩。

　　背景：在所謂「光復」之後數年間，我國台灣的物資運往中國，形成空前匱乏，民生凋零，治安大壞，許多孩子失蹤。民間傳說不一，有說是被抓到中國去取心製藥；有說是販賣小孩的集團，四出拐騙；也有兒女眾多的貧窮家庭，因生活辛苦而忍痛將兒子賣到唐山的。那時，只要有孩子哭鬧不乖，就祭出這句俗語來嚇嚇他／她們。

　　這個悲慘的時期，留下很多見證，《自由時報》曾登出其中之一個「賣子契」：

　　立賣子字人：台灣彰化市東門ＸＸＸ［塗黑］。有自生一男兒名煌昭，現年七歲（生於民國二十八年，即昭和十四年十月十日）。今因家計貧苦，無法撫養，不得已即托中引就，願將煌昭兒賣於福建惠安大崔鄉張君河水爲子。議定台幣貳仟陸百元，即日全中交訖。此後交於張河水教養，長大成家，與我ＸＸＸ［塗黑］無干，並無其他不明之處。爲有□□□［字跡模糊］，賣主願應甘負責，不干買主之事，恐言無憑，特此爲據存照。

立賣子字人　巫ＸＸ［塗黑］

中　　　人　江ＸＸ［塗黑］

代　　　書　黃ＸＸ［塗黑］

中華民國三十五年十月三日

　　據《自由時報》專訪，當年賣到唐山的我國小孩，在百人以上。近年來，已經有一、二十人還鄉尋根。（→《自由時報》1998（10.4）:6）

【43】

你若要做牛，唔驚無犁通拖。

Lí nā-beh choè-gû, m̄-kiaⁿ bô lê thang-thoa.

Lí nā-bé ché-gû, m̄-kiāⁿ bō lê thāng-thoa.

睛暝牛拖犁去。

舊時，老父母用來責備好玩，不愛認眞讀書識字的孩子。責備他，不讀書，不識字，要當「睛暝牛」，就逃不出如牛似馬來拖犁拉車的命運了。

這句俗語含有雙關意味，睛暝牛宛如犁田的水牛，會有一輩子的勞苦——給孩子讀書，接受良好教育，來改變如牛拖犁的苦境，乃是舊時台灣人的父母深沉的祈願。

唔驚無…通…：台語常用句式也，由「唔驚無＋名詞＋通＋動詞」組成的，用來表達：強勢的「肯定、必定」。例如，唔驚無飯通食；唔驚無鬼通做。　睛暝牛：舊時的俚語，字障者，文盲也。

爲子女不喜歡讀書，而操心煩惱，古今皆然！古詩人陶淵明雖然性情開朗，但也深深掛慮一群孩子偏偏不喜歡讀書。他的「責子詩」吟出多少家長的憂悶：

白髮被兩鬢，肌膚不復實。

雖有五男兒，總不好紙筆。

阿舒已二八，懶惰故無匹。

阿宜行志學，而不愛文術。

雍端年十三，不識六與七。

通子垂九齡，但覓梨與栗。

天運故如此，且進杯中物。❺

　　爲甚麼陶大詩人要「且進杯中物」，要借酒澆愁？說來非常可
愛又可憐，他的五個活潑的後生，都甚懶惰，「不好紙筆！」但知
道要吃「梨與栗」，管他識也不識「六與七！」——令我萬分感動的
是，陶詩人不像某些家長迷信「無拍是土，要拍是金」(.59)，來
「竹仔枝，炒豬肉！」(.50)他對孩子的無力感是用酒精來燃燒，來
散發的。詩人豈是好酒之徒？事出無奈也。

　　衆所周知的，不識六七影響家庭和國家的競爭力。所以，不
僅詩人煩惱，政府當局也頭痛！據悉，我國十五歲以上民衆文盲
率爲5.09%，全國約869,202人。雖然是65歲以上的老人佔大多
數，但教育部容不得他／她們自甘字障，要斥資三億，設立補習
學校來掃盲。(《中央日報》1999(7.28):4)

　　(比較，「甘願做牛，呣驚無犁可拖。」437.15)

【44】

激骨，食肉屑。

Kek-kut, chiah bah-sut.

Kek-kut, chiā bá-sut.

敢不乖？老爺就打！

　　這是父母對過份活潑，頑皮萬分，不受教訓的孩子的武
嚇。——當知，「激骨」是聰明的孩子常有的行動，豈可「食肉
屑」？那很可能是父母心理不平衡的發洩哦！

　　激骨：調皮搗蛋，喜歡戲弄人家，特別是「乖孩子」。　食肉屑：
吃打，受皮肉之傷痛。

　　看到這句俗語，好多現實的政治聯想源源而來！三年前我國
在選總統，中國打飛彈來搗亂。一位中國的高級將領在電視記者

前非常自豪地說：「要打邪裏，就打邪裏。」老爺要打，就打，你
敢不乖！野蠻人當軍頭。慘哉中國！

　　我們厭惡中國的武嚇！同樣，我們反對給孩子「食肉屑」的虐
待。——好孩子是陪帶出來的，絕非打出來的！

【45】

剃頭剃一旁，欠錢無愛還。

Thih-thaû thih chĭt-pêng, khiàm-chîⁿ bô-aì hêng.
Thí-thaû thí chĭt-pêng, khiám-chîⁿ bō-aí hêng.

哄幼兒剃光頭。

　　用來嚇唬孩子，要這個男孩好好忍耐到頭髮全被剃光為止；
只剃「一旁」的，將來長大了會變成到處欠賬不還的賴皮仙。

　　厝頂剃頭記——我幼年的最樂，和您分享。

　　記得是讀幼稚園的時候。老師說要檢查頭髮，大家都得剃光
頭。三姊就帶我上一家大髮廳，去給擁有日本執照的髮師修理。

　　高背的髮椅阻礙髮師工作，只好用一片洗衣板橫跨髮椅兩
臂，叫我坐在板上剃頭。我是多麼的提心吊膽，怕摔下來。刀劃
一下，頭皮就痛一下；大鏡反照出受難的，鬱卒的，未完成的小
沙彌。童心煩惱，身體也就搖搖晃不停。師傅氣惱了，罵我「一
隻若蟲！坐互好，閣搖，耳仔著加你剃起來！」忍辱剃完，我矢
志反抗這家師傅的文攻武嚇。

　　又是到了剃頭的時候！怎麼辦？頭髮是一定要剃得光滑如蔣
介石的！三姊找我商量，上別家髮廳修理去。我的妥協是：三姊
親自給我剃頭。隔日，二八佳人的三姊，本著她一慣的「好膽
識」，真的要剃我的頭。痛哦，痛哦，頭破血流啦！三姊淚光閃
閃，戰戰兢兢地要繼續完成使命。本想開蹓，看這場面，只好堅

忍來就義成仁。

　　定期剃頭轉眼又到！三姊找我商量，上髮廳修理。我說，今後誰也剃不了我的頭！隔了幾天，也許是老師向家長說了什麼，老父下令今天一定要剃頭。三姊也準備好剃刀，我趕緊爬上屋後矮厝的房頂避難。三姊終於看到我在屋頂上，喊道：

　　「Kenchiyang(筆者的日語小名)落來剃頭！」

　　「要剃，滯遮剃，我唔落去！」

　　「好，我來。」

　　天啊！好大膽的三姊！弄來一張竹梯，手帶刀、帶毛巾，一節節爬上了厝頂。糟糕！三姊敢來，我豈敢不獻頭就戮？如此，姊弟公演了一場「厝頂剃頭」！

　　觀眾愈來愈多。「九怪囡仔！」「生目睭嘛唔曾看著！」「盛到抵天！」……嘻笑聲，讚嘆聲，斥責聲，聲聲入耳，心裏充滿的「驕傲」和歡喜麻痺了剃髮割皮的痛楚！

　　三姊，多謝妳如此疼我！老姊弟再來公演一次，怎樣？

【46】

豬母掛鞍，唔是馬。

Ti-bú koà-oaⁿ, m̄-sī bé.

Ti-bú koá-oaⁿ, m̄-sī bé.

卿本佳人！

　　舊時，老大家、老翁用來臭罵媳婦、老某的惡口。罵這個女人潑辣，宛如豬母要掛上馬鞍來耍辣。提醒她，責備她，豬母就是豬母，不會變成馬。

　　請注意，萬一用這句俗語來罵調皮的查某囝，以後恐難和解哦！

【47】

歹囡仔,厚賴頭。

Phaiⁿ gín-á, kaū noâ-thaû.

Phaiⁿ gin-á, kaū noā-thaû.

會造理的頑童。

　　用來責備喜歡編造理由來搪塞,來掩飾過錯的孩子。

　　厚賴頭:厚,多也;賴頭,造作歪理來掩過飾非。

【48】

未曾斷尾溜,就會作譎。

Boē-cheng tn̄g boé-liu, chiū-oē chok-ge̍t.

Boē-chēng tn̄g boé-liu, chiū-oē chok-ge̍t.

偷吃青蘋果的孩子。

　　老家長用來責備少年郎,說人是那麼「臭奶呆」,就會和異性搞關係。

　　有趣的是,比較了解少年郎的先人,也不忘替他們辯護,說搞那一回事原是:「天地生成,唔是弟子作譎!」(→219.01)眞劍仙也,讚!

　　（本句詳解,參看122.06）

【49】

澎湖茨瓜──十稜。

Phîⁿ-ô͘ chhaì-koe──cha̍p-liām.

Phīⁿ-ō͘ chhaí-koe──cha̍p-liām.

難經不離唸也難。

　　孩子們用來回應老父母。反譏父母非常囉嗦,教來教去,又

罵來罵去，眞是道地的「澎湖菜瓜！」

這是一句歇後語，用澎湖菜瓜生有「十稜」，來譬喻父母的「雜唸」。這是利用擬音構成的。

菜瓜：絲瓜也。 十稜：按羅玲華女士的解釋，「在澎湖，因受到品種及海風的影響，出產的絲瓜十個稜角。」（「台灣精諺」《自由時報》）

【50】

竹仔枝，炒豬肉。

Tek-á ki, chhá ti-bah.

Tek-a ki, chha tī-bah.

祖傳私房菜。

古今躁暴沒有修養的父母對孩子的武嚇。一旦孩子不聽父母「聖訓」，就要動武，要祭出家法。同時，又用卑鄙的嘲諷將虐兒說成「竹仔枝，炒豬肉！」眞野蠻哦！

本句含義可惡，但從設喻的角度來看，眞是別出心裁。君不見，將鞭刑的工具，比擬做幼秀的「竹仔枝」；孩兒被打得皮破血流，說成「炒豬肉」！我敢保證，全世界再也找不到如此「詭譎」的聯想了！請敎咧，這種「靈感」何處來哉？印度，以色列嗎？抑或唐山？

【51】

尻川皮，邊乎綻。

Kha-chhng phoê, piⁿ-ho ân.

Khā-chhng phoê, pīⁿ-hō· ân.

李光耀的家法。

用法和意思，類似上一句。或作：「尻川安鐵片［phiáⁿ］」。

看到這句俗語，憶及1995年新加坡政府做出一件驚動世界

文明國家的「野蠻的」代誌：法院判美國一個青少年郎費邁可「鞭刑」五鞭，因為他用噴漆亂塗別人的轎車──雖然美國總統求情無效，但減抽二鞭。這種鞭笞比我台灣父母「竹仔枝，炒豬肉」(. 50)何只兇殘萬倍？

　鞭刑的過程大概是：執行官為學過武術者，刑具是印尼名產藤條，厚約半英寸。行刑前藤條需泡水24小時，以增加其彈性。執刑時，脫光屁股，由上往下抽打。由於施刑人腕力是專業訓練的，一鞭抽下，痛得死去活來。婦女二鞭、男人六鞭以上的，需要醫生在旁「急救」。最令人害怕的是，受鞭笞者的身心留下永遠的傷痕。(→《中央日報》1997(7.6):3)

　那時，有我國名人公開主張「亂世用重典」，建議法務部採用鞭刑來遏阻犯罪。幸虧，當局堅持反對報復主義的刑罰，而未進一步考慮。其實，鞭刑對於素行不良的慣犯，並無多大嚇阻作用；但對於平素善良的犯者，卻是永遠的傷害。

　「尻川皮，邊乎絃！」那一國的家教？

【52】

九領牛皮，做一下趄。

Kaú-niá gû-hoê, choè chi̍t-ē koáⁿ.

Kau-nia gū-hoê, chó chi̍t-ē koáⁿ.

錦衣衛特技。

　用法和意思，類似上一句。但是，暴烈再升了數千度，老父母的惡性已經進入膏肓了。

　九領牛皮：喻指頑皮的孩子，積欠的皮肉債。　做一下趄：一起進行剝皮；趄，磨也，剝也。

【53】

死人肉，燴走得仵作手。

Sí-lâng bah, boē chaú-tit gō·-choh chhiú.

Si-lāng bah, bē chau-tit gō·-chó chhiú.

決心毒打難逃脫。

　　用法和意思，類似上面二句，但語氣更爲惡劣。起猶的老父母就要化身「仵作」來修理孩子。亂來，難道要肢解孩兒不成？眞殘！

　　這是一種原始的文攻武嚇。公理昭昭，容不得鴨霸橫行，就是父母也不得如此亂來。這句「猶話」，姑罔狂嘯，行不得也！

　　死人肉：死囡仔的肉！把不乖的孩子，罵成死人。　燴走得：逃不掉。　仵作：驗屍工作者。按台灣民間了解，明淸以前的台灣，驗屍的工作常由老經驗的埋屍工人執行。 ❻

【54】

鐵釘相，三日無拍就生銹。

Thih-teng siòng, saⁿ-ji̍t bô-phah chiū siⁿ-sian.

Thí-tēng siòng, sāⁿ-ji̍t bō-phah chiū siⁿ-sen.

鞭刑預警。

　　用來責備不打不乖的孩子。譬喩鐵釘，不入火爐鍛煉，很快就產生了厚厚的一層氧化鐵。

　　爲甚麼這個孩子不是「金釘」，也不是「不銹鋼釘」呢？誰之過也？豈不是製造工場要負責嗎？也許，有人會反駁說，鐵釘有什麼不好？不是好不好的問題，而是偏見和虐待的問題；舊時唐山祖的信仰是：「好鐵唔拍釘，好男唔當兵」的呀！

　　鐵釘相：生銹的鐵釘的樣態。　三日無拍就生銹：喩指只有幾天

沒有修理，就歹性發作；三日，短短的幾天。

【55】

芥菜無割，嘸成欉。

Koah-chhaì bô koah, m̄-chiâⁿ châng.

Koá-chhaì bō koah, m̄-chiāⁿ châng.

棄葉保甲。

　　主張，教育孩子一定要打，要體罰。認爲如此，孩童才會成爲孝子、忠臣。譬如「芥菜」，必須割去最接近地面的葉片，然後它才有較好的發育。

　　芥菜：我國的芥菜有四種：做鹹菜(酸菜)的包心芥菜；長年菜的大芥菜；做雪裏紅的芥菜；香港人叫做西洋菜的水芥菜。❼此處，指的應該是「包心芥菜」。品質好的鹹菜葉甲必須厚實，吃起來才有香又脆的口感，因此包心芥菜過多的葉片必須割下來，如此菜甲就會長得大又厚。

【56】

蔗葉無剝嘸成欉，囡仔無損嘸成人。

Chià-hio̍h bô pak m̄-chiâⁿ châng,

　　gin-á bô-kòng m̄-chiâⁿ lâng.

Chiá-hiō bō pak m̄-chiāⁿ châng,

　　gin-á bō-kòng m̄-chiāⁿ lâng.

剝葉保蔗。

　　用來支持「損」是兒童教育必要的手段。此說，用甘蔗需要剝蔗葉來類比不受教訓的兒童需要修理。不嚴加管教，孩子就會「嘸成人！」

　　蔗葉無剝嘸成欉：定期剝蔗葉，蔗身才有足夠的生長空間，也才

能夠吸收到足夠的營養。　損：重筆擊打；這是誇張的說法，台灣家長打不聽話的孩子，都是用細竹枝或細竹片，以避免重打成傷。　呣成人：不成器，沒有用的人。

【57】

棒下出孝子。

Pāng-hā chhut haù-chú.

Pāng-hā chhut haú-chú.

子不打不孝？

　　舊說。家教要嚴格，孩子做錯要打，這樣他／她們才會孝順父母。

　　說來也真可憐，多少聰明的孩子被父母打傻了、打傷了，打死了！少聽「棒下出孝子」的廢話吧！這種迷信真是害慘了台灣人的親子關係。「千代文教」調查報告，我國有4,890,000有偶家庭，推估有2,120,000家庭存在親子暴力問題。平均每三個父母當中，僅有一個能夠在子女不聽話時採取慢慢勸告方式，其餘的都採用非理性方式：譏諷、威脅、操罵、踢打。(→《自由時報》1999 (5.12):9)

　　那麼，如此咒罵棒打，有沒有出孝子呢？據研究報告暗示：沒有！要是有的話，我國的「孝子」就滿街趄了。

【58】

不打不成器。

Put-táⁿ put-sêng khì.

Put-táⁿ put-sēng khì.

器不打不成。

　　用來主張兒童教育要嚴格，譬如原料要打造才能成形成器，

孩子也是如此。

　　打：雙關詞，指器物的「打」造，也指兒童的「打」罰。實際上，「打」泛指嚴格訓育，不能簡單化做「修理」，雖然體罰也包含在內。

【59】

無拍是土，要拍是金。

Bô-phah sī thō·, beh-phah sī kim.

Bō-phah sī thō·, bé-phah sī kim.

冶金教子。

　　指出，嚴格教育兒童，甚至不排除「武力」，是提煉「土」人，使成爲「金」郎的手段。

　　好奇怪的想法，土能打出金來？白堊土煉得出金銀銅鐵？這種思想非常中國：古時的道士要煉汞成金；近代的共產黨要土法煉鋼！結果如何？汞還是汞，土還是土！

　　上面十句俗語(.50~.59)，反映舊時家庭教育誤信搥打。這種暴力教訓不但無效，而且非常有害。除了顯然的身心傷害之外，將造成孩子暴力的人格傾向。孩子的人格受到父母否定，久而久之，孩子可能自我否定、自我殘害，因之容易否定別人、殘害別人。

　　傳統父權文化，誤以爲子女是自己的財產，任意打罵、凌辱！這種弊病使人盲於尋求理性的，人格的理解和互動。台灣俗語清楚反映這種可怕的，錯誤的家庭教育的見解。這種惡質的文化思想必要棄絕。

　　尊重、理解、關懷是孩子良好社會化人格的要素，而打罵、暴虐只能引起個人、家庭、社會的傷害。我們要提起勇氣，終結任何形式的文攻武嚇。

【60】

好囝呣免拍，歹囝無彩肉。

Hó-kiáⁿ m̄-bián phah, phaíⁿ-kiáⁿ bô-chhaí bah.

Ho-kiáⁿ m̄-bén phah, phaiⁿ-kiáⁿ bō-chhai bah.

反打主義。

斷言，打罵教育的無效性。孩子天賦聰明善良者，用講說，用溝通，用理解，動武徒增反抗，絕對不是辦法。

這句俗語的意義和形式都很好，修辭用的是對偶同對式：「好囝」和「歹囝」成對；「呣免拍」和「無彩肉」同樣表達了打之無效，同時音韻響亮好聽。

無彩肉：打之無效；字義是，浪費肉，肉痛無用也。

【61】

也著箠，也著糜。

Iā-tio̍h chhoê, iā-tio̍h boê.

Iā-tiō chhoê, iā-tiō boê.

全方位的關懷。

斷言，教育兒童要恩威並重，硬軟兼施，其必要性借代「箠」和「糜」來表達。

也著…，也著…：（甲和乙雙方）都必要；例如，絕症得到醫治時，可能會說：「也著醫生高明，也著主人福氣。」 箠：打孩子用的「箠仔」，細竹枝或細竹板；喻指嚴格的要求和訓練，包含祭出「家法」。 糜：喻指寵愛、關懷；字義是泔糜，稀飯也。

「也著箠，也著糜！」著箠，可免強調，台灣父母已經做得頗嫌過份。什麼是「也著糜」呢？當然，不是整天給孩子喝稀飯哦。我們以為「糜」是適合孩子生長的各種條件，物質的、精神的，複

雜的很。信手寫來：

> 糜是關懷，給與自由；
> 糜是認同，給與鼓勵；
> 糜是幫助，給與指向；
> 糜是溝通，給與代禱。
> 糜是
> 給他／她們經驗到限制，
> 給他／她們看到了軟弱。
> 還有，糜也是
> 給他／她們吃蕃諸箍糜！

【62】

生囝容易，教囝難。

Siⁿ-kiáⁿ iông-īⁿ, kà-kiáⁿ lân.

Sīⁿ-kiáⁿ iōng-īⁿ, ká-kiáⁿ lân.

罰他強制陪產！

大概是老父的怨嘆，說他這個嚴父難爲，不像老某給她生了八九個不受教訓的頑童，那樣的「容易」！——下一胎，法院要強制他去「陪產」，到時就知道生囝難也不難。

生：生產，養飼；指身體方面的照顧。 教：(知識、義理、好習慣等等)教導、教育、培養；指智力、精神、品格方面的教養。

【63】

管，若米升。

Kóng, ná bí-chin.

Kóng, na bi-chin.

此管非彼講。

　　父母用來怨嘆，表示用講好話規勸孩子學好，他／她們都不聽，眞是不知如何是好了。

　　　（本句詳解，參看318.16）

【64】

膠，若泔咧。

Kà, ná-ám--leh.

Kà, na-ám--lè.

朽木不可雕也。

　　父母對於孩子不受敎訓的怨嘆，反映著「孺子不可敎也！」

　　本句是借代修辭式，用「膠」擬音「敎」。膠若是稀薄似泔，則失去黏合的作用，無路用也。如此轉折，來說：這個孩子不受敎訓，朽木也。

　　　（本句又見，412.23）

【65】

敎若會變，狗母夯葵扇。

Kà nā-oē piàn, kaú-bú giâ khoe-sìⁿ.

Ká nā-ē pèn, kau-bú giā khoē-sìⁿ.

交給馴獸師吧！

　　父母用來怨嘆，表示無能管敎頑劣的孩子。看來毫無辦法，毫無希望，正如狗母之不可能打扇搧風。

　　敎若會變：敎育之而不能激發其向學，不能變化其氣質，等等的不可能性。

【66】

愈拍，皮愈厚。

Ná phah, phoê ná-kaū.

Na phah, phoê na-kaū.

另類少林疲功。

　　父母驚覺，打的教育原來是那麼無效，說是越打越疲！說的也是，所謂「慣勢成自然」嘛！

【67】

捷罵姆聽，捷拍膾疼。

Chia̍p-mē m̄ thiaⁿ, chia̍p-phah boē thiàⁿ.

Chia̍p-mē m̄ thiaⁿ, chia̍p-phah bē thiàⁿ.

打罵無用論。

　　打罵是修煉疲功有效的方法。類似語有：「捷拍若拍拍，捷罵若唱曲。」

　　捷：常常（做某種同樣的動作）。　拍拍［phah-phek］：打拍板；喻指打孩子的披披啪啪響聲。　唱曲［chhiùⁿ-khek］：票友唱戲。

【68】

掠囝仔做肉砧。

Lia̍h gín-á choè bah-tiam.

Liā gin-á chó bá-tiam.

子本無辜！

　　可能是鄰居的不平之鳴，指摘父母自己不如意，就遷怒於孩子，拿他／她們當出氣筒，當做「肉砧」。真是豈有此理！

　　父母的這種惡行，傷害孩子的身心之餘，可能造成暴力的惡性循環。雖然將來不一定回過頭來施暴於父母，但是虐待他／她

們自己的孩子，或是暴力對待他人的機率會比較高。

掠囝仔：以孩子（充當某種行爲的對象）。　做肉砧：喻指打、修
理也；如獸肉在砧板上。

【69】

天師壇,出鬼。

Thian-su toâⁿ, chhut kuí.

Thēn-sū toâⁿ, chhut kuí.

嚴極必反。

　　用法有二：一、用來諷刺雖然非常嚴厲的管教孩子，但孩子
很壞，未見效果。二、用做警語，反省教導兒女是否太過於「嚴
厲」，必要隨時調整態度。

　　本句的修辭法是相當成功的借代：天師壇指出專門驅鬼的道
士壇，乃是鬼應避之唯恐不及的地方。這種地方竟然鬧鬼！

天師壇：道士壇也。屬於天師道，正一道教，符籙派；本派道士
以畫符唸咒，驅鬼壓煞爲專業。

【70】

嚴官府出厚賊,嚴父母出阿里不達。

Giâm koaⁿ-hú chhut-kaū chha̍t,

　　giâm pē-bú chhut a-li-put-ta̍t.

Giām koāⁿ-hú chhut-kaū chha̍t,

　　giām pē-bú chhut a-li-put-ta̍t.

嚴酷出不肖。

　　就第二分句言，其用法和意思相似於上一句。

厚賊：盜賊很多；厚，多也。　阿里不達：不三不四，不中用之
徒。陳修認爲正字應是「啞理不值」，意指不通事理的人；這種人自然

是「毫釐不值」了。❽

【71】

王侯將相，管艙著囝孫放蕩。

Ông-hô· chiòng-siòng, koán boē-tiȯh kiáⁿ-sun hòng-tōng.

Ōng-hô· chióng-siòng, koan boē-tiō kiaⁿ-sun hóng-tōng.

治國vs.齊家。

　　斷言，父祖修身有成，但教育子孫的代誌究竟沒有成功，他的家庭出了浪子！

　　本句用的是白描，乾淨俐落地指出儼然代表莊嚴、紀律、教育的「王侯將相」，在家庭教育上卻是那麼無能為力，出了那麼一大群浪子。

　　王侯將相：帝王、公侯伯爵、武將、宰相，等等一類大人物。

注釋

1. 參看，江安燃「牛挑」《中央日報》1995(7.28):4。

2. 轉引自，馮作民編譯《三字經》「教養叢書、八」(台北：偉正書局，1987)，頁138-139。

3. 見，老康「父教一章」《聯合日報》1994(1.19):4。

4. 葉慶炳，「陶淵明韓愈也為兒子的學業操心」(《中央日報》1994(9.15):5)。

5. 陶詩人五個孩子的小名都出現在這首詩裏：老大陶儼，小名阿舒；老二陶俟，小名阿宣；老三陶份，小名阿雍；老四陶佚，小名阿端；哥兒兩是雙胞胎；老么陶佟，小名阿通。(參看，同上引。)

6. 此詞，陳修的音注是 [ngó·-choh]，並定義做「古代的驗屍官」。陳修《台灣話大詞典》p.1267。

7. 吳昭其，《台灣的蔬菜(一)》，頁131, 134–138。

8. 陳修，同上引，頁2。

第八節　家庭倫理

本節段落：

【01】

父母天地心，大細無厚薄。

Pē-bú thian-tē sim, toā-sè bô kaū-poh.

Pē-bú thēn-tē sim, toā-sè bō kaū-pō.

陰晴圓缺自難全。

　　用法有二：一、宣示父母親大人對待一家八九個孩子的愛心和做法，是不分長女么兒，一律平等無所偏袒的。二、父母用來回應子女懷疑他／她們對待「大細」頗有差別。

　　這句俗語奠基在一個好大膽的假設：「父母天地心」。此說，和道家「天地者，萬物之父母也」(《莊子‧達生篇》)的思想如出一轍。我們知道，天地是被道德化，甚至被神化了的實在；天為父，地為母，陰陽寒暑，甘霖露水，生養眾生，包涵萬物，任其自然毫無偏私。

　　大細：指大大小小的一群兒女。　　*厚薄：厚此薄彼，疼長子耀宗，惡長女罔市［bóng-chhī］；罔市者，罔飼也，意思是，生這個女嬰，非心所愛，只好姑罔養飼了。*

　　父母配「天地」，是傳統的頌讚詞，不是倫理的陳述；是美的

想像，不是實在的記述。父母們聽了，雖然不一定要慚愧懺悔，卻也不可不知自己難免人性弱點而做一番反省，例如，厚男生，以薄查某囝；磨長子，而幸么兒。雖然獨生「金山」或「明珠」，沒有厚薄偏愛的問題，但溺愛是普遍的現象！

　　公平對待孩子是很重要的，但古今內外，父母偏愛，手足爭寵的故事屢見不鮮。以色列人的老祖宗以撒和利百加生了以掃、雅各兩兄弟。老父寵以掃，因爲他會打獵，常常進貢野味；老母愛雅各，因他文靜，常守在帳篷裏來撒嬌。後來，老母竟然編導小弟雅各詐騙得長子權的悲劇，差點鬧出人命。以掃和雅各二族世仇，肇始於此。（→《聖經·創世記》25:27-34; 27:1-46）

　　當然，不會有人鼓勵父母偏愛或兄弟姊妹爭寵。但應該鼓勵孩子們找機會跟父母多多「交陪」，增進理解，試著接觸兩代人精神境界的寶藏，體會心意、性靈的感應共鳴。所謂「天地心」啦，「血濃於水」啦，都是高度玄虛的假設；先天的，無條件的接納、呵護、寵愛，也都是威權式的，缺乏那一份「感性會遇知性」的微妙的親情。

　　（參看，「父母疼細囝，公媽疼大孫。」11.32*；
　　　比較，「飼後生養老衰，飼查某囝別人的。」32.08）

【02】

父母無嫌囝無，囝無嫌父母散。

Pē-bú bô-hiâm kiáⁿ bô, kiáⁿ bô-hiâm pē-bú sàn.
Pē-bú bō-hiām kiáⁿ bô, kiáⁿ bō-hiām pē-bú sàn.
寒士共同體。

　　用指父母和子女的關係，不是建立在富有，或社會成就的價值上面的。本句直述父母子女，不會互相嫌棄彼此的貧窮。

囝無：孩子沒啥；意指，無錢、無財、毫無成就。　**散**：散鄉、散赤，貧窮也。

這句話俗語可能是從「…狗無嫌厝散」(→11.46)衍生出來的。然而，狗是不是真的不嫌主人窮？難說，難說。筆者的小觀察，狗是相當嫌主人窮的，只是有口難言罷了。例如，德國有一幫狼犬丐仙，他／她們的狗無可奈何地伴隨乞主四處要錢。我看牠常常吃不飽，穿不暖，精神萎靡，萬分頹喪地躺在一邊。牠不理不睬前來施捨的大善人；牠無話可說，但用連連哈欠，來鄙夷貧窮又無聊的主人！

無、散，不得以也！愁眉苦臉地擠在一伙互相嫌棄，啥用？豈不是應該趕快轉化彼此輕視的惡意，凝成互助合作的力量和行動，好救窮救苦？

（本句另解，參看11.46）

【03】

有翁有翁量，有囝有囝量。

Ū-ang ū-ang liōng, ū-kiáⁿ ū-kiáⁿ liōng.

Ū-ang ū-āng liōng, ū-kiáⁿ ū-kiaⁿ liōng.

擴容器以承大福。

舊時，勸善人用來勸慰老妻和老母。大概她們又遭老翁或是子女的虐待、氣惱了。說的，莫非是誰叫妳嫁人，誰要妳生子，敢做敢當嘛，不忍耐，妳想要怎樣？

有翁量：必要裝備容忍翁婿欺負、糟蹋、虐待的空間。　**有囝量**：要有容受氣惱、忤逆、不孝等等的度量。

顯然，本句的勸善思想原就非常偏頗。為甚麼老妻、老母得承擔老翁和子女的糟蹋呢？這種大男人主義者的「勸勉」應該換位

思考，說成「有某有某量，有母有母量」，如何？讓老翁，讓後生和查某囝來經驗老妻老母的厲害吧。這未嘗不是家庭生活很好的磨練哦！

養量，是自覺、自發的修養，要求別人忍受我的橫逆來「有量有福」，是那一門子的修養功夫？

【04】

大樹蔭宅，老人蔭家。

Toā-chhiū ìm thē, laū-lâng ìm-ke.

Toā-chhiū ím thē, laū-lâng ím-ke.

同在就是福蔭。

用來勸孝。斷言家裏的老人是一家的祝福，他／她們庇蔭了這個家，如同大樹的蔭影祝福著聚集在樹下乘涼的衆人。

蔭：福蔭，庇蔭；原義，枝葉遮住陽光造成的蔭影。　老歲仔：老人；陋語，不宜用來稱呼老者。　老廢仔：老歲仔的訛音；此詞，罵老人的惡口，應該禁用。

這句俗語一定是出自心地非常善良的智者。他們看到雖然有不少老人「庇蔭」了子孫，但又有多少老人是家庭的重擔包袱；有多少老人享受著子孫的孝敬，但有多少受到輕賤遺棄。幾乎多數老人都經驗過無禮的少年郎叫他／她什麼「老歲仔！」「老廢仔！」。勸善人用心良苦，要寬慰心結交纏的兩代人，大聲疾呼：「莫嫌棄，老人蔭家哦！」

「老了，不中用了！」自己不得不孤獨地在鄉下，眼巴巴地看著紛紛走上都市打拚的兒女子孫；苦命的，也得流蕩在大都市的暗角——老人多窮苦難自保，還會相信自己曾是蔭家的老人嗎？

然而，孝子這一族，是不管蔭不蔭的；他／她們孝，只因他

是阿爸，她是阿母！他／她孝，只因為父母是我家這顆生命樹的莖幹，儘管老朽、頹唐。

【05】

要序細有孝，也著序大做得起。

Aì sī-sè iú-haù, iā-tio̍h sī-toā chò-tit-khí.

Aí sī-sè iu-haù, iā-tiō sī-toā chó-tit-khí.

撒愛種收孝果？

　　用來勸戒父母，要他／她們好好的善待子女，不只是擅於罵教、打教，更要力行言教、身教。還有，父母處理家務，要公平合理。如此，「做得起」，那麼「序細」必然「有孝」。

　　做得起：行事滿有能力、智慧、威權；例如，處理家事是那麼迅速有效。

　　什麼是「做得起」？從民間風氣看來，它不指父祖的大功德，大修養，大學問或大慈愛。而是頗傾向於一種很勢利的見解：父母有夠多的錢財、產業、股票等等，並且能夠及時而又慷慨，又公平、又快速地分給兒女。

　　不過，孝不是這般解釋的哦！孝不是利己，而是「利親也！」（《墨子·經上》）。我們台灣人每年都能選出許多大孝子！其中大部份的父母都是「做燴起」的也。——窮父母，安啦！

　　（比較，「*序大無好叫，序細無好應。*」17.10）

【06】

千經萬典，孝義為先。

Chhian-keng bān-tián, haù-gī uî sian.

Chhēn-kēng bān-tén, haú-gī uī sian.

道德智慧的根源。

用來勸戒那些讀書人，不可空談孝道，而要實踐她。因為孝
義是聖賢首要的教訓，是所有經典首要的思想。語見，《增廣昔
時賢文》。

千經萬典：泛指傳統中國的儒道釋三教的經典。其實勸孝最用
力，最普遍，最深入人心的，要算是善人善社流通的勸善書。　孝
義：孝，侍奉敬養父母；義，人間交際的情理和彼此的信用；孟子
說：「義，人之正路也。」(《孟子‧離婁》)。

漢文「孝」字，分解成「子負老！」如此，相當寫實，頗能表達
孝的「重量」。一般而言，人老多病，要照顧老父母談何容易，需
要強烈的孝心、豐盛的錢財、充裕的時間等等條件；這豈是大多
數人所能擁有的？所以俗語有言：「久長病，不孝子！」不是子不
孝，而是孝的條件和可能性缺乏，或是用完了——就是賣身醫
親，還得看患的是什麼樣的病？賣得的錢夠不夠付醫藥費？

這句俗語用「孝義」，將之看成一個詞，不是分開的二字，是
很有意思的。這樣子將孝行，兒女的本分，聯結在社會全體的人
情義理的基礎上；將孝建立在養老、安老的社會公義的制度上
面。因為孝不僅是一己的本份，也是良好的社會共同出力支持，
才能實現的善德。

像我國高齡化的社會，將有愈來愈多的老病父母需要照顧，
若非全體社會的協力，通過立法，確立週全的醫治、安養，甚至
是安葬的制度，勢必出現無窮的老人悲劇。

【07】

萬惡淫為首，百善孝為先。

Bān-ok îm uî siú, pek-siān haù uî-sian.

Bān-ok îm uī siú, pek-sēn haù uī-sen.

首要的善德。

流傳久遠的勸善名諺也。用來戒淫勸孝！

本句是很工整的對比異對句式：好壞行為用「淫」和「孝」來指摘，來做對；而惡和善的不同結果用「萬惡」和「百善」來揭發，來高舉。

這樣的善言，聽進誠實的、能反省的人的心裏，另有一番作用。像我們所看到的聯句：

　　百行孝為先，論心不論事，論事世間無孝子；
　　萬惡淫為首，論事不論心，論心天下無完人。

孝不是要當做「論心」的理學題材，而是要「論事」來實踐的！然而，孝的實際情形，使這一聯的結論變得相當刺眼，說是「論事世間無孝子！」多麼嚴肅的挑戰，何等深刻的反省啊。

父母面前，誰敢自稱孝子？總是虧欠，總是愧疚！

【08】

父母著孝順，兄弟著和好。

Pē-bú tio̍h haù-sūn, hiaⁿ-tī tio̍h hô-hó.

Pē-bú tiō haú-sūn, hiāⁿ-tī tiō hō-hó.

安家二要。

用來勸善，講的是安家二件要事：孝順父母，兄弟和睦。

句裏為甚麼沒有「姊妹」在內？顯然是因為兄弟間比較多爭執，多問題。但省略了「姊妹」一詞，除了通常用「兄弟」來代表以外，可能的原因是：一、舊時，姊妹在家庭、在社會沒有地位，大善人眼中有兄弟而沒有姊妹。二、姊妹遲早都要出嫁，成為別

人的媳婦，除非嫁個狀元郎，否則一般都說：「嫁出去的查某
囝，潑出去的水！」(→24.15)三、比較好的、頗合事實的解釋是，
姊妹間較少衝突；也許是沒有機會進行遺產爭奪戰的緣故吧。

【09】
天下，無不是之父母。

Thien-hā, bû put-sī chi hū-bú.

Thēn hā, bū put sī chī hū-bú.

孝道中的異端。

舊說，天下人間父母的所做所爲都是對的；爲人子者，唯父
母之命是從。語見，《初刻拍案驚奇》。

天下：漢人的舊世界，天子治下的世界。　無不是：全對無誤，
純是無非。

這句俗語是把兒女對於父母的感情製成規矩，說成系統，納
入法律之後迫出來的教條。同時，她也是「父母天地心」絕對化的
結果。這句俗語是傳統文化的愚孝公式，多少迷信此說的父母淪
入傲慢暴戾的深淵，造成多少不幸的家庭，這是不可不知者。

看了這句俗語，身爲父母的只有反省，應該反思對於子女的
愛心、意見、扶持，等等美好的代誌，有沒有獨斷、錯誤。父母
在知識、感情、意志都有限制軟弱，豈敢自認爲「無不是」的人？

其實，現代小孩心中崇敬的，並非母親節或是父親節歌頌的
父母。據近年一項針對國中學生「偶像崇拜」的調查結果，指出：
崇拜影視明星者，49％；崇拜母親者，6％；崇拜父親者，5％；
崇拜學校的老師者，2％。❶

可憐啊，千百年來漢人盡力教戒的「天地君親師」哪裏去了？
Confucius敵不過Michael Jackson！沒關係啦，這是三分鐘的

流行熱。但願如此！

但積極的態度是，正視親子兩方的人性弱點，用善意來進行了解、溝通，化解困難，建造溫馨的親情！「無不是之父母」，誰相信？誰需要？

【10】

妻賢夫禍少，子孝父心寬。

Chhe-hiân hu hō-siáu, chú-haù hū sim-khoan.

Chhe-hên hu hō-siáu, chú-haù hū sīm-khoan.

賢妻孝子有夠力！

舊說，賢慧的妻子使她的丈夫在外不至於惹是生非，製造禍事；孝順的兒女讓父母的心覺得千萬寬慰，萬分愉快。語見，《增廣昔時賢文》、《名賢集》等。

為甚麼「妻賢夫禍少」？按傳統的台灣女賢人的功夫來看，可能是：賢妻風情萬千，大大勝過野花的引誘；賢妻雌威夠猛，夜半馴夫有成；賢妻雇用的徵信人員監視有效；賢妻如貨櫃船，財貨櫃櫃入港！奧妙多多，難以盡知了。

那麼「子孝父心寬」又是甚麼？素來相信，孝子的道德修養比浪子好得太多，作奸犯科的膽量也小得很多；孝子是耀宗族的子民，進取心、忍耐力、榮譽感比頹廢族強烈千萬倍，成功率相對提升萬千倍。面子有了，裏子也有了，怎麼會不父心寬，母心寬呢？

不過，咱台灣還有一種老爸母，是不問孩子是否太平紳士，或反共義士，或是貧士、寒士。就是浪子叫一聲「阿爸！」「阿母！」心就很寬，很爽了。

【11】

家貧知孝子，國亂識忠臣。

Ka-pîn ti haù-chú, kok-loān sek tiong-sîn.

Ka-pîn tī haú-chú, kok-loān sek tiōng-sîn.

暗椿終有露現時。

　　斷言，家庭三餐不繼，國家有敵國飛彈打到門前，此時孝子或浪子，忠臣或台奸立判。

　　本句見，《名賢集》；類似句有《格言諺語》所收的「家貧思賢妻，國亂思良將」；《史記卷四‧魏世家》的「家貧則思良妻，國亂思良相。」

　　說來也頗可憐，在「家貧」和「國亂」的時候才能看出「孝子」和「忠臣」！難道太平盛世就不能麼，爲甚麼？

　　可能是窮孩子要盡孝的物質條件限制太大，非大孝子、大孝心是克服不了這些困難的。譬如，父母病重，窮人四處張羅醫藥費，日夜親自看顧，親手奉待湯藥——富家，錢克服了許多困難；錢掩蓋了兒女的孝行。

　　國亂引起強烈的危機感，認同的有之，逃亡的也有之；忠誠保衛國土的有之，轉進逃亡來稱王的也有之；犧牲殉國或賣國求榮的，都有之！例如，最近我台灣遭受中國文攻武嚇，潛伏的應聲蟲、虎倀、台奸紛紛現出原形。——太平盛世，大家馬馬虎虎來演戲做秀。

【12】

事親，當做孤囝；分產，當做散家。

Sū-chhin, tòng-choè ko·-kiáⁿ;

　　pun-sán, tòng-choè sàn-ke.

Sū-chhin, tóng-chó kō·-kiáⁿ;

 pūn-sán, tóng-chó sán-ke.

孤獨沈重一孝子。

  勸孝良言也。勉勵為人子者，事奉父母不可互相推諉，應該自覺是一己的本分，宛如「孤囝」一般。兄弟要分家，父母要分贈產業時，不可紛爭，不要計較，要當做是貧窮的家庭，只要沒有債累就萬分高興了。

  事親：服事奉養老父老母。 *孤囝：獨生子，獨子。* *散家：散鄉的家庭，窮家庭也。*

  「事親」，不會有人反對吧。但要如何事親，確實是很難的功課。事親應該認識父母親的需要；只要身體還健康，父母的「要求」實在不多，故意麻煩子女的應該沒有。

  年老父母當然需要物質、心理和感情的滿足。這方面論說頗多，筆者歸納做「四要」：

  一、要安慰：清楚感覺到被關愛尊重，若能加上兒女都有安定的「頭路」，老人自己多多少少的成就，那就很安慰了。

  二、要安身：衣食住行樂供應穩定；歸屬於某些社團，經常參與服務、活動，使老身有隸屬感，也可繼續使他／她們得到友誼、了解和支持。

  三、要安神：老人潛意識裏難免有病苦老死不安，關心他／她們的心靈的安寧是不可忽略的。但當注意，不要被神棍邪教誘騙。

  四、要安全：生存環境安全又安定，沒有難以適應的大變遷。

  親要事到週到，談何容易！牽涉到老父母本人的條件和社會

實況。事親，盡心、盡力、盡知而爲了！

【13】

大人，也著囝仔扶。

Toā-lâng, iā-tioh gin-á hû.

Toā-lâng, iā-tiō gin-á hû.

終有軟弱的時候。

　　用來勸戒個性剛強又孤癖的父母。警告他／她們，千萬不可愚昧頑固如炫耀飛彈火箭的軍頭，粗糙怪癖像毛坑的魯古石，控制子女煞像城隍廟的七爺八爺。

　　積極的，這句俗語要鼓勵老人家，多多學習溝通，培養溫馨的感情，敏銳的感覺，給兒女、媳婦、小孫兒多些好情意，少些囉嗦。這才是甜蜜的、深刻的、性靈的相扶持。

　　大人：指父母；字面是，成人。　　也著：也要，也需要。　　扶：扶持，身體和精神上的支持、交陪。

　　莊裕安在「父親」這篇詩作裏，描繪了一個閉鎖自己，藐視情意，粗暴頑固地對待妻兒的老爸。他的意識和感覺的世界充塞無聊的「弔詭和詼諧」，但偏偏無能感應兒子敏銳又溫馨的感情；對於孩子活潑又深邃的智慧也沒有交接點。最後，父親看似患了癡呆症，體軀和意識麻痺了，連孩子扶持他，給他搓揉陰莖和肛門也沒有什麼感覺。「父親」，感我極深；原詩長，抄幾行來一起欣賞吧：

> 你罵我們的三字經，都跑去哪裏了呢？
>
> ……
>
> 其實你把應該罵在議員和代表的髒話，
> 全部發洩我們身上，我也漸瞭解，

這些裏裏外外的弔詭與詼諧。
反正幹我的娘，是你的天經地義，
說不定也是你生平很少的幾種快樂之一。

你從來不曾帶我去看電影和逛公園，
因為你自己從來都不，不菸，不酒，不風月。
你回家後不外乎吃飯，洗澡，睡覺，
發沒人聽的牢騷，你是你臭襪子的好兄弟。
……

你從來不曾拎回一個奶油蛋糕，
更不用說鋼琴，蝴蝶標本，吻，照像機…
你甚至駁走我的一個外省籍女朋友。
在我十一歲那年就到街坊刻了一枚印章，
準備在每一張成績單的家長欄裏取代你。
……

也許你不要你的孩子將來和你一樣，
希望他坐在屋簷下，吹著電風扇記賬，
你罵我們的神情，好像我們已是腦滿腸肥的財閥。
你其實並不特別，後來在我的診療室裏比比皆是，
……

世勢翻轉，文盲如你，文雅如我，
這是你一直想要的茅屋翻大厝嗎？

從前你不曾嗆稀飯，掉眼淚，尿床，憨笑，

有一天你竟然還跟孫子搶奪玩具積木，

不開燈的黃昏，你是一個靜坐在沙發上的陌生人。

你心裏一定有巨大的幽闇。

但已來不及從頭學習，學習某種溫存傾訴，

以取代數十年來的三字經。

我們何必在意那些裏裏外外的弔詭與詼諧呢，

我要剝光你的矜持，將你丟入浴盆，

然後細心搓揉你的陰莖和肛門，

痱仔粉的耳語，會讓我們同時聽見南風吹拂著蓮霧園。

（→《聯合報》1994(8.8):4）

【14】

衣冠見父母，赤身見夫主。

I-koan kèn hū-bú, chhiah-sin kèn hu-chú.

Ī-koan kén hū-bú, chhiá-sin kén hū-chú.

關係不同也。

　　用來教導子女對父母親要有禮貌。教導的是：古時候拜見父母必須「衣冠」端正，因為孩子們對於父母的感情是「敬愛」，是規範的。但夫婦之間的感情是「親愛」，是男女之私的，靈肉交會是「赤身」裸體的。──類似語有：「穿衫見父，兌衫見翁。」

　　夫主：*吾的夫婿，吾的主人，老翁也。*　　兌衫[thǹg-saⁿ]：*脫去衣服。*

【15】

三從，四德。

Sam-chiông, sù-tek.

Sām-chiông, sú-tek.

女人的大德大節！

　　用來教訓女人，給人家製造宜室宜家的媳婦。封建禮教認為女人的基本德行是「三從」；出嫁婦女的言行舉止等等，應加注意檢點有「四德」。

　　原典：這句是廣為流傳的古名諺。「三從」典出《禮記‧特郊篇》：「婦人，從人者也。幼從父兄，嫁從夫，夫死從子。」「四德」，即是婦德、婦言、婦容、婦功。班昭就此四項闡釋成：「幽嫻貞靜，守節整齊，行己有恥，動靜有法，是謂婦德。擇詞而說，不道惡語，時然後言，不厭於人，是謂婦言。盥浣塵穢，服飾鮮潔，沐浴以時，身不垢辱，是謂婦容。專心紡織，不好戲笑，潔齊酒食，以供賓客，是謂婦功。此四者，女人之大節，而不可乏無者也。」(《曹大家女戒》)

　　為甚麼女人被定義做「婦人，從人者也」；女人的主體性到哪裏去了？最不可思議的是，一旦喪夫，就得順「從」後生——是否也要順從懷中哺乳的男嬰？豈不是糊塗腦醬發酵出來的怪想？

　　「四德」顯然是要鑄造恬靜的，手紡工場的婢女：「幽嫻貞靜，守節整齊…專心紡織，不好戲笑」。它教導少女「盥浣塵穢…沐浴以時，身不垢辱」，反映著缺乏衛浴設備，衛生習慣真差的時代。

　　「三從，四德」是古早古早的女戒。最奇怪的是，現代婚禮席上，仍然有所謂的地方士紳，鄉黨大老，用這句俗語來讚美，來教訓身披白紗的21世紀新娘。怎樣？……但聞「嚇搶」的噴嚏聲此起彼落！

【16】

在家從父，出嫁從夫。

Chaī-ke chiông hū, chhut-kè chiông hu.

Chaī-ke chiōng hū, chhut-kè chiōng hu.

女人的一生？

　　舊時女戒。教育女孩以「從」爲原理，以順服父母和老公爲主要目標。

　　這是「三從」中的前二從。「在家從父」最重要的是父決定女孩的婚事，要嫁要贅，要她嫁給伊知高爲細姨或是要出賣爲婢爲娼，都得屈從。

　　「出嫁從夫」，籠統而言是「嫁雞隨雞」的依從。要言之，不外弄璋弄瓦，事奉舅姑夫子，教養兒女，操作家事，興旺夫家門戶。啊，可憐的女人！

【17】

在家敬父母，在校敬先生。

Chaī-ka kèng pē-bú, chaī-haū kèng sian-siⁿ.

Chaī-ka kéng pē-bú, chaī-haū kéng sēn-siⁿ.

乖學童守則第一條。

　　舊時的兒童教育名諺。賢明的父母用來訓誡子女，要敬愛父母和老師。

　　這句老話，對現代兒童教育仍然極有意義，因爲父母和老師是人類開始接觸世界，了解知識的二大媒介。我們認爲，敬愛父母，親近老師的孩子，比疏離的、敵視的，更能順利邁向知識的路徑。

　　知識商品化、庸俗化、電子化，使現代幼兒、青少年，習慣於對影像音響來學習，來接受教導，來交友遊戲。這種數據化的「社會」，無須「面對面」，可免「敬意」，長此下去，可能失落社交

能力，對於處世爲人恐有極負面的影響。我們認爲這句老諺的教訓，極具現代意義。

【18】

好子事父母，好女順翁姑。

Hó-chú sū hu-bú, hó-lú sūn ong-ko͘.

Ho-chú sū hū-bú, ho-lú sūn ōng-ko͘.

大孝獎候選人。

舊時家庭教育的金言玉語。一語斷定「事父母」和「順翁姑」就是「好子」、「好女」！古孝道的「絕對訓令」也。

(本句詳解，參看13.26)

【19】

不孝有三，無後爲大。

Put-haù iú sam, bû-hō͘ uî taī.

Put-haù iu sam, bū-hō͘ uī taī.

繼起香火神聖的使命。

舊說。斷言三件不孝的代誌之中，以沒有后嗣爲最嚴重。風流和古意的老先人一同，常用這句名諺來支持多納幾個細姨，說是要盡最偉大的孝道。

原典，孟子爲了大舜沒有事先稟報父母，而娶妻的失禮不敬所做的辯護：「孟子曰：『不孝有三，無後爲大。舜不告而娶，爲無後也。君子以爲猶告也。』」(《孟子·離婁上》)

不孝有三：說的是違背禮法的三件事，按趙岐注：一、阿意曲從，陷親不義；二、家貧親老，不爲祿仕；三、不娶無子，絕先祖祀。

看了這句「傳世名諺」，切莫奉爲聖言才好！她反映的是閉鎖

的農耕社會，人人倚靠子孫來度過晚年的世代。

時過境遷，生男育女必要在生涯規劃裏面，豈是「孝不孝」的問題？姑不論生子是否必要，如果大家忠實奉行「一男一女一枝花」，世界會怎樣？

幾年前看過一聯，印象深刻：

> 他日青山埋骨後，
> 白雲無盡是兒孫。

這是學者馬一浮晚年的詩句。他沒有後生、查某囝，但有圓融超越的人生觀。啊！無盡的「白雲」，何等高貴美妙的祭禮！

【20】

養兒待老，積穀防飢。

Ióng-jî thaī-ló, chek-kok hông-ki.

Iong-jî thaī-ló, chek-kok hōng-ki.

安養院＋穀倉＝老長壽

金諺也。用來鼓勵人多養幾個孝子以便年老體衰的時候，奉養日食，扶持病苦，供給缺乏。語見，《增廣昔時賢文》、《注解昔時賢文》；《人生必讀》做「養兒防老…。」

典故：按《賢文》古注，晉武帝洗馬官李密，因母病篤，呈上「陳情表」辭官。皇帝覽表之後，深受李密的孝心所感動，金口吐出「養兒待老！」准奏。

「積穀防飢」另有淵源：景帝時，河南一地大饑荒，父子相殺以充飢。皇帝派大臣汲黯前來了解災情；汲黯見慘況嚴重，命令開倉救災。汲黯回朝，以未奏先賑，自請處分。皇帝聖心大動，

說：「積穀防飢，何罪之有？」賜他免死，並且給他大大嘉勉一番。

本句，顯然是唐山人應付常有的天災人禍的措施。懷抱此種思想，結果造成中國人口氾濫，雖然子孫無數，但窮苦困苦也無數。

待老，仍然可用「養兒」的老法嗎？恐怕是個下策哦！

【21】

羊有跪乳之恩，鴉有反哺之義。

Iông iú kuī-jú chi un, o˙ iú hoán-pó˙ chi gī.

Iông iu kuī-jú chī un, o˙ iu hoan-pó˙ chī gī.

大回收？

教孝的大名諺也。斷言小羊和慈烏都知道，也都有感恩回報的行為，何況是人！語見，《注解昔時賢文》、《增廣昔時賢文》。

典故：漢武帝決定要殺死乳母。東方朔為了要救她，暗地裏教她臨行屢屢回顧皇帝。乳母如朔言。那時，朔在皇帝旁邊，大聲斥罵她：「汝速去！夫羊有跪乳之恩，鴉有反哺之義。帝今長大矣，豈念汝乳之恩也！」據說，皇帝聽了這幾句話，就「感悟捨之！」(→《賢文》舊注)

跪乳：小嬰羊跪著吸羊媽媽的奶奶。雖然是羊的軀體使然，但是歷來文人敏銳的想像，說是小嬰羊的謙遜和感謝的態度來跪受乳養。 鴉…反哺：不是所有的烏鴉都會反哺。按李時珍《本草》集解，只有體純黑，嘴小的慈烏，才會反哺。又按李氏所言：「此鳥初生，母哺六十日，長則反哺六十日，可謂慈孝矣！」❷

小羔羊跪著吃奶，大烏鴉給老鴉餵小蟲——多麼美麗的圖畫，給人何等純良溫馨的感覺！這雖是羊羔和烏鴉的擬人化聯

想，但人類感恩、報恩的感動是那麼直接、深刻，又是那麼普遍可見。古詩人吟道：

> 哀哀父母，生我勞瘁。
> 父兮生我，母兮鞠我，
> 拊我畜我，長我育我，
> 顧我覆我，出入腹我，
> 欲報之德，昊天罔極！（《詩經·蓼莪》）

　　父母心不是投資者的心，疼愛兒女恨不得有無限的愛和能力來愛惜，來給與，哪有什麼大利多，大回收的期待？多少父母願拖老命，也不要倚靠有孝的子女，為甚麼？還不是潛意識裏活動的：給得還不夠多，還要再給，再愛！

　　跪乳道謝，反哺回報，是人子的感悟，是人性的光輝！

【22】

樹欲靜而風不息，兒欲養而父母不在。

Sū iok-chēng jî hong put-sek, jî iòk ióng jî hū-bú put-chai.
Sū iok-chēng jī hong put-sek, jî iòk ióng jī hū-bú put-chaī.
無法補救的大遺憾！

　　用來勸人及時行孝。等待父母不在的時候，再想要孝養，已經來不及了。本句為老名諺，古賢人多有引用，見《說苑·敬慎篇》：「樹欲靜而風不寧，子欲養而親不待也。」又見《韓詩外傳》九（→11.72）。

【23】

幡仔夯上肩頭，則知哭。

Hoan-á giâ-chiuⁿ keng-thaû, chiah-chai khaù.

Hoān-á giā-chiuⁿ kēng-thaû, chiá-chaī khaù.

遲來的孝思。

用法和意思類似上一句，但本句用孝男「幡仔夯上肩頭」比「樹欲靜而風不息」來得更深刻直接。這種沈重的場面，是我們台灣人到處可看到的事，甚至是民間信仰的家庭都曾有過的經驗。用孝男「夯幡仔」來現身說法，勸人及時行孝，必然有相當的震撼力才是！

幡仔：出殯時，孝男肩舉的招魂旗。 則知：(到了發生事情的時候)才知道(反應)。

(本句詳解，參看226.10)

【24】

想食伊豬頭，著先死互看。

Siuⁿ-chiah i ti-thaû, tioh-seng sí hō·--khoàⁿ.

Siuⁿ-chiā ī tī-thaû, tiō-sēng sí hō·--khoàⁿ.

養兒待死？

絕望的老父母用來發洩被兒女虐待的憤怒。這句話要說的是：要吃他一口飯？免想！死了，吃他的「豬頭」，吃他的冷豬肉或許容易些。

食伊豬頭：舊時，父母逝世，在入殮(納棺)和出殯(出山)時，用豬頭來祭拜。現代，我們台灣人的信仰多元，在入殮和出殯時用豬頭來祭拜的，並不常見。民間信仰者的喪事雖然用「五牲」，但並不一定用豬頭。 死互看：死給他看；死在先，吃豬頭祭牲在後。 五牲：豬肉一大塊，鷄、鴨、魚各一隻一條，魷魚乾一大束或豬肝一副。

【25】

活唔祭嚨喉，死則拜豬頭。

Oa̍h m̄-chè nâ-aû, sí chiah paì ti-thaû.

Oā m̄-ché nā-aû, sí chiá paí tī-thaû.

孝養是務實的代誌。

　　左鄰右舍用來諷刺不孝子。看到他／她們用大副豬頭來祭拜父母，心裏相當不爽，譏刺他／她們：父母活著的時候，是有名的不孝，不管吃，不管喝！死了，拜什麼豬頭。無路用啦！

　　本句的類似語有：「在生一粒土豆，卡贏死了拜一個豬頭」，「在生唔祭嚨喉，死了則孝棺柴頭」，「在生無通祭嚨喉，死了則得哭棺柴頭」──這三句強調的都是父母生前的供養，就算是一粒花生米，也遠勝過死後用大豬頭的祭拜。

　　在生：人活著的時候。　　孝棺柴頭[haù koaⁿ-chhâ-thaû]：喪禮，出殯時在棺木前，用牲醴祭拜。　　哭棺柴頭：喪禮，抬棺出殯，喪家孝女身穿喪服，撫棺而做儀式的哭泣。　　祭嚨喉：諷刺地喻指供養飲食；原來，活人是養；死人才是用祭。「祭嚨喉」，妙刺也。　　沃嚨喉[ak nā-aû]：弦外之音，彈出這位鶴駕仙鄉的老先人是酒仙一夥的；沃，灌溉燒酒也，真妙的台灣話哦！

　　我國在1994年已經成爲「高齡化社會」，即是65歲以上的人口佔總人口的7%以上。但我國對於老人的保障和制度都付之闕如。報載多起獨居老人，死後多日才被發現，有被狗啃屍的，有化成白骨的。防止這種不幸，已經超出勸善勸孝的範圍，而是政府必要認眞面對的社會問題了。

　　難道我們的老人如此歹命？林小雅的「銀髮族的失樂園」(《自由時報》1998(3.5):11)反映著台灣一般老人的悲劇：

無依老人的枯骨一堆

已風乾遭蛆蝕的皮囊

異域榮華享受的子女成群

總有一個環節出錯——

不該是標榜人民爲頭家的政府？

不該是喊遠親不如近鄰的民族？

不該是受教育百善孝爲先的子女？

學寮外　悽涼的壺笛聲

二十元　嫌貴的熱麵茶

那位清消瘦小的老人

驕傲的述說——

阮囝是米國的博士博！

阮彼個米國孫足古錐！

殷殷的告戒——

查某嬰仔！汝愛較拍抐咧！

我這面喫　一面流目屎

毋知是予烟薰著？

抑是我生本愛哭！

【26】

不孝父母，祭祀無益。

Put-haù hū-bú, chè-sū bû-ek.

Put-haú hū-bú, ché-sū bū-ek.

豐祭不如薄養。

　　用來勸孝。提醒人孝養父母是生活的，實際的，更是道德

的，不可用儀式或祭禮來敷衍。

爲甚麼「不孝父母，祭祀無益」呢？不是可以敎孝勸善，來移風易俗，民德歸厚嗎？不是可以祀神致福嗎？

不能啦！祭祀是宗敎行爲，非誠敬不可，一個不孝子的祭祀實有欺心欺神的嫌疑。假如他／她們的祭祀是表示懺悔的話，還有話說；求福報，太褻瀆神明！用祭祀當做巫術，來麻痺不孝的罪惡感，對於過往的父母毫無意義，對於社會風氣有害無益。

老先人早見及此，宣示不孝子的祭祀是「瞞活人目，答死人恩」——欺活人騙死人的祭祀，何只無益，還要罪加100%！

【27】

在生無人認，死了一大陣。

Chaī-siⁿ bô-lâng jīn, sí-liáu chi̍t-toā-tīn.

Chaī-siⁿ bō-lāng jīn, si-liáu chi̍t-toā-tīn.

回來分爭遺產嗎？

用來諷刺一大群不孝的子女。死者活著的時候「無人認」，一旦死了，喪事辦得熱鬧萬分，三敎九流，黑白兩道大老雲集！

爲甚麼「死了一大陣」來辦大喪禮呢？爲甚麼忽然變得那麼「有孝」？可能是孝男或孝女之中，出了有頭有臉的「名人」吧？借機喚起無價的聲望，刺激社會大衆的記憶，才能保住競選代表的本錢。要不然，可能是死者留下了大量房地產、股票、珠寶等等，有利可爭的東西——收回「白包」嗎？小意思啦！

無人認：指死者生前，沒有得到子女的關心。　死了一大陣：主要地指回來關心、設法、參加喪禮的子孫很多。

【28】

飼囝無惜刣一隻豬，飼父母惜添一雙箸。

Chhī-kiáⁿ bô-sioh thaî chi̍t-chiah ti,

　　chhī pē-bú sioh thiⁿ chi̍t-siang tī.

Chhī-kiáⁿ bō-sió thaî chi̍t-chiá ti,

　　chhī pē-bú sió thīⁿ chi̍t-siāng tī.

寵愛兒女vs.供養父母。

　　用來勸孝。指出父母對待兒女和兒女對待父母的態度有天淵之別！父母甘爲兒女「刣一隻豬」，兒女捨不得給父母「添一雙箸！」

　　本句用了對比反對式，平白有力地對出了親子二代間的不幸。句裏用「刣一隻豬」表示深刻的愛惜以外，可能暗含爲後生娶某殺豬宰羊的意思。「添一雙箸」，誇張地描寫刻薄父母，影射二個老人輪流在幾個後生家吃飯，後生和媳婦斤斤計較，人還沒來吃飯，就開始計算換班的日子。

【29】

久長病，不孝子。

Kú-tn̂g pēⁿ, put-haù chú.

Ku-tn̄g pēⁿ, put-haú chú.

燃燒的蠟燭。

　　斷言，父、母長久臥病在床的話，子女將難維持起初的那種關心和週到的照顧。

　　當知，不是所有的子女都可能辭掉工作，來照顧久長病的父母。家庭有嚴重慢性病，需要看護的序大人或孩子，實在是非常困難的重擔。請不要動不動就用「久長病，不孝子」來譏刺當事

人。

　其實，我們台灣的許多孝子孝女，都是憑著那一股「愚孝」來進行「久長病，大孝子」照顧的。去年(1998.12.27)吳修齊公益基金會主辦全國「大孝獎」，有142人獲得推薦，選取十名。入選的，他／她們孝行模範的一個共同點是週到照顧「久長病」的父母公婆：有中風的、癡呆症的、植物人的、半身不遂的老父、老母、公婆。

　還有另一個共同點，這些大孝者都不是在優裕、安定的環境中來孝養，來照顧的。每一位大孝者，莫不是拚命的「苦孝」！

　孝，孝！子負老，子負久病的老！

【30】

飼某，飼到肥朒朒；飼父母，飼到剩一枝骨。

Chhī bó͘, chhī-kaù puî-chut-chut;

　chhī pē-bú, chhī-kaù chhun chi̍t-ki kut.

Chhī bó͘, chhī-ká puī-chut-chut;

　chhī pē-bú, chhī-ká chhūn chi̍t-kī kut.

天公祖油水多。

　用來譏刺不孝：太太吃得肥肥胖胖，但爸媽養得瘦骨嶙峋。為什麼？咱台灣的俗語有解，所謂「一個某，卡好三身天公祖！」(→25.05)當知，祭拜「天公」，都是用大豬公，大羊港！不過，父母也不必怨嘆，排骨感比癡肥肉堆較長壽。

　　肥朒朒：超級的肥臀豐乳，肥胖賽過東洋相撲選手。

【31】

抱囝著吻，入廟著燒金，食著死蟳著清心。

Phō-kiáⁿ tioh chim, jip-biō tioh sio-kim,

　　chiah-tioh sí-chîm tioh chhìn-sim.

Phō-kiáⁿ tiō chim, jip-biō tiō siō-kim,

　　chiā-tiō si-chîm tiō chhín-sim.

孝在活蟳死蟳間。

　　父母用來怨嘆，他／她們終於發現自己的心肝仔囝是那麼的不孝，帶回來供養父母的，原來是發臭的死蟳。這時，父母憶起孩子幼小的時候是如何的疼他／她，擁擁抱抱，親親吻吻的。走過廟前，就進去「燒金」拜佛，爲孩兒求福氣平安、求錦繡前程——想到這裏，又看了擺在桌上的那隻死蟳，熱血忽然冰冷，凍僵了整個心臟。

　　這句俗語用白描手法寫成，是關聯日常生活的，迫眞地描寫著台灣人的父母如何疼愛他／她們的孩子。「抱囝著吻」是現代人的常事，但先人算是比較含蓄，不擅於當衆示愛，此一畫面充分表示了愛子的情深。

　　父母「入廟著燒金」，將孩子來交代給他／她們所信靠的神明，爲孩兒祈禱求福，正是父母所能做到的最眞實，最虔誠的關愛。這句不該視同迷信。當知，父母知道自己的能力有限，而將親之愛延伸到超然的神愛。何等珍貴的感情啊！

　　燒金：燒金紙也，祭祀淸正神道，獻給祂們的「紅包」；獻給鬼神的，是銀紙。　死蟳：我們台灣人相信蟳先臭而後死，俗語有言「死蟳活鱟，未死先臭。」(→246.34)奸商以外是沒人敢販賣死蟳的。蟳，筆者的最愛；人在德國很難買到活蟳，大多是冰凍的，雖不致於發臭，但跟咱台南水仙宮鮮猛紅蟳的滋味有莎示美(sashimi)和豆腐之別！思鄉難禁，我就弄一隻死蟳來安慰愁腸了。　清心：看破，了然；字義是焚燒的心突然冷卻了下來。

【32】

老母無腳白通縛，買鞋互藝旦穿。

Laū-bú bô kha-peh thang pak, boé ê hō· gē-toàⁿ chhēng.

Laū-bú bō khā-peh thāng pak, be ê hō· gē-toàⁿ chhēng.

好色不好德，浪子也。

　　用來諷刺不孝浪子，他對待父母萬分刻薄，但對待意亂情迷的風塵女人卻是盡力討好，多多送禮──老母，「腳白」免想；藝旦，有「鞋」爲禮。

　　腳白：舊時女人的裹腳布，通常是用白棉織布做成的，故名。
藝旦：妓女也，據說是比較高級的一種，因爲擁有琴棋唱戲等等才藝。

【33】

食蕃藷，無存本心。

Chiah han-chî, bô-chûn pún-sim.

Chiā hān-chî, bō-chûn pun-sim.

連根割斷了。

　　譏刺忘恩負義的人，尤指不孝的後生和查某囝。譬如人收穫蕃藷，連它靠以繁衍的蕃藷藤都割斷，眞是絕情絕義了。

　　無存本心：雙關語，用蕃藷藤的心樣[sim-iⁿ]來喻指感恩的心肝。

【34】

食飽，則想著父。

Chiah-pá, chiah siūⁿ-tioh pē.

Chiā-pá, chiá siūⁿ-tiō pē.

還算人子？

可能是受到冷落的老父的怨嘆吧！說的是，這個孩子自己飽食之後，才忽然想到忘記請老爸來用餐——稍勝腹肚枵則想著父，膾醜啦！

【35】

鯽魚卡大無上砧，卡歹弟婦也無大伯嫌。

Chit-hí khah-toā bô chiūⁿ-tiam,

khah-phaíⁿ tē-hū iā-bô toā-peh hiâm.

Chit-hí khá-toā bō chiūⁿ-tiam,

khá-phaíⁿ tē-hū iā-bō toā-peh hiâm.

知所限制無代誌。

用來教訓建立家人和協的關係。說的是：大家庭生活，人人要緊守份際，家內事蓋由大家長主理，若有家人做了看不慣的代誌，尤其是嫂嫂大人或是弟婦妹妹，這時諸位兄弟姊妹只能戒急用忍，忍氣吞聲相忍為家了。

本句修辭用的是起興句式，用「鯽魚卡大無上砧」引起興緻，然後爆出主句「卡歹弟婦也無大伯嫌」。此二句未必關聯，要在避免正句的單調。

鯽魚卡大無上砧：鯽魚多刺，又泥巴味重，從未當做什麼料理來招待貴賓的。我國台南東門圓環燒蕃藷箍糜配鯽魚煮蔭豉的名點，還是近年開發出來上市的；以前，鯽仔魚是窮人家的物配，厝後的小排水溝有的是。　卡歹：就是再壞的（人物）。　弟婦…大伯嫌：弟婦再怎樣差勁，大伯都不能亂開尊口！

【36】

兄弟同心，烏土變做金。

Hiaⁿ-tī tâng-sim, oʻ-thôʻ piàn-choè kim.

Hiāⁿ-tī tāng-sim, ō·-thô· pén-chó kim.

另類黑金兄弟。

　　用來勸勉兄弟姊妹同心協力，一起打拚耕耘田園、經營事業。若能如此，則家庭大展鴻圖，大發財利是可以期待的也。《格言諺語》做：「二人同心，黃土變金。」

　　先人這句箴言不是說著就算數的廢話，而是有「家法」隨時印證的哦！我國「歷史博物館」，在今年元月展出「常民文物」，其中有兩束捆綁的竹筷造型，是曾經供奉於家廟祠堂的家法，寓意團結就是力量。它的來歷是這樣的：

　　　某戶人家有十位兄弟，時常爭吵不休，父母一日將兄弟聚集一堂，示以十枝竹筷，每枝竹筷可被輕易折斷，但若十枝竹筷捆綁在一起，便無人可將其折斷。兄弟自此敦親和睦，不復爭吵。

　《自由時報》1999(1.7):39)

　　好厲害的竹筷家法！好啦，兄弟「不復爭吵」，下一步呢？當然是要開一家「金氏家族企業」囉，專營烏土煉金。

　　（本句詳解，參看12.06）

【37】

兄弟著協和，井內無水就來淘。

Hiaⁿ-tī tiòh hiáp-hô, chíⁿ-laî bô-chuí chiū-laî tô.

Hiaⁿ-tī tiō hiáp-hô, chiⁿ-laī bō-chuí chiū-laī tô.

大膽開發啦！

　　勸兄弟同心戮力。兄弟雖然是手足之親，但狗兄狗弟，常有吵鬧，一伙摸飛的代誌時常發生，所以力勸兄弟協和是先人勸善

的主題之一。

這句俗語的造句比較特別，她的興句被挪到後面，通常都是在前的。如此改變句序，並不至於混淆語意，反而收到回馬一槍的驚奇，修辭效果反而更好。單用主句「兄弟著協和」的話，就顯得單調無味了。

井內無水就來淘：淘清淤積於井底的污泥髒物，疏濬泉源，使古井充滿活水甘泉。

【38】

親兄弟，勤算賬。

Chhin hiaⁿ-tī, khîn sǹg-siàu.

Chhīn hiāⁿ-tī, khīn sńg-siàu.

還欠債，通財之理。

用法和意義類似上一句。《格言諺語》做：「親兄弟，明算帳。」

(本句又見，12.15)

【39】

夫妻相愛軟似綿，兄弟分家硬過鐵。

Hu-chhe siong-aì loán sū biân,

heng-tē hun-ka gēⁿ-koè thih.

Hū-chhe siōng-aì loán sū biân,

hēng-tē hūn-ka gēⁿ-koé thih.

寫心 vs. 嘔心。

用來勸兄弟相親愛，切莫為了爭奪遺產而翻臉鬥爭。句裏的「夫妻相愛軟似綿」給人頗大的想像空間，但「兄弟分家硬過鐵」卻是硬心腸地揭發人性的貪婪殘酷，並且強調懺悔修睦的必要。

本句的修辭式用的是對偶反對式：「夫妻」對「兄弟」都應該是相親相愛的，都應該是「相愛軟似綿」的配對；但兄弟情誼大大不如夫妻，他們常鬧「分家硬過鐵」的悲劇。

爲甚麼？還不是利益分配不均！——窮父，可免兄弟爭產結怨，是其一得！

【40】

兄弟刀槍刣,血互外人踏。

Hia^{n}-tī to-chhiu^{n} thaî, hoeh hō· goā-lâng ta̍h.

Hiā^{n}-tī tō-chhiū^{n} thaî, hoeh hō· goā-lâng ta̍h.

唐山人的劣根性。

勸兄弟休戰，不要互相殘殺，叫外人從中取利。

這句俗語的意思非常淺顯，但行之艱難萬分，尤其是中國人和台灣人，都有這句俗語所要批判的劣根性！例如，國共內戰無數人民做爲無聊的政治意識的祭牲，「血互外人踏」，叫日本人得利！

近年來，中國人和台灣人本著所謂「同胞」的感情，交流探訪，來往發財，堪稱好事。但中國壓迫我國，李登輝總統不得不宣示「兩國論」，中國就馬上咆哮什麼「內戰」尙未結束，要來攻佔我國。因此，中國浪費無數金錢於射飛彈、買飛機、增軍備，罔顧數億人民在貧困落伍的深淵中掙扎，叫世界軍火商得利。

先賢有言：「兄弟相害，不如獨立！」(→12.21)說什麼三民主義統一中國，共產主義統一台灣？此說，要不是欺民勾當，就是「兄弟刀槍刣」的罪惡！

【41】

忍字,家中寶。

Jím jī, ka-tiong pó.

Jím jì, kā-tiōng pó.

相忍爲家啦！

用來勸善。提倡訓練「忍」術，勤練耐功，那是維持家庭和平的法寶！

老傳統敎「忍」，強調的幾乎都是忍耐的結果，如多梅、春櫻，幽谷的百合，將開放美麗的花蕊。老善人就是偏偏不問，爲何忍耐？眞奇怪！

宗敎修養談忍，因爲「忍」關聯靈修、學道，通往希望和救贖；學生和運動員，也要講究忍耐，因爲要磨出一己的智力、體魄、技巧。但是有關社會公義，社會秩序的代誌是無關忍耐，不必談忍的；遊戲規則淸楚可行，專業的裁判人員處處，人人遵行規則，何忍之有？

漢人惡質文化之一，就是糊里糊塗的鼓勵苦忍！台灣人二二八要忍，白色恐怖要忍，流氓進入國會要忍，國民大會自肥延任擴權要忍，中國火箭打到門口要忍，國際地位卑微要忍！爲甚麼？爲甚麼自稱有錢財，有人才的台灣，落到如此苦忍保命的地步？

諸位，我們是不是太迷信「忍」？人家中國是不理忍的。我國若眞的要自強，就應該棄「忍」，力求公義，展現消滅橫逆的能力！

【42】

家醜，不可外揚。

Ka chhiú, put-khó goā iông.

Kā chhiú, put-kho goā iông.

膿包，不可開刀。

老名諺也。這是維持家庭傳統榮譽的秘方。說的是：千萬不可公開家裏的醜事醜聞，嚴拒隔壁九嬸婆採訪，大家相忍包庇歹事，慢慢讓它來破皮流膿，消炎自癒。

典故：僧問：「化城鑒是如何和尚家風？」曰：「不欲說。」曰：「爲甚如此？」曰：「家醜，不可外揚。」(《五燈會元》)──老方丈和僧衆一同，自家消化家醜就是了！

難矣哉，唐山儒道佛三教「齊家」的上乘哲理，秘笈精華，盡在本句！

【43】

家不和，防人欺。

Ka put-hô, hông jîn-khi.

Ka put-hô, hōng jîn-khi.

內戰起，外侮來。

用來勸戒家人要和睦相處，否則可能招來外人的侮辱欺負。

這句話不無道理，因爲自家獻醜，觀衆怎麼好意思不開汽水？不和，是個試金石，宋之隱士林逋(967-1028)，說：「家不和，後見孝子；國不亂，無以見忠臣。」(《省心錄》)真妙，不和見孝子，不肖浪子不得不顯出原形。

不和，因爲內在有弊端矛盾，必要解決來尋求協力的可能性。最糟糕的是，強敵當前，內部「不和」！

李登輝總統向國際宣示「兩國論」之後，多少吃裏扒外的人出來呼應中國，見李必反，遇台灣必打壓；老國民黨勢力者，忙著再把「一國，對一國的關係」迷糊成「一個中國，各自表述」。如此不和，台灣還有什麼希望？如此不和，怎麼不招徠中國的欺負？

【44】

家和萬事成，家不和萬世窮。

Ka hô bān-sū sêng, ka put-hô bān-sì kêng.

Ka hô bān-sū sêng, ka put-hô bān-sí kêng.

窮兵黷武萬世窮。

　　用來勉勵家人要和睦，要追求好事來合作，則百事可成，家庭必興；黃金、鑽石、美鈔自然滾滾而來。反之，內戰頻頻的家庭和國家，必然窮困。類似語有：「家和萬事成，冤家眞無閒。」

　　冤家眞無閒：忙於認眞吵架，結果一定是「萬世窮」囉！

　　一顆飛彈百萬美金起價，中國能買幾枚來發射？飢民不起來造反才怪！

【45】

一家之計在於和，一生之計在於勤。

It-ka chi kè chaī-û hô, it-seng chi kè chaī-û khîn.

It-ka chī kè chaī-ū hô, it-seng chī kè chaī-ū khîn.

和平和勤勞爲安寧富足之本。

　　用法和意思類似上句。第一分句是對整個家人來說的，第二分句是向個人說敎的。語見《增廣昔時賢文》。

【46】

萬兩黃金未爲貴，一家安樂值千金。

Bān-niú n̂g-kim bī-uî kuì, it-ka an-lo̍k ti̍t chhian-kim.

Bān-niú n̂g-kim bī-uī kuì, it-ka ān-lo̍k ti̍t chhēn-kim.

富裕不一定安樂！

　　用來強調家庭生活「安樂」的重要性，那是比「萬兩黃金」更加寶貴的。當然，「黃金」加上「安樂」最爲理想！但，先人比較含

蓄，黃白要事強過安樂是大家心知肚明的代誌。好，好，知道就好！

　　古代兒童教育材料《增廣昔時賢文》，只是「黃金未爲貴，安樂值千金」。未知哪一位勸善人給她冠上「萬兩」和「一家」，成全了「萬兩黃金」和「一家安樂」這對絕配。眞天才也。

【47】

家有一樣心，紅土變黃金。

Ke ū chi̍t-iūⁿ sim, âng-thô͘ piàn n̂g-kim.

Ke ū chi̍t-iūⁿ sim, āng-thô͘ pén n̂g-kim.

和衷共濟土變金。

　　用來勸家人務必同心同德，來興旺家庭。

【48】

厝起勇，卡輸囝孫勇。

Chhù khí ióng, khah-su kiáⁿ-sun iong.

Chhù khi ióng, khá-sū kiaⁿ-sūn ióng.

軟體比硬體重要。

　　強調家庭教育的重要性。培育子女使之成爲大器，遠勝過賺大錢來給他／她們建造高樓大廈。

　　厝起勇：建造了堅固的房屋。　　卡輸：遜於，不如。　　囝孫勇：子孫長進成器。

【49】

唔驚你富，只驚你好後注。

M̄-kiaⁿ lí pù, chí-kiaⁿ lí hó aū-tù.

M̄-kiāⁿ li pù, chi-kiāⁿ li ho aū-tù.

後生才可畏。

可能是舊時貧窮家庭的婦人，遭受富婆糟蹋的神經戰。警告富人，切勿作威作福，財大勢大誰怕，可畏的是「好後注！」弦外之音是，妳一手調教的都是浪子，財富勢難久享，沒啥了不起啦！看，我的「後注」多好多賢！

嘸驚…只驚：不怕(甲)，只怕(乙)；乙比甲厲害，是眞正敵手。　後注：喻指後裔，子孫也。

【50】

家欲富子強父，家欲成弟強兄。

Ka io̍k-pù chú kiông hū, ka io̍k-sêng tē kiông-heng.
Ka io̍k-pù chú kiōng hū, ka io̍k-sēng tē kiōng-heng.

家庭富強的願景。

斷言一個家庭要富裕，要興旺，但看有沒有比父母更強的兒女，比哥哥姊姊更賢良的弟妹。語見，《注解昔時賢文》。本句的理論是：興盛的家庭的將來性宛如接力賽，要求一棒強過一棒，以保持一路領先，一家人爭得金牌。

這句俗語是典型的漢人家庭格言。多少父母用「強過一代」來教育子女。我們實在驚見這種教育方式，因為說的雖然是「強」過父兄，其實講的是事事要勝過他人：要贏過同班同學，要勝過同年級學生，要超過同屆數十萬聯考學生，要壓倒同行的業者！

用這種「製造強人」的意志來強迫子女學習，即使「不幸」達成目的，這個孩子一定非常孤獨，他／她們將被比扁了的人嫉妒，被自己日夜競爭的緊張傷害，被實際上無能事事第一所擊敗。──這樣的靈魂沒有快樂，意志缺乏容人，感情不會善與人同；這樣的孩子憂鬱在父母虛榮、貪婪，自卑感和不安全感的深淵裏。多麼可憐啊！

　　請忘記這句格言吧！世界畢竟不是弱肉強食的屠場，四周的人更非可以任意征服的犧牲。歷史教訓：爭強鬥勝者，將被自己的野心所吞噬——秦始皇的帝國何在？拿破崙的又何在？

【51】

一子成道，九祖升天。

It-chú sêng-tō, kiú-chó· seng-thian.

It-chú sēng-tō, kiu-chó· sēng-then.

看，厲害的家族主義！

　　用來勵志，鼓勵子孫大大奮發，當官發財，來拯救這個大家族。字面上說的是：只要有一個孩子道行圓滿，那麼，所有的祖先都能獲得超度升天。語見，《格言諺語》。

　　這句俗語實在是違心之論，骨子裏要堅持的是：一人為大官，九族發大財。但這種貪婪的事不好大聲說！官之發財，不是枉法受賄是何來哉？綜觀唐山歷史故事，有幾個修道成道來超度九祖的？高舉的還不是「三年清知府，十萬雪花銀」一類的大升天，大超度。

　　（比較，「小人得志，雞犬升天。」241.22）

【52】

一代，不如一代。

It-taī, put-jû it-taī.

It-taī, put-jū it-taī.

退化主義者？

　　用法有二：一、好事者用來諷刺別人，或是家長用來發洩養得一手不肖子女的怨嘆。二、傳統的，用做警語，勉勵後代子孫，務必精進不息，一代要好過一代。句子的意思是：年輕一輩

的能力，掌理的事業，遠不如老一輩的。這是頗熟悉的聲音：世風日下，現代不如古時的昇平世界。

同類名句有：「一代興，二代窮，三代落臉。」——震撼力強的名諺也。尤其是「三代落臉」，煞像酒令「開仙、四放、吊脰」的前兆。可怕！

「一代舐鹽搵醋，二代長衫鬖褲，三代典田賣租，四代香爐匟於街仔路。」——道出家庭由勤儉致富，一直到放蕩衰敗的歷程。一代代說開來，叫浪子驚心動魄，敢不趕緊回頭？

這兩句同類句，雖是消極地描述家庭衰敗，代代不如人的情景，但旨在勸善，不在宣傳退化論。

「一代，不如一代」，這句大名諺，說她是老頑固典型的偏見也不爲過。前代雖然有許多偉績偉人，這一代何嘗沒有？當知，現代文明大大超出過去人類活動的成就的總和！雖然，先代的成就是她的基礎，但盲目崇古反今，難免無知落伍！

就以六十年代以後誕生的「X世代人類」來說吧。他／她們所經驗的，了解的「成就感」，來得直接又快速，無須從社會的價值階梯慢慢爬昇，艱苦脫穎而出。他／她們只要把握最新的尖端知識和技術，在最短、最快的時間內發財成名都有可能，例如，微軟的大老闆蓋茲！

每一個時代有不同的價值觀和人生觀，賢明的老一代人，絕對不可將歷史包袱，不論是家庭的，或是國家的，丟給下一代。新世代的人類所面對的問題，已經給他們應接不暇了——例如，老一代剝削資源的結果，遺留下來的「廢墟台灣」，❸誰來淨化她？

（同類句有釋，請看132.33；132.34）

【53】

三代粒積，一代開空。

Sam-taī liảp-chek, it-taī khai-khong.

Sām-taī liảp-chek, it-taī khaī-khong.

開得好乾脆哦！

　　常用警言也。有譏有勸，要散財浪童子知所警惕。

　　　（本句又見，132.32）

【54】

賣祖宗老本，食子孫糧。

Bē chó·-chong laū-pún, chiảh chú-sun niû.

Bē cho·-chōng laū-pún, chiā chu-sūn niû.

土匪老賊！

　　用做警語，要子孫避免墜落於「毀先絕後」的惡行。譏刺的
是：豪門浪蕩子，變賣祖先遺產，胡亂散財，毀盡了後代靠以生
存的田園產業；債台高築，留下還不了的債務來連累子孫。——
這已經不是紅樓浪子傾家蕩產的敗壞所能比擬的了。

　　祖宗老本：遺產也，俗稱「祖公仔屎」。　　*子孫糧：指田園產業；*
字面是後裔養生的糧食。

　　世襲大戶出個浪子不足為奇，但高舉民主法治的政府，若有
如這句俗語指摘的腐敗，就太不可思議了。誰知，「自由談」告訴
我們一件不可思議的事：

　　……俗云：「賣祖宗老本，吃子孫糧」，宋楚瑜省長幾年來的
　施政可說集兩者大成。

　　管理政府，如同當家。舉債，現在不還，子孫也要還；省府

不還，精省之後，中央也要還。因此，政府債台高築……正是「吃子孫糧」。

　　另外，…省府幾年來「賣祖宗老本」之事，更加明確。
……

　　從省府處理「公產」的情形來看，幾家銀行民營化賣出股票，大賣祖宗老本，所得上億鉅款，填補省府債務大洞還不夠。

　　「賣祖宗老本，吃子孫糧」，這算當那門子的家？(《自由時報》1998(4.8):2)

【55】

三個新發財，唔值著一個了尾仔囝。

Saⁿ-ê sin hoat-chaî, m̄-ta̍t-tio̍h chi̍t-ê liáu-boé-á-kiáⁿ.

Sāⁿ-ê sīn hoat-chaî, m̄-ta̍t-tiō chi̍t-ē liau-boe-a-kiáⁿ.

散財童子。

　　用法有二：一、酒廊小姐的讚嘆，褒中帶貶地說，「尾仔囝」用錢大方，出手慷慨，大大地比遜了「新發財」大老闆。二、勸善人的呼聲：「三代粒積，一代開空」，悔之晚矣！

　　新發財：指白手起家的富人，他們用錢比較知所節制；浪費幾乎是不可能的。　了尾仔囝：世家的浪蕩子也；他／她們沒有經驗過貧窮缺乏的苦楚，花錢易如用水。「尾仔囝！」是罵語。

【56】

起厝動千工，拆厝一陣風。

Khí-chhù tōng chhian-kang, thiah-chhù chi̍t-tīn hong.

Khi-chhù tōng chhen-kang, thiá-chhù chi̍t-tīn hong.

茅舍不敵狂風？

　　用做警語。挑明建設一個像樣的家庭非常困難，但要摧毀她不過是一陣龍捲風就吹得無影無踪了。——勸善人的敲鑼敲柝，不足爲勸；我們應該進一步質問，爲甚麼這間厝是那麼不堪一襲？要抵禦什麼風，該有什麼樣的結構？

　　這句用的是比對反對式，將「起厝」和「拆厝」的難易做比對，其結果是「動千工」和「一陣風」的差別。

　　起…拆：建設，拆除；成、立，敗、壞。　動千工…一陣風：形容長久的時間和瞬間；千工，一千日。　敲鑼敲柝[kà-lô khà-khók]：喻指大聲疾呼來警告危險；常常是善心可感，慧心有待加強的說教。

【57】

興家親像針挑土，敗家親像水推舟。

Heng ka chhin-chhiūⁿ chiam thio-thôˑ,

　　paī ka chhin-chhiūⁿ chuí chhuī-chiu.

Hēng ka chhīn-chhiūⁿ chiam thiō-thôˑ,

　　paī ka chhīn-chhiūⁿ chuí chhuī-chiu.

螞蟻爬玉山vs.石門水庫放水。

　　用法和意思相似於上一句。語見，《格言諺語》。

　　本句用了二個極端的譬喻：「針挑土」對「水推舟」，頗能映對出興難敗易的實況。

　　針挑土：喻指（做工程、事情）萬分艱難；字面是，用尖端挑起泥土。　水推舟：指非常時速，快得難以控制，如人泛舟，一瀉千里。

注釋

1. 轉引自「社論」《中央日報》(國際版)，1999(8.8):1。
2. 轉引自馮作民有關本句諺語的注解。中國東北諺語，「動物有三孝：羊羔跪乳，烏鴉反哺，馬不騎母。」見，馮注《增廣昔時賢文》(台北：偉正書局，1987)，頁166。
3. 文學家宋澤萊著有轟動文壇的預言小說《廢墟台灣》(前衛出版社，1995)。這本書對於生態環境和資本主義的剝削有深邃的啟示。關心我們台灣的讀者，應該細讀詳參。

牽手也，萬萬萬歲！

第二章

第一節　婚姻大事

本節段落：

婚姻目的01-05　婚姻重要06-13　影響深刻14-19

務必慎重20-24　成婚及時25-32　良配難得33-36

【01】

傳宗，接代。

Thoân-chong, chiap-taī.

Thoân-chong, chiap-taī.

香火接力賽。

舊說。用來宣示婚姻主要的目的，是在於生產男子漢，大丈夫，來繁衍宗嗣，永續香火。

傳宗：傳承家族、宗族、氏族；具體而言，生「男」來延續宗族的香火也。

人生在世的目的，當然不可以說只是要爲自己的「宗族」來生產，來延續香火。但「傳宗，接代」也是一種很必要的「使命」，否則人類勢將絕滅。據聞，日本的頭號敵人，不是中國或北韓，而是人口日減！目前的生育率是每個女人1.39。以此速率漸減的話，到了公元3500年，日本人將消失。（→《自由時報》1998(12.30):11）

另一個極端是，全國上下努力生產，或是因爲「一胎化」，斤斤計較要生個「傳宗」的卵脬。結果，同樣有滅種的危險！

【02】

早婚，添一代。

Chá-hun, thiam chı̍t-taī.

Cha-hun, thiām chı̍t-taī.

媽公在望。

舊說。用來鼓勵人儘早結婚，儘早生男育女，來增加新的一代。如此，加速晉升自己做阿媽阿公。

先人雖然主張「早婚」，也不是隨意在十一二歲就結婚的。按台灣舊時的婚俗，最早也不能低於男十六歲，女十五歲。

然而，「早婚，添一代」的說法，已經離開現代的台灣人相當遙遠了。據內政部的統計資料，1975年，新郎平均年齡是27.9歲，新娘是23.3歲；但到了1994年，新郎年齡是30.8歲，新娘是28.2歲。

女性未婚率也相對增加：20–24歲未婚者，從每千人有522.27人，增加到776.66人；女性25–29歲未婚者，從每千人有171.05人，增加到381.37人。女性晚婚或未婚，主要是因為就學機會增加，就業生涯拉長。

女性的有偶率下降，生育率也跟著下降，現在一個女人終其一生平均只生1.8個孩子。(→《中央日報》1995(11.22):7)

【03】

人人嫁翁，傳後世。

Lâng-lâng kè-ang, thoân aū-sè.

Lāng-lāng ké-ang, thoān aū-sè.

媳婦應有的覺悟。

媒婆或老母用來「苦勸」那嫁人為妻為媳的查某囝，要她下大決心來生子傳後代。

可能的背景：如意這個新嫁娘，現年十六，真是個乳臭未乾

的查某囝。嫁進人家門戶，口口聲聲「不要生子」；已經四個多月了，還沒有吃「鹹酸甜」的現象。公婆聽在耳朵裏，看在眼裏，極不以爲然，放話過來給媒人、親家。

媒婆和父母緊張萬分，隨即向親姆交涉，給如意回娘家來接受生產精神訓話。據聞，千言萬語的聖諭中，給如意再三再四灌輸的，就是這句「人人嫁翁，傳後世。」

據悉，如意這個不知天高地厚的媳婦，終其一生給人家養了：八個罔飼，一個恭喜。

鹹酸甜：蜜餞也，舊時咱台灣女人「病囝」時最愛吃的聖品；宜蘭、員林、安平等地有這類名產。　罔飼…恭喜：代名詞，指女孩、男孩。　病囝：害喜。

雖然生兒育女是個人的代誌，個人的自由，但也是全體家族、全體社會、全體人類的大事。僅以國力而言，人口漸少的，老人自然漸多，生產力、經濟力衰退。

國家的危機之一，就是生育率速減。例如，德國年輕夫婦「傳後世」的意願薄弱，但難民外勞歸化的，似乎精力旺盛，生男育女如雨後春筍。老「德國人」看在眼裏，滋味極酸，心生莫名的恐慌。政府用產假、育嬰假、孩兒津貼等等辦法來鼓勵生產，但效果不彰。這是德國的隱憂，法國也好不了多少。

雖然「人人嫁翁，傳後世」是過份普遍強調，但如何平衡「生或不生」，以及控制「生產率」，確是現代人應該愼重反思，嚴肅回應的大事。

【04】

無婦，不成家。

Bô hū, put-sêng ka.

Bō hū, put-sēng ka.

所謂「家庭主婦」。

　　用來鼓勵娶妻，營造家庭。斷言，男人不論事業多麼成功，社會地位多麼崇高，甚至已經有幾個兒女，若是缺少一位夫人，家也就不像家了！為甚麼？因為，家事是夫人主管的！不然，什麼是「家庭主婦」？

【05】

無某，攬被鼓。

Bô bó͘, lám phoē-kó͘.

Bō bó͘, lam phoē-kó͘.

雙人枕頭。

　　頑童用來嘲笑單身漢，或是羅漢腳的自嘲。孤守雙人床，奈何？只好力抱棉被來遐想鴛鴦水鴨了。——舊時，生活水準高的孤單老先人，十二月天「攬被鼓」，六七月攬竹夫人，來安慰漫漫長夜。

　　攬：擁抱。　被鼓：棉被也；鼓字是虛詞，取其音韻和「某」對齊韻腳。　竹夫人：長圓筒形，竹條編成的寢具，有消暑作用。蘇軾詩云：「贈君無語竹夫人。」

【06】

無某無猴，穿衫破肩頭。

Bô-bó͘ bô-kaû, chhēng-saⁿ phoà keng-thaû.

Bō-bo͘ bō-kaû, chhēng-sáⁿ phoá kēng-thaû.

災情慘重，人猴兩失。

　　嘲笑貧窮的單身漢，衣服破了，也沒有人給他縫補。

　　雖然這句俗語的重點是在於第一分句「無某無猴」，但加上了

描繪昔日羅漢腳的共同形像「穿衫破肩頭」，構成一幅滑稽像，活現了這個單身漢的窮困潦倒。

無某無猴：形容一無所有的羅漢腳也。相傳，曩時有個耍猴戲的單身漢，被女人設了局，弄得人猴兩失，災情慘重。久而久之，這句話成為俗語，供好譏誚的人來恥笑「無某」的人。

【07】

天地圓輪輪，串餓是單身。

Thiⁿ-tē îⁿ-lìn-lìn, chhoàn gō sī tan-sin.

Thīⁿ-tē īⁿ-līn-lin, chhoán gō sī tān-sin.

懶惰的單身漢？

　　用來恥笑生活沒有規律的單身漢。也許，因為他是單操一個，生活難免散漫，有吃沒吃的過一天算一天，所以說「串餓是單身」。

　　這句俗語的主句是第二分句，而用興句「天地圓輪輪」來引人注意；此二句是沒有意義上的關聯的。

　　串：（事情）偏偏（發生在人物身上）；例如，「串驚，串去抵著」，偏偏對上了討厭的代誌。　單身：單身漢也，沒有家室的男人。

　　現代我國的單身人，不論是男獨身人，或是女獨身人，總不能簡簡單單的視同羅漢腳查埔或羅漢腳查某。他／她們有不少是學歷高、工作好、收入豐的女人，自己用上誘人的美名：「單身貴族」來認同，來標榜。

　　單貴這一族人，是會吃、會喝、會玩的族群；雖然玩得惹火自焚之事，也時常上報。他／她們是很有彈性的族類，許多單身女人趕上最「前進的」的潮流，紛紛把自己「規劃」成part-time單身──三不五時是雙身的一種單身人。

　　腸胃飽滿了，愛慾反而覺得熾烈，part-time單身，是否能夠滿足飢餓，就有待觀察了。

【08】

三十無娶某，講話臭奶呆。

Saⁿ-chảp bô chhoa-bó·, kóng-oē chhaù leng-tai.

Sāⁿ-chảp bō chhoā-bó·, kong-oē chhaú lēng-tai.

娶某做大人。

　　斷言婚姻的重要性，雖是三十歲的大丈夫，猶未娶妻的話，那麼他說話的份量仍然不夠，信用度尚嫌不足。這種觀念，句裏是用「臭奶呆」來表達的。

　　　（本句詳解，參看123.04）

【09】

無某無猴，做賊做鱟。

Bô-bó· bô-kaû, choè-chhảt choè-haū.

Bō-bó· bō-kaû, chó-chhảt chó-haū.

無妻之累。

　　譏刺羅漢腳素行不良，可能爲非作歹。爲甚麼？還不是因爲他少了一個太太！看來，咱台灣男人都是「驚某的大丈夫」，家有賢妻管束，行爲自然循規蹈矩了。牽手，眞偉大啊！

　　做鱟：行動陰鴆猥藝如鱟魚。冤枉啊！鱟非小人，乃是善良的甲士，又是一夫不配兩妻的貞夫。

　　　（參看，「活活鱟，刣到屎流。」434.25）

【10】

寧可無官，不可無婚。

Lêng-khó bô koaⁿ, put-khó bô-hun.

Lēng-kho bō koaⁿ, put-kho bō-hun.

大丈夫比下大官？

　　用來鼓勵結婚。斷言，婚姻比當官重要，官可以不當，婚不能不結。語見，《注解昔時賢文》。

　　據說，古早古早，有個上京考選的人，路中遇見一個大美人，情不自禁，央媒說親時，說出這句「違心名諺」，要棄官從婚。(→《賢文》舊注)

　　當然，這句諺語對於極大部分的人是對的，但對於科舉時代的「讀書子」，卻是個大異端。這批人，哪一個不是打著書中有「顏如玉」和「黃金屋」的大算盤？

　　結婚和當官一樣，並非人人的必然。

【11】

查某人，三世無厝。

Cha-bó·-lâng, sam-sè bô-chhù.

Chā-bo·-lâng, sām-sè bō-chhù.

何處不爲厝？

　　舊說。斷言女人不能以父母的家爲家，她一定要嫁到「別人」的家庭。

　　這句俗語反映著民間一向對女人的輕視，認爲只要是女人身，則過去世、現世、來世，「三世」都沒有自己的家，只能以夫家爲家。那麼，贅夫入厝，如何？老先人不得不說是「姑將無奈」的例外了。

【12】

男無妻家無主，女無夫身無主。

Lâm bû-chhe ka bû-chú, lú bû-hu sin bû-chú.

Lâm bū-chhe ka bū-chú, lú bū-hu sin bū-chú.

賢內助vs.鄙主人。

　　用來強調婚姻的重要性。意思是：男人沒有妻子，家庭生活就失去重心；女人沒有丈夫，個人也就沒有歸屬。這種說法反映著舊時代的婚姻觀：妻子治內，她是家庭的經理，是「主婦」；丈夫是妻子的依憑，所謂「主人」也。

【13】

人倫有五，夫婦爲先；大禮三千，婚姻最重。

Jîn-lûn iú ngó·, hu-hū uî sian;

　　tāi-lé sam-chhian, hun-in choè tiōng.

Jīn-lûn iu ngó·, hu-hū uī sen;

　　tāi-lé sām-chhen, hūn-in choé tiōng.

夫妻對拜，三鞠躬！

　　用來強調婚姻和婚禮的重要性。說的是：舊社會的五種人間關係，以夫妻關係爲肇始，而一切儀禮以婚禮最爲根本。——現代的人間關係，仍然是夫婦爲先，但婚禮儀式卻是避「重」就輕，普遍從簡，但主張個人化和創意性。

　　人倫有五：五倫也，舊社會的五種人際關係。即是「父子有親，君臣有義，夫婦有別，長幼有序，朋友有信。」(《孟子·滕文公》)　大禮三千：這是後人誇大禮的重要性。古代的冠婚葬祭大禮有三百，所謂「禮儀三百」；應酬小禮節有三千，即是所謂「威儀三千」。(《中庸》)

　　爲甚麼說「人倫有五，夫婦爲先；大禮三千，婚姻最重」？古人認爲：五倫是以夫婦這一倫開始的，它是家庭的基礎，因此婚姻的禮儀當然是很重要的了。古禮有言：婚禮「合二姓之好，

上以事宗廟，而下以繼後世也。故君子重之。」又說：「[昏]禮之大體，⋯所以成男女之別，而立夫婦之義也。⋯夫婦有義，而後父子有親；父子有親，而後君臣有正。故曰：昏禮者，禮之本也。」《《禮記‧昏義》)

　　現代人誰興趣「大禮三千」？就是六禮，猶嫌過繁。老先人早就看穿虛禮不行，教以「識禮，無囝婿通做。」所以嘛，大多採取「先結，則講啦！」

【14】

娶著歹某，一世窮。

Chhoā-tiȯh phaíⁿ-bó͘, chi̍t-sì kêng.

Chhoā-tiō phai̍ⁿ-bó͘, chi̍t-sí kêng.

冤枉了，吾夫！

　　用來強調妻子的重要性和影響力，藉以提醒人應當用心娶好某。說，娶到一個不好的妻子，就要窮一輩子。為甚麼？據說是牴觸了「翁某同心，烏土變黃金」的鐵則。

【15】

做著歹田望後冬，娶著歹某一世人。

Choè--tiȯh phaíⁿ-chhân bāng aū-tang,

　　chhoā--tiȯh phaíⁿ-bó͘ chi̍t-sì-lâng.

Chò--tiō phai̍ⁿ-chhân bāng aū-tang,

　　chhoā--tiō phaíⁿ-bó͘ chi̍t-sí-lâng.

　　用法相似於上一句，但語氣強了許多。意思是：這一期的農田收穫不好，還可期望下一期作的豐收；但娶到惡妻，一生就完蛋了。類似句有：「割著歹稻望後冬，嫁著歹翁一世人。」

　　後冬：下一季，下一期作物，如頂冬、下冬、雙冬；這裏不當做

「年」解。

【16】

娶著好某，卡好做祖；娶著歹某，一世人艱苦。

Chhoā--tio̍h hó-bó͘, khah-hó choè chó͘;

　　chhoā-tio̍h phaíⁿ-bó͘, chi̍t-sì-lâng kan-khó͘.

Chhoā--tiō ho-bó͘, khá-ho chó chó͘;

　　chhoā-tiō phaiⁿ-bó͘, chi̍t-sí-lâng kān-khó͘.

萬福夫人vs.苦瓜仔嫂。

　　用法相似於上一句，但語氣更強。意指：娶得好妻，強過當個曾祖父；娶到惡妻，則一生一世難免艱苦。

【17】

三代無烘爐，四代無茶鈷，道唔通娶著歹某。

Saⁿ-taī bô hang-lô͘, sì-taī bô tê-kó͘,

　　tō-m̄-thang chhoā--tio̍h phaíⁿ-bó͘.

Sāⁿ-taī bō hāng-lô͘, sí-taī bō tē-kó͘,

　　tō-m̄-thāng chhoā--tiō phaiⁿ-bó͘.

窮漢惡妻，雪上加霜。

　　用法相似於上一句，但視惡妻爲害有過於洪水猛獸，對女人偏見太深，太過於神經質了。又作：「娶著歹某，卡慘三代無烘爐，四代無茶鈷。」

　　三代…四代：不論那一代人；不當實數用。　烘爐：泥土燒製的小爐，舊時專用來燒開水。　茶鈷：指金屬製用來燒開水的器具。道唔通：用「道」來加強「不可、不要」的語氣；也說成「著唔通[tio̍h-m̄-thang]」。

【18】

一代無好某,三代無好囝。

Chi̍t-tē bô hó-bó·, saⁿ-tē bô hó-kiáⁿ.

Chi̍t-tē bō ho-bó·, sāⁿ-tē bō ho-kiáⁿ.

老父不在場?

　　用法相似於上一句。強調有了好妻,才有好的子孫──老公,算啥!

【19】

嫁著歹翁,絕三代。

Kè--tio̍h phaíⁿ-ang, choa̍t saⁿ-taī.

Ké--tiō phaiⁿ-ang, choa̍t sāⁿ-taī.

苦了押寨夫人。

　　嫁給一個爲非作歹的男人,什麼都完了!

　　絕三代:毫無希望;字面是,絕了三代後嗣。

【20】

緊行無好步,緊嫁無好翁。

Kín-kiâⁿ bô hó-pō·, kín-kè bô hó-ang.

Kin-kiâⁿ bō ho-pō·, kin-kè bō ho-ang.

貨比三家不吃虧。

　　用來提醒人婚姻務必愼重從事。沒有探聽、了解、比較,倉倉促促就嫁人的,嫁不了好丈夫。

　　本句的修辭用的是比興:「緊行無好步」是興句,指向主句,也兼有幾分比喻的意味,如人氣急敗壞地行走,一般都很難保持優美的姿態。

緊嫁：不但指急忙嫁人，也包含對這門婚事不夠慎重，有些隨便。

【21】

緊紡無好紗，緊嫁無好大家。

Kín-pháng bô hó-se, kín-kè bô hó ta-ke.

Kin-pháng bō ho-se, kin-kè bō ho tā-ke.

赤腳大家，幸會了！

用法和上一句相似，本句說的是，匆忙嫁人，嫁不得好婆家。句子是用「大家」來代表夫家。

緊紡無好紗：舊時，手工業都是慢工出細活的，快紡的紗粗細可能相差很大，紗的品質自然打了大折扣。

【22】

查某囡仔，上轎十八變。

Cha-bó-gín-á, chiūⁿ-kiō cha̍p-peh-piàn.

Chā-bo-gin-á, chiūⁿ-kiō cha̍p-pé-pèn.

花轎卜吉凶？

斷言，女人的將來，包含富貴貧窮，幸或不幸，將因為結婚而有所變遷。句裏用「上轎」來喻指出嫁——舊時，哪有查某囡「上轎」去郊遊的？

（比較，「查某囡仔，十八變。」112.07）

【23】

嫁著好翁，好迌迌，嫁著歹翁，不如無。

Kè--tio̍h hó-ang, hó thit-thô, kè--tio̍h pháiⁿ-ang put-jû bô.

Ké--tiō ho-ang, ho thit-thô, ké--tiō phaiⁿ-ang put-jū bô.

好迌迌vs.不好玩。

惡夫，誰要！好的，「好迢迢」！──宜愼重嫁翁，寧缺勿爛。

有什麼「好迢迢」？特殊的不好說；一般的，離不開豐衣足食，無憂無慮，天天盛裝如要參加宴會，夜夜點收鈔票。當然，有外勞女傭以供使喚，有翁婿日夜頻呼萬歲。

（參看，「好国迢迢，歹国不如無。」11.51）

【24】

有翁無婿通倚靠，卡呣値人乞食婆。

Ū-ang bô-saì thang oá-khí, kah-m̄-tàt lâng khit-chiàh-pô.

Ū-ang bō-saì thāng oa-khí, ká-m̄-tàt lāng khit-chā-pô.

另類頭家娘！

嫁給惡夫的女人的怨嘆。嘆息的是：有翁名，無翁行；日操勞，冥煩惱。大大不如雲遊四海的丐夫人。

有翁無婿：有名無實的夫妻關係。　通：可得、可以。　卡呣値人：（甲的價值）大大比不上那個（乙的）。　乞食婆：丐老夫人也。

【25】

男大當婚，女大當嫁。

Lâm-toā tong hun, lú-toā tong kè.

Lâm-toā tōng hun, lú-toā tōng kè.

懷陰抱陽見衆生。

斷言，長大成人的男女，都應當結婚。爲甚麼？先人認爲，結婚是不須要問爲甚麼的，因爲傳宗接代，或是增加農耕的生產力，都是自明的道理。至於，什麼性的、心身的、社會的理由，在先人的婚姻觀裏是相當混沌而又曖昧的。

【26】

查某囝飼大就加嫁，毋通剃頭做尼姑。

Cha-bó͘-kiáⁿ chhī-toā tióh-ka kè,

　　m̄-thang thih-thaû choè nî-ko͘.

Chā-bo͘-kiáⁿ chhī-toā tiō-kā kè,

　　m̄-thāng thí-thaû chó nī-ko͘.

及時嫁女保面子。

　　舊時，村長老或媒婆用來催人嫁女。理由是：查某囝一旦長大，不趕快「處理」的話，將會做出不可告人之事。這樣一來，不就是「教不嚴，父之過」嗎？原來滿得鄰里敬重的老父母的面子，要叫他往哪裏擺？

　　　　　（本句又見，16.06）

【27】

女大不可留，強留必成仇。

Lú taī put-khó liû, kiông liû pit-sêng siû.

Lú taī put-kho liû, kiōng liû pit-sēng siû.

用法和意思相似於上一句。

　　成什麼仇？有什麼冤屈怨恨？還不是「當婚當嫁」做了過火的，消極的誇張。發明這句俗語的老先人，難免有性壓抑的嫌疑吧！把適婚而未嫁的女人想像成「某種麻煩」的製造者，是頗不健康的。

【28】

魚趁生，人趁芷。

Hî thàn-chhiⁿ, lâng thàn-chíⁿ.

Hî thàn-chhiⁿ, lâng thán-chíⁿ.

來一客生魚片？

　　用法和意思類似於上一句。又有：「蝦要跳著趁生，查某囝要嫁著趁芷。」

　　人趁芷：藏句，全句是「趁著年紀輕輕的時候嫁人。」

　　「人趁芷」出嫁，到底有多嫩出嫁的？台灣的記錄我們不知道，但五年前，印度有五歲的小女孩安俐，嫁給十五歲的阿夏克。照片映出，這位五歲大的新娘身穿傳統禮服，滿臉天眞無邪，張大兩眼，用驚訝疑惑的眼睛注視著新郎。雖然印度政府在1978年已經明定男女結婚年齡分別不得低於21及18歲。(→《自由時報》1994(5.16):11)

　　五歲出嫁！什麼樣的古文化？

【29】

十八歲查某囝──到格。

Cha̍p-peh hoè cha-bóⁿ kiáⁿ──kaù-keh.

Cha̍p-pé hoè chā-boⁿ kiáⁿ──kaú-keh.

時間到了！

　　詼諧地指出，招治也今年剛好十八歲，已經有資格競選新娘了。

　　這句是厥後語，解釋詞「到格」，影射「夠」資格來「嫁」人；到格，夠嫁也。──咱的台灣話美妙無比啊！

【30】

手捧斗，腳踢狗；見著狀元翁，開金口。

Chhiú phâng taú, kha that kaú;

　　kìⁿ--tio̍h chiōng-goân ang, khui kim-khaú.

Chhiú phāng taú, kha that kaú;

　　kíⁿ--tiō chiōng-goān ang, khuī kīm-khaú.

可恨的老犬！

　　用來嘲諷急著想要嫁人的小姐，她不敢開口，只好鬱卒嘆氣。

　　可能的背景：春花已經十六歲了。人嫷，閣骨力，會洗衫、煮三頓、炊粿、縛粽。這幾年來心內已經有一個萬分合意的人，連做夢嘛要做伊的牽手。

　　庄裏一陣職業媒人踏破廳，無論是賴好額的少爺，賴勢讀册的秀才，花也攏用哭，用絕食來拒絕親事。父母疼囝，也唔敢強強加伊主婚。春花冥日茲茲等候伊的老爸託媒人來講親事；一年過一年，攏無動靜。

　　性情溫柔的春花，變到愈來愈歹性地囉！歸日在厝內憂頭結面，鬱鬱卒卒，常常吐大氣。老母看在眼內，入去房內問伊：

　　「花也，人倒位得艱苦，給母也講……通互醫生看……」

　　「無啦，人阮……心頭……」查某囝愛嫁翁，閣驚見笑，眞歹開嘴。

　　鬱卒日日嚴重，捧飯斗煮三頓，唔甘唔願，見著厝內彼隻烏狗公，起腳就踢。一日到暗，激烏陰，陳脆雷。

　　啥知！阿花逐日攏有好天，出日的時陣：逐早起，在厝後的溪仔邊一面洗衫，一面合飼牛的少年郎，講到嘴笑鼻笑，也會翹嘴唇，也會使目尾。乾單踏入厝內，就閣烏陰，獪講話。

　　隔壁的大姆婆，看在眼裏，恥笑花也，四界宣傳：「手捧斗，腳踢狗；見著狀元翁，開金口。」——好笑，牧童愛人加人鄙相做「狀元翁！」

【31】

二十歲，老新娘。

Jī-cha̍p hoè, laū sin-niû.

Jī-cha̍p hoè, laū sīn-niû.

足足慢了五年！

用來鼓勵儘早結婚。舊時，查某囡仔十五歲就可以嫁人了！所以，二十歲就被恥笑做老新娘。

時過境遷，現代人結婚目的才沒有參與什麼「創世宇宙繼起的生命」。成年以後的各個人生階段都有人結婚，就是到了八九十歲，還是照結不誤。

二十歲？台灣小姐還在拚命K書，認眞迌迌！

【32】

一蕊好花，放到黃。

Chi̍t-luí hó-hoe, khǹg-kaù n̂g.

Chi̍t-lui ho-hoe, khńg-kah n̂g.

超齡舊貨？

用法和意思相似於上一句。卿本美人，也許是好事多磨，或是過分挑剔，以致於如同晚春的櫻花凋謝了。

放到黃：任由鮮艷的花朵在花圃裏凋謝；花的命運好像是被採被插而已。

【33】

好花也著好盆，嬌娘也著嫽阿君。

Hó-hoe iā-tio̍h hó phûn, suí-niû iā-tio̍h suí a-kun.

Ho-hoe iā-tiō ho phûn, sui-niû iā-tiō sui ā-kun.

配合題有誤。

用來強調婚姻必要適配。舊時的標準是所謂的「郎才女貌」；現代的是「郎財女貌」。「婿娘」總是看好，但「婿阿君」的「婿」，不一定是人婿、才婿，錢卡婿是關鍵，就是祖父級的金元寶照樣婿阿娘來匹配。

這句俗語的修辭式用的是比興，「好花也著好盆」是興，預備「婿娘」的出現。全句意思淺顯，說的是婿娘醜君，很不適配的；反之也然。

【34】

一好配一醜，無兩好通相排。

Chit-hó phoè chit-baí, bô nng-hó thang sio-paî.

Chit-hó phoé chit-baí, bō nng-hó thāng siō-paî.

凸十凹＝適配

用來開化婚姻配對的失望者，要他／她們切莫怨嘆，因為世上的配偶大多數是「無兩好通相排」的。這樣講，是否主張「一好配一醜」才是正常？並不見得。

咱台灣人是很在乎「兩好相排」的哦！君不聞，婚禮祝詞，每篇好話少不得「才配貌」、「龍配鳳」、「牛郎配撈女」的——「LKK配幼齒」不可點破，貴賓眼睛雪亮，逃不過評鑑的也。

嫁了翁的女人，自知之明較強；「XY配」泡沫笑話過後，女人不禁謠出一些怨嘆來了，說什麼：

> 嫁著緣投翁，十暝九暝空。
> 嫁著風流翁，山珍海味嘛食獪輕鬆。
> 嫁著有錢翁，驚伊變做採花蜂。
> 嫁著貧憚翁，儉腸塌肚也無彩工。

嫁著酒鬼翁，酒醉相拍扭頭鬃。

嫁著博局翁，…博若輸，當到空空空。

嫁著生理翁，日日守空房。

嫁著台商翁，驚伊一國一房。❶

【35】

清秀才郎，倒配不良婦；乖巧女子，反招愚拙夫。

Chheng-siù chaî-lông, tò-phoè put-liông hū;

　　koai-khá lú-chú, hoán-chiau gû-choat-hu.

Chhēng-siù chaī-lông, tó-phoè put-liōng hū;

　　koāi-khá lu-chú, hoan-chiaū gū-choat-hu.

自古才子紅顏多薄命。

　　用來強調婚姻不適配，必要認命。說的是：青年才俊娶了一個惡妻，賢慧的女人嫁給一個飯桶。

　　本句，可能衍生自《呂蒙正勸世文》的「青春美子反招愚濁之夫，俊秀才郎竟配醜貌之婦。」

【36】

好某無好翁，天下一大半；

　　好翁無好某，天下一大堆。

Hó-bó͘ bô hó-ang, thiⁿ-ē chi̍t-toā-poàⁿ;

　　hó-ang bô hó-bó͘, thī-ē chi̍t-toā-tui.

Ho-bó͘ bō hó-ang, thiⁿ-ē chi̍t-toā-poàⁿ;

　　ho-ang bō ho-bó͘, thīⁿ-ē chi̍t-toā-tui.

怨偶何其多也？

　　用來開化怨偶。疏勸的根據是「大多數」這個普同的心理。既

然好妻惡夫，或惡妻好夫是婚姻的現實，也就是命該如此，天道如此，能怨嘆什麼？忍啦！

　　這句俗語厲害得很呀！暗含模糊的命定觀，又含「認同流行」的思想。說的，似乎很合理：處處是怨偶，人人都是「受害者」。據此結論，簡單一句咒語般的「無冤無債，不成夫妻」，就把應該嚴肅面對的婚姻問題掃除得清潔溜溜了。

　　缺乏獨立思考和獨立判斷的能力，而輕易接受「命運」和「流行」的誤導、操縱，乃是嚴重的精神衰弱。——談心靈改革，能不注意這個弱點嗎？

注釋

1. 我們集有好多句「嫁翁謠諺」，請參看，本章第八節。

第二節　緣來緣去

本節段落：

【01】

姻緣到，唔是媒人勢。

In-iân kaù, m̄-sī moê-lâng gaû.

Īn-ên kaù, m̄-sī moē-lâng gaû.

客氣！客氣！

　　媒人的謙虛話，用來回答當事人感謝他／她介紹了一門非常令人羨慕的親事。這位媒人謙遜萬分，絲毫不敢居功，但把功勞推給「姻緣到」！

　　多麼玄虛的姻緣到！婚後關係美滿，深得大家官喜愛，而又加上「入門喜」一類的，當然是很好的姻緣。萬一賢慧的新娘變成閨中猛虎，或是出了什麼情況；萬一謙謙君子變成野狼或是虎頭蜂，這當然也是姻緣使然。媒人，特別是職業媒人，可以高枕無憂，給自己留了轉進的基地。高招啊，高招！

　　姻緣到：成熟的婚姻關係的條件和時機。　姻緣：男女結成夫妻關係的緣份，也有將姻緣關聯到「因緣」的；因緣者，指人和人，人和事物之間所發生的關係。　唔是媒人勢：不是媒人善於替雙方拉攏湊合，例如，隱惡揚善，虛誇條件等等；勢，（做事、做人）能力強。

【02】

姻緣天註定，呣是媒人腳勢行。

In-iân thiⁿ chù-tiāⁿ, m̄-sī moê-lâng kha gaû-kiâⁿ.

In-ên thiⁿ chú-tiāⁿ, m̄-sī moê-lâng kha gaū-kiâⁿ.

用法類似上一句。

　　這句俗語清楚顯示台灣人的婚姻觀，那是一種漢人民間信仰「天」，和民間佛教「因緣」合成的「天定姻緣」觀念。本句為突顯這種觀念，徹底否定了人為的因素：姻緣不是經驗多、信譽好的職業媒人所能締造的──好像要平反素來「媒人嘴，糊褸褸」的壞印象。

　　天註定：台灣民間「天」的信仰，是神格化的「天公」；咸信祂主宰人的命運。　腳勢行：喻指努力交涉的結果；字面是，腳很會走路。　媒人嘴，糊褸褸：俗語，意指(職業)媒人說話都不可信，很會誇張，很會撒謊。

【03】

姻緣相對著，一個提被，一個提蓆。

In-iân saⁿ-tuì tio̍h, chi̍t--ê the̍h phoē, chi̍t--ê the̍h chhio̍h.

Īn-ên sāⁿ-tuí tiō, chi̍t--ē thē phoē, chi̍t--ē thē chhiō.

姻緣弄人私奔去。

　　用來諷刺私奔的男女。說他／她們的「私跑」也是姻緣搞怪使然！句裏用這兩人「一個提被，一個提蓆」，最基本的寢具棉「被」和草「蓆」，來喻指清清採採，隨隨便便同居的生活。

　　好損人的話呀！「一個提被，一個提蓆」！看了，有何感想？五六十歲以上的台灣人，可能會聯想到「乞食」遷移陣地的情形吧！是啊，老先人就是如此利牙，口無饒恕的譏刺自認「姻緣相

對著」的野鴛鴦。

【04】

共桌食，共床睏，也是緣份。

Kāng-toh chiảh, kāng-chhn̂g khùn, iā-sī iân-hūn.

Kāng-toh chiā, kāng-chhn̂g khùn, iā-sī ēn-hūn.

飽餐安眠緣份定。

　　斷言同桌共床皆緣份。這樣講，學生的學寮生活或是軍隊的兵營生活，是否也算是「緣份」？是的，廣義而言。但本句講的是男女婚姻的緣份；在先人的腦海中，啥是學寮生活，軍隊生活？同時「桌」和「床」都是家庭和婚姻生活的表象。

【05】

有緣則做伙，做伙是有緣。

Ū-iân chiah choè-hoé, choè-hoé sī ū-iân.

Ū-ên chiá chó-hoé, chó-hoé sī ū-ên.

緣份主義。

　　用來主張，什麼都是「緣」，有了她，什麼都可能產生。

　　有緣：人和人之間發生交涉、際遇、互動等等作用所依憑的關係。另外，佛教常用來指那些皈依佛法，得渡的有善緣善根的人。緣，源自佛教「緣起」的思想：任何事物都是在一定的條件下相成或相滅的。

　　這句俗語也有警告作用！要人當心「有緣做伙」之說。因為此詞用得極廣泛，由最單純的「碰面說一聲Hi！」，到最複雜的舊情復活的做伙，老冤家團圓的做伙，上床「交陪」的做伙──亂用「有緣」要來跟人「做伙」的，不能不防備哦！

【06】

花無錯開，天無錯對。

Hoa bû chhó-khai, thian bû chhò-tuì.

Hoa bū chhó-khai, then bū chhó-tuì.

佳偶天作，怨偶誰配？

本句的重點在第二分句，「天無錯對」。她有力地宣示，上天不會亂點鴛鴦譜，正如「卵神對三八」，或是「戇翁對巧某」，這都是老天聖意配對的。

這句俗語用的是對比同對式，用「花無錯開」來比對「天無錯對」，以開示天不會亂對，正如花之不會亂開——時到花便開，天願緣就到！

動不動就把姻緣歸給「天」，給「前世的冤孽」，難免有當事人推卻婚姻的選擇和決定的責任的嫌疑。尤其是一般人談「姻緣」，有意無意之間已經逸脫了「緣生」的思辨，混淆了個人的「合意」，那是所謂的「合意卡慘死」！然而，有誰能說「合意」不是姻緣；「合意」，甚至是主要的、決定性的一個條件啊！

咱台灣社會有許多「迷信亂象」，其中好多肇因於江湖術士惡用「緣」字，要來改運以騙財騙色！若有人向妳說：「咱真有緣！」就該離開他，懷疑他！不要隨便把「緣份」的解釋權交給任何人！緣份是構成彼此關係的主客觀條件，妳能夠分析，能夠批判的，切莫一頭栽進迷信、巫術的邪惡深淵。

【07】

五百姻緣，天註定。

Gō·-pah in-iân, thiⁿ chù-tiāⁿ.

Gō·-pá īn-ên, thiⁿ chú-tiāⁿ.

天作之合。

斷言，這門婚事是非常非常有緣份的，乃是上天在五百年前，就已經註訂的姻緣。又有「緣定三生」和「一日夫妻，百世姻緣」之語；後一句，見《增廣昔時賢文》。

五百姻緣：指極深，極好的姻緣；字面義是五百年前註定的姻緣。五百，五百年也，形容許多年前。而五百，可能來自佛教的「五百世」；《經律異相》謂：「嘗聞一女人，爲餓鬼所持，即從咒術而向鬼言：『何以惱他女人？』鬼答言：『此女人是我冤家，五百世中常殺我，我也五百世中斷其命。若彼能捨舊怨心，我也捨。』」　緣定三生：指宿世的緣份，今生姻緣是三世以前就決定的；又指今世美好姻緣，可以再締結三次。

不論是「五百姻緣」，「緣定三生」或「百世姻緣」，說的都是姻緣前定。雖然句裏都沒有說決定者是誰，但台灣民間多數人相信，婚姻大事是「天」定的，是「命」定的。這也是唐山文化的定命婚姻觀的影響。相傳中國西湖花神廟有這麼一對楹聯：

　願天下有情人，都成了眷屬；
　是前生註定事，莫錯過姻緣。

好一句「是前生註定事」，看來匹夫匹婦就此各安婚姻了！尤其是，在大男人主義的社會裏，也是如此這般祭出「認份」，來埋葬無數怨偶。但按照這種思想模式，問題仍然是因因果果的循環無解，五百年後再來一過「豬，欠狗債」，俏冤家再來展開一場新因舊果混雜的姻緣鬥爭。

這種姻緣觀的意義何在？值得深思！

【08】

百世修來同渡船，千世修來共枕眠。

Pek-sè siu-laî tông tō·-chûn,

　　chhian-sè siu-laî kāng-chím bîn.

Pek-sè siū-laì tōng tō·-chûn,

　　chhēn-sè siū-laì kāng-chim bîn.

同舟同床皆姻緣。

　　用來勸人珍惜婚姻關係，因爲要結成夫婦來共枕而眠，乃是用千年的善行「修」來的姻緣；此說，用「同渡舟」也是修得的因緣爲映襯。語見，《增廣昔時賢文》。

　　修：籠統的指修養善德，良好的行爲；這裏沒有嚴肅的「修行」意涵。修行，佛敎徒按照敎義修持戒、定、慧，三學。

【09】

無冤無仇，燴結歸球。

Bô-oan bô-siû, boē kiat kui-kiû.

Bō-oān bô-siû, bē ket kuī-kiû.

俏冤家？

　　用來寬解時常吵架，婚姻生活頗不幸福的怨偶。所根據的理由是：今世的「結歸球」是因爲前世有冤有仇；今世的被翁，或是被某虐待，算是還償前世的「債務」。可憐，如此「合理化」！

　　這種翁某結冤仇、相欠債的俗語還有：「翁仔某是相欠債。」「前世，相欠債。」「豬，欠狗債。」

　　這幾句俗語，都把姻緣推到不可知的過去世。同時，也都把婚姻關係的受苦說成「前世作孽」這種「因果報應」。

　　結歸球：難分難解的關係；字義是，結打在一起。　豬，欠狗

債：怨偶是前世互相虧負的，今世再來索債清算；豬、狗，喻指翁某。

　　這幾句俗語，說到婚姻關係都是根據「前定的姻緣」。相信此說的，頗有人在，就是那些苦戀多年才結成夫妻的，也難以回答：爲甚麼如此「執迷不悟」，非君不嫁？

　　然而，這幾句俗語最不可思議之處，應該是在於「前世欠債，今世還債」這種婚姻觀。特別是長久以來，小說、相士的渲染，已經蔚成一種民間信念。《醒世姻緣》道：「欠債不還，生爲父子；大仇未報，結爲夫妻。」這種思想是非常有害的——說不定此一「報應的婚姻觀」正是虐妻虐夫者潛在的意識，那是太可怕的「合理化」了！

　　前世婚姻註定之說，又牽涉到另外一個問題，那是：今世幸福的婚姻，應該是來世再續美緣的「業力」或是「善因」。往這方面看，姻緣應該是「善因」的，不是「惡因」的果報。——今年四月初，李登輝總統慶祝金婚，報載，李總統對這輩子的婚姻生活非常滿意，當著滿座貴賓之前向夫人說：「來世我們還要做夫妻。」聽到的人，都萬分感動。

　　先人這句「無冤無仇，儂結歸球」，原意應該不是用來「合理化」今生的惡婚姻，毋寧是要鼓勵人，警告人，避免造下惡因，努力創造善因，來締結善緣，活出幸福的婚姻生活。

【10】

八字，合著九字。

Peh-jī, kap--tio̍h kaú-jī.

Pé-jī, kap--tiō kaú-jì.

豬狗配？

　　用來嘲笑夫婦倆的婚姻生活很不平靜，不論從那個角度看，都很不搭調，極不平安。句裏用來譏刺的是：翁某二人的「八字」大大衝突，宛如八和九之不配合。

　　背景：民間提親時，男女兩方都會要求交換當事人的「八字」，即是記載出生時的年、月、日、時的天干地支，共有八個字。然後，再請教相士來分析八字所蘊含的「命中強弱」、「刑沖化合」、「合婚疑忌」等等。

　　在合婚方面，尤其是注意女人的八字中「夫子二星」是否和順顯耀，如此才能助夫蔭子。男方的八字貴在「中和之氣」溫純，如此才能福壽雙全，叫女人一生隨夫富貴，甘願來隨雞飛，隨狗跳。

　　先人大大依靠「八字」，因為曩時，當事人第一次瞻仰玉山眞面目，很可能是在洞房花燭夜。那有像今日的先上車後補票，或是坐霸王車的！

　　話雖如此，但「女命無眞，男命無假。」僞造「八字」者，多得很啊！

【11】

拍破人姻緣，七代窮。

Phah-phoà lâng in-iân, chhit-taī kêng.

Phá-phoá lāng īn-ên, chhit-taī kêng.

請多多玉成了！

　　用做警言。禁戒不要用任方法來破壞別人的姻緣，否則將遭受七代人的貧窮的報應。同類語有：「一世破婚，三世窮。」

　　拍破：破壞也，字義是打破。　一世破婚，三世窮：說的是，今世破壞人家的姻緣，那麼七代的家屬要遭受到惡報。

【12】

有緣做牽手，無緣做朋友。

Ū-iân choè khan-chhiú, bô-iân choè pêng-iú.

Ū-ên chó khān-chhiú, bō-ên chó pēng-iú.

真淑女、真君子也。

　　用來鼓勵戀人，能結成「牽手」最好，不能的話，就當做朋友吧！那些拿槍去抄家滅族的，或用潑硫酸去毀她的美貌的，真是土匪不如了。

　　牽手：太太的暱稱，我國台灣對太座獨有的稱號。淵源於原住民的婚俗：男女互有愛意，男贈女檳榔，假如女接受的話，就表示接受他的求愛。這時男人就先行「牽手」去擇地同居，後來再補辦婚禮。郁永河留詩見證：「只須嬌女得歡心，那見堂開孔雀屏；既得歡心才挽手，更加鑿齒結姻盟。」❶

　　陳明仁有一首「牽手」，我們抄引一、三節來共賞詩人的牽手深情：

> 人講前世相欠債，我iah是欲問徹底
> 我toà台灣頭，你toà台灣尾
> 咱怎會熟似，結髮做夫妻
> 你為我儉腸neh肚，我為你做牛做馬
>
> 家內事大大細細，全靠你款頭款尾
> 煩惱我事業，煩惱我身體
> 款待我的胃，三頓換菜se
> 你是家庭的靈魂，暗路的燈火

副歌

牽手啊牽手，若牽你粗粗的手

Tō想起初戀時，絲絨彼款的幼秀

有你tī厝內，免煩惱父老囝幼

有你tī厝內，我才有溫暖的巢

（《台灣教會公報》1993(10.17):12）

雖然分開是痛苦的，但往另一面看，說不定可能發現新的轉機。根據「張老師月刊」副總編莊慧秋調查報告，說，九十年代的分手頗具個人主義色彩，大多數當事人的初感覺是「分手對兩人都好」；其次是「覺得輕鬆、解放」。

背後的理由是，處女情結的影響已經減弱，較多女性體會到「不對的感情」就該分手。（→（《自由時報》1998(11.9):5）

【13】

有緣合雙身，無緣造兩對。

Ū-iân kap siang-sin, bô-iân chō nn̄g-tuì.

Ū-ên kap siāng-sin, bō-ên chō nn̄g-tuì.

師父，阿彌陀佛！

用來鼓勵人，有緣則合，無緣也得好好的離開，如此可能轉變原來的怨偶各得佳配，使無緣造成另外有緣的兩對良配。——高難度的「修行」了！非具備堅強的自信心、愛心、能力和智慧不可。

合雙身：男女雙人，結合爲夫妻。　無緣造兩對：無緣份的男女分開之後，各得新的姻緣，來造成兩對夫妻。

當你遇見無緣的初戀人，有什麼回應？《自由時報》針對這個

主題做過徵文，發表了許多有趣的回應。其中有一則，顯得態度非常超越，智慧非常深邃，作者吳淑貞這麼寫道：

> 相戀了七年的他，突然失去消息，讓我啃食著自己的怨。中斷的消息，中斷的戀情，使我反覆的思索「我錯在那裏？」
>
> 直到有一天他妹妹告訴我，他在中部的寺廟當和尚。我無法解釋，是否我的情深依然不足以留他於紅塵，他已看盡繁華人世，害怕我會癡纏，所以選擇就此遁形，沒有「再見」，此生不再見。
>
> 二十年來，我始終在想，我會再遇見他嗎？……倘若相逢，亦難相認，如果我仍能認出當年那深情眼眸，而今恐也只有清無塵埃，我也只能雙手合十，深深的打個揖，說聲：「師父，阿彌陀佛。」行路就此，疆界各異，無須再翻濤助瀾。（1999(6.12):44）

　　偉哉，吳小姐！把和尚愛人送交佛祖，是最佳的善緣。祝福他把「深情眼眸」不但要修得「清無塵埃」，更是要修得半夜竊思貴小姐的時候，所看到的是一具「骷髏」！❷

注釋

1. 見，亦玄「牽手」《台語溯源》（台北：時報文化出版公司，1983），頁1-2。
2. 這裏筆者要說的是「修行」的一種觀想。不但佛教有此修練，中世紀的基督教修道士也有「骷髏觀想」的修行法。

第三節　擇配大觀

本節段落：

【01】

門當，戶對。

Mn̂g tong, hō͘ tuì.

Mn̂g tong, hō͘ tuì.

黑金vs.特權！

老諺也。用法有二：一、稱讚聯姻的兩方旗鼓相當，兩家的門第相稱，誰也不遜給誰。二、媒人的信條，也是擇配的基本要求：結親兩家的門戶必要相當。反義句：「海翁娶三界娘仔。」

門當，戶對：牛郎門和妓女戶結親，雖然是很「門當戶對」的，但這句俗語沒有這一種用法；說的，都是財勢力三字全的紅門對朱戶。　海翁娶三界娘仔：喻指門戶極不相當的聯姻；海翁，鯨魚；三界娘仔，細小的鬥魚也。

看了這句名諺，您有什麼感想？罵一聲，封建！不錯，確是相當違背「階級勿論」，「愛情第一」的時代精神。現代人，有誰敢公開誇耀自己的「門戶」？炫耀的，褒獎的，幾乎都是白手起家和窮子弟出頭天的。

然而仔細一看，「門當戶對」的聯姻照常處處盛大舉行！且不

論大財閥對政要名流，黑金對特權，幫派老大對黨部大老，就是一般所謂「有理想」的父母和個人，也都默默地，忠實地尋找足以和自己的家門「匹敵」的對手來結親的——「自己做媒」，逃脫對戶入門的族類，另當別論。

　　咱台灣人傳統的議親，總要衡量、探究對方的：經濟狀況、事業成就、職業分類、社會地位、家庭傳統，甚至研究祖宗五代「風流的遺傳」因子等等。看起來頗符合理性的活動和「科學」精神的也！因為「門戶」影響著，塑造著子女的生活習慣，人生態度和處世的基本信念。門戶之間的高度和性質若是相差太大，恐怕不是單憑愛情和意願就能順利超越和適應的。多少婚變，還不是肇因於「門戶」作祟。

　　不過，應該批評的是，婚姻主角的本末倒置。過份重視門當戶對，萬分勢利眼地要面子，貪圖錢財妝奩，企圖結合兩家勢力坐大於地方，以至於忽略當事人是否「適配」的問題。其中最可議的，可能是忽略了「寒門出狀元」，「草地出靈芝」的可能性！

　　相傳，寒狀元賢伉儷嫁女娶媳時，開出來的第一個條件仍然是：門當戶對！

【02】

第一門風，第二祖公。

Tē-it mn̂g-hong, tē-jī chó·-kong.

Tē-it mn̄g-hong, tē-jī cho·-kong.

聞風探源。

　　舊時，要嫁要娶，經媒人介紹以後，雙方家長要親自進行「探聽」對方的「門風」和「祖公」是否符合理想。要是滿意的話，再進行下一步議親。

當知，打聽對方這兩件大事，牽涉到人家的「面子」問題，所以要非常小心暗訪，以免萬一親事不成，大家不好見面。假若自己有極可誇口的門風和祖公的話，請稍安勿躁，人家職業媒婆深知如何替您宣傳；就是差些的，媒人也很會代客包裝。

門風：家風也。實際上是當地一般人的風評，包含家長的從業、財力、爲人、家教、子女的人品，等等；用來評估、預測將來結婚生活的得失。　祖公：有關對方祖先的種種背景，關注的是祖先的職業、財富、遺傳、道德等等，因爲相信積德的祖上有餘蔭福報。

【03】

一錢，二緣，三婿，四少年。

It chiân, jī iân, saⁿ suí, sì siàu-liân.

It chiân, jī ên, saⁿ suí, sì siáu-lên.

金龜佳婿！

這是舊時所謂的「佳婿四要」。就是現代，擁有這四要的男人，仍然是很有「魅力」，很受歡迎的团婿也。此四者，無異於好來塢大明星的本錢：有錢，英俊，年輕，人見人愛！

倘若，有人認爲這四大條件，猶爲不足者，老先人繼續開出六要件，那是：「五好嘴，六敢跪，七皮，八綿爛，九強，十批死。」

我們應該知道，修成這十大功夫者，很可能成爲「僥倖失德」的团婿哦！爲甚麼？道理簡單明瞭。試想，正人君子學此「六藝」之目的何在？當知，此六者，特殊人物的特異功夫也。老先人一語點破，說它是「開仙」的本錢！

欲擇佳婿者，小心了！

【04】

一錢財，二人才，三詼諧。

It chîⁿ-chaî, jī jîn-chaî, saⁿ khoē-haî.

It chīⁿ-chaî, jī jîn-chaî, saⁿ khoē-haî.

　　用法和意思相似於上一句。

　　但本句對於囝婿開出來的條件比較嚴格，其中「人才」和「詼諧」並不是用錢所能鑄造的，而是關聯到先天稟賦。

　　這句俗語頗有意思，除了繼承傳統的「錢」和「才」的佳婿觀以外，加上了「詼諧」一項。這是很難得的才性哦！詼諧者，講話要有彩色，但不是豬哥黃的那種渲染；談論要有營養和滋味，如吃台灣鮮猛的紅蟳配員林東山的鹹橄欖。

　　難哦，有錢財，又有人才和詼諧的女婿！

【05】

身體健康，學問普通，算盤會摸。

Sin-thé kiān-khong, ha̍k-būn phó·-thong, sǹg-poâⁿ oē bong.

Sīn-thé kēn-khong, ha̍k-būn pho·-thong, sńg-poâⁿ ē bong.

數鈔票的頭家娘也。

　　這是選擇媳婦的三個基本條件。舊時，庄頭庄尾開一家小雜貨店的家庭，要娶媳婦的話，大概離不開這句諺語所開出來的條件。

　　背景：就以日據時代來說這三個條件的重要內容吧。「身體健康」：四肢健全，五臟六腑沒有暗疾；身材不可高過男的，中圍不能太細；眼不老花，不近視；氣色好，足堪負起弄三五塊璋，製一二片瓦。「學問普通」：公學校畢業足矣！鄉人欠帳知曉登記、寫批看信粗通；至於「高女」出身的，庄腳人豈敢「娶來做

祖」？據說，她們都有當「先生娘」的願景。「算盤會摸」：小本生意嘛，二位數以內的加減不至於大錯誤就很勝任了。

【06】

第一身體健康，第二學問普通，第三門戶相當。

Tē-it sin-thé kiān-khong, tē-jī ha̍k-būn phó·-thong,

　　tē-saⁿ mn̂g-hō· siong-tong.

Tē-it sīn-thé kēn-khong, tē-jī ha̍k-būn pho·-thong,

　　tē-saⁿ mn̄g-hō· siōng-tong.

金牛相觸了！

　　這句俗語可能是給舊時「世家」的後生開出來的條件吧。因為一般人不敢輕易嘗試高攀「門戶相當」的小姐，咸信這種嬌生慣養的媳婦不但不善事翁姑，可能還會瞧不起一家大小。

　　門戶相當：家庭有錢有勢，是地方的大戶人家。

【07】

做囝婿看傢伙，做新婦看娘嬭。

Choè kiáⁿ-saì khoàⁿ ke-hoé, choè sin-pū khoàⁿ niû-lé.

Choé kiaⁿ-saì khoáⁿ kē-hoé, chó sīn-pū khoáⁿ niū-lé.

嫁錢娶人也。

　　斷言，擇婿必要考慮他的家庭是否有豐富的「傢伙」；選擇媳婦，就要注意她的「娘嬭」的種種條件，例如，健康、體裁、容貌、智力、性格、為人等等。——先人另有強調，說：「揀囝婿揀一個，揀新婦揀一家。」

　　嫁看錢，娶看娘，為甚麼？道理也頗簡單：因為舊時的女人嫁翁是要吃翁、要穿翁、要住翁的，翁沒有傢伙的話，柴米夫妻嘛，難以渡日的也！誰願嫁給窮鬼？

　　至於，娶某看娘，因為女孩比較像她的老母。老母條件好的話，查某囝一定不會差到那裏去的；例如，老母月信正常，五十之年還在斷續吃「鹹酸甜」；她的查某囝，也很難例外。老母三三八八，查某囝再稍微加油，就是三九了。

　　做新婦當然要看娘嫺！母與女既相親又相近，日夜不停的薰也陶也，結果是母是女了！

【08】

掠貓仔，看貓母。

Lia̍h niau-á, khoàⁿ niau-bú.

Liā niāu-á, khoáⁿ niāu-bú.

會捕老鼠的？

　　用指選擇媳婦的原則，要檢驗丈母娘是否符合標準。本句是用選「掠貓仔」為比擬的：母貓若是很會捕鼠，那麼，這隻要來養的小貓，也一定是鳥鼠的大剋星了。同類句有：「買厝看樑，娶某看娘。」

　　掠貓仔：討貓來飼養之謂也；舊時沒有什麼「寵物店」可購買貓，要養貓的話，都是向親友要的。

【09】

一代無好母，三代無好囝。

Chi̍t-taī bô hó-bú, saⁿ-taī bô hó-kiáⁿ.

Chi̍t-taī bō ho-bú, sāⁿ-taī bō ho-kiáⁿ.

　　用法和意思相似於上一句。

　　老先人在這句話道出，先天的遺傳和母教的影響。確實頗有參考的價值。

【10】

做田著有好田底,娶新婦著有好娘嬭。

Choè-chhân tiȯh-ū hó chhân-té,

　　chhoā sin-pū tiȯh-ū hó niû-lé.

Chó-chhân tiō-ū ho chhān-té,

　　chhoā sin-pū tiō-ū ho niū-lé.

　　用法和意思相似於上一句。類似句有:「娶某看娘嬭,嫁翁看老父。」

　　本句的重點在於第二分句,而第一分句是興句,雖然「做田」和「娶新婦」是兩碼子事。耕田之須要「好田底」,才有豐收的可能性;如此比擬娶新婦之必要有「好娘嬭」,才有賢妻的希望,也是頗有道理的。

　　好田底:土壤性質,耕作條件,以及生產的可能性都很好的水田。

【11】

揀後注,唔免揀大富。

Kéng aū-tù, m̄-bián kéng toā-pù.

Keng aū-tù, m̄-bèn keng toā-pù.

人才本位!

　　強調擇婿擇婦,不必考慮他／她家一定要富有,而要慎重選擇當事人,所謂「後注」個人的條件是否優越。

　　後注:喻指子女,子弟;第三者用來稱呼人家的子女,字義是:依靠,(經營生意的)本錢,(賭博的)押注金。

【12】

好田地,唔值著好子弟。

Hó chhân-tē, m̄-ta̍t-tio̍h hó chú-tē.

Ho chhān-tē, m̄-ta̍t-tiō ho chu-tē.

做穑翁不好玩？

　　用法有二：一、擇婿的一個原則：強調女婿的人才人品比財富重要。二、父母心裏深處的期待，出個好子女，勝過家財萬貫。

　　（本句又見，11.52）

【13】

會揀，揀人頭；膾揀，揀門頭。

Ē kéng, kéng lâng-thâu; boē kéng, kéng mn̂g-thâû.

Ē kéng, keng lāng-thâû; boē kéng, keng mn̄g-thâû.

大頭，不一定好！

　　用來提醒人，選擇對象不要太在意於對方的家世背景，而要選擇具有良好條件的當事人。

　　本句用對比修辭式，「會揀」對「膾揀」；會和不會選的結果是「揀人頭」和「揀門頭」的差別。

　　那麼，什麼是該揀的「人頭」呢？這一節的俗語有不少見解，例如：有錢、有人緣、漂亮、年輕、健康、學問普通、詼諧不少、面有笑容等等。

　　然而，我們覺得奇怪的是，從小父母一再教誨，再三叮嚀的「要乖乖」，要古意、誠實、認真等等德性，為什麼不見強調，為甚麼存而不論了？

【14】

查某囝要嫁翁，也著會飼翁。

Cha-bó͘-kiáⁿ beh kè-ang, iā--tio̍h oē chhī-ang.

Chā-bo͘-kiáⁿ bé ké-ang, iā--tiō ē chhī-ang.

嫁人？還早！

　　可能是父母用來教訓查某囝的金言玉語。身無一技之長，要嫁人是一種冒險。看來，最好的嫁妝是「飼翁」的能力。老先人有此突破傳統的「嫁翁，食翁」的見解，眞是不簡單！

　　飼翁：喻指爲人妻者，也該俱備有謀生養家的能力。

【15】

著愛精光刺，呣通三八刺。

Tio̍h aì cheng-kong chhiah, m̄-thang sam-pat chhiah.

Tiō aí chēng-kōng chhiah, m̄-thāng sām-pat chhiah.

好，很有個性！

　　用法有二：一、擇配時，若探聽到這位小姐什麼都好，只是「眞刺」；這時就得注意，她是什麼樣的刺，是「精光刺」的呢，或是「三八刺」？二、舊時，老母用來教訓查某囝，提醒她：女人並非完全要溫柔，個性強些也沒有什麼關係，但必須是精光刺，不可以三八刺！

　　刺：專指女人性情剛烈，勇於奮力鬥爭的性格。　精光刺：含有通情達理，據理力爭的勇氣和智慧的個性。　三八刺：性格頑強，亂鬧情緒。

　　舊時，唐山公的傳統「女戒」，強調的是女子要個性單純，溫柔如水；一旦性格堅強些，頭腦清楚些，又敢辨別是非，大聲發表意見的話，據說會嚇死儒雅君子，查某囝也就乏人問津了！

　　這種抑制女人個性的結果，給女子製造了一個專有名詞「刺」，同時塞進了許許多多負面的訊息。幸虧，我台灣先人明辨是非，看出「刺」有好的，有壞的！其中有「精光刺」一類，這是現

代女性必要修養的性情：小自女人獨當一面，大至台灣要獨立建國，都須要這種精光刺的女人。

（參看，「惹熊惹虎，呣通惹著刺查某。」112.14）

【16】

量才取婦, 稱女嫁夫。

Liông chaî chhú-hū, chhèng lú kè-hu.

Liōng chaî chhu-hū, chhéng lú ké-hu.

一分錢，一分貨？

　　用做警語。娶媳婦要的是她的才德，不是她家的財帛；嫁查某囝，找的是和自己的家庭，和自己的女孩的條件相配的門戶和女婿，不可貪圖人家的富貴。

　　當然，也不要「賤賣」，豈可冤枉自己的乖查某囝？語見，《注解昔時賢文》。

　　這句俗語說的極是。正確地指出婚姻最主要的二件要事。

　　一、以當事人為中心的考慮：是所謂「量…稱」而後決定「取婦…稱女」；此說，極有說服力。君不見，有時候單看一個男人，或單看一個女人，並不覺得有什麼好壞，甚至都很好。但如果這一對男女串在家庭的這個軸心，而他們兩邊的徑圍相差太大的話，勢將難以順利推進婚姻和家庭的巨輪。

　　二、以人才為前諦的的擇配：句裏說，量「才」而後取婦，不是量「門」稱「戶」而後聯姻。能把新郎新娘的「才」情放在擇配的中心，來突顯出「人才」比門戶重要，這種見解在舊時代是非常難得的！為甚麼「才」比門第要緊？因為「才」是一切發展的可能性，段注此字為「草木皆生而枝葉畢寓。」《說文解字》）

　　好厲害的眼光啊！夫妻有了「才」能，還怕餓死嗎？怕不能自

立嗎？

【17】

嫁女擇佳婿，勿索重聘；娶妻求淑女，勿計厚奩。

Kà-lú tek ka-saì, but sek tiōng-phèng;
　　chhú-chhe kiû siok-lú, but kè hō·-liâm.

Ká-lú tek kā-saì, but sek tiōng-phèng;
　　chhu-chhe kiū siok-lú, but kè hō·-liâm.

聘金嫁妝可隨意，要的是好人才！

　　選擇女婿和媳婦的原理。提醒嫁女的父母和娶妻的當事人，注意選擇的是佳婿、淑女，不要貪圖豐富的聘金或妝奩。語出，《朱子治家格言》。

　　句裏用「勿計」一詞，頗堪吟味。因為「計」是台灣人聰明的頭腦必有的活動；婚姻的計聘金，計妝奩，也是社會盛行的陋俗！於是，朱先生把一定會「計」較的價值問題，從物質層面提升到「精神」層次：只要囝婿、新娘還算是個人才，那麼其他的條件儘量擇優，可免斤斤計兩啦！有一首開化詩，道出其中道理：

　　　　婚姻幾見鬥奢華[Hun-in kí-kiàn tò· chhia-hoa]，
　　　　金屋銀屏衆口誇[kim-ok gîn-pîn chiòng-kháu khoa]；
　　　　轉眼十年人事變[choán-gán sip-liân jîn-sū piàn]，
　　　　妝奩賤賣與人家[chng-liâm chiān-boē ú jîn-ka]。

【18】

街婦進房，家敗人亡。

Ke-hū chìn-pâng, ka-paī jîn-bông.

Kē-hū chín-pâng, ka-paī jîn-bông.

淫蕩女，免談！

　　舊說，男人雖然不乏尋花問柳的，但切莫娶街婦爲妻室，其結果可能是家敗人亡。然而，先人並沒有完全排除從良，成爲好主婦的可能性，所以說：「娶婊做某，唔通娶某做婊。」

　　街婦：性格淫奔的女人，不專指站壁或阻街女人。　娶婊做某…做婊：婊，成因複雜，絕非一句「壞女人」可以界定的。她們大多是經過人生大風浪的女人，從良之後可能比較知道如何經營家庭。若是娶妻的目的是要她爲婊，那就太不可思議了！

【19】

好鐵唔打菜刀，好查某唔嫁癡哥。

Hó-thih m̄-phah chhaì-to, hó cha-bó· m̄-kè chhî-ko.

Ho-thih m̄-phá chhaí-to, ho chā-bó· m̄-ké chhī-ko.

八戒下凡也。

　　斷言，好女人不要嫁給「癡哥」，但是癡哥的太太，並不都是壞女人！類似語有：「願嫁死某倌，唔嫁離某旦。」

　　本句修辭用的是起興格式，前後兩個分句是互無關聯的，「好鐵唔打菜刀」旨在喚起人注意「好查某唔嫁癡哥」這個主句。

　　癡哥：好色又大膽死纏女人的男子。　死某倌[*sí-bó· koaⁿ*]：死了太太的老人。　離某旦[*lî-bó· toaⁿ*]：離婚的英俊小生。

【20】

甘願擔蔥賣菜，唔甘願合人公家翁婿。

Kam-goān taⁿ-chhang boē-chhaì,

　　m̄-kam-goān kap lâng kong-ke ang-saì.

Kām-goān tāⁿ-chhang bē-chhaì,

m̄-kām-goān kap lāng kōng-kē āng-saì.

最後的條件。

　　舊時，窮人家的有志氣女兒，用來拒絕錢大爺娶做第九番細姨的求親。這個台灣查某囝很有現代女人的氣魄，寧願過著清寒的生活，也不要成爲人家的小妾——妾的物質生活可能比賣菜的安定，但不一定安寧，不一定抬得起頭來。

　　甘願擔蔥賣菜：喻指自立營生，辛苦的工作。這是舊時女人所能做的小本生意的一種，她挑著一擔蔬菜，沿路叫賣，所賺不多，但心裏充滿自信和自由。

　　這句俗語，就是今日還是很有道理，很有積極的思想：地下夫人有幾個是快樂幸福的？細姨奶，在法律上沒有地位，在社會上沒有名份，心裏的空虛不難想像。

　　單要女人「甘願擔蔥賣菜」是不公道的，但女人有此自尊的話，必然大大打擊男人養細姨，蓄多嬌的惡習。

【21】

呣要觀音面，只要夫星現。

M̄-aì Koan-im bīn, chí iàu hu-chhiⁿ hiān.

M̄-aì Koān-īm bīn, chi iáu hū-chhiⁿ hēn.

冷艷遜愛嬌。

　　從面貌言，不要求女人有全方位的完美，如「觀音」的面貌；她太純潔，太冷感了。女人的臉孔雖然平庸，只要是對於男人有魅力，就很好了。句裏，用「觀音面」和「夫星現」這兩個表象來喻指：無情的美麗和煽情的愛嬌。

　　觀音面：觀世音菩薩的玉顏也，那是聖潔慈祥有餘，性感零點的面貌。　夫星現：發動男人情慾，嬌之爲夫的星斗；命相家虛擬的星

星也。

【22】

婿醜無塊比，合意卡慘死。

Suí-baí bô--teh-pí, kah-ì khah-chhám-sí.

Sui-baí bō--té-pí, ká-ì khá-chham-sí.

通電了！

斷言，女人的容貌的美醜沒有一定的標準，「合意」就是漂亮，就有緣份，就有走上紅地毯那一端的可能性。

句裏雖說是「婿醜無塊比」，但也非絕對主觀認定的，也有時代和社會的共識，例如，舊時代的鷄蛋面、柳葉眉、單眼皮、鳳眼目、蔥管鼻、鮎魚嘴；近代的，有流行的標準，例如，像Kitty貓，如無尾熊一般的可愛。所以，這句話眞正的意思是：只要「普通漂亮」就可以了！其他的條件，儘在「合意」。

【23】

生緣免生婿，生婿無緣上剋虧。

Si^n-iân bián si^n-suí, si^n-suí bô-iân siōng-khek-khui.

Sī^n-ên bén sī^n-suí, si^n-suí bō-ên siōng-khek-khui.

夫星閃爍也！

斷言，娶妻要選有人緣的女人，臉龐好看，但一派陰涼，相親的人當然引不起興趣，煽不起熱情，就此當機，也就沒有下一步了。至於，美而無緣的女人所以是「上剋虧」，據說因爲她是應該十四五歲就該出嫁的貨色，竟然成爲拍賣不出去的貨底，多可惜啊。

上剋虧：最吃虧，損失慘重也。

【24】

好歹湯著會燒, 婿醜查某著會笑。

Hó-phaíⁿ thng tioh--oē sio,

　　suí-baí cha-bó· tioh--oē chhiò.

Ho-phaiⁿ thng tiō--ē sio,

　　sui-bai chā-bó· tiō--ē chhiò.

肉吻笑, 目睭降?

　　老先人好意地指點, 娶妻要選擇面帶有笑容的女子。當然, 這不是媚笑、淫笑、勾魂笑那一類的, 而必要是有教養的, 心自在而喜樂的, IQ高而有自信的那種笑容。

　　本句的修辭式用的是起興, 用上了一句相當庸俗的「好歹湯著會燒」, 來引導一項非常重要的女人美麗的秘密:「著會笑」!——真珠包裹在貝殼裏的美妙, 只有在民俗文學才可以看到!

【25】

一代大新婦, 三代大囝孫;
　一代娶矮某, 三代出矮鈷。

Chit-taī toā sin-pū, saⁿ-taī toā kiáⁿ-sun;

　　chit-taī chhoā é-bó·, saⁿ-taī chhut e-kó·.

Chit-taī toā sīn-pū, sāⁿ-taī toā kiaⁿ-sun;

　　chit-taī chhoā e-bó·, sāⁿ-taī chhut e-kó·.

優生考慮?

　　用來提醒人注意結婚對象的身材問題, 說的道理相當淺顯: 體格高大的妻子, 會生產體格高大的第二代。類似句有:「一代

睚新婦，三代睚囝孫。」「一代娶矮某，三代生矮鼓。」

【26】

娶某大姊，好到死。

Chhoā bó͘-toā-chí, hó-kaù sí.

Chhoā bo͘-toā-chí, ho-kah sí.

心身成熟好牽手。

　用來肯定新娘的年齡大過新郎，則夫妻倆的感情一定很融洽，會是個好姻緣。同類句有：「某大姊，坐金交椅。」

　某大姊：年紀比丈夫大的太太。　好到死：好得要命，相好得不得了。　坐金交椅：字義是，坐在舒適的金交椅，太師椅；意指丈夫的家庭生活過得很舒服，家庭經濟大發，因爲某大姊比較會照顧丈夫，又會打算盤，深知開源節流之道。

　爲甚麼「娶某大姊，好到死」呢？

　從台灣舊時農業社會背景而言，男人被要求早婚，能妥當負起繁重的農事操勞，以及生男育女的使命者，自然是某大姊了。同時，一般某大姊的家庭都不會很富有，大多不是嬌生慣養之類的女人；性情好，工作能力又好的媳婦，家庭生活和諧的可能性自然增加。某大姊，眞是家庭的大利多。

　就現代人而言，某大姊代表的不僅是年紀比丈夫大，同時是人生的經驗、甚至知識、能力、財力都可能比小丈夫強而豐富。人生歷練較多，可能更會對待丈夫，知道調適自己，就是夫婦「親密」這一回事也可能比較會。這些條件也是那些「幼稚園大班」的妻子所未備者。

　不過，要娶某大姊的丈夫，必要成熟的心理，要能坦然面對高齡生產，旁人閒話和難掩容顏的問題。

【27】

大五合大七，呣免動手筆。

Toā-gō͘ kap toā-chhit, m̄-bián tāng chhiú-pit.

Toā-gō͘ kap toā-chhit, m̄-ben tāng chhiu-pit.

另類妙齡佳配。

　　命相家之言。說，新郎比新娘大五歲，或是大七歲都是很好的配對，用不著麻煩算命仙「動手筆」。

　　動手筆：喻指麻煩相命仙來批卜婚姻沖剋；動手筆，動手腳也有可能，那是僞造女方的「八字」來造成佳配。

【28】

老翁疼芷某，芷翁不如無。

Laū-ang thiàⁿ chíⁿ-bó͘, chíⁿ-ang put-jû bô.

Laū-ang thiáⁿ chiⁿ-bó͘, chiⁿ-ang put-jū bô.

黃口小子，誰要！

　　用來主張嫁給老翁的好處。理由是：老翁比較會疼愛年輕的妻子。至於嫁給一個年輕得太多的小丈夫的話，倒不如不嫁的好。

　　芷某…芷翁：很年輕的妻子、丈夫；芷，嫩、幼也。

　　爲甚麼老翁疼年紀小的太太呢？一般而言，老翁的人格成熟，人生經驗豐富，可能比較不會計較，凡事知道容忍。同時，老來娶妻，要不是有相當不得已的限制，就是有人生極大的變故，經過大風浪的人，要是能娶得年輕的妻子，自然知所珍惜。

　　反之，芷翁不知天高地厚，爲人處世還在學習、摸索當中，要他善待老某，未免期待得太早了些！

【29】

要嫁都市乞食，呣嫁草地好額。

Beh kè to·-chhī khit-chiảh, m̄ kè chhaú-tē hó-giảh.

Bé ké tō·-chhī khit-chiā, m̄ ké chhau-tē ho-giā.

拒絕嫁爲農奴。

　　斷言，嫁人切莫嫁給鄉下的大農戶，而寧可嫁給「都市乞食」！

　　背景：「草地好額」，田園雖多，享受幾乎沒有，有的是做不完田園的粗活，做不盡的養豬、飼鷄、餵鴨等等農家副業。除了春節和年中幾個大節日之外，農夫農婦整年操勞，無異於一部耕耘機。

　　嫁給「都市乞食」吧！雖然是貧窮，雖然是有限的收入，但天天得見小錢，日日過得比較安閒的生活——至少算是個都市人。

　　都市乞食：喻指都市裏討生活的小百姓；不是眞的嫁給乞兄。

　　草地好額：鄉下富豪雖然「好額」，田地多；但嚴格說來，他們是頗缺乏鈔票的，只是在收穫期才能摸到錢。但錢一入手，馬上又得投資肥料、種子，繳納金、水費、所得稅等等，扣除萬萬稅，草地好額所剩無幾，賺的盡是艱苦操勞。

　　就這句俗語產生的時代背景而言，都市代表的意義是勿庸操勞。但時過境遷，現代都市代表的意涵更加豐富：人口集中，經濟力強，就業機會多，文化水準高，例如，高級人力有65%集中在都會區；每戶的所得平均數，都市和鄉村是九倍以上的差距。

(→《中央日報》1993(12.19):7；《自立早報》1993(11.2):8)

　　老先人洞察先機，都市乞食勝過草地好額！哀哉！城鄉貧富差距如此之大，豈是一個平安的，公義的社會？

【30】

嫁入城無食嘛好名,嫁入山有食嘛烏乾。

Kè ji̍p-siâⁿ bô-chia̍h mā hó-miâ,
 kè ji̍p-soaⁿ ū-chia̍h mā o͘-koaⁿ.

Ké ji̍p-siâⁿ bō-chia̍ mā ho-miâ,
 ké ji̍p-soaⁿ ū-chiā mā ō͘-koaⁿ.

用法和意思相似於上一句。

無食嘛好名:雖然收入不豐,但名譽比較好,算是「都市人」,文明人也。 **嫁入山**:嫁到山區裏的人家。 **有食嘛烏乾**:不愁三餐,但工作很辛苦,人都被炎陽曬成了人乾。

【31】

妳若要閒,嫁來安平。

Lí nā-beh êng, kè-laî An-pêng.
Lí nā-bé êng, ké-laī Ān-pêng.

安平招親!

　　詼諧地指出,女人要出嫁的話,應該考慮嫁到比較清閒的社區。本句是安平地方特有的諺語,反映著安平人的自信和友善,溫柔地向愛清閒的女人公開「徵婚」。本句或說如:「妳若要閒,且來嫁安平。」

　　背景:安平原名「一鯤鯓」,係鄭成功從荷蘭人之手佔據該地區以後改名的。她是我國台灣最早的港口,在清國佔領的時期,主要是做為商港和唐山通往;她也是一個小漁港。

　　安平因為不是農業地區,該地的女人自然不像其他農村的女人,必須和男人一起在田野日曬雨淋,從事粗重的農務。他/她們在家裏做些手工、家事,皮膚身體保養得非常漂亮、健康,真

是羨煞了我們的女同胞。

讚，讚！安平人娶妻的條件如此「優越」，自信滿滿地向全國待嫁的小姐發出最溫馨，最浪漫的邀請。

告訴妳一個好消息！安平為「入門喜」的新娘，準備名聞全國的鹹酸甜；為「做月內」的媽媽，備有紅蟳、沙蝦、土魠、鮮蚵，包她乳汁汪汪流，乳哺雙麟大大有餘。

安平：屬台南市安平區，面積6.99平方公里，離台南市區三公里；安平港在本區的西北。她是我國最重要的歷史聖地，有荷蘭、明鄭、清國、日本國各時期留下來的痕跡。 入門喜：洞房花燭夜一舉受孕，或入門後數日之內懷孕；帶球跑進門的不算。

【32】

要娶嘉義人，要嫁台南翁。

Beh-chhoā Ka-gī lâng, beh-kè Taî-lâm ang.

Bé-chhoā Kā-gī lâng, bé-kè Taī-lām ang.

美而廉，好姻緣！

斷言，嘉義市和台南市分別出產值得嫁娶的新娘和新郎。

背景：嘉義市民風樸素，當地的女人教養好，性情溫柔。還有，嘉義人嫁查某囝的時候，相當慷慨，嫁妝都很豐富，所以嘉義新娘「銷路」特別好。至於，要嫁翁，最好是嫁給台南翁，據說台南市的少年郎都是人文素養頗高的紳士，「敬某」的大丈夫比比皆是，所以台南翁也是該市的招牌。

【33】

查某唔嫁卑南人，新婦要娶卑南姑娘。

Cha-bó͘ m̄-kè Pi-lâm lâng,

　　sin-pū beh-chhoā Pi-lâm ko͘-niû.

Chā-bó͘ m̄-ké Pī-lām lâng,

　　sīn-pū bé-chhoā Pī-lām ko͘-niû.

凍霜郎vs.勤儉女。

　　指出「卑南」郎嫁不得，但卑南女確是君子好逑的對象。

　　背景：據說，台南學甲福佬移民來卑南定居的「卑南人」(非原住卑南人)，萬分刻薄自己，連魚都撿細小又便宜的買，所以許多父母捨不得自己的乖查某囝下嫁卑南人家。但是，正因爲卑南人勤儉成性，他／她們的小姐個個都擅於勤儉持家，各地聞訊來求親者車水馬龍！❶

　　凍霜郎[tàng-sng-lông]：吝嗇的年輕男人。

【34】

查某囝第一嘸嫁搖銅鐘，
　　第二嘸嫁踏山嶺，第三嘸嫁稞針兄。

Cha-bó͘-kiáⁿ tē-it m̄-kè iô tâng-cheng,

　　tē-jī m̄-kè tàh soáⁿ-niá, tē-saⁿ m̄-kè pín-chiam hiaⁿ.

Chā-bo͘-kiáⁿ tē-it m̄-kè iō tāng-cheng,

　　tē-jī m̄-kè tā soáⁿ-niá, tē-saⁿ m̄-kè pin-chiām hiaⁿ.

外遇恐懼症候群？

　　舊時，九嬸婆之類的老婆婆用來提醒前鄰右舍待嫁的小姐，有三種職業的人士千萬不要下嫁：「搖銅鐘」的人，「踏山嶺」的人，以及「稞針兄」。　　爲甚麼？據說，這三種從業人員接近女人的機會頻繁，所以發生外遇的機率極高。

　　搖銅鐘：指道士、師公、巫師之類的從業者；銅鐘，作法時應用的法器也。　　踏山嶺：指風水仙，他的職業就是受人聘請，四處出入山坵探看龍脈吉穴。　　稞針兄：舊時，沿門叫賣胭脂、白粉、針線、

稟針，等等女人的日常用品者；稟針，別針也。

【35】

二姓聯姻。

Jī-sèng liân-in.

Jī-sèng lēn-in.

安全瓣在此。

　　這是傳統擇配的大方向：求婚於異姓人家。舊禮教有言，「合二姓之好，上以事宗廟，而下以繼後世，故君子重之。」(《禮記‧昏禮》)類似語有：「同姓，不婚。」

　　為甚麼聯姻要二姓？因為要避免沖犯亂倫禁忌，杜絕血緣的紛亂；此一原始用意不能說不善，但有食古不化的老頑童，連500年前都沒有瓜葛的同姓婚姻也要反對，要禁止。真是豈有此理！──「二姓聯姻，其婚必昌」的基本教義派信徒也。

【36】

娶著施黃許，尊敬若天祖。

Chhoā--tio̍h Si N̂g Khó͘, chun-kèng ná thiⁿ-chó͘.

Chhoā--tiō Si N̂g Khó͘, chūn-kéng na thīⁿ-chó͘.

對錯了門戶！

　　舊時，鹿港人用來警告他／她們的少年郎，不要和「施黃許」三大家族的小姐結婚，以免後來變成「驚某的大丈夫」。類似句有：「施黃許，刺查某；娶著施黃許，敬伊若天祖。」

　　背景：鹿港居民以泉州籍為主，其中施、黃、許等三大姓，佔全鎮人口的80%。因為人多勢眾，氣燄難免較盛，影響所及，這三姓的女人也以兇悍而聞名，所以娶這三姓的女子者，必須小心翼翼的伺候，以免招來娘家興師問罪。❷

【37】

姑表相趁,歸大陣。

Ko͘-piáu sio thīn, kui toā-tīn.

Kō͘-piáu siō thīn, kuī toā-tīn.

親上加親?

舊說,用來支持「姑表」兄弟姊妹之間的結婚。說的是,姑表婚的人多得很啊!

請注意,「姑表婚」是我國民法禁止,民俗反對,因爲那是四等親內,爲同祖母的血緣。對於血統、優生都有紛亂和弊害。

姑表:姑表兄弟姊妹,即是阿姑的後生和查某囝。 相趁:男女配親;趁,相隨。 歸大陣:人數衆多,成群結隊,比比皆是也。

(參看,「姑表骨肉親,姨表是他人。」14.26)

【38】

姑換嫂,一頭好,一頭倒。

Ko͘ oāⁿ só, chìt-thaû hó, chìt-thaû tó.

Ko͘ oāⁿ só, chit-thaū hó, chit-thaû tó.

親上親乎,雪上霜乎?

提醒人最好不要兩親家彼此交換婚姻,如「姑換嫂」。咸信這樣做不是雙方都有利,對於某一方有害。何方得利,何方受害,我們不知其詳,因爲「姑換嫂」的代誌實際上極少。

姑換嫂:女兒嫁給媳婦的兄弟,後生娶女婿的姊妹。

【39】

家若要敗,姊妹仔嫁做同姒。

Ke nā-beh paī, chí-moē-á kè-chò tang-saī.

Ke nā-bé paī, chi-moē-á ké-chó tāng-saī.

赤腳大家的心結。

　　舊說，兩姊妹嫁給同一家的兩兄弟結成「同姒」的話，會敗壞夫家門戶。

　　同姒：娣姒，妯娌也；兄弟的妻子們之間的稱謂。　赤腳大家：
→ 13.07。

　　姊妹嫁做同姒，會敗家嗎？沒有根據！可能原因是：

　　一、婆婆的不安心理作祟：台灣人的家庭，大家媳婦水火不相容的比比皆是。試想，婆婆能安心接納一對親姊妹嗎？搞不好姊妹聯手起來對付她老人家，就悔之晚矣。顯然，這是婆婆危機意識的表述。

　　二、預防姊妹失和：比較好聽的藉口是，將來兄弟很可能因為爭奪遺產而不睦。為了要避免破壞親姊妹的情份，所以姊妹不好嫁給兄弟。

　　願有情人終成眷屬，管他姊妹嫁進同一間破草厝。

【40】
家若要興，姑姪仔嫁歸間；家會敗，姊妹做同姒。

Ke nā-beh heng, koˊ-sun-á kè kui-keng;

　　ke oē-paī, chí-moē choè tang-saī.

Ke nā-bé heng, kōˊ-sūn-á ké kuī-keng;

　　ke ē-paī, chi-moē chó tāng-saī.

大搬家？

　　第一分句用來贊成姑姪嫁進同一個家庭，理由是她們會興盛夫家；第二分句，有如上一句所述，反對親姊妹嫁給親兄弟。

　　嫁歸間：嫁給同一家人；間，厝、家裏。

　　此說也是沒有什麼根據的。不過，據說理由是：這位阿姑將

繼續發揮身爲姑姑的威權,來督導「姪仔」,所以家庭秩序反而會比較好。那麼,萬一姪仔嫁給李老爺爲繼室,而阿姑嫁的是李公子的話,還談得上姑姑管敎姪女?幸虧,這種情形也是難得一見的。

話又說回來,姊妹做同姒也沒有什麼不好。因爲姊妹聯合抵制婆婆的可能性已經不再;子媳組成了自己的核心家庭,婆婆昔日的威權已經遠逝。倘能獲得媳婦「收容」,已是三生有幸,婆婆對媳婦還須要什麼權柄呢?

【41】

乞食婆,選好漢。

Khit-chiah pô, soán hó-hàn.

Khit-chiā pô, soan ho-hàn.

沒有選舉權?

用來諷刺缺乏自知之明的小姐,她不惜自己極差的條件,總要高攀!用來諷刺的譬喻是「乞食婆」挑選英雄好漢,非傑出青年不嫁。

傳統婚姻配對之道,就是「乞食婆」只能選配「乞食翁」。人間不允許她有成爲夫人、娘娘的夢想。何其殘酷啊!話又說回來,嫁給乞食翁,可能比較平安幸福。

【42】

呣通閹鷄趁鳳飛。

M̄-thang iam-ke thàn hōng poe.

M̄-thāng iām-ke thán hōng poe.

勿攀龍附鳳!

用來警告條件頗差的小姐,不要妄想嫁給錢狀元。

　　爲甚麼不可以「閹鷄趁鳳飛」呢？按老先人的配對原理而言，母鷄嫁公鷄才能齊飛，鳳凰相配才能顚倒；「閹鷄」忽然忘記自己是誰，一時興起要振翅傚鳳高飛的話，飛安事件必生，栽飛機必定！

　　姆通：禁戒語，切莫、不可。　閹鷄：去勢的公鷄。　鳳：神話中的靈鳥。

　　（比較，「閹鷄，趁鳳飛。」325.12）

【43】
烏鴉那敢配鳳凰？

O·-ah nah-káⁿ phoè hōng-hông？

Ō·-a ná-kaⁿ phoé hōng-hōng？

誰稀罕他的！

　　用來自嘲，說自己的婚事絕對沒有高攀的意圖。說的是，烏鴉有自知之明，哪敢倒配鳳凰？

　　可能的背景：金枝小姐現年已經21歲了。雖然自從14歲那年開始，父母就拜託一大群職業媒人四出爲她說親。厝邊隔壁見好事久久不成，也就發動無情的嘲笑，說她是老姑娘命，註定嫁不出去的貨色。但金枝的老母聽了，頗不以爲然。

　　老母眼見金枝長得還算不很難看，想她又擁有「讀人之初，畢業的」(→411.17)學歷，算盤兩位數加減沒啥大錯誤。於是心一橫，繼續堅持要物色個乘龍快婿，再調高身價，大力放話：金枝是狀元娘子命，舉人程度以上的親事才予以考慮。

　　左鄰右舍聽到這則新聞，揚起陣陣冷笑：「𣍐曉見笑，醜鴉頭也敢想要做狀元娘娘！」

　　金枝連連風聞到譏刺聲，就來抗議老母：「母阿，人阮烏鴉

哪敢配鳳凰？……」話未說完，已經哭得死去活來。

【44】

揀也揀，揀著一個賣龍眼。

Kéng iā-kéng, kéng--tiȯh chit--ê bē lêng-géng.

Kéng ā-kéng, keng--tiō chit--ē bē lēng-géng.

再揀可乎？

　　舊時，主要地用在男人選擇對象；現在，男女通用了。用法有二：一、做爲警語，提醒人選擇結婚對象，主要條件符合就可以啦，太挑剔的話，可能會挑到很差的。二、用來諷刺，說他結婚的條件定得那麼高，相親是那麼認眞，但最後成親的對象卻是那麼不符合理想。同類更糟的一句是：「揀來揀去，揀著爛鉋杓。」

　　揀也揀：形容認眞地一再挑選（貨物、人選）。　揀著一個賣龍眼：喻指選來選去，最後選上最差的。本句有關擇婿的民間故事，待考。　爛鉋杓：喻指三振出局的人物；爛鉋杓，破爛的水杓，廢物也。

　　看了「揀也揀，揀著一個賣龍眼」和「揀來揀去，揀著爛鉋杓」，我聯想到一則故事：

　　　　有個種香瓜的爸爸，向孩子說：「在天暗之前，你若能從田裏摘回一個最大的香瓜，爸爸要給你一個很貴重的獎品。」

　　　　孩子馬上跑到瓜田裏去揀選，心想爸爸也未免太便宜了我。這有啥困難！我就給他撿個最大的香瓜回來。

　　　　一進入瓜園，馬上看到一個很大的。當他要摘下來的時候，看見前面還有更大的。走來走去，撿來撿去，一再尋找，

一再揀選，香瓜好像越來長得越大。

　　還在繼續努力尋找大瓜的時候，太陽偷偷地滑進了海底，黑暗籠罩著瓜田。但見孤單的孩子和他摘下來比較的一大堆香瓜。

　　讀者諸君，將這則故事放在「擇配」上來思考時，您有什麼感想？最大的香瓜一定有，只是孩子的時間有限，眼光有限，選擇的方法也很有限；要選最大的，幾乎是不可能的了！怎麼辦？

【45】

一個未娶，一個死翁；若無棄嫌，也是通。

Chi̍t--ê boē-chhoā, chi̍t--ê sí ang;

　　nā-bô khì-hiâm, iā-sī thang.

Chi̍t--ē boē-chhoā, chi̍t--ē si ang;

　　nā-bō khí-hiâm, iā-sī thang.

辛會！辛會！

　　這句俗語充滿著舊時專業媒人的口氣，說的是：男未婚，女守寡，若是男的不挑剔，女的有意再婚，親事是可以進行的。

　　棄嫌：嫌棄也。　　也是通：也是可行的、許可的(事情)。

【46】

買賣憑中人，嫁娶憑媒人。

Bé-bē pîn tiong-lâng, kè-chhoā pîn moê-lâng.

Be-bē pīn tiōng-lâng, ké-chhoā pīn moê-lâng.

慎重其事vs.柺鬼假細膩。

　　斷言婚事的手續和進行，必要借助媒人的介紹，如同大筆買賣之須要「中人」。類似句有：「天頂無雲唔落雨，地上無媒不成

親。」「無針不引線，無媒不成親。」

　　舊時為甚麼必要媒人？主要的原因：一、男女沒有機會相
識：那是所謂「男女授受不親」的時代，不但談戀愛的機會極少，
就是戀愛結婚也被認為是「叛逆」。二、父母不能又不便「自薦」子
女：除非至交朋友之間，極大多數要「婚姻的中人」牽針引線。這
樣做比較方便，不論是要拒絕、要談條件、日後有問題要週旋，
都有媒人。

　　成親[sêng-chhin]：完成親事。　　引線[ín-soàⁿ]：喻指介紹，
如人引線通過針眼。　　男女授受不親：舊禮教禁止男女紛亂了內外之
分別，不可彼此施受，不准接觸往來，就是食都要不同桌；授受[siū
-siū]，給與和接受，交際也。

【47】

做一擺媒人，卡好食三年清茉。

Chò chi̍t-paí moê-lâng, khah-hó chia̍h saⁿ-nî chheng-chhaì.

Chó chi̍t-pai moē-lâng, khá-ho chiā sāⁿ-nî chhēng-chhaì.

另類好人好事。

　　用來央託人做媒的套語，或是用來表露自己給人介紹了一門
親事的快慰。說的是：給人介紹婚事，做起媒人，是多麼了不起
的大功德呀，就是修行的人吃了「三年清茉」道果，都比不上「做
一擺媒人」——好像，很夠資格上西天了。

　　一擺：一次、一回(行動、代誌)。　　食…清茉：吃齋也，民間唸
佛教徒的修行法。

【48】

包入房，無包你生囝。

Pau ji̍p-pâng, bô-pau lí siⁿ-kiáⁿ.

Paū ji̍p-pâng, bō-paū li sīⁿ-kiáⁿ.

媒人的保證條款。

用法有二：一、業餘媒人的調侃，說他／她介紹的這門親事，只幫忙到結婚典禮，送入洞房爲止，再進一步的「工作」，就要看新郎新娘的合作和奮鬥了。二、職業媒人的口頭禪，意思是：你們的婚姻保證順利成親。但日後是否陰陽順調，琴瑟和鳴，就不是本人所能保證的了。

上面此二用法，都用「無包你生囝」來表達。媒人無關，也不保證新娘新郎弄璋瓦是自明的。同類句有：「保領入房，無保領一世人。」

包：擔保、保證、保領（人物、事物應有的品質、內容）。 保領 [*pó-niá*]：義同「包」。

【49】

牽豬哥,趁暢。

Khan ti-ko, thàn-thiòng.

Khān tī-ko, thán-thiòng.

媒人的紅利。

業餘媒人用來自我調侃，或是嘲笑熱心拉攏湊合婚事的人。意思是說，介紹成這件婚事，心裏覺得相當快樂。

本句，媒人被比擬成「牽豬哥」的；表象相當庸俗，粗魯之中表現著妙不可言之幽默。同時，句裏的「趁暢」暗示這個媒人並沒有得到大紅包，賺到的是成人好事的「暢」快的感受。——看來，老先人是頗有性趣的哦！

牽豬哥：牽種豬給客戶的母豬進行配種的工作者。 趁暢：賺到暢快。 暢：快樂（強調感官的興奮多於心靈的歡喜）。請注意！暢，

被認爲是粗俗話，要看場合和對象來小心使用；沒有把握的話，不用
爲宜。

　　（參看，「愛到，流嘴涎。」211.02）

注釋

1. 參看，趙莒玲《台灣開發故事》(台北：中央日報社，1996)，頁311。
2. 同上引，頁192。

第四節　訂婚結婚

本節段落：

議親相親01-03　訂婚完聘04-10　嫁妝問題11-18　娶某過門19-25

出閣嫁翁26-30　養媳贅婿31-37　異族通婚38-40

【01】

父母之命，媒妁之言。

Hū-bú chi bēng, moê-chiok chi gên.

Hū-bú chī bēng, moê-chiok chī gên.

父母親大人做主！

斷言婚事一儘遵從父母的意思，由他／她們做主；探聽、交涉、討價還價，則由「媒妁」居間傳話週旋。媒人幾乎是婚姻的發動機，所謂：「買賣憑中人，嫁娶憑媒人。」

媒妁：媒人也。舊時，男家的媒人叫做媒；女家的，叫做妁。

背景：舊時，那些自由戀愛，私定終身，暗地裏同居的，一概歸類做「野合」。所謂正式的「婚姻」，其手續的進行和完成，離不開這句俗語所說的範圍。

首先，婚姻要發自「父母之命」：父母親眼看子女已經「長大成人」，生理上也有「傳宗接代」的能力跡象，於是央託親友媒人幫忙，並說明結親的對方必要「門當戶對」，「祖公」和「門風」都好，例如，台奸者，一律免談。

其次，婚姻手續由「媒妁之言」來進行：媒人按父母開出來的理想條件四處探聽，私下先行衡量配對，認為「適配」者，就跑來

介紹。兩家父母認爲符合條件，經過私下再探聽而滿意者，再進行對「八字」。順利通過後，繼續進行「送訂」「完聘」「親迎」等等禮數。

萬一發生了私訂終身的，還得稟告父母，由他／她們出面請託「榮譽媒人」來交涉婚事。如此，以便滿足「父母之命，媒妁之言」的傳統說法。

從來對於「父母之命」的婚姻多有批評，我們不必贅述，但引一首查某囝怨嘆父母主婚的民歌供大家欣賞：

一腳手指來過定，
叫我捧茶出大廳；
呣知對方什麼名，
賣我做媌也著行！
白衫穿來白蒼蒼，
蝦仔落鼎遍身紅；
娘仔想要嫁好翁，
父母主婚限定人。❶

【02】

三人共五目，日後無長短腳話。

Saⁿ-lâng kāng gō͘-ba̍k, ji̍t-aū bô tn̂g-té-kha oē.

Sāⁿ-lâng kāng gō͘-ba̍k, ji̍t-aū bō tn̄g-té-khā oē.

媒人嘴，糊褸褸。

用來諷刺職業媒人，刺他／她們說親時總是喜歡誇張放大，滿嘴謊言，極不能相信。句子的一般含義是：「你們都看過了，

要自己決定，自己負責，來日不可後悔。有事，與我媒人無干。」誰知，這句話另有奧妙。

典故：古早古早，有一個職業媒人要給一位獨眼小姐和跛腳先生說親。媒人來往遊說，力言男英俊，女漂亮。當事人非常動心，要求媒人安排相親。

媒人對跛腳先生說：「君頗英俊，必能贏得美人芳心，但是跛腳，必要藏拙。有了！明天午時，騎著駿馬慢步經過顏府大門。小姐在門扇後和你相親。」

然後，媒人來顏府指導小姐，明天午時站在門扇後，用嬌美的半個臉孔來好好觀看騎馬過大門前的英俊小生。

吉時到了。馬上的秀才和門後的小姐，交換了數陣秋波。顏府父母看了極爲滿意。這時，媒人大聲宣言：「三人共五目，日後無長短腳話。」「當然，當然！」當事人和兩方親人，大聲回應著。萬分慷慨的給媒人塞了一個很大很大的紅包當做前謝。

到了結婚當天，新郎和新娘龜腳不得不盡展。兩方家人非常生氣，紛紛找媒人理論，罵他惡媒詐財，要訴之於法。但媒人理直氣壯，大聲責怪他們：

「本人明說『三人共五目』，當事人和我正是「五目」，一目不多啊！本人又說『日後無長短腳話』，新郎不是長短腳嗎？我說得一清二楚，何欺之有！」衆人聽了，覺得頗有歪理！想到雙方各有「短少」，只好認了！

【03】

八字有合，會做堆。

Peh-jī ū ha̍p, oē choè-tui.

Pé-jī ū hā, ē chó-tui.

和八字合好婚。

斷言，當事人的生辰「八字」相輔相成，婚後大吉大利可望，真是佳偶天成，翁某萬分適配也。

背景：「講親成」，然後「探聽門風」通過之後，婚事之是否繼續進行，是否成功，最關鍵性的一關是「和八字」。

實際是這樣的，媒人將男女當事人的生年月日時的干支「八字」，也叫做「庚帖」，寫在紅紙上送交雙方家長，並將這「八字」供在神明和祖先牌位前，三天內家裏沒有發生什麼事，例如，沒有人摔破碗，沒有人生病、出事等等，則表示吉兆。然後，再請算命仙來算「命中強弱」、「刑沖化合」、「合婚疑忌」等等項目。

「和八字」，事事順利滿意，就可談嫁娶的條件，選擇吉日來「送定」訂婚了。民歌也反映著「八字」，唱道：

> 含笑拍莓大細蕊［Hâm-chhiàu phah-m̂ toā-sè luí］，
> 鴨母落田雙腳開［ah-bú lȯh-chhân siang-kha khui］；
> 我娘生緣免生媠［goá--niû siⁿ-iân bián siⁿ-suí］，
> 八字有合拆燴開［peh-jī ū-ha̍h thiah-boē-khui］。❷

（參看，「八字，合著九字。」22.10）

【04】

鐵釘，釘大柱。

Thih-teng, tèng toā-thiāu.

Thí-teng, téng toā-thiāu.

被貫穿了的牛鼻！

用來形容女人經過「父母之命，媒妁之言」，與人訂婚，終身

大事已經確定，不能變易。這種「固定性」用被釘入大柱裏的鐵釘來做譬喻——古人再往前繼續推論，造作出什麼「從一而終」的說法，有的甚至強迫未過門的女孩做「望門寡」，就是身殉未婚夫的事件也時常發生。

【05】

無錢，唔敢食人大塊餅。

Bô-chîⁿ, m̄-káⁿ chiảh lâng toā-tè piáⁿ.

Bō-chîⁿ, m̄-kaⁿ chiā lāng toā-té piáⁿ.

不敢高攀！

可能是小姐的父母用來回絕富戶求親的話。句裏的「大塊餅」是「完聘」時男家贈送給女家的禮餅。舊時，這種餅真是名符其實的「大塊餅」，尤其是台南市的大餅，厚近二寸，直半徑可有一尺。大富人家完聘，一贈就是大餅千斤萬斤的。

我們不難想像，一般「散鄉人」實在不能，也不敢承受這種大餅。禮餅雖然好吃，要是嫁妝有問題的話，大餅是很不好下嚥的哦！

無錢：窮人也，是「無錢人」的省詞。

【06】

竹仔箸，唔敢挾人香菰肉。

Tek-á-tī, m̄-káⁿ ngeh lâng hiuⁿ-ko͘-bah.

Tek-a-tī, m̄-kaⁿ ngé lāng hiūⁿ-kō͘-bah.

吃不得也！

可能是窮秀才的父母用來謝絕女方的媒人說親的話。意謂，我們是寒門小人，配不得朱門的金枝玉葉。用做譬喻的是，粗糙竹箸不配用來享受「香菰肉」！

香菰肉：喻指珍饈；字義是豬肉和香菇煮成的料理。

假如「竹仔箸，唔敢挾人香菰肉」代表的是一種深刻的自我了解，而不只是停留在貧窮家世的自卑，那麼這句話就有啓導婚配原則的意義了。

然而，這句俗語的侷限性太大，婚姻猶仍用「吃得下」和「吃不了」的思想模式來看待。試想，要是對方沒有堅強的主體性，隨便就被吞吃掉，這種婚姻關係也就沒有互動的可能性——傳統大男人的婚姻觀如此。他們的自我理解頂多是：認眞賺錢來買一雙象牙筷子，以便享受一頓香菰肉大餐。

【07】

六禮齊到。

Lio̍k-lé chiâu-kaù.

Lio̍k-lé chiāu-kaù.

正式的夫人也。

主要用法有二：一、婚禮這件大事是何等嚴肅，必須按照應有的禮數行事，馬虎不得。二、女方家長寄話於媒人，要求男方必須按正式的禮數，隆重的進行這件婚事。句子是用「六禮」缺一不可，來表示正式和莊重。

六禮：古代嫁娶的六種禮數，即是納采、問名、納吉、納徵、請期、親迎。

如今，我們台灣人嫁娶的禮數非常複雜，新舊傳統，東西婚禮，按照家庭、宗敎、社會、經濟等等背景來自由調整，早已離開古人的「六禮」了。於此，我們無意詳述，簡單舉出台灣民間信仰的家庭的主要結婚禮數：

一、講親成[kóng chhin-chiâⁿ]：議婚也。由職業媒人或

是親戚朋友物色介紹，他／她認為適當適配的結婚對象。這時，媒人要介紹當事人的身家背景、個性才能等等資料──特寫玉照是不能免的也。

二、和八字[hô peh-jī]：親成講了，兩方初步表示願意「考慮」。於是，展開密集又慎重的「暗訪」「稽查」；結果若是媒人介紹的大致可信，就可進行「和八字」。這是台灣人成婚的一項關鍵，俗語說「八字有合，會做堆。」(→.03) 經「相命仙」卜算之後，認為吉利的配對者，繼續進行下一步。此間，若某一方發現這門婚事「有問題」，也常常用「八字」不合為藉口來叫停。

三、掼定[koāⁿ-tiāⁿ]：小訂婚也。擇一吉日，男家當事人、媒人、親友送聘禮到女家；少不了訂婚戒子，禮餅和六項或是十二項禮物。雙方親友在客廳，由女主角招待「甜茶」，媒人正式介紹當事人和兩家親長，然後由男女主角進行交換「掛手指」。當然，女家還有腥臊招待。

四、完聘[oân-phèng]：由媒人帶領聘禮車隊、樂隊，送聘金、禮餅、豬羊等等至少十二項禮物到女家完成訂婚儀禮。豬羊僅能取些肉，其餘奉還；聘金多少不拘，若明言大數字者，表示將來不但聘金如數奉還，嫁妝更有一大隊牛車之豐厚可期。

五、親迎[chhin-gêng]：男家擇吉日，由媒人、新郎、六個或八個「伴婆」來女家娶新娘。新娘要拜祖先、拜別父母，在吉時隨新郎出門，又有伴嫁浩浩蕩蕩娶進男家。吉時進行：一拜天地，二拜祖先，三拜高堂，繼之夫妻交拜。禮成，送入洞房。接著就是享受喜宴了。

六、轉厝[tńg-chhù]：也叫做「頭轉客」，意思是嫁出去的

女孩第一次回家爲客。這天，由小舅子到姊夫家恭迎新婚的姊姊和姊夫回來。主要的節目是「請囝婿」[chhiáⁿ kiáⁿ-saì]，歸寧會親也，女方家長宴請佳婿貴賓。

【08】

烏貓白肚，值錢二千五。

O͘-niau pėh-tō͘, tȧt-chîⁿ nn̄g-chheng-gō͘.

Ō͘-niau pē-tō͘, tȧt-chîⁿ nn̄g-chhēng-gō͘.

待價而沽者也。

謠諺，詼諧地調侃身價高的待嫁小姐。用來比擬的是漂亮、稀罕，又咸信帶給主人吉祥的「白肚烏貓」；牠身價相當，高可「值錢二千五」——二十年代，台灣民間，用此數目的日幣要辦一場大婚是綽綽有餘的！

背景：日本據台灣中期以後，受高女教育的女孩子漸漸多了起來。這些新時代的青春少女，在一般人的眼裏是一群異類：她們摩登、聰明、活潑、美麗，尤其是穿上洋裝，眞是所謂的白肚「烏貓」也。物以稀爲貴，她們嫁翁的身價看漲，非門戶相當的子弟，或高級專業人才是不敢求親的。

至於，用「烏貓」來形容摩登美麗的小姐，亦玄有考，說我國原住民早就以「貓」來代表女人，而此詞從二十年代開始流行。當時，有歌唱道：

> 烏貓穿裙無穿褲，
> 烏狗穿褲激拖土；
> 要導烏貓去散步，
> 腳骨若酸坐草埔。

烏貓要嫁烏狗翁，

要掠白貓做媒人；

著愛趕緊定來送，

若無烏貓嫁別人。❸

【09】

有賒豬羊，無賒新娘。

Ū siā ti-iûⁿ, bô siā sin-niû.

Ū siā tī-iûⁿ, bō siā sīn-niû.

借錢娶某，奈何？

　　斷言，沒有錢別想結婚！結婚的聘金、大餅等等，一應禮物是不能向泰山泰水掛賬的──台灣家家戶戶高掛著「本家，不賒新娘！」

　　這句俗語用的是起興修辭式；興句「有賒豬羊」，主要目的是在於喚起認識「無賒新娘」這個重要的風俗。

　　有賒豬羊：舊時一般農民向吹螺賣肉的，賒些豬羊來解饞是常事。一到農產收入，才還清舊帳，賣肉的也接受這種老顧客。

　　注解到這句「無賒新娘」時，同情憐憫的感情從心底陣陣湧上鍵盤！我清楚意識到先人的處境；他是多麼貧困，多麼孤單，須要太太，卻又沒有錢來明媒正娶！

　　怎麼辦？有沒有「賒欠」新娘的辦法？──何等的異想天開啊！他想，左鄰右舍不都是在賒欠豬肉、羊肉的嗎？為甚麼「新娘」，不能欠帳？

　　借錢娶某！先人的心有一股強烈的試探。但隨即被一陣陣銳利的驚懼驅散這種混沌妄想。不行！付不起利息，還不了本金，

找不到保證人,最後逃不掉「借錢娶某,生囝無地估」(→.22)的悲劇。

啊,心肝被欲望的空想和嚴酷的實際蠶食的歹命人!

【10】

金牛,相觸。

Kim-gû, sio-tak.

Kīm-gû, siō-tak.

金牛肉在此!

兒女婚事禮數的大車拚。

可能的背景:有兩個大財閥結親,彼此極愛展示財力,製造新聞。報載,男方聘金一送就是二億美金;女方不當一回事的照單全收。但是,新娘妝奩陪的樓房、股票、珠寶不算,結婚當天僅獻給公婆的即期支票就有六億美金整。

先人尚未看完這則新聞,就昏倒在地。醒來之後,驚嘆「金牛,相觸!」久久不息。

【11】

聘金來,聘金去。

Phèng-kim laî, phèng-kim khì.

Phéng-kīm laî, phéng-kīm khì.

聘金沒賺賠千金。

女方家長用來表示,男方的聘金一文不取,鄙親家是嫁女,不是賣女。實際做法是:一、女方不收聘金,如數奉還;沒有財力的家長也就有理由簡化嫁妝了。二、收下男方聘金,但全數用來購置陪嫁的嫁妝。

嫁查某囝是賠本的代誌,通常聘金是沒有人敢收的,否則會

被譏刺做「賣查某囝」！但，總不能叫查某囝空手出嫁，怎麼辦？「聘金來，聘金去」算是變通的辦法。要是婆婆心裏膾爽，也發作不得，親家究竟沒有販賣查某囝的啊！

【12】

就伊的土，糊伊的壁。

Chiū i--ê thô͘, kô͘ i--ê piah.

Chiū ī--ē thô͘, kō͘ ī--ē piah.

用法和意思類似上一句。

這位親家為人乾脆，明言鄙人不收禮金分文，但嫁妝、宴客，一概由貴親家的禮金支理就是。句裏的譬喻表象土味濃厚，非常可愛，說的是：親家準備的黏土，鄙人的破土角厝不敢動用，實際上還是運回貴府去修補破壁的。

顯然，這兩位親家不是金牛之類的，可能彼此都是瘦牛一隻，但絕對不是黃牛。好可愛啊！

【13】

有錢成囝，無錢賣囝。

Ū-chîⁿ chhiâⁿ kiáⁿ, bô-chîⁿ bē-kiáⁿ.

Ū-chîⁿ chhiāⁿ kiáⁿ, bō-chîⁿ bē-kiáⁿ.

聘金，收不得也！

主要的用法有二：一、貧窮的父母用來發洩怨嘆，自嘲沒有錢「成囝」，沒有錢給查某囝購買嫁妝，辦理婚事，只好收了人家的聘金，做了一層不得已的「賣囝」的代誌。二、用來描寫舊時窮人的慘況，因為窮得發瘋，一家難以生活，只好出賣兒女——男的，行情較好，可能為人養子；女的，運命多乖，大多淪為婢女，或賣給娼家。

有錢…無錢：「有錢的人…無錢的人」的省略。　成囝：有二義，一、按照正式的婚姻禮俗來完成兒女的嫁娶大事；二、飼養子女。賣囝：按字面解，販賣子女；諷刺收下嫁女的聘金的行為。

【14】

查某囝，賊。

Cha-bó·-kiáⁿ, chha̍t.

Chā-bo·-kiáⁿ, chha̍t.

可惡的陋俗。

可能是厝邊頭尾的大妗婆的閒言閒語，也可能是窮父母的怨嘆：「女兒，像賊！」

多難聽啊！何等乖巧的查某囝幾時變壞，變成賊賤人？不會吧？當然不會，查某囝還是很乖很巧。只是，家庭清寒，父母為了嫁這個查某囝，傾家蕩產來舉債給她買嫁妝。類似語有：「查某囝賊，恨無力。」「嫁查某囝，卡慘著賊偷。」

恨無力[hīn bô-la̍t]：譏刺查某囝貪愛嫁妝，多多益善，能帶走的絕對不會留下來。

看了這三句俗語，不能怪查某囝，也不能怪窮父母，只能怪生存環境所籠罩的陋俗，迫得當事人沒有勇氣來從簡，來量力而為。

財大氣粗的「金牛，相觸」是世界性的，反正錢多如水嘛，要他／她們不做秀也難。但一般市井平民，為甚麼要打腫臉充胖子？為甚麼要舉債來辦婚事？為甚麼要給剛建造新家庭的夫妻背負債務？

禮數，有禮就算數！量力而為吧，窮友們！

【15】

嫁出去的查某囝，潑出去的水。

Kè chhut-khì ê cha-bó͘-kiáⁿ, phoah chhut-khì ê chuí.

Kè chhut-khì ē chā-bo͘-kiáⁿ, phoah chhut-khì ē chuí.

改姓換名了！

　　可能是厝前後壁九嬸婆一幫人的閒話吧。諷刺某人生養查某囝最是無路用，一路照顧教育，長大嫁人，如同灑水入地，很快就消失得無影無踪。

　　眞是冤枉乖查某囝了！雖然按照我國婚俗，嫁出去的查某囝就是「別人的」，就應該盡忠盡力來建造夫家，興旺夫家。雖然有所謂「翁某保老，管伊外家死絕。」(→25.19)但實際上，只要娘家的父母還在，兄嫂賢慧，則查某囝跟外家的關係大多是相當親密的。俗語說「食到頭毛白紗紗，嘛愛外家。」又說「斷鹽斷醋，唔通斷外家厝。」(→14.38−39)

【16】

查埔囝得田園，查某囝得嫁妝。

Cha-po͘-kiáⁿ tit chhân-hn̂g, cha-bó͘-kiáⁿ tit kè-chng.

Chā-pō͘-kiáⁿ tit chhān-hn̂g, chā-bo͘-kiáⁿ tit ké-chng.

重男輕女？

　　昔日，一般農家的「田園」是留給後生繼承的，而查某囝得到的是一份嫁妝。至於，田園多，後生少的大農戶，也常有用田園來陪嫁的。相關這句俗語，但表現得很有氣魄的，如：「好囝唔免父公業，好女唔免父母嫁妝。」當然，這是加油的話，到頭來，只要戀老爸還有財產的話，還不是都過給子女！

　　這種子女繼承財產的傳統乃是唐山文化，從來被咱台灣先人

忠實執行著。歐美有相當多的大小慈善家，大小善人，將田園、嫁妝獻給教會，捐給慈善團體——陳義過高，諒非台灣先人所願意考慮的代誌了。

【17】

娶新婦房來紅，嫁查某囝房內空。

Chhoā sin-pū pâng-laī âng,

　　kè cha-bó˙-kiáⁿ pâng-laī khang.

Chhoā sīn-pū pāng-laī âng,

　　ké chā-bo˙-kiáⁿ pāng-laī khang.

一得一失娶或嫁。

　　用來描寫，嫁娶的「得失」的情形：娶的，大廳、房間處處張貼紅紙金字的喜聯，尤其是洞房，眞是非常的「房來紅」，幾乎所有的傢俱都貼著、蓋著紅紙。但見那嫁查某囝的家庭，說是「房內空」，也是事實！數個月來囤積如山的嫁妝，已經搬去男家，「著賊偷」雖然難聽，但頗能傳神。

　　本句修辭用的是對比異對式，用「娶新婦」和「嫁查某囝」排在一起比對，而娶與嫁的差別是「房來紅」和「房內空」的不同。韻腳用「紅」和「空」，也頗整齊動聽。眞佳句也。

【18】

妻家財，家己來。

Chhe ka-chaî, ka-kī laî.

Chhē kā-chaî, kā-kī laî.

橫財對天跌落來。

　　用來調侃人承受了一筆豐厚的，妻家先人遺留的財產。這種財富不是「流汗錢」，是「妻家財」，而且是「家己來」的，絕非不明

不白的掠奪。

　妻家財：獲得妻子先人遺留的財產。　家己來：自然得到者，不是想辦法弄來的。　流汗錢：付出勞力、代價而得的報酬。

【19】

十九無嫁，二五無娶。

Cha̍p-kaú bô kè, jī-gō͘ bô chhoā.

Cha̍p-kaú bō kè, jī-gō͘ bō chhoā.

嫁娶的禁忌。

　命相家之言也。斷言女男分別在19和25歲不好嫁娶。民間以此爲禁忌，咸信觸犯了，將有不利。

【20】

有錢無錢，娶某過年。

Ū-chîⁿ bô-chîⁿ, chhoā-bó͘ koè-nî.

Ū-chîⁿ bō-chîⁿ, chhoā-bó͘ koé-nî.

先娶再說？

　謠諺。過年快到了，一片歡喜氣氛。平時頗爲安靜的農村，好像被娶新娘的鑼鼓聲，鞭炮聲吵醒了。此情此景，思妻的單身漢，喃喃自語：「有錢無錢，娶某過年！」

　眞妄想也，世上哪有「無錢」能娶某的？先人明言「有賒豬羊，無賒新娘」(→.09)，除非…。其實，這句俗語所謠的是過年前後的「農閒期」，那是農村社會最適當的嫁娶的時期。娶某爲先，不管有錢沒錢；這是誇張的，嘲諷的說法。沒錢！娶猴咧，娶某？

【21】

借錢娶某，呣通借錢起厝。

Chioh-chîⁿ chhoā-bó͘, m̄-thang chioh-chîⁿ khí-chhù.

Chió-chîⁿ chhoā-bó͘, m̄-thāng chió-chîⁿ khi-chhù.

真精打細算也。

　　用做警言。提醒人千萬不要借錢「起厝」，但借錢娶某是可以考慮的。爲甚麼？秘密盡在「生產」這個想法：起厝是須要大量金錢和時間的大事，若借錢起厝來當做自己的住宅，沒有生產，沒有收入，怎能還債呢？

　　那麼，借錢娶某如何？大大可行！據說是，多了一部工作、生產的活機器。同時，要是妻子是一個帶「妻家財」的，不出蜜月期間就能還淸娶妻的債務了。

【22】

借錢娶某，生囝無地估。

Chioh-chîⁿ chhoā-bó͘, siⁿ-kiáⁿ bô-tè kó͘.

Chió-chîⁿ chhoā-bó͘, sīⁿ-kiáⁿ bō-té kó͘.

無錢，娶啥某！

　　用做警言。老先人率直地道出他們痛苦的經驗：「借錢娶某」行不得也！爲甚麼？還不了債務。別說還本金，就是利息如滾雪球，難免放高利貸的迫債，就是把所生的子女「估」去，也還不清債務。

　　估：抵償也，用物件給債主，按其價值償還相當的債務；這裏不當做「估價」解。

【23】

後尾門仔開透透，新娘仔家已到。

Aū-boé-mn̂g-á khui thaù-thaù, sin-niû-á ka-kī kàu.

Aū-boe-mn̂g-á khuī thaú-thaú, sīn-niū-á kā-kī kàu.

娘娘明媒正娶的也。

謠諺。舊時頑皮的小孩，看到人家牽新娘仔要進入大廳的時候，就大聲謠歌「後尾門仔開透透，新娘仔家己到……」。把大媒人再三推介，再四保證，六禮通過的好新娘，說成跟情郎走後門的開放女人。

另說，男人好運當頭，婚星高照，親事一說就成，宛如新娘不娶自來——此說，不合這句諺句的形式和台灣人的社會生活情景，聊備一說，可也。

後尾門仔：小後門，舊時宵小大多由此破門而入。 　*開透透：大大張開（門戶）。* 　*新娘仔家己到：私奔的也。*

【24】

正月正，牽新娘，出大廳。

Chiaⁿ-goe̍h chiaⁿ, khan sin-niû, chhut toā-thiaⁿ.

Chiāⁿ-goē chiaⁿ, khān sīn-niû, chhut toā-thiaⁿ.

春臨洞房了！

謠諺。歌誦著恭喜聲處處的新年，有人正在忙著娶某，給可祝福的新年增加更熱絡、溫馨、活潑的喜氣。

「正月正，牽新娘，出大廳」是詩，是歌，吟出樸實的，終年勞苦的農家，在長久的準備和期待之中，實現了娶新婦、娶某的大希望。——家人和賀客忽然騷動，但見媒婆扶著忽然變成嬌弱的新娘，出現在大廳裏。

正月正：正月時日，全句應是「正月正時」，爲押韻而省略了「時」字。

【25】

識禮，無囝婿通做。

Bat-lé, bô kiáⁿ-saì thang-choè.

Bat-lé, bō kiaⁿ-saì thāng-chò.

婚前上課四小時！

　　斷言，我們台灣人的婚俗非常複雜，從相親到迎娶，再到歸寧等等，這套禮數麻煩難懂。若要等到弄通這些禮節，才來娶某的話，已經是老羅漢腳一個，還能娶某，做囝婿？

　　識禮：知悉有關婚事的種種禮數。　無…通…：用來表達「可能的行動的否定」；台灣話的重要句型，用「無＋名＋通＋動」來構句，例如：「考無學校通讀。」「無時間通運動。」

　　咱台灣人的古式「婚姻禮數」實在參雜了太多禁忌迷信，不但把新郎新娘弄得滿頭霧水，眞是「識禮，無囝婿無新娘通做」！就是老職業媒婆，或是村長老對於這一套，也是停留在避免禁忌的關注這一層。

　　懂一些無助於建立幸福婚姻的古禮，雖有民俗學的意義，但究竟不是新人的必要知識。據悉「教育部部務會」通過草案，要求地方政府提供課程，給即將步上紅地毯的，上課四小時。傳授：兩性平權、家庭暴力、教育子女、優生保健、家庭理財爲主。

　　有關官員說，此課程之目的是爲了要降低年年攀升的離婚率。又說，立法後，沒有出具講習證明的夫妻不准登記戶口。(→《中央日報》1999(5.27):4)眞是用心良苦！比熱心「中國」文化之婚姻古禮大展覽有意義得太多了，姑不論婚前上課四小時能學多少。

　　識禮，無囝婿通做！古禮婚俗，給學者專攻吧。學一些有用的婚姻知識和藝術大有必要！古傳婚俗禁忌迷信，讓它安息吧！

【26】

屎桶仔漏泄泄，大餅茇花扛倒退。

Saí-tháng-á laū chhè-chhè, toā-piáⁿ laú-hoe kng tò-thè.

Sai-tháng-á laū chhé-chhé, toā-piáⁿ lau-hoe kng tó-thè.

不如歸去？

　　謠諺。咱台灣可愛的頑童，用來嘻笑隔壁春梅小姐出嫁的場面。新娘阿梅坐在花轎裏，偷笑「屎桶仔漏泄泄…」這些名句，心裏歡喜難禁，也就忘懷跟著低吟「大餅茇花扛倒退」了！

　　但聞，媒婆急急如律令，喊道：「屎礐仔嘴，用屎批來加你拭嘴！」(→316.18)努力化解著不吉利的笑話——這些東西是一定要「扛進前」的，豈可「扛倒退」！

　　屎桶仔漏泄泄：五十年代以前，台灣人婚俗之一是新娘必要自備檜木製成的便桶，即「屎桶仔」陪嫁。它絕對是全新的，怎麼會「漏泄泄」？取笑的也！漏泄泄：容器破裂（液體、流體物）漏洩遍地。　茇花：米粉造成的粿乾，油炸使之膨脹後，再塗以糖膏，傅上一層土豆粉或芝麻。咱台灣舊時好吃的糖果也。　扛倒退：抬回去（娘家），嫁不成了。

　　據聞：去年十二月，「台灣百年婚俗展」在巴黎登場。有省立博物館展出相關文物約150件，展場分別有：迎娶行列、禮堂、新房等等；展品有：四人大花轎、媒人轎、三寸金蓮、聘禮、禮堂擺設及日常用品。(→《中央日報》1998(11.03):8)

　　「屎桶仔漏泄泄，大餅茇花扛倒退」沒有展示的話，豈不遺憾！

【27】

阿娘，阿娘，我唔嫁！

烏頭仔車駛倒退，等候明年十八歲！

A-niû, a-niû, goá m̄-kè! O͘-thaû-á-chhia saí tò-thè,
　　thèng-haū mê-nî cha̍p-peh-hoè.

Ā-niû, ā-niû, goá m̄-kè! Ō͘-thau-á-chhia saí tó-thè,
　　théng-haū mē-nî cha̍p-pé-hoè.

二八佳人好嫁翁？

　　謠諺。小孩見景生情，看到迎新娘的車隊慢慢駛過，沿路吹奏混合著射出的鞭炮聲，歡喜難禁，唱出這句名諺。

　　本句，萬分幽默，充分有理！試想，一個十七歲的乖查某囝，造就自己的過程尚未完備，夫婦之道混沌未知，就是避孕節育都是懵懵懂懂的年年懷胎，如何能夠把她嫁人爲妻？

　　這個青少年新娘深覺恐慌，苦苦祈求「阿娘，阿娘，我唔嫁！」要求司機伯伯「烏頭仔車駛倒退」。天眞的要求老母再留她一年，「明年十八歲」再來嫁人。眞可憐也！

　　烏頭仔車：黑色轎車。

【28】

我鞋疊你鞋，使著頭殼犁犁。

Goá-ê thia̍p lí-ê, saí-tio̍h thaû-khak lê-lê.

Goa-ê thia̍p lì-ê, sai-tiō thaû-khak lē-lê.

馴夫第一步。

　　新婚夜，但聞新娘口中唸唸有詞，說什麼「我鞋疊你鞋，使著頭殼犁犁！」又見新娘把她的新娘鞋疊置於囝婿鞋上面——動作頗像初出洞門的巫婆，顯得生疏又有幾分膽怯的樣子。

　　據說，這樣「做法」一番之後，日後這個老翁就會事事聽命。又悉，若是新郎認爲新娘個性猛烈，善於鬥爭，也當如此施法，

以馴悍妻。

　　頭殼犁犁： *低頭表示服從；犁犁，彎低的樣態，如飽滿的稻穗。*

【29】

頂半暝，食你的粟；下半暝，食咱的粟。

Téng poàⁿ-mî, chiȧh lí--ē chhek;

　　ē poàⁿ-mî, chiȧh lán--ê chhek.

Teng poáⁿ-mî, chiā lí--ē chhek;

　　ē poáⁿ-mî, chiā lán--ē chhek.

於是，就有了生命共同體的意識。

　　花燭夜名諺。大概是老先人的經驗談吧！不然就是鬧新娘房偷聽來的情報。

　　本句俗語暗含深沉的，古老的「認識論」根本原理：授受不親的男女，甚至未曾見過面的新婚夫妻，要如何同床共枕來進行周公之禮呢？古處女的矜持，古處男的無知，也得掙扎到「下半暝」才能完成初次的深度「認識」。

　　奧妙的是，經過這一種「認識」活動之後，結果是新娘混混沌沌，歡歡喜喜地認同了郎君。但聽她嬌柔細訴：「食咱的粟…咱的老鼠！」

【30】

母团嫁父子。

Bú-kiáⁿ kè pē-kiáⁿ.

Bu-kiáⁿ ké pē-kiáⁿ.

四喜臨門。

　　這是走出悲哀，走上希望，相當罕有的喜事，說的是：寡婦帶著她的子女嫁給有子女的鰥夫；然後，他／她們原來的子女彼

此結婚。

【31】

無時無候，二九老。

Bô-sî bô-haū, jī-kaú laū.

Bō-sī bō-haū, jī-kau laū.

揀做堆的大吉日。

　　用來形容「新婦仔」和後生的結婚。這句透露出舊時我國台灣養媳婦的風俗，以及他／她們結婚情形的點滴；說，無須相師來「看日看時」，十二月二十九日，正是「揀做堆」的大吉喜日。

　　二九老：二九結合白頭偕老。　　新婦仔：童養媳婦。　　揀做堆：→13.01。

　　背景：我國民間咸信，農曆十二月24日「送神」上天之後，一直到正月四日「接神」，此間毫無禁忌，因為沒有諸神在世，可免觸犯。尤其是二九除夕，更是黃道吉日。這日，簡單的辦一席酒菜來進行「揀做堆」儀禮，席後就可以送入洞房了。自此，正式成為翁某；要卜個別的吉日來揀做堆也是可以的。

　　「揀做堆」的做法，從五十年代以後式微，因為婚姻自主權的覺醒，戀愛結婚的盛行。

【32】

等大，毋通等娶。

Tán toā, m̄-thang tán chhoā.

Tan toā, m̄-thāng tan chhoā.

省本多利飼新婦。

　　這是窮父母的自嘲，說的是：等候「新婦仔」長大來揀做堆，比等候賺夠了錢給後生娶某容易。

（參看，「飼查某囝別人的，飼新婦通做大家。」13.01）

【33】

好囝，唔出贅。

Hó kiáⁿ, m̄ chhut-chio.

Ho kiáⁿ, m̄ chhut-chio.

「窮漢」無罪！

　　舊時的贅婚偏見，認為「好囝」是不願意出贅的。實際上，出贅的男人大都是為人忠厚、做事認真、心志清醒，頗有自覺。要是一定要說這類男人有什麼「不好」的話，應該是他們比較「窮」吧。

　　請別說「窮」算什麼！當知，咱台灣人最怕的就是「窮」。窮，比中國射來的飛彈，比中國要套進2200萬台灣人脖頸的「一國三制」千萬倍可怕！

【34】

有一碗通食，唔敢互人贅。

Ū chi̍t-oáⁿ thang-chia̍h, m̄-káⁿ hō·-lâng chio.

Ū chi̍t-oaⁿ thāng-chiā, m̄-kaⁿ hō·-lâng chio.

大男人情結？

　　單身的適婚男人用來拒絕贅婚。說得相當露骨，有一口飯吃，是不出贅的也。但是，僅僅有一口飯，難道就有錢娶某嗎？

　　當知，舊時贅翁的情形，大多是寡居不久，育有兒女，而且前夫留有相當可觀的產業。從咱台灣人怕窮的心理看來，家無恆產的男人，出贅的情形也頗普遍。就是「香火」問題，兩方都可用「抽豬母稅」的方式來獲得保障。至於被贅者的社會地位，只要女方有營運的事業，要當個頭家，都頗有可能。

　　贅翁有許多現實的利益，也可妥協成「半贅娶」的方式；加上
社會結構改變，民間的偏見減弱，出贅的前景大大看好。

　　*抽豬母稅：女兒和她所贅的丈夫，分配子女姓氏歸屬的原則。按
慣俗，長子從母姓，老二從父姓，按此形式認定。要或全部從母姓，
或改成複姓，都可自行約定。*

【35】

贅翁養子，事出無奈。

Chio-ang ióng-chú, sū chhut bû-naī.

Chiō--ang iong-chú, sū chhut bū-naī.

父系社會的精神衰弱症。

　　舊時，用來說明家庭有兩項始終無奈的代誌，那是「贅翁」和
「養子」。為甚麼？原因相當複雜，簡單一句話，就是：「事出無
奈」！這是從父系權力和祖先宗教的觀點來看的「不正常」。

　　怎有此說？先說贅翁吧。豈不是因為婚後弄瓦而沒有弄璋，
不留下一個女孩來贅婿，香火要如何繼承？此不得已的措施也。

　　再說養子。為甚麼養子？還不是為了自己不爭氣，「𣍐生」
啦！老先人常言「好歹瓜著會甜，好歹查某著會生。」（→31.01）如
何是好？養個孩子吧。無法度的也。❹

【36】

贅入娶出。

Chio-jip chhoā-chhut.

Chiō-jip chhoā-chhut.

另類出相入將。

　　指出贅翁和嫁翁的當事人居住的地方。入贅的，男人要往女
家住；嫁翁的，女人要嫁出去，去住在夫家。

時代不同了，婚後四出謀生，又能住在誰的家？這種變遷，給入贅的男人減少許多精神上的壓力。不錯！

【37】

外家厝，佔艙富。

Goā-ke chhù, tiàm boē-pù.

Goā-kē chhù, tiám bē-pù.

變內家厝就會富。

用來警戒男人，不要入贅為婿，說住在女家是「發」不起來的。說的稍有道理：因為舊時一般人輕視被贅的男人，心理傷害難免。但是，時過境遷，除了「一國兩制，一妻兩夫」之外，什麼都可以談。假使女方條件優越，也是很值得考慮入贅的也。試想，窮苦的老羅漢腳，能擁有不出贅的自信心嗎？

（本句又見，14.36）

【38】

駛番仔牛。

Saí hoan-á gû.

Sai hoan-a gû.

入贅去也。

舊時，用來譏刺入贅給平地原住民的台灣漢人。句裏用來刺激的表象原是一幅非常美麗的圖畫：健壯的水牛牽引著犁，入贅給原住民的翁婿扶著犁把來回地犁開田土。——誰知，自大狂的漢人污衊著入贅的，幸福的男人，說什麼「駛番仔牛。」

當知，唐山漢人移民來台灣之初，好多單身漢，孤苦無依。他們最自然的，最好的方法就是跟本地平埔族人通婚。他／她們沒有排斥異族的思想，性情善良，漢人的羅漢腳能有這種入贅的

機會眞是幸運。旁觀的漢人應該樂見其成才對，但是唐山人的酸楚刻薄的心性難改，用鄙夷的口氣彈出了這句話。

漢人入贅平埔族人是台灣民族誌很重要、很漂亮的一頁。現代全體台灣人，應該由此學習各不同族群互愛融通，和平相處之道。

【39】

番婆快牽，三腳鼎奧安。

Hoan-pô khoài-khan, saⁿ-kha-tiáⁿ oh-an.

Hoān-pô khoái-khan, sāⁿ-khā-tiáⁿ ó-an.

有食則有親。

斷言，移民的漢人頗容易和台灣原住民結婚，只是太太的外家親成五十，朋友七十往來頻繁，招待飲食所費頗重，難以應付。

背景：按廖漢臣給這句俗語的注解，說：「漢人娶原住民婦女者，日常生活的衣食都可取之女家。只是每年十一月中，須宴請女家一次，烹豬宰牛，負擔奇重，故常苦之。」❺

按廖氏所解釋的，漢人的丈夫實在太小氣了。平常衣食都由外家供應，一年一度的大餐應該儘早準備，歡喜熱鬧一番才對，說什麼「快牽…奧安」？多麼難聽呀！

番婆：平埔媽也；當今極大多數台灣人都有平埔族的血緣，宜當敬稱爲「平埔媽」才符合事實。筆者建議將這句俗語說成：「平埔媽快牽，三腳鼎奧安。」如何？　三腳鼎：舊時原住民用石頭三塊爲鼎足，置鼎其上，故名。

【40】

豬公架。

Ti-kong kè.

Tī-kōng kè.

外婿也。

用來詈罵。譏刺台灣女人之嫁給隨蔣政權轉進來台灣的外省人。用來罵的形像是多麼不堪入目的「豬公架」！爲甚麼如此狂怒，把無數愛上了外省人的乖查某囝罵得一文不值；損了外省囝婿，貶了自己的口德，爲甚麼？眞是情何以堪！

背景：本句俗語大約發生在五十年代。台灣人經驗到由所謂「祖國」來台灣的統治者欺壓，腐敗官僚剝削，政府草菅人命，司法界嚴重貪污，使台灣人對於中國來的大部份外省人視同水火猛獸，印象惡劣。

此前，台灣人罵日本人爲「狗」，他們的警察大人兇惡，喜歡咆哮，作威作福。但是日本人建設台灣，對於人權、人命尊重的程度大大勝過中國來的這幫人。台灣人前輩比較之下，罵這群外省人爲「豬」：貪污吃錢，無法無天，治安紛亂，社會動盪，經濟蕭條，一片骯髒。因此，連累到那些嫁給外省人的台灣女人，罵她們做「豬公架」。

什麼是「豬公架」？竹架也，上面騎著「豬公」。在祈安清醮或是中元大普時可以看到：它是用粗竹幹造成的骨架，以便讓開腔破腹，宰來祭拜諸神的肥大神豬覆蓋在架上。這是很猛烈的惡口，用肥公豬「騎」豬母的形像來罵人。

事過境遷，外省人之中出了許多比台灣人更認同台灣、更愛台灣這個家鄉的台灣人。——都是台灣人，彼此通婚，互親互愛，記取歷史教訓，避免再踏覆轍爲要。

把「豬公架」，投進回收桶吧！

注釋

1. 臧汀生《台灣閩南語歌謠研究》(台北：台灣商務印書館，1980)，頁 111。

2. 李獻璋《台灣民間文學集》(台北：振文書局，1979)，頁141-142。

3. 亦玄《台語溯源》(台北：時報文化出版公司，1977)，頁22。

4. 我國人類學家林美容對於這個問題有很好的論說。參看，林美容「父系社會婚姻的變象──招贅」《人類學與台灣》(台北：稻鄉出版社，1989)，頁229-234。

5. 廖漢臣「台灣諺語的形式和內容」《台灣文獻》(1955年6卷3期)，頁41-42。

第五節　夫妻眞象

本節段落：

妻的重要01-08　　夫的重要09-12　　夫妻關係13-25

如此配對26-32　　驚某丈夫33-36　　夫妻規箴37-48

【01】

無後台，行無腳步。

Bô aū-taî, kiâⁿ bô kha-pō͘.

Bō aū-taî, kiāⁿ bō khā-pō͘.

兩台論哦！

舊說，妻子的重要性在乎自甘遁居背後，來支援丈夫，例如，治家、敎子、洗衣、做飯、管薪水袋，把家庭整理得非常整潔，讓家人生活得萬分舒適，保證丈夫沒有「後顧之憂」來專心他的「前台」表演。類似句有：「無好後台，行無好腳步。」

本句，用演戲的「後台」來譬喩太太。那裏奏出戲齣應有的音樂，好讓「前台」的生旦丑來表演，來踏出符合角色的「腳步」。誠然，沒有後台的音樂和一切支援，是演不了戲的；如此比擬，足見後台妻子的重要性和偉大。

腳步：角色各如其份的腳花，如同舞蹈者的舞步，乃是按照不同角色、音樂而起舞的。

現代人不喜歡「後台」這種字眼，雖然後台工作者有其專業性，有資格領取全職的(full-time)工作報酬。我們懷疑現代的台灣女性還有誰甘心當後台人員？她們接受了同等的，甚至高於丈

夫的專業訓練,哪裏是屈居後台的角色?

　　儘管「後台」看來不順眼,聽來刺耳,但要維持正常的家庭生活,它也許是個「必要的惡」!看,上班夫妻,還不是隨時安排輪當「後台」的角色。將擁有「前台」表演能力的妻子完全同一化「後台」,無異於剝削她的才能,傷害她的人格!

　　這句俗語正確地認識到妻子的重要性,真好;但把妻子等同後台,無法苟同。

　　(參看,「小生苦旦冤相瞞,腳花先踏出來看。」433.63)

【02】

三分前場,七分後場。

Saⁿ-hun chêng-tiûⁿ, chhit-hun aū-tiûⁿ.

Sāⁿ-hūn chēng-tiûⁿ, chhit-hūn aū-tiûⁿ.

　　用法和意思類似上一句。

　　這句俗語雖然仍用演戲的「前後場」爲形像譬喻,但可愛的是,用「三分」和「七分」來表達雙方重要性的不同程度。

　　「三分」表示「沒啥」,份量輕微,無關重要的也,譬如庸醫誤診,「三分病,謗死症」。那麼「七分」呢?說的是「頗有重量」,已經是一種帶有「決定性的影響力」了,例如,「三分天註定,七分靠打拚。」

　　真讚也!台灣丈夫意識清楚,頗知欣賞賢妻的重要性,給她們的「偉大度」七分之高,而給自己的只有三分。這樣看來,先人之有妻者,應該都是很幸福的丈夫了,因他們都娶得了「七分」賢的妻子。難怪,難怪!敬驚太座的比比皆是,三呼太太萬歲不絕於途。

　　雖然男人知所敬重後場,但請女士們千萬不要自甘以「七分

後場」爲終身職志。將女人優越的天賦投入「前場」來發揮，如何？不只是家庭、事業，就是政治、經濟、教育、宗敎等等，有多數女主管的話，一定會更和平、更美麗，更有理想的願景。

爲甚麼女人要走上前場呢？因爲女人關懷的不是權力，喜愛的，追求的比較是健康、美麗的生命，溫暖的家庭、社會，和平的世界。法國前總理夫人克瑞祥說：「只有女人，才能使法國人愛說的自由、平等、博愛，理想成眞。」

【03】

尪公聖，呣値著尪媽定。

Ang-kong siàⁿ, m̄-tảt--tiȯh ang-má tiāⁿ.

Āng-kōng siàⁿ, m̄-tảt--tiō āng-má tiāⁿ.

太太OK才算數！

斷言，丈夫雖然做事的能力強，職權大，但要成全央託，還得走後門，獲得太太的同意。言下之意是，太太不僅性情比先生篤定，同時背後有決定性的影響力。

背景：誰是「尪公」？台灣民間宗敎中的神明「保儀尊王」，又稱「保儀大夫」是也。相傳，這位尊王不是別人，就是唐朝開元進士張巡。安祿山反，他起兵勤王，雖然通曉陣法，但因寡不敵衆，糧盡援絕，後城陷被執，不屈而死；此前，妾林氏夫人，剖腹自盡以「獻肉養軍」。後來朝廷追封，民間稱神。他的神職是專司驅逐蟲害，保護禾苗。

那麼誰是「尪媽」？當然是夫人張妾林氏了，民間感念她的「忠貞」，祀之爲配偶神。相傳，「尪公」和「尪媽」出巡，他／她們的神輿順序，必是「尪媽」先於「尪公」。❶

眞有意思，「尪媽」走在「尪公」之前，因爲她比他「聖」！難怪

有事拜託，得先疏通太太，贏得太座的了解、滿意，讓她來關說，則萬事OK！

聖[siàn]：神顯也，神明的威靈顯赫，法力可見可感。

【04】

自細唔通無母，食老唔通無某。

Chū-sè m̄-thang bô bú, chia̍h-laū m̄-thang bô-bó͘.

Chū-sè m̄-thāng bō bú, chiā-laū m̄-thāng bō-bó͘.

永遠的媬母。

第二分句，有力地指出老妻對於老翁的重要性。有什麼重要？這句俗語雖然不帶答案，但從舊時台灣人的生活情景看來，她的重要功能是：照顧和交陪。

正常情形下，老妻的身體和精神都比老翁健朗，同時老妻天生溫柔體貼，比較知道照顧。其次是交陪，所謂「老伴」也。老人的子女已經羽毛豐硬，各自高飛築巢去了。舊日老友散的散，去的去，身邊能談心的知己，可能只剩下老某一人。

老妻者，生活的媬母，心靈的天使也。老翁一旦「無某」，據說，可能走得相當快速哦！是的，是的，食老唔通無某！——少年也嘛唔通無某！

（第一分句，「自細唔通無母」，參看11.49）

【05】

一個某，卡好三身天公祖。

Chi̍t-ê bó͘, khah-hó san-sin thin-kong-chó͘.

Chi̍t-ē bó͘, khá-ho sān-sen thīn-kōng-chó͘.

賴好你敢知？

或問：「某有多好？」

先人回曰：「好得不得了，卡好三身天公祖！」

再問：「爲甚麼卡好天公祖？」

「這這這這……」一時答不上來，因他有好妻，所以不知好。

「這這什麼？還不是賢妻庇佑老翁！」在旁的賢妻代答。

再請教：「三八某，也勝過天公祖嗎？」

答曰：「也勝！也勝！有某就……」但見賢妻用力擰了他一下屁股。

【06】

妻賢夫禍少，子孝父心寬。

Chhe-hiân hu hō-siáu, chú-haù hū sim-khoan.

Chhe-hên hu hō-siáu, chú-haù hū sīm-khoan.

護身符。

　　斷言，賢妻教育著、征服著、控制著丈夫的心懷意念，使他不至離經脫線，爲非作歹更是不敢；孝順的子女，使父母免於掛慮，而得到歡喜安慰。語見，《增廣昔時賢文》和《名賢集》。

　　夫有賢妻，丈夫可避免禍害；家有賢主婦，家庭避免崩潰；各有優秀的婦女，國家社會一定安寧富足。舉目看當今世界落後的國家，其婦女也都受到相當嚴重的歧視排斥。

　　今年國際婦女節，婦運人士說，亞洲婦女仍在政治、教育和工作場所受到歧視和不公平待遇。中國人大代表聶力說：「在中國，婦女佔了被資遣工人的65％。更糟的是在這些婦女中約40％是四十歲以上，且沒有受過良好教育的婦女。」又如巴基斯坦，當地報紙形容婦女的地位是「任人擺佈」，婦女識字率只有24％。女童佔學校註冊人數27％；婦女收入也只佔收入比率的20％。

（→《自由時報》1999(3.9):6）

妻賢夫禍少，多麼偉大的發現啊！若說，女賢國多泰，民多安！如何？

【07】

賢婦令夫貴，惡婦令夫敗。

Hiân-hū lēng hu-kuì, ok-hū lēng hu-paī.

Hēn-hū lēng hu-kuì, ok-hū lēng hu-paī.

救命啊，太太！

驚天動地地宣言賢慧的妻子，「令夫貴」；而咒詛似地斷言惡婦，「令夫敗」。語見，《增廣昔時賢文》、《注解昔時賢文》和《人生必讀》。

這句老諺，歷來有無數見證。本世紀也有著名的「令夫貴」的例證：當今美國第一夫人希拉蕊女士(Hilary Clinton)是也！她面對丈夫許多外遇醜聞，不僅知道應該如何沈默，更是知道應該如何說話。她向美國人、向全世界擔保柯林頓是很好的總統，說他專心一意謀美國全體人民的福利，造世界的平安——簡單的幾句話，把柯總統的情婦當成垃圾，掃入了回收桶。

她表現於處理婚姻危機的賢慧，有如曾郁雯所言：「……希拉蕊知道她自己要的是什麼，必要犧牲的是什麼！她的回應就是她的選擇！」又說：「愛情及婚姻的瓦解不該是一種破壞，應該是另一種重生。婚姻是女人的成就之一，女人不必只靠婚姻成就一切。」❷說得極是，很好！

以色列的智者說：「賢慧的妻子是丈夫的華冠；無恥的妻子恰如丈夫骨中的毒瘤。」(《聖經‧箴言》12:4)希拉蕊當然是她丈夫的華冠，是美國的第一夫人，也是當今第一女人。筆者謹以幾句話贈這位賢婦：

「貪婪權勢」無能述說賢婦的心！

哀傷、屈辱、絕望對她頓成無能。

什麼馴化了破壞的勢力？

是拯救家庭危機的意志！

是實現偉大願景的希企！

是女人超越恐懼的願力！

「姑息養奸」費人猜疑。

【08】

國亂思良將,家貧思賢妻。

Kok-loān su liông-chiòng, ka-pîn su hiân-chhe.

Kok-loān sū liōng-chiòng, ka-pîn sū hēn-chhe.

家富思艷妾？

　　真是不見棺柴不掉淚,這句古諺含有千古奧義。語見,《增廣昔時賢文》和《注解昔時賢文》。

　　「國亂思良將」,說國家遭遇外敵侵略,人民才會想到誰是能帶兵打戰的好將軍,不是聞風逃命的大元帥——上下養尊處優,紀律蕩然,軍史館能發生姦殺案,軍購案屢屢,戰車不能跑,戰機常墜地。

　　「家貧思賢妻」則是說,家庭衰敗貧困的時候,老人才會想到齊家興家的賢慧太太——據說,錢大爺黃金滿籯之時,懷有別抱,心有異想！

　　賢妻的重要性,應該沒有人懷疑。那麼,如何才算是現代賢妻呢？前一陣子有人提出「全方位妻子」這種理想。據說,她的主

要特點是：

多面人：能夠扮演妻子、母親、情人、女兒、上班族等多重
角色，而且瞬息萬變，比美千面女郎。

能源人：時時刻刻都精力充沛，彷彿有取之不盡，用之不竭
的能源，一天二十四小時均能提供服務。

救火車：任何場合、任何情況她都能處理妥當、順利擺平，
凡事只要她出馬，無不馬到成功。

全面成功：這是最高的境界，沒有絲毫瑕疵可挑剔，俱備了
上述的所有特點，足以獲頒「金妻獎」。(《中央日報》1994(1.24):6)

據悉，有不少女人以「全方位妻子」自勉、自勵！眞是令人欽
敬。然而，男人一心想要高攀「金妻」的話，我敢保證他一定當選
「羅漢腳」！

【09】

某會，呣值著翁勢。

Bó͘-oē, m̄-ta̍t-tio̍h ang-gaû.

Bó͘-ē, m̄-ta̍t-tiō ang-gaû.

偉丈夫來也。

舊說，斷言儘管太太多麼的賢能，都比不上有辦法的先生。

這句俗語的假設是：只因爲是「翁」，所以比「某」強。您相信
此說嗎？當然不信。凡我女讀者，聞聽到本句的時候，請用三聲
冷笑來消毒。此傳統唐山文化的遺毒也，豈是我敬某大丈夫的台
灣文明？

現代台灣女人是大大不相信「某會，呣值著翁勢」的。她們也

不准有「君子遠庖廚」的藉口，也不能接受按月交薪水袋就算是賢夫的做法。難囉！當台灣賢良的丈夫。楊小雲不准男人：

> 溫柔體貼，不屑。
>
> 為世界苦難流淚，丟臉！
>
> 擁抱妻子、女兒，免談！
>
> 幫著做做家事，不會！
>
> 參加學習生長團體，沒必要！
>
> 所有感性的、軟性的、知性的活動事宜，一律拒絕。除了上班，賺錢外，他們寧可到酒廊或其他聲色場所去放縱內心壓抑的情緒，只有那地方，男人會露出本性，不再壓抑。他們「以為」那樣的豪情，才像男人。
>
> ……
>
> 二十一世紀的男人，應該是全方位的新男人，有頭腦、有深度、知進取，富幽默感以及纖細和溫柔。大男人式的小男人，落伍啦！❸

糟了！台灣男人的「勢」，不能像先人的光說不練。聰明的台灣女生已經公開挑戰，要「賢夫」們，玩幾招真功夫來看看。

【10】

一斤囝，呣值著四兩翁。

Chi̍t-kin kiáⁿ, m̄-ta̍t-tio̍h sì-niú ang.

Chi̍t-kīn kiáⁿ, m̄-ta̍t-tiō sí-niu ang.

子多無用論。

　　可能是歹命的老母，受盡子女氣魯之後的怨嘆吧。她露骨地

說，再多的孩子，也不如一個老翁。類似語有：「一斤肉，唔值著四兩蔥；四個囝，唔值著一個翁。」

一斤肉…一個翁：本句修辭用的是起興式，第一分句是興詞，其本身只有形式意義，沒有義理的用意。試想「一斤肉，唔值著四兩蔥」，言之無理，大大違反台灣人生活經驗的。**她主要地用來激發「四個囝，唔值著一個翁。」**

為甚麼？老母不是頗有自信，緊抱「養兒待老，積穀防飢」(→18.20)的希望嗎？是的。話雖如此，但實際經驗到的卻是「十囝十新婦，剩一個老寡婦。」(→13.17)因此，牢騷滿腹，思想大大偏激，說什麼：「食翁的坐得食，食囝的跪得食。」(→.13)又說：「好翁歹翁，攏嘛是翁。」(→.14)

咸信，此後老夫人三餐猛吞生蔥，日夜緊抱老翁。

【11】

一個翁，卡贏三個序大人。

Chi̍t-ê ang, khah-hó saⁿ-ê sī-toā-lâng.

Chi̍t-ē ang, khá-ho sāⁿ-ē sī-toā-lâng.

乖查某囝的大發現。

斷言，丈夫的重要性甚至勝過自己的父母、公婆這一輩「序大人」。

此句蓋在強調丈夫和妻子的密切性，因為夫妻結成的生命共同體，已經不是父母和子女的關係所能取代，所能比擬的。

從唐山傳統的家庭倫理而言，「一個翁，卡贏三個序大人」的思想，可能被批判做大逆不道，世上最壞的「發現」。其實，子女一出生母體，他／她們的命運就是要脫離，要超越「序大人」的蔭影或光環的。獨立了，強壯了，才談得上孝順。——哥倫布侵占

美洲大陸，才是世上最壞的「發現」。❹

【12】

歹歹翁，食燴空。

Phaíⁿ-phaíⁿ ang, chiảh boē-khang.

Phaiⁿ-phaiⁿ ang, chiā bē-khang.

不好的鐵飯碗？

　　這是很好玩的台灣名諺。單純又善良的老夫人公開了她心裏的秘密，說：「我的老翁呀，雖然不很理想，但穿的、住的、吃的，從來沒有缺欠過。只是……」

　　眞難懂！她的老翁看來並不「歹」嘛，到底是屬於那個範疇的「歹歹翁」呢？——風聞，老先生確是「雜唸」了些，囉嗦了些，三不五時玩些小賭。

【13】

食翁的坐得食，食囝的跪得食。

Chiảh-ang--ê che-teh chiảh, chiảh-kiáⁿ--ê kuī-teh chiảh.

Chiā-ang--è chē-té chiā, chiā-kiáⁿ--è kuī-té chiā.

待老夢碎。

　　老母用來表達深沉的怨嘆。說她自自在在地享用丈夫的一切，但想要從自己的孩子得些什麼，眞是比乞丐的討飯還難。

　　食翁…食囝：食，不僅是吃飯，此處泛指從丈夫、從兒女得到生活必要的供給。　　跪得…坐得：形容一苦一樂，一難一易之別；一方面苦悶鬱卒，一方面稱心如意。

　　爲甚麼「食翁的坐得食」呢？並非無解！當知，翁某共同經營的家庭，如同股份公司，妻是有權柄的董事長，翁是有能的總經理。

眞的如此嗎？一點都不假！君不見，老翁良心發現時，說了什麼話：「無後台，行無腳步」，「三分前場，七分後場。」(→.1;.2)豈可如此假健忘？人家老妻，吃的是她的股份，怎麼不可以「坐得食」呢？躺著吃都可以哦！

　　(本句又見，11.67)

【14】

好翁歹翁，攏嘛是翁。

Hó-ang phaíⁿ-ang, lóng mā-sī ang.

Ho-ang phaiⁿ-ang, long mā-sī ang.

婚姻癡呆症？

　　可能是太太對老翁無可奈何的洩氣話吧。不然，爲甚麼說如此不分好歹的話來。三歲小孩可以不分「好翁歹翁」，但這位太太有什麼樣的翁是心知肚明的。對了，一定有什麼大隱痛，大鬱卒的！她放棄了「好翁」的驕傲和執著，馬馬虎虎，算了，認了——「攏嘛是翁！」

　　攏嘛是翁？開仙是翁，繳仙是翁，酒仙是翁，採花仙嘛是翁……

　　　攏嘛是：什麼也都是…；任何(人物)都是…。

【15】

歹鑼累鼓，歹翁累某。

Phaíⁿ-lô luī-kó͘, phaíⁿ-ang luī-bó͘.

Phaiⁿ-lô luī-kó͘, phaiⁿ-ang luī-bó͘.

真是難分難解。

　　斷言，夫妻關係是互相連帶，彼此影響的，尤其是歹翁一定會連累到好妻，正如差勁的鑼手節奏不準確，叫鼓手無所適從。

從這句俗語所用的譬喻，我們清楚體會到先賢聯想力是何等的豐富。試想，若單說「歹翁累某」，未免索然無味；先人靈機一動，把累某現象比擬做「歹鑼累鼓」。如此一來，聽者心耳大開，傳來陣陣：「戀叩叩叩，戀戀叩，戀戀戀叩叩…」亂了樂章的鑼鼓聲；進而聯想到「累鼓、累某，累某、累鼓……」

背景：要了解這句老諺，須先理解「眞鑼假鼓」這種台灣鑼鼓樂的背景。文化人類學教授林美容對這句曲館諺語的解釋是這樣的：「曲館中的鑼鼓聲，依鑼點位聽得較準，拍子比較容易掌握，而鼓聲落點多而雜，不易掠清楚，所以鑼聲爲眞，鼓聲只是點綴之用。」❺

如此，鑼手帶領著，影響著鼓手；似此，老翁影響著老妻。

【16】

翁某，第一親。

Ang-bó͘, tē-it chhin.

Āng-bó͘, tē-it chhin.

有甚於畫眉的哦！

斷言人間關係，以夫婦爲最密切，接觸最有深度。

【17】

老戲勢拍鼓，老翁勢疼芷某。

Laū-hì gaû phah-kó͘, laū-ang gaû thiàⁿ chíⁿ-bó͘.

Lāu-hì gaū phá-kó͘, laū-ang gaū thiáⁿ chíⁿ-bó͘.

經驗豐富也。

用法有二：一、可能是媒人婆的善言，用來鼓勵年輕的小姐嫁給一位老翁力言他有少年翁所沒有的優點：「勢疼芷某」。二、也可能是「芷某」的宣傳廣告，提倡嫁老翁的好處，說：「我的老

翁啊，真行！」

　　從構句看，本句用的是起興，「老戲勢拍鼓」是興，用老戲的善於打鼓，影射老翁能善待「芏某」。這種表現法，多麼美妙；功效說不定遠勝過威而剛。

【18】

疼翁為翁煩，疼某為某苦。

Thiàⁿ-ang uî ang hoân, thiàⁿ-bó· uî bó· khó·.

Thiáⁿ-ang uī ang hoân, thiáⁿ-bó· uī bó· khó·.

恩愛生煩惱了。

　　斷言，有愛就有疼痛。老某愛老翁，難免為他的事業、健康、社會生活、精神生活而操心——包含脫線、出軌、外遇的緊張。同樣，老翁之愛老妻的，也會為愛她受如此這般的艱苦。

　　有人點出台灣話裏，愛情的愛[thiàⁿ]和痛苦的疼、痛[thiàⁿ]是同音，很能表達深度的愛必有的感受。是的，有愛情，就有恩愛煩惱；無恩無愛，無煩無惱，已經不是人了。

【19】

翁某保老，管伊外家死絕。

Ang-bó· pó-ló, koán i goā-ke sí-choa̍t.

Āng-bó· po-ló, koan ī goā-ke si-che̍h.

原鄉密思碎矣！

　　令人深感意外，這句俗語一反乖查某囝的性情，怎麼會變得如此硬心腸，敢說什麼：我和老翁白頭偕老為要，管他娘家「死絕」！可能是父母大筆遺產，被兄弟霸佔了！那嫁出去的查某囝不是信誓旦旦的說過：「食到頭毛白紗紗，嘛愛外家」嗎？不是說「斷鹽斷醋，唔通斷外家厝」嗎？（→14.38-39）

也難怪她！娘家的同胞貪污敗壞，但知財利，藐視人權。怪不得她割斷關係，自求多福！怪不得她，講了這麼難聽的話。

【20】

兄弟如手足，妻子似衣服。

Hia^n-tī jû siú-chiok, chhe-chú sū i-ho̍k.

Hiā^n-tī jū siu-chiok, chhē-chú sū ī-ho̍k.

骨肉vs.商品。

（本句詳解，參看12.09）

【21】

一夜夫妻，百世恩。

It-iā hu-chhe, pek-sè un.

It-iā hū-chhe, pek-sé un.

一時相好，永遠要好。

新婚燕爾的好感情，好志願。兩個年輕人天眞的要把新婚夜的無限恩愛延長，再延長到永遠。

本句，可能是從「一日夫妻，百世姻緣」(→22.07)衍化而來的。結果，這一變，使此二句所要表達的感情大大不同：「一夜」和「一日」，「百世恩」和「百世姻緣」之間存有美妙的差別：前者，蕩漾著春光花月的綺妮浪漫，倆人的恩愛熱情能燒開水；後者，企圖將姻緣際會歸因於未知的過去，眞是空想有餘而感情缺缺。

【22】

睏破三領蓆，掠君心肝繪得著。

Khùn-phoà sa^n-niá chhio̍h, lia̍h-kun sim-koa^n boē-tio̍h.

Khún-phoá sā^n-nia chhiō, liā-kun sīm-koa^n bē-tiō.

真同床異夢也。

老某用來怨嘆，可能是她的老翁背著她做出了什麼不可告人的大事吧。句子說的是：結婚久矣，就是草蓆也一起睡爛了三張，但是我老翁的心還是無法捉摸，無法了解。

蓆：草蓆，用鹹草織成的，鋪在床板上爲寢具。昔日，我們不難看到農友一家大小，晚餐過後用草蓆鋪在前埕來乘涼，來講古聽古，觀星望斗。　掠…燴得著：不能把握，無法看透（心思意念）；字面是，抓不到。

【23】

父欠囝債，翁欠某債。

Pē khiàm kiáⁿ-chè, ang khiàm bó'-chè.

Pē khiám kiaⁿ-chè, ang khiám bo'-chè.

超級債權人。

（本句注釋，請看11.10）

【24】

無冤無債，不成父子；無冤無仇，不成夫妻。

Bô-oan bô-chè, put-sêng hu-chú;

　　bô-oan bô-siû, put-sêng hu-chhe.

Bō-oan bō-chè, put-sēng hū-chú;

　　bō-oan bō-siû, put-sēng hū-chhe.

討債？好可怕的老翁也。

遭受丈夫糟蹋的妻子，用來表達不堪其苦的怨嘆。民間俗信，夫妻關係的成立乃在於夫或妻，前世虧負了對方，所以今世在婚姻生活中遭到「報應」。例如，帶給對方豐富的妝奩，或是遭受對方不斷的凌辱，或是一生只能共苦而不能同甘。

　　顯然的，本句俗語含蘊的思想，奠基在二種假定：宿世姻緣和前世報應。句裏的「無冤無仇」也作「無恩無仇」。同義句有：「父子相欠債，翁某結冤仇。」

　　（第一分句注解，參看11.10）

【25】

穿破則是衣，死了則是妻。

Chhēng-phoà chiah-sī i, sí-liáu chiah-sī chhe.

Chhēng-phoà chiá-sī i, si-liáu chiá-sī chhe.

頗有危機意識！

　　可能是勸世老人用來宣揚婚姻之道，要人小心在意經營好婚姻。說的道理相當淺顯，點出的「妻／夫死了，才是妻／夫」這番話，也是有些事實。其實，人間一切後天的關係，都是非常脆弱的，所以美好的關係應該知所珍惜，善加照顧，更須要努力精進，來充實其內涵。徒具婚姻的危機意識，有啥用？

　　本句的類似語有：「穿破則是衣，到老則是妻。」──假如，老漢只有擁抱破裘的時候才有安全感，那就由他吧！

【26】

烏鶖，騎水牛。

O͘-chhiu, khiâ chuí-gû.

Ō͘-chhiu, khiā chui-gû.

得愛忘形？

　　頑童用來譏刺小夫配大妻。說矮仔塗身材短少單薄，四尺九不足，三十公斤有找，但洪福齊天，優生第一，娶得了一個女泰山，身高八尺有餘，體重大秤不能衡量。

　　本句，用來嘲笑的形像，是咱台灣美麗的田園常常可以看到

的一幅圖畫：水牛犁開了田土，烏鶖飛來撿蟲吃；犁了好一會兒，牛歇喘，鳥也吃飽了。烏鶖十分滿足，百分高興地騎在牛背上招呼朋友：「吃酒，吃燒酒！」❻

用這麼美的俗語來譏刺人，是侮辱人，也是糟蹋語言！存而不用，如何？

【27】

大隻水牛細條索，大漢新娘細漢哥。

Toā-chiah chuí-gû sè-tiâu soh, toā-hàn sin-niû sè-hàn ko.

Toā-chiá chui-gû sé-tiâu soh, toā-hán sīn-niû sé-hàn ko.

用法和意思類似上一句。

本句修辭用的是起興式，第一分句「大隻水牛細條索」是興，指向主句「大漢新娘細漢哥」。

【28】

碗細塊，箸大腳。

Oáⁿ sè-tè, tī toā-kha.

Oáⁿ sé-tè, tī toā-kha.

粗漢配嬌娘。

用來嘲笑體材相差頗大的一對夫妻，丈夫粗大，太太幼細。用來譬喻的是碗筷的親密關聯，以及形體的大小比對。同時，老先人的性趣濃，用碗筷來象徵陰陽，來傳達男女的那一回事。

碗細塊：小碗也。　箸大腳：一根粗大的筷子，二根筷子叫做一雙；句裏說「一腳」，不說「一雙」是有所指謂的，讀者不難領會吧。

【29】

老牛，食幼草。

Laū gû, chiảh iù-chhaú.

Laū gû, chiā iú-chhaú.

不讓少年郎。

　　用來諷刺老少相差太懸殊的配偶。語含譏刺老先生有非份之想，雖然是明媒正娶，紅頂四轎親迎的。這是舊時閉鎖農村社會，婚姻格式化的偏見。

　　（參看，「老牛，想食幼菅筍。」219.12）

【30】

好花，插牛屎。

Hó hoe, chhah gû-saí.

Ho hoe, chhá gū-saí.

嫁錯郎也。

　　惋惜一個乖巧又賢慧的女人，嫁給一個外表庸俗，滿腦豆花的草包。先人把這個乖查某囝比擬做「好花」，而她醜陋的翁婿做「牛屎！」同義句有：「無彩，好花插牛屎！」

　　您曾看過有人將紅玫瑰或白百合插在牛糞上嗎？這種荒唐事，現實世界應該不會發生吧。但我們台灣老先人偏偏想得出來，也許搞怪過哦！

　　忽然，我心衝動。下次回來一定到我幼時奔騰的墓埔，尋找一床新鮮的牛屎，慢慢地將一枝紅玫瑰插進去。我要看個詳細，來探看先人發明這句俗語的原始的心情——秘密行事哦！太太知道了，精神病院伺候。

【31】

卵神翁，三八某。

Lān-sîn ang, sam-pat bó·.

Lān-sīn ang, sām-pat bó·.

天下第一絕配。

　　用來譏刺腦筋可能混沌，行動確實脫線的一對夫妻。

　　三八：專門用來形容女人的性格，說她傻氣有餘，智敏不足。例如，說話顛三倒四，時間觀念迷糊，事理不能細察，香臭不能明辨。(→247.01)　卵神：專用於男性，形容他的性情不穩定，喜怒無常，愛憎難測，如同卵鳥[lān-chiáu]隨興而盛衰不定。(→247.12)

【32】

酒肉朋友，柴米夫妻。

Chiú-jio̍k pêng-iú, chhâ-bí hu-chhe.

Chiu-jio̍k pēng-iú, chhā-bí hū-chhe.

是…錢太太嗎？

　　一個窮苦老翁的怨嘆。說有錢買柴買米的時候就有妻子，因為還有些柴米留得下她來煮飯吃飯；柴米一空，她要去自求多福，老翁又能怎樣。語見，《格言諺語》。類似語之說得更白的有：「有柴有米是翁某，無柴無米別人的。」

　　酒肉朋友：同享快樂，不能分擔苦難的朋友；真是「清茶淡飯難逢友，濁酒狂歌易得朋。」(司馬光詩)

【33】

驚某大丈夫，拍某豬狗牛。

Kiaⁿ-bó· taī-tiōng-hu, phah-bó· ti-kaú-gû.

Kiaⁿ-bó· taī-tiōng-hu, phá-bó· tī-kau-gû.

驚啥？大丈夫在此！

　　用做警言。諷刺地，用來鼓勵丈夫要敬愛妻子，做個偉大的老翁；也用來禁止修理太太的暴行，丈夫豈可淪為豬狗牛不如的

野獸？

　　從這句俗語看來，台灣翁一定相當不「驚某」，看所謂的「大丈夫」氣概，還不是建立在台灣太太的善良上面。怎麼講？因爲她們日夜修煉：溫柔賢慧的婦德，起死回生的婦功，春風滿面的婦容。使台灣丈夫但知「軟土深掘」，膽敢滿口「驚啥？」

　　最不能原諒的是，台灣老翁說什麼：「驚某大丈夫…」，「虎母在房內，半暝展威…」，「某是玉皇上帝…」，「一個枕頭督，卡贏…」等等猾話來消遣賢妻。害！驚某的丈夫已經如此囂張，要是「呣驚某」還得了。

　　是該罰他跪算盤的時候了！

【34】

某是玉皇上帝，父母是囡仔大細。

Bó· sī Giȯk-hông-siōng-tè, pē-bú sī gín-á toā-sè.

Bó· sī Giȯk-hông-siōng-tè, pē-bú sī gin-á toā-sè.

驚某欺親妻不准！

　　用來嘲笑性情乖謬的人，他一面驚畏太太如同虔誠的信徒之敬畏玉皇上帝；但他對待父母親大人無禮無數，隨便得好像對待小孩。本句俗語當然這是誇張的，千萬不可把後生變壞，都推到賢媳婦身上。

　　玉皇上帝：台灣民間信仰中的最高神，尊之爲「天公」。（→「天」111.01）　囡仔大細：小孩也。

【35】

聽某嘴，乖骨肉。

Thiaⁿ bó· chhuì, koai kut-jiȯk.

Thiāⁿ bo· chhuì, koāi kut-jiȯk.

誰是解體的製造者？

　　用做警言。特別爲那些「驚某的大丈夫」說法，要他們千萬不可以唯太太命令是從。如此，會傷害兄弟姊妹的感情。

　　這句俗語含有台灣人一種很壞的偏見，把娶進門的「某」人，和「家」人安置在水火不相容的對立。難道太太的意見都是一些「乖骨肉」的陰謀詭計？

　　假如眞的如此，難道這個「驚某的大丈夫」，已經驚得七顛八倒，是非不分？

　　不論如何，現代的核心家庭應該沒有這種莫名其妙的緊張才是。

　　游鍵至此，想到今年元月，三重市有一個74歲饒姓公公手刃平素孝順的媳婦。九刀斷魂，手法殘忍；據說是公公懷疑媳婦挑撥他的兒子，要搬出去自己住，因此埋下殺機。老人行兇後，不知去向，壁上留下這首「詩」：

> 污辱尊長膽包天
> 挑撥離間父子情
> 啞口難言恨心頭
> 同歸於盡莫怨人　　（→《自由時報》1999(1.23):6)

　　「挑撥離間父子情」，多麼嚴重的指控呀！然而，這種想法豈不是「聽某嘴，乖骨肉」的反響？太可怕了。

【36】

痴人畏婦，賢女敬夫。

Chhi-jîn uì hū, hiân-lú kèng hu.

Chhī-jîn uí hū, hēn-lú kéng hu.

誰怕誰？誰敬誰？

　　舊說，斷言三呼太太萬歲的，都是呆子；敬重丈夫的，都是賢慧的妻子。語見，《增廣昔時賢文》、《注釋昔時賢文》、《人生必讀》。

　　天下那有這麼簡單的「賢愚之辨」？說不定「痴人」之所以爲痴人，就是他根本不知道「畏」懼是什麼；當然，也可能是只有「畏」懼而不知敬，不懂愛。痴人若有賢太太的話，他一路敬畏下來，說不定會畏出一些智慧之火花來。

　　正常的人間關係並不建立在「畏」懼上面，敬愛之，尊重之，足矣！《聖經》說：「愛裏沒有懼怕，愛旣完全，就把懼怕除去。因爲懼怕裏含著刑罰。懼怕的人在愛裏未得完全。」(約翰一書4:18)

【37】

娶某册吟讀，嫁翁腳吟縛。

Chhoā-bó͘ chheh m̄-thảk, kè-ang kha m̄-pảk.

Chhoā-bó͘ chheh m̄-thảk, ké-ang kha m̄-pảk.

學習和伶俐的終結者。

　　舊說。用來勉勵結婚的男女，不要因爲結婚就懶於讀書，永浴愛河以致於不求功名；勸戒結婚的女人，不要因爲生活在新婚的溫柔鄉，連女人最根本的儀態，纏小腳也要放棄。

　　嫁翁腳吟縛：舊時「大腳婆」是嫁不出去的也，所以小姐們莫不用三寸金蓮爲目標來死纏雙足，來待價而沽。就是已婚的，也不可以隨意解放。

【38】

娶某師仔，飼某師傅。

Chhoā-bó͘ sai-á, chhī-bó͘ sai-hū.
Chhoā-bó͘ saī-á, chhī-bó͘ saī-hū.
娶某？早咧！

　　用做警言。這是一句台灣名諺，提醒少年郎不要事業未成，就急著要結婚，因為娶妻要求的難度比較簡單，只要有「師仔」的功夫足可應付。但要「飼某」，就不簡單了，非有「師傅」一般的能力不可——關於娶妻這回事的困難，有話說：「為某，雙腳擂戰鼓。」

　　師仔：學徒也。　　*飼某：泛指擔帶妻子和家庭的生活費用；不僅是餵養妻子。*　　*擂戰鼓〔luî chiàn-kó͘〕：喻指（為工作、賺錢）努力工作，艱苦奮鬥，來往奔波如敲戰鼓。*

【39】

某若會食氣，翁就會掌志。

Bó͘ nā-oē chiah-khì, ang chiū-oē chiáng-chì.
Bó͘ nā-ē chiā-khì, ang chiū-ē chiáng-chì.
導引有術屬害某。

　　斷言，為妻的若能堅持不輸人的志氣，做丈夫的也就能堅定志向來努力奮鬥了。言下之意，賢內助若是以休閒、娛樂、享受為職志，那麼做丈夫的也就難得精進的志氣。

　　食氣：（在困苦中）堅持奮鬥的志氣。　　*掌志：維持努力精進的氣魄。*

【40】

有志氣查埔會掌志，有志氣查某會伶俐。

Ū chì-khì cha-po͘ oē chiáng-chì,
　　ū chì-khì cha-bó͘ oē léng-lī.

Ū chí-khì chā-po˙ ē chiang-chì,

ū chì-khì chā-bó˙ ē leng-lī.

慧心蘭質自伶俐。

斷言，夫妻生活的積極思想和行動是會互相影響的，丈夫有上進的志氣，妻子自然用「伶俐」的態度來回應，來配合。讚！眞夫唱婦隨也。

「李太太眞伶俐！」這是對於李女士高而美的褒獎！所謂「伶俐」，乃是：儀容衣著妝扮得恰如其份；氣質優雅，精神飽滿而不猛烈；思想回應迅速正確，做事敏捷有效；人格成熟，待人處事圓滿，深得人緣。

有了這種伶俐的妻子，她的老翁要賴皮，要不「掌志」也難！

【41】

查某人若想孔，家內就會鬆。

Cha-bó˙-lâng nā siūⁿ-khang, ke-laī chiū-oē sang.

Chā-bo˙-lâng nā siūⁿ-khang, kē-laī chiū-ē sang.

有心興家家必興。

用來鼓勵家庭主婦，在所謂傳統的「女治內」的家務之外，尋找發展的空間和可能性。

這句俗語，新竹陳美枝女士有很好的解釋，她說：

> 家庭是夫妻共同經營的，像鳥的雙翅，車的兩輪，缺一不行。因此，家道的興衰，全看夫妻能不能攜手打拼。
>
> 過去男外女內，男的固然應該在外努力工作，要是做妻子在家務之外，也能動腦筋，做點副產什麼的，便可增加收入，家庭經濟也就寬鬆一些了。

當然,「想孔」要想對孔,如果走歪了路子,幹起不正當的行業,就得換了下一句:「家內著會繪平安。」(「台灣精諺」《自由時報》)

想孔:尋找可行的,有益於家計的事;想點子也。但「想孔想縫〔siūⁿ-khang siūⁿ-phāng〕」,則指的是心裏圖謀歹事,胡思亂想些壞事。

【42】

翁某,穿共領褲。

Ang-bó˙, chhēng kāng-niá khò˙.

Āng-bó˙, chhēng kāng-nia khò˙.

遮羞的共同體。

斷言,夫妻共榮共辱,是生命的共同體。這種不即不離的關係,本句俗語是用「穿共領褲」為表象來比擬的。這件褲子真難穿哦!試想,若有一方忽然喪心病狂,要脫褲「獻寶」的話,真是情何以堪啊!

共領:同一件(衣,褲);領,是衣褲、衣物的單位。

【43】

翁某同心,烏土變黃金。

Ang-bó˙ tâng-sim, o˙-thô˙ piàn n̂g-kim.

Āng-bó˙ tāng-sim, ō˙-thô˙ pén n̂g-kim.

煉金有志一同。

用做警言。鼓勵夫妻同心協力來興旺家業,哪怕嫁給窮漢,只怕翁某沒有奮鬥精進的志氣。咱台灣俗語說得很好:「有志氣查埔會掌志,有志氣查某會伶俐。」(→.40)

本句俗語的構造是「組對+同心+烏土變黃金」。這個句式,

可套入「父囝」、「夫妻」、「兄弟」、「二人」等等組對，來造出煉金伙伴。

【44】

夫婦，相敬如賓。

Hu-hū, siong-kèng jû-pin.

Hu-hū, siōng-kèng jū-pin.

見外！見外？

　　舊說，夫妻之間的關係，不可因爲親密以致於失掉了恭敬。原典，《左傳·僖三十三年》。

　　夫妻相敬如賓，聽起來會不會覺得太老古板？尤其是現代人，婚前都已經有深度的親密，「敬」這層感情早已經被「親」的實際所麻痺了。當然，「相敬如賓」是太客氣啦，總覺得不實在，不眞誠。

　　然而，相「敬」有其必要，因爲有了「敬」，才保得住幾分快要全滅的尊重；有了「敬」，才能保持彼此快要衝突的「安全距離」。雖然夫妻有所謂「你中有我，我中有你」的妙聯，但心靈、思想、性格的深處應該保其自由、獨立、自主的空間。一旦失去這種自在自性，僅有的「你儂我儂」很快會酸臭，醞釀爆裂的瓦斯。

　　親愛黏成一體，敬愛保得自性，此夫妻關係之妙理也。

【45】

有翁有翁量，有囝有囝量。

Ū-ang ū-ang liōng, ū-kiáⁿ ū-kiáⁿ liōng.

Ū-āng ū-ang liōng, ū-kiáⁿ ū-kiaⁿ liōng.

有量則有福。

　　用來勉勵常常受翁欺負的太太，或是被孩子苦惱的老母。句

子雖然沒有交代「爲甚麼」，但民間相信：有翁者，是有福的婦女；有团的，是好命的老母！因爲「量」如量斗、容器，體積越大者，承受的容量就越多。似此，女人肚量大，福也大——據說，量大的婦女，也比較會生孩子！

（*本句另解，18.03*）

【46】

翁仔某無相棄嫌，菜脯根罔咬鹹。

Ang-á-bó˙ bô sio-khì-hiâm,

　　chhaì-pó˙-kin bóng-kā-kiâm.

Āng-a-bó˙ bō siō-khí-hiâm,

　　chhaí-po˙-kin bong-kā-kiâm.

門當戶對，何嫌之有？

　　舊說，用來提倡夫妻只要相愛，不互相嫌棄的話，就是三餐不繼，就是喝稀飯，配鹹菜脯也會很快樂，覺得很幸福。同類句有：「你無嫌人大枝腳，人無嫌你無蚊罩。」

　　無相棄嫌：不互相嫌棄；實際上是頗有嫌棄的，討厭的條件存在。　菜脯根罔咬鹹：沒有魚魚肉肉，只好姑罔配鹹菜脯。舊時，鹹菜脯便宜，是窮人的主菜。

　　貧窮夫妻百事哀！對於「柴米夫妻」，平常心看待可也。什麼「無相棄嫌」，什麼「罔咬鹹」，都是苦勸話，非一般夫妻的常道。做得到的，無異於不食人間烟火的天仙了！

【47】

翁某，相惜過一世。

Ang-bó˙, saⁿ-sioh koè chi̍t-sì.

Āng-bó˙, saⁿ-sioh koé chi̍t-sì.

結怨討債幾時休？

　　村長老，或老媒婆用來勸解時常吵架的夫妻，勉勵他／她們相忍爲家，相愛過日，因爲人生在世轉眼即逝。然而，夫妻天天吵架的話，一定很難過，一定是度日如年的！

【48】

婿花在人欉，婿某在人房。

Suí-hoe chaī lâng châng, suí-bó˙ chaī lâng pâng.

Sui-hoe chaī lāng châng, sui-bó˙ chaī lāng pâng.

老翁，收心啦！

　　勸善老人的善言，指出男人都比較「歹款」，明明家有漂亮、溫柔又賢慧的妻子，偏偏不能集中精神來欣賞她，反而心猿意馬地暗戀陳三李四的太太。老先人用激將法，說：「婿某在人房！」你想幹什麼？還不趕快修心養性，面壁來思想賢妻。

　　本句的修辭構造用的是起興式，「婿花在人欉」是爲喚起「婿某在人房」的。

注釋

1. 按阮昌銳的意見，以張巡爲「保儀尊王」，許遠爲「保儀大夫」。參看，阮昌銳《莊嚴世界》上册（台北：文開出版社，1982），頁5-103。

2. 曾郁雯「沈默的元配」《中央日報》1998(10.5):7。

3. 楊小雲「全方位男人」《中央日報》1995(7.24):4。

4. 哥倫布（Christopher Columbus, 1451-1506）在1492年，發現美洲大陸。當地許多古文明，如印加文化，毀於一旦，許多純良的民族遭到毀

滅。那是很殘酷、很邪惡的事。

5. 林美容「與曲館武館相關的俗諺續篇」《台灣文化與歷史的重構》(台北：前衛出版社，1996)，頁253。

6. 我國文學家陳冠學在其名著《田園之秋》，如此描寫「烏鶖」：「天剛破曉，烏鶖便在田邊小溪畔一棵檳榔梢上直叫：「吃酒，吃燒酒！」一早便要吃酒，眞是酒鶖！其實烏鶖是種莊重有威嚴的鳥，穿著一身黑色的燕尾服，長長的尾羽，末端分叉，往外反曲，活似一支鉛錨。……烏鶖的嗓門很好，音質宛似片鋼琴，尤其吹口哨，可以説天下無雙。而牠那強烈的地盤觀念，不允許體積比牠大的外客侵入，倒成了小鳥們的天然護衛，爲一方重鎮，眞敎人起敬……」(陳冠學《田園之秋》，台北：前衛出版社，1983，頁15)

第六節　婚姻生活

【01】

鴛鴦水鴨。

Oan-iuⁿ chuí-ah.

Oān-iuⁿ chui-ah.

不慕仙！

　　形容夫妻愛情濃烈，幾乎時時相隨，不分不離，宛如悠游在愛河垂柳下的「鴛鴦水鴨」。詩人也常用鴛鴦來表徵愛侶，例如：「借問吹簫向紫烟，曾經學舞度芳年；得成比目何辭死，願做鴛鴦不慕仙。」(唐、盧照鄰《長安古意》)

　　鴛鴦：屬雁鴨科，水鳥類，體長約有40公分，雄的稍大，羽毛也較艷麗：後頭部有紅銅色的冠毛，前頭羽毛綠色，頸側背部均黃褐色，胸部黑色，腹部白色。翅上邊有扇形飾羽一對。雌者，全身蒼褐色。分佈於亞洲東部，多棲於水邊，捕食魚類、昆蟲、植物性食物。鴛鴦是雁鴨科最美麗的。長大配對之後，永遠相隨，因此就用鴛鴦來比擬極恩愛的夫妻。 ❶

　　至今，我還沒有看過母國台灣活生生的野鴛鴦，但還記得哼幾句「望你早歸」中的鴛鴦句：

> 每日思念你一人，
> 未得通相見；
> 親像鴛鴦水鴨不時相隨，
> 無疑的來拆分離。
> 牛郎織女個兩人每年有相會，
> 怎樣你那一去全然無批？
> 放捨阮孤單一人！
> ……

黃昏後，筆者常散步於萊茵河邊，那裏有許多很像「鴛鴦」的水鴨。牠們一對對浮遊著，三五小鴨前後追隨，一家大小眞是安樂自在，絲毫沒有文攻武嚇的驚惶，令我這個台灣人爲著自己的國家常遭中國的驚駭而哀傷不已。

本地的「鴛鴦」頗喜歡親近觀賞的人，保持著優美的風度來接近，來展美。我們有時帶著好吃的麵包來餵牠們，也不會像那些爲要爭先買一隻Kitty貓來出手打人的脫羽動物。牠們的生活態度與「修養」和載財載利的繁忙船隻，形成強烈的對比。這些鴛鴦水鴨，慢慢的划，划到牠們嚮往的地方；一路平安，沒有被壞人抓去烤北京鴨的危險。

先人用「鴛鴦水鴨」來描寫新婚的情態，實在很有意思！牠們的美豈只是羽毛的顏色？牠們眞美，因爲鴛鴦賢伉儷巧妙地平衡著自由自在，自我完成的理智和相隨游向喜歡的目標的勇氣熱情！

【02】

新烘爐，新茶鈷。

Sin hang-lôˑ, sin tê-kóˑ.

Sīn hāng-lôˑ, sīn tē-kóˑ.

熱沸沸也。

　　用來消遣新婚夫婦，說他／她倆糖甘蜜甜，情熱萬分。譬喻表象是：炭燒得白熱的「烘爐」和躺在其上沸騰的「茶鈷」。句子特別強調「新」字，也許是「老」爐鈷疲於煎熬，又加上灰塵蒙蔽感性，對於「熱」，已經厭倦了。

　　烘爐：有大小，小者直徑只有七八台寸，專門用來燒開水；大的，可承鍋鼎用來煮飯菜。　茶鈷：燒開水的器具，不是泡功夫茶的小茶壺。

【03】

會得兩人睏共枕，卡好露水凍花心。

Oē-tit nñg-lâng khùn kāng-chím, khah-hó lōˑ-chuí tàng
　　hoe-sim.

Ē-tit nñg-lâng khún kāng-chím, khá-ho lóˑ-chuí táng
　　hoē-sim.

如人飲水也。

　　諺諺。用來描寫閨房中夫婦親密關係的感受。本句出自民歌，原是大膽的野鴛鴦，歌頌興奮的愛的感受。唱道：

　　　新造眠床軟甚甚[Sin-chō bîn-chhñg nñg-sìm-sìm]，
　　　中央一蕊是安金[tiong-ng chit-luí sī an-kim]；
　　　阿妹合君睏共枕[a-moē kap kun khùn kāng-chím]，

卡好露水凍花心〔khah-hó lō͘-chuí tàng hoe-sim〕。❷

【04】

翁生某旦，食飽相看。

Ang-seng bó͘-toàⁿ, chia̍h-pá sio-khoàⁿ.

Āng-seng bo͘-toàⁿ, chiā-pá siō-khoàⁿ.

犀牛仔照角。

　　用來嘲笑一對非常恩愛的夫妻，他／她倆就是大庭廣眾也是不避眾目，頻頻送秋波示愛，如同戲台上的生旦照角。先人經驗過這種吃飽只是集中精神「照角」，結果是心頭紛紛亂亂。(→211.13)類似句有：「翁某，四目相對。」

　　犀牛仔照角：調侃地，形容愛侶發動強烈的秋波頻頻相送的情態。(→211.12)

【05】

看某媠，無酒嘛天天醉。

Khoàⁿ bó͘-suí, bô-chiú mā thian-thian-chuì.

Khoáⁿ bó͘-suí, bō-chiú mā thēn-thēn-chuì.

假醉的啦！

　　用來調侃娶得美婦的少年郎。笑他爲了這個「媠某」，以致於每天都心不在焉。據說是被什麼「妖精」迷惑住了──顯然，旁觀者是先著了迷！

【06】

鳳梨好食，酸閣甜。

Ong-laî hó-chia̍h, sng koh tiⁿ.

Ong-laî ho-chiā, sng kó tiⁿ.

愛的滋味。

　　形容新婚夫妻愛情的滋味，如同咱台灣的名產「鳳梨」：它多汁，味是奇妙的酸和甜的混合。——或許，這對夫妻是經過相當艱苦的「奮鬥」才走上紅地毯的吧。如今，他／她們回想起來，覺得滋味頗好，有酸有甜。

【07】

暫別，勝新婚。

Chiām piȧt, sèng sin-hun.

Chiām pȧt, séng sīn-hun.

　　斷言，夫妻短時間的離開是不錯的；其後，回來相聚時的情愛和感受會比新婚時更美妙。反義句有：「新婚，不如久別〔kiú-piȧt〕。」

　　不過，根據「美國心理學會」的研究，這種「暫別，勝新婚」在性愛方面而言，女性是沒有顯然的差別，只是男性喜歡和女伴燕好的衝動會隨時間而增強。

　　研究人員指出，男人這種心理其實是唯恐另一個男人捷足先登，早一步讓其女伴受孕。畢竟，從演化觀點來看，男歡女愛的目的原是爲了把個人基因傳給下一代。學界對於「暫別，勝新婚」之說，因爲證據不足，仍然存疑。(→《中時電子報》1999(9.13)

　　把小別勝新婚的詩的情意，研究成「精蟲賽跑」，眞是原始得太可笑了。鴛鴦水鴨有知，是會走上來抗議的。

【08】

金蠅，也站婿花欉。

Kim-sîn, iā-tiàm suí hoe-châng.

Kīm-sîn, iā-tiám suí hoē-châng.

另類污染。

　　譏刺一對外在條件頗不適配的夫妻，同時剌她的丈夫好像一隻「金蠅」，時時長相左右，死纏不離，煞是難看。

　　當知，先人認為「媠花欉」只為「採花蜂」和「花蝴蝶」而存在，而開花。那些金頭蒼蠅啊，都是成群結黨出入在毛廁糞坑，關注的是臭屎腐屍！牠們一定是無能欣賞美麗芬芳的花蕊之輩。

　　小心啦！若將某人的老公當眾譏刺做「金蠅」，是涉嫌損害名譽的哦！

【09】

古井，獪離得拔桶。

Kó·-chíⁿ, boē lī-tit phoā-tháng.

Ko·-chíⁿ, bē lī-tit phoā-tháng.

離不開的了。

　　戲稱丈夫和太太不即不離；看到她，也就能看到他，眞是「合作」無間啊！用來譬喻的是「古井」和「拔桶」的關係；此二者，不但同時並存，而且是缺一不可。先人用它們的形像和關係來調侃「褲帶結相黏」的夫妻，也頗頑皮！

　　拔桶：有二種款式，一種是繫桶的麻繩串進吊在井亭橫樑滑車輪上的拔桶；另一種是繩繫桶，手拋桶入井來挹水的。

【10】

君子廳，小人房。

Kun-chú thiaⁿ, siáu-jîn pâng.

Kūn-chu thiaⁿ, siau-jîn pâng.

內外有別。

　　用法有二：一、詼諧地教導夫妻相待之理。夫在公開場所，

待妻仍須保持紳士風度，不可腳來手來，但在閨房則不可遵守「男女授受不親」的禮敎，盡情於「小人」的情趣可也！同義句有：「上床夫妻，落床客。」二、斷言，君子的思想光明正大，言論都可以在大廳發佈消息，大發新聞稿的；但小人詭計多端，都是暗房圖謀，黑箱作業，見不得光。

小人房：先人示意，夫妻敦倫必要情趣，不可一味集中在授精傳種的動作。但眞的成了「粗暴」的小人來強迫賢妻的話，已經是侵犯太太「性的自主權」了。

說來也眞有趣，咱台灣的先賢，對於古人聖訓，頗善於做本地化的詮釋。這是怎麼講的？豈不知，聖敎是所謂的「視屋漏如明廷，對妻孥如大賓。」(《瓊琚佩語》)豈不是說，大丈夫、眞君子不論是在客廳，或是在閨房裏，都得一律扳起臉孔來對待妻子？我眞不敢相信，如迎「大賓」的君子也能弄出瑋瓦。太假囉！

咱台灣人的先祖比較實在，將「對妻孥如大賓」的不近人情道理的代誌，打了一個半折，減價成「君子廳，小人房。」多麼實在的「人」也！

【11】

燒糜傷重柴，媠某傷重婿。

Sio-moê siong-tiōng chhaì, suí-bó˙ siōng-tiōng saì.

Siō-moê siōng-tiōng chhaì, sui-bó˙ siōng-tiōng saì.

小心哦，艷婦傷身！

民間養身秘笈，也用來消遣新婚的朋友。斷言美麗嬌艷的妻子，容易使丈夫動情不禁，親密的關係自必頻繁。如此這般，對於翁婿身體的健康大大有害。類似句有：「燒糜傷重柴，婿查某團損団婿。」

本句採用的是起興手法,主句是「婿某傷重婿」,但用老少皆知的「燒糜傷重菜」做興句。如此,顯得非常突兀。唯因如此,這句俗語才顯得非常可愛又可笑:兩種沒有關聯的「傷重」聯結在一起,刺激了聽者,引起某種奧妙的聯想。

燒糜傷重菜:熱燙的稀飯難下嚥,吃的速度慢,配菜自然比吃冷糜的多;傷重,嚴重耗損,損失慘重。 婿查某団:指熱情的艷婦,不是清秀的那一種。 損団婿:這裏暗示,美妻煽情,引起丈夫氾濫情慾,以致虧損敗腎,生命不保。古人相信,性交過多者,精氣神大大虧損,嚴重影響健康,極端「損」身。

【12】

新娘睏祖笑,新郎睏祖仆。

Sin-niû khùn thán-chhiò, sin-lông khùn thán-phak.

Sīn-niû khún than-chhiò, sīn-lông khún thán-phak.

鴛鳳飛舞一招。

舊時村社頑童,當鄰居小哥新婚之夜,用來宣告喜訊,給新郎和新娘加油。

這句俗語是白描,在曩時屬於一句粗話,是禁忌,是不受教訓的野孩童的詼諧。比較現代社會的春影處處,舊時的保守古板,反而顯得可愛。

睏祖笑…睏祖仆:用仰天對仆地的方式來進行睡覺。

先人的「性趣」極高,留給後代許多「白得驚死人」的俗語,例如:

「老罔老,半暝後。」

「食甜豆仔,放暢尿。」

「驚死暝暝一,唔驚死暝暝七。」

「一桮、二飽、三中晝、四透早。」

這類俗語爲數不少，此處只引幾句，餘者請看本《語典》第八卷。(→822.)

【13】

翻過來燴中翁意，翻過去燴中囝意。

Hoan koè-laî boē-tiòng ang-ì, hoan koè-khì boē-tiòng kiáⁿ-ì.

Hoān koè-laì bē-tióng āng-ì, hoān koè-khì bē-tiòng kiaⁿ-ì.

爲甚麼左右爲難？

可能是老頑童用來嘲笑哺育幼兒的年輕媽媽。諷刺她一定很難應付睡在左右身邊的大孩和小孩。恥笑這個大孩，眼看小媽咪背向他給孩子吃奶，就滿心酸醋，囉囉嗦嗦的要這要那；小嬰孩被驚動了，啼哭抗議不止。叫她如何是好？

有相似句，首字「翻」用「睏」的。(→15.25)

曾聽說過，有疲倦過度的媽媽一覺醒來，發現自己翻身壓死了小嬰孩。時代進步了，現代有裝置監視器的嬰兒房，讓小孩自己睡覺吧！孩子會睡得比較安全又安穩，夫妻也好專心交陪。

【14】

起早得罪翁婿，起晏得罪公婆。

Khí-chá tek-choē ang-saì, khì-oàⁿ tek-choē kong-pô.

Khi-chá tek-choē āng-saì, khi-oàⁿ tek-choē kōng-pô.

這一家人真難應付！

舊時，媳婦睡爛覺，公婆不高興，可以理解。但賢妻黎明起床做家事，丈夫爲什麼不高興？

(本句又見，13.29)

【15】

有翁仔某名，無翁仔某行。

Ū ang-á-bó͘ miâ, bô ang-á-bó͘ kiāⁿ.

Ū āng-a-bo͘ miâ, bō āng-a-bo͘ kiāⁿ.

有名無實。

可能是怨婦的剖白。道出深閨人道有虧，雖然巫太太的令名響亮，但是巫先生缺席閨房久矣。

有翁仔某名：夫妻關係不但確實登記在戶政事務所，而且也是左鄰右舍所知悉的代誌。　無翁仔某行：特指夫妻間那種親密關係已經停擺了。

【16】

查埔田，查某岸。

Cha-po͘ chhân, cha-bó͘ hoāⁿ.

Chā-pō͘ chhân, chā-bo͘ hoāⁿ.

男治外，女治內。

舊說，斷言夫妻合作經營家庭，興旺家計的大方向，譬如，農夫下田耕作，農婦則修築田岸。同類句有：「男治外，女治內。」「男人是魚網，女人是魚籃。」

岸：雙關語，指田岸，又指「按」，執守也，經理也。　男人是魚網，女人是魚籃：舊說，男人在外攻取獵獲，女人在內積蓄經營；句用「魚網」撈魚和「魚籃」撿魚裝魚來做夫妻分工合作的表象。

這句俗語也出現在我國台灣的一首民歌，唱道：

人講春寒秋後熱[Lâng-kóng chhun-koâⁿ chhiu-aū joa̍h]，
算來無久就會煞[sǹg-laî bô-kú chiū-oē soah]；

君來做田娘做岸[kun laî chò-chhân niû chò-hoā^{n}]，
卡好富貴做大官[khah-hó hù-kuì choè toā-koa^{n}]。

這首歌描寫的是一對農家夫妻，同心協力，不畏春天的寒冷，也不怕秋老虎。他／她們互相鼓勵，壞天氣是短暫的，夫妻耕田做岸，幸福自在其中。

這幾句俗語都含有父權社會「男尊女卑」，「男爲主，女爲副」的偏見。雖然看似「夫唱婦隨」，不失和諧，但那是犧牲女人的教育機會，工作權，甚至領袖的才華爲代價的。

桃園縣長呂秀蓮在「台灣女性跨世紀使命」中，有一段感人的話，她說：「男生愛女生，不是只有愛她的身體，更要學會尊重、了解、彼此照顧，不要侵犯、不要佔有；身爲女性，則要提醒自己，她的聰明才智，不會因爲她是女性必須受到壓抑，有怎樣的才情，就盡量去發揮。」(→《自由時報》1999(4.4):41)

是誰規定女人都要跟在男人屁股後，來治內，來撿魚？那是威權的老祖宗的教條。時代大大不同！我國立法院已經審議「男女工作平等法」啦！(→《自由時報》1999(3.5):15)

【17】

翁會趁,某會擒。

Ang oē-thàn, bó͘ oē-khî^{n}.

Ang ē-thàn, bó͘ ē-khî^{n}.

小康秘訣。

指出婚姻生活中夫妻配合的一個原理：丈夫要會賺錢，妻子要能積蓄運用。不錯，「錢」是很滑溜的，一不小心就花光了；不「擒」，如何能安家？難道要幹橫財，要煉烏金嗎？

趁：趁錢、賺錢也，通常指的是做生意或吃頭路的收入，雖然種田生產五穀、牲畜、蔬菜等等農產收益都是趁。請注意，「趁」指女人的「性工作」，所以不能問：「李小姐，妳在倒位咧趁？」 擺：擺家也，經理家庭，控制家計；字面是執，拿，控制，駕馭。

什麼是家庭經濟生活安定之道？先人大聲回答：「翁會趁，某會擺！」不過嘛，時代不同了，當今之世，太太已經不能滿意「某會擺」這種角色！看，多少女士當了董事長、總經理，夫人有她自己的事業。看，多少女人生育以後繼續上班就職，不但家庭有「雙薪」，太太發揮所學，貢獻專長。據悉，我國職業婦女接近一半是已婚女性。(→《中央日報》1995(11.11):7)

另一方面，一個健全的社會也不是女人都得去當經理，做總裁。當知，太太的「擺」家是專業，是全時間的工作，是家庭的一種「收入」，應該予以肯定。

【18】

臭耳人翁，睛暝某。

Chhaù-hīⁿ-lâng ang, chhiⁿ-mî bó·.

Chhaú-hīⁿ-lâng ang, chhīⁿ-mī bó·.

雜唸vs.散仙。

舊時村長老用來勸解時常吵架的夫婦。特別是先生行為脫線的，就勸勉太太扮演「睛暝某」；眼不見為清淨，只要不為非作歹，何必管他那麼多！對於性情囉嗦，喜歡雜唸的太太，就勸先生做個「臭耳人翁」；耳不聞雜音，就可保得六根安寧，勃谿自然不生。

這句教言，實踐必有困難，因為裝盲作聾的特異功夫有違人性。然而，逆理之中，存有非常之道，有困難的夫妻不妨練幾招

「臭耳聘瞑功」吧，或許有所幫助。

【19】

聘瞑仔，背跛腳仔過河。

Chhiⁿ-mî-á, aīⁿ paí-kha-á koè-hô.

Chhīⁿ-mī-á, aīⁿ pai-khā-á koē-hô.

有腳出腳，有眼出眼。

　　用來勉勵人合作，特別是勸勉夫妻之間必要截長補短，才能共渡難關。句子是用眼障和腳障者各盡所長來合作，以達成渡河的目的為譬喻。

　　看了這句話，聯想到鄧小平的「摸石頭過河」，真搞不懂治理那麼一個大國，怎麼可以用摸索的方法來做為國策？獨裁政治的侷限如此，夫復何言。

　　這句俗語說的是夫妻的「聘瞑跛腳配」，絕對不適用於政府。

【20】

入人門，趁人意。

Li̍p-lâng mn̂g, thàn-lâng ì.

Li̍p-lāng mn̂g, thán-lāng ì.

幫規有異也。

　　用來教訓乖查某囝。再三再四叮嚀，嫁進人家門戶，就得順從丈夫，聽從公公婆婆的意思，來事奉，來行動，絕不可任性而為。

　　趁：順從，遵從（意思、教訓、風俗）；依樣畫葫蘆也。

【21】

嫁鷄趁鷄飛，嫁狗隨狗走，嫁乞食揹茭織斗。

Kè-ke thàn ke-poe, kè-kaú toè-kaú-chaú,

　　kè khit-chiảh phaiⁿ ka-chì-taú.

Ké-ke thán kē-poe, ké-kaú toé-kau-chaú,

　　ké khit-chiā phaiⁿ kā-chí-taú.

跟隨領袖飛跑。

　　用來教訓女人要認命。提倡女人一旦出嫁，就是跟定了丈夫，隨他富貴，隨他貧窮。句子是說阿鷄阿狗和阿乞的賢夫人，是如何的忠誠認同自己的丈夫，甘願當鷄婆，狗婆和乞婆。同類句有：「隨夫貴，隨夫賤［Suî-hu kuì, suî-hu chiān］。」

　　揹：背著，不論是單肩，或是大背肩。　茭織斗：鹹草編織成的斗狀袋子；舊時乞丐行乞時必有的行當。

【22】

摸著箸籠，則知頭重。

Bong-tiỏh tī-láng, chiah-chai thaû-tāng.

Bōng-tiō tī-lāng, chiá-chaī thaû-tāng.

遲來的資訊。

　　用來調侃新嫁娘。尤其是指嬌生慣養，從來沒有做過家事的的小姐，要她下廚來操作，一定會覺得非常「頭重」的。

　　摸著箸籠：喻指從事煮三餐等，廚房的工作；箸籠，盛筷子的容器。　頭重：頭大又痛，形容代誌相當困難。

【23】

入灶腳洗碗箸，入大廳拭桌椅。

Jỉp chaù-kha sé oáⁿ-tī, jỉp toā-thiaⁿ chhit toh-í.

Jỉp chaú-kha se oaⁿ-tī, jỉp toā-thiaⁿ chhit tó-í.

所謂家庭主婦。

　　謠諺。描寫爲人媳婦者，一天的最基本工作：煮飯和清潔內外。有一首民歌非常可愛，告訴我們昔日媳婦晨間的一小部份家事：

竹仔枝，梅仔子［Tek-a ki, moê-á chí］，
做人新婦識道理［chò-lâng sin-pū bat tō-lí］，
晏晏睏，早早起［oàⁿ-oàⁿ khùn, chá-chá khí］，
起來梳頭抹粉點胭脂［khí-laî se-thaû boah-hún tiám ian-chi］。
入大廳，拭桌椅［Ji̍p toā-thiaⁿ, chhit toh-í］，
入灶腳，洗碗箸［ji̍p chaù-kha, sé oáⁿ-tī］，
入繡房，做針黹［ji̍p siu-pâng, chò chiam-chí］，
呵咾兄，呵咾弟［o-ló hiaⁿ, o-ló tē］，
呵咾丈夫好八字［o-ló tiōng-hu hó peh-jī］。
呵咾親家好家世［O-ló chhin-ke hó ka-sè］，
呵咾親姆勢教示［o-ló chhiⁿ-ḿ gaû ká-sī］。❸

　　諸位，「入灶腳，洗碗箸！」唱的比做的，好聽得太多了。當知，「灶腳」這間小房子可是一家最重要，又最難搞的工場、「聖地」。要是能給一家人吃得有營養、有滋味，大人小孩吃到拍肚皮，放褲帶，心歡喜，面紅暈的話，她哪裏是「煮飯婆」！無異是天廚的大總庖了。萬一，廚房髒臭，煮的飯菜「豬唔食，狗唔哺」，一家大小吃得廚房連廁所，那就是「煮飯婆」也不夠格，而已經很接近「劊子手」了。
　　——游鍵至此，灶腳飄來陣陣燖「當歸鴨」的香氣。引誘太大，不得不暫停，來享受咱台灣家鄉的美味。來，來，做伙來用

啦！

【24】

第一煮三頓，第二炊粿，第三縛粽，第四做豆醬。

Tē-it chú saⁿ-tǹg, tē-jī chhoe-koé, tē-saⁿ pàk-chàng,
　　tē-sì choè taū-chiùⁿ.

Tē-it chu sāⁿ-tǹg, tē-jī chhoē koé, tē-saⁿ pàk-chàng,
　　tē-sì chó taū-chiùⁿ.

新婦的最低資格。

　　這些是舊時要做爲一個平常家庭的主婦，最起碼要會的工作。狀元夫人另當別論，粗活有「外勞」，育嬰有乳母，待床有細姨團隊服務。當然，她得練成不被打入冷宮的功夫。

　　昔時，要做一般人家的媳婦也眞不容易，豈是只會煮飯、炊粿、縛粽就功德圓滿？還得考慮公婆一家人的胃口，炊煮的是否對得上公婆的口味。古今，這種難題不知跌倒了多少女人，終於有賢媳婦想出編收小姑的辦法。請她先吃「好料的」，可以討好，也可以探知公婆一家人吃的秘密。唐人王建的「新嫁娘」吟道：

　　　　三日入廚下，洗手做羮湯；
　　　　未諳姑食性，先遣小姑嘗。

　　飯、粿、粽等等，是不能隨興亂煮、亂炊、亂縛一通的，要對得起人家的口舌，還要看人家的臉色！好可憐的新婦也。

　　　（本句注釋，參看17.33）

【25】

飼豬飼狗，絪柴搦草。

Chhī-ti chhī-kaú, in-chhâ la̍k-chhaú.

Chhī-tī chhī-kaú, īn-chhâ la̍k-chhaú.

嫁著做穡翁。

描寫舊時農家婦女一天當中必要的幾種工作：餵養幾條美國豬母當家庭附業，畜養幾隻台灣土狗做警衛，準備燃料以便供應三餐。

假如一般的農民太太，一天只做這些「飼豬飼狗，綑柴搦草」的話，不見得會「過勞」吧。但實際上，除了上面這些工作外，她不論寒暑要上田園耕作，晨昏伺候公婆翁婿，日夜養育小孩，服務姑叔等等。當然，還有一天煮三餐，洗碗筷，清潔屋裏屋外。所以她們怨嘆：一天勞碌下來，頭暈轉向，腰酸背痛，四肢無力，性趣缺缺！

綑柴：把長短不一的枯樹枝斬折成長度相近的小段，綑成小把，以配合大小灶可用的燃料。　搦草：把散亂的乾稻草綑成一把把的，好做為大灶的燃料。

【26】

愛某婿，給某擔水；愛某白，給某洗腳白。

Aì-bó· suí, kā-bó· tāⁿ-chuí; aì-bó· pe̍h, kā-bó· sé kha-pe̍h.

Aì-bó· suí, kā-bó· tāⁿ-chuí; aí-bó· pē, kā-bó· sé khā-pe̍h.

謂之某奴也。

用來諷刺寵愛妻子的男人。舊時，家裏沒有小叔的農家，撿柴、挑水都得自己來。句裏的這位農婦大有來頭，為甚麼還是「三寸金蓮」的？

腳白：纏小腳的長條白布也；腳白這種東西，豈是吾夫大人清洗的！

　　本句俗語描寫一個疼某的大丈夫包辦給太太挑水，洗裹腳布！這些殷勤，在老先人的世代都是男人的禁忌啊！可見，他真是很愛某的丈夫，古今內外恐怕找不到第二個。

　　當今美國丈夫界，宣稱分擔家事，但據調查，他們仍然是「手不動三寶」的。柏克萊大學社會學系艾教授花十年，研究50對藍領和白領夫妻，所得的結論是：男女的家庭角色並未隨著工作生活一同演進，女性依然負起煩多的家務。令女性每年的工作量，多添一個月。又說，丈夫分擔家事的夫妻，過得比較快樂。

（→《自由時報》1999(1.23):44）

　　是台灣丈夫效法先賢的時候了！來個「擔水洗腳白」的運動如何？

【27】

門扇板，鬥唔著旁。

Mn̂g-sì" pán, taù m̄-tio̍h pêng.

Mn̄g-sí" pán, taú m̄-tiō pêng.

合不攏啦！

　　用來形容夫妻個性不合，常常爭吵，宛如兩扇門板，裝錯了邊。

　　看了這句俗語，真佩服先人的想像力之高超和豐富。從何而來的靈感啊，竟能找上這個表象來做譬喻！雖然裝錯門扇的可能性近乎零，但門板裝反的嚴重後果並不難想像：那將是門戶難掩內外紛亂，豬狗自由出入，風雨肆意欺凌。

　　天下又有什麼比「門扇板，鬥唔著旁」，更適合於比擬天天實踐批鬥的夫妻同志？

【28】

床頭拍,床尾和。

Chhn̂g-thaû phah, chhn̂g-boé hô.

Chhn̄g-thaū phah, chhn̄g-boé hô.

唇齒打戰，沒啥！

斷言，夫妻間的吵架根本不必把它當做一回事，很快就會言歸於好的。本句誇張說：賢夫妻和好的速度快得嚇人，在床舖這頭開始動武，翻個身，打個滾，到了床的那一頭，夫妻倆已經和好如新婚的「鴛鴦水鴨」。

爲甚麼「床頭拍，床尾和」，是否夫妻兩鬧著好玩？非也！美國心理醫師阿瑟維多指出：夫妻爭吵並沒有結束，只不過是兩人的腎上腺素使人產生想做愛的激情衝動。「親密」過後，兩人感覺彷彿彼此的關係改善。然而，問題沒有解決，只是激素作用。如此，性愛和爭吵形成惡性循環。(→《自由時報》1999(8.11):44)

看來，再也不能用「床頭拍，床尾和」來寬慰時常吵架的夫妻了！婚姻協談專家的輔導是值得考慮的。

【29】

好若麥芽膏,歹若冤仇人。

Hó ná beh-gê-ko, phaiⁿ ná oan-siû-lâng.

Hó na bē-gē-ko, phaíⁿ na oān-siū-lâng.

三八兼卵神。

用來形容一對老翁某，人格可能尙欠成熟。但見他／她兩親愛的時候，連「麥芽膏」都不如他／她們的纏綿甘蜜；但吵起架來，則比國共鬥爭更殘酷、更劇烈。

麥芽膏：麥芽糖也，舊時我國台灣所知最黏最甜的食物；民間文

學常用來喻表新婚的愛情。 三八…卵神：→247.01-19。

【30】

日時搬布袋戲，暗時唱歌仔戲。

Jit-sî poaⁿ pò·-tē-hì, àm-sî chhiùⁿ koa-á-hì.

Jit-sì poāⁿ pó·-tē-hì, ám-sî chhiúⁿ koā-a-hì.

動武做愛，各有其時。

　　朋友親人用來勸解也用來調侃吵架成習的夫妻。意思是說：好了，好了，白天演習一下「布袋戲」，但願夜裏賢伉儷多多表演「歌仔戲」吧！

　　布袋戲：喻指夫妻爭吵、打架，因布袋戲大多表演全武行。　歌仔戲：比喻夫妻恩愛的行動，那是歌仔戲的特色。

　　（本句另解，參看425.14）

【31】

一下鼓聲，二下鑼，仙拍都繪和。

Chit-ē kó·-siaⁿ, nn̄g-ē lô, sian-phah to boē-hô.

Chit-ē ko·-siaⁿ, nn̄g-ē lô, sēn-phah tō bē-hô.

鑼鼓相當。

　　用來形容夫妻打架互不相讓，鐵砂掌對粉拳，「大下換細下」，打得難分難解。台灣舊社會有這種場面嗎？真「難得」也。君不見，妻子已經有反擊的拳技，說不定練的還是唐山的太極拳呢！

　　一下鼓聲，二下鑼：用鑼鼓聲來比擬兩人互相打擊的聲音。　仙拍都繪和：打鬥久久不息；仙，用做副詞，指「久久、常常、屢屢」，例如「仙講都呣聽。　大下換細下[toā-ē oāⁿ sè-ē]：二人打架，雖然強弱懸殊，但弱者不認輸，以無力的打擊來反應對方的重拳。

　　看這句名諺，想像著當時情景，欣賞著她的文學形式，但忽然悲從心升，憶起十幾年前，在鹿港「民俗文物館」看到的一張「賣婦契」。那個可憐的婦人被賣，原因無他，據說是爲了「一下鼓聲，二下鑼」。翻出抄錄的卡片，赫然出現：

　　　立賣婦字。人，彰化縣半線保溝內庄黃吉老等，有憑媒娶妻蕭卻涼爲妻，今年壹拾陸歲，並無生出男女。夫妻朝夕爭長較短，並無和合，屢次口角抄鬧。日食難度過日。

　　　今因乏銀費用，甘願將蕭卻涼外，即托媒人引就，賣嫁於本保泉州厝庄周浩覩爲妻。當場全媒三面言議，依時值賣婦聘金銀參拾大圓正。銀隨即日全媒交收，足訖。

　　　其蕭卻涼隨即吉日良時賣過周浩爲妻，永爲百年夫婦。日後生子傳孫，周浩之物，與伊黃吉無干，不得爭較，亦不得生端之事，自此一休千休，並無來歷交加不明爲礙等情。

　　　吉出首抵當不干周浩之事。此係二比甘願，各無反悔。今欲有憑立賣婦字壹幅付執爲何。

　　　即日全媒親交收過立賣婦字聘金銀參拾大圓正完足再贈。

爲媒人　姚年涼［畫押］

林合涼［畫押］

乘筆人　黃方吉［畫押］

希善明［簽名］

光緒　壹拾陸　年　拾貳　月　　日　立賣婦人　黃　吉［畫押］

　　不好玩！在109年前（光緒16年）並無所謂「床頭拍，床尾和」這回事。僅因「朝夕爭長較短…抄鬧」，又因老翁「乏銀費用」就被「賣出」。不過，離開這種野蠻人，說不定就是她的釋放，她的新

生！

【32】

卡慘生番把路頭。

Khah-chhám chhiⁿ-hoan pé-lō·-thaû.

Khá-chham chhīⁿ-hoan pe-lō·-thaû.

照實招來！

太太對於丈夫某些錯誤行為興師問罪，形容她的憤怒，她的喧嚷，她公開他的罪行。句裏是用「生番把路頭」為譬喻：暗示丈夫侵犯太太，威脅了她的安全，自然要進行「把路頭」一般的檢驗、盤問，否則不能放行。

卡慘：(比較級)更慘、更糟。 生番：(歷史名詞)舊時未開化的族人。 把路頭：兵勇、壯丁看守通往自己部落的關卡，外人要出示通行證，接受盤問。

【33】

一哭，二鬧，三吊脰。

It khaù, jī naū, saⁿ tiaù-taū.

It khaù, jī naū, saⁿ tiáu-taū.

示威三階段。

舊說，夫妻吵鬧，擺不平的話，太太的反應，先是痛哭哀怨；其次是喧嚷吵鬧；再不見丈夫悔改的話，就是吊脰自盡，以為最嚴重的，最後的抗議。

吊脰：投繯自盡也。

哭、鬧，不得已也。吊脰，千萬表演不得！但，哭鬧不能當做「工具」，更非「武器」，一旦成為習慣，它原有的一丁點效用就會消失，只塑造出一個苦瓜臉和一個混沌的頭腦。夫妻的紛爭應

該速而簡，成爲習慣性爭鬧，模糊了問題，永無寧日。

古以色列的智者說：「遠離紛爭是人的尊榮，愚妄人都愛爭鬧。」(《聖經·箴言》20:3)

【34】

拍某一下箠，害某三日呣食糜。

Phah-bó chit-ē chhoê, haī-bó saⁿ-jit m̄-chiah-moê.

Phá-bó chit-ē chhoê, haī-bó saⁿ-jit m̄-chiā-moê.

張太太是嗎？

謠諺。用來調侃使性子的「張太太」。可能是夫妻有了爭執，老翁隨手拿根細竹枝打了妻子一下，老妻氣得要死要活，自閉房內三天，糜汁不進，滴水不飲。

箠：箠仔枝也，通常是從竹掃帚抽出的一根細枝，用做教訓兒女的家法。 害…：(因爲某事)以致於(做了某種消極的行動)，例如，「彼齣歌仔戲眞轟動，害眞濟學生逃課去看戲。」 張：使性子。

本句裏的「張太太」氣憤相當猛烈，她「三日呣食糜」。昔日也有一位被老翁輕輕欺負過的張太太，她的氣憤較淺，只有「三頓呣食糜」而已。有民歌爲證：

> 一枝竹仔秀秀好披紗，
> 三塊茶甌金金好飲茶，
> 頭前廳請人客，
> 後壁廳拍布冊，
> 拍某一下箠，
> 害某三頓呣食糜；
> 緊緊入來陪，

後擺拍某手會瘋，
捧香爐，咒重詛；
跪算盤，平常事，
給某洗腳白人人有。❹

太太這一「張」，眞管用。先生馬上來道歉，來宣誓投降，來保證再犯的話，甘願跪算盤，洗裏腳布，又願受天罰瘋手。啊，「老戲」演不得的也！

（本句另解，參看215.20）

【35】
莫罵酉時妻，一夜受孤棲。

Bók-mē iú-sî chhe, it-iā siū ko·-chhe.

Bók-mē iu-sī chhe, it-iā siū kō·-chhe.

戇翁罵某黃昏後。

用來教訓動不動就罵太太的老翁。道理是這樣的：假如一定要教訓賢妻，應當避免在「酉時」。爲甚麼？還不是因爲「酉時」正是開始醞釀浪漫氣氛的黃金時段，若破壞了，老翁可要「一夜受孤棲」——有志氣的娘子今夜取消接見臭郎君了。

酉時：黃昏時刻也，下午五至七點鐘。　孤棲：孤床獨枕，抱竹夫人以輾轉反側來過夜。

【36】
翁某相扑常事，佔的人奇事。

Ang-bó· sio-phah siông-sū, chiàm-ê-lâng kî-sū.

Āng-bó· siō-phah siông-sū, chiàm-ê-lâng kī-sū.

批鬥有理嗎？

　　舊說，夫妻「相扑」是平常的代誌。據先人的高見，最奇怪的是那些干涉內政的人士——人家賢夫妻是在演練什麼「帶情運動」的也。君不聞，「無冤無家，不成夫妻。」

　　相扑：打架。其實多數是老翁打賢妻的，因爲發言是男人，所以將打妻模糊做夫妻的「相扑」。　佔：第三者插手來阻止強者的毆打，爲要保護弱者，終止打人。

　　這句俗語說「翁某相扑常事」，眞的是常事嗎？非也。夫妻衝突之事難免，一旦動粗，一旦發動文攻武嚇，那就很難修和了。所以，婚姻的健康是要隨時維護，是要彼此學習，尋求長進。

　　夫婦彼此感情的長進之道，學說方法很多。從陳建志的「靈魂的伴侶祈禱文」，我們可以看到一些目標，他說：

　　一、我能由喜悅中學習與伴侶之間的功課，而不是由掙扎或
　　　　痛苦。
　　二、我與伴侶能看見彼此的美好、自信與光明。
　　三、我與伴侶之間最深的聯繫，是靈魂的聯繫。
　　四、我能承諾與伴侶要走向更寬廣的未來。
　　五、我不把完美的要求加在伴侶之上。
　　六、我不要求我的伴侶來塡滿我的空缺。
　　七、在共同的發展中，我們能引領對方更接近自己眞實的靈
　　　　魂。　（→《自由時報》1998(12.3):40）

　　我們反對先人「翁某相扑常事」的說法，也不能接受夫妻僅以「柴米」爲組合的見解。夫妻應該努力超越「衝突」和「利用」，而長進於「精神」的境界。夫婦沒有精神境界，沒有靈魂深處的會通，還能成爲「老翁老某」嗎？

【37】

嫌罔嫌,卡尋嘛是伊一人。

Hiâm bóng-hiâm, khah-chhoē mā-sī i chi̍t-lâng.

Hiâm bong-hiâm, khá-chhoē mā-sī i chi̍t-lâng.

魅力永在也!

　　媒婆用來寬慰常受丈夫嫌東嫌西的女人。說的好像是:妳先生什麼都好,就是個性比較「龜毛」,喜歡亂嫌一通。其實,對妳是很深情的,看,伊卡尋嘛是妳一人!——請注意,本句原為舊時性工作界的用語。

　　嫌罔嫌:嘴巴姑妄嫌之,心裏是沒有將它當做一回事的。　**卡尋嘛是伊一人:**離開了,還是再回來投進妳的懷抱。　**龜毛:**小心眼又喜歡吹毛求疵的人。

【38】

著互翁氣,呣通互某治。

Tio̍h hō· ang-khì, m̄-thang hō· bó·-tī.

Tiō hō· ang-khì, m̄-thāng hō· bó·-tī.

鴨霸的猜話。

　　舊時,用來提倡大男人的鴨霸主義。說女人要嫁給一個有氣魄來欺負她的丈夫,千萬不可嫁給一個軟弱甘願受她凌辱的老翁。類似句有:「受翁治,呣通受某欺。」「互翁治,呣通受某欺。」

　　氣:(被人欺負侮辱的心理反應)生氣,怒氣。　**治:**凌治、凌辱。　**鴨霸:**正字應該是惡霸。

【39】

籠床貓,顧粿。

Lâng-sng niau, kò͘ koé.

Lāng-sng niau, kó͘ koé.

線民丈夫。

用來譏刺心臟充當醋桶的丈夫，深怕太太離開他的視線，一會兒沒看到人，就問東問西，好像是她「出牆」去了。先人用了一隻萬分可愛，千古稀罕的「籠床貓」，來喻指這個老翁；但是，最可議的是，太太竟然被消遣成一籠甜粿、鹹粿、醱粿或是茶頭粿。

籠床：蒸飯炊粿的蒸籠。 顧：看守，目不轉睛地注視。

【40】

二月二，土治公搬老戲。

Jī-goeh jī, thó͘-tī-kong poaⁿ laū-hì.

Jī-goē jī, tho͘-tī-kong poāⁿ laū-hì.

土治公婆相褒。

嘲笑老夫妻吵架，用農曆二月二日土治公神誕日的酬神演戲為譬喻。

背景：按台灣民間慣俗，在土治公生日，各地方衆弟子，家家戶戶準備牲醴到土治公的廟祀祭拜以外，並且要演布袋戲或大戲來酬謝祂。同時表演戲目的內容多少關聯土治公的故事，所以稱為「老戲」。

此外，演戲是以布袋戲為多，而布袋戲的內容又以演劍俠英雄，武林戰鬥為常。所以，聰敏幽默的先人，將老翁的吵架和老土治公婆演的「老戲」關聯起來，而發明了這句美妙的俗語來戲稱老夫妻的勃谿。

土治公：土地公也。原始宗教土地的神化，我國民間以二月二日

爲其誕生日。近年來，鸞堂紛紛將逝世的地方人士封爲各級行政區域，如縣市街村里鄰等等的土治公。

筆者小時候喜歡唸的童謠之一就是「土治婆，土治伯」。這首歌表露出一般台灣人對土治公的信仰：

> 土治婆，土治伯，
> 恬恬聽我講──
> 講我今年五十八，
> 好花來朝枝，
> 好囝來出世，
> 亂彈布袋戲，
> 紅龜三百二，
> 閹鷄古，五斤四。

這首歌謠唱出一個五十八歲的老媽媽，求老土治公婆賜她生個後生。如願的話，她要用演大戲亂彈和布袋戲，還有三百二十斤重的紅龜粿，一隻重五斤四的老閹鷄，來當做謝禮。

言歸咱台灣俗諺吧。或問：「土治公婆眞的會表演老戲嗎？」

答曰：「會！」

前年，中和調解委員會來了一對「土治公婆」；公89歲，婆84歲。兩人請求協調離婚。原因是：老公懷疑老婆有了「外遇」，每次從外面回來，就罵就打，轟轟烈烈的公演老戲。老婆的理由是，不堪打罵，要求自由。

據悉，經全體委員苦勸開化，「土治公婆」打消離異念頭，相親相愛，相扶持地走出了調委會。（→《自由時報》1987(3.19):11）

【41】

前某拍到死，後某唔甘比。

Chêng-bó͘ phah-kaù-sí, aū-bó͘ m̄-kam-pí.

Chēng-bó͘ phá-ká-sí, aū-bó͘ m̄-kām-pí.

改惡從善二度婚。

調侃粗暴的男人，他百般虐待「前某」，但對於「後某」則是無限寵愛，別說打罵，就是他怒氣爆發時，連慣常的比劃也都隱忍了下來。類似語有：「腳來手來，大某打到死；嘴笑目笑，細姨唔甘指。」

爲甚麼這個老翁對待前後兩位夫人宛若兩人呢？民間的傳統說法是：此翁好色不義，視前妻爲糟糠醜婦，寵後妻而愛其妖艷；這是情緒化的見解，一笑置之可也。一個比較積極的了解是：老翁悔改了，再婚雙方的人格可能比較成熟，學會了處理爭執的方法。

前某…後某：前妻；後妻。　比：裝做打人的手勢。　大某…細姨：正原配太太；姨太太，小姨奶。　唔甘指[m̄-kam-kí]：連指指點點的手勢也捨不得做。

本句俗語突顯出「虐妻」的問題，難道這是台灣丈夫的劣根性嗎？

頗有可能哦！根據一項研究顯示，超過27%的家庭有婚姻暴力；而婚姻爭執時，有30%以上是用暴力方式來解決的。台北市女警隊統計顯示，去年(1998)受理「家庭暴力」案455件；其中受害者96%是女性，以32-40歲的全職家庭主婦爲多，佔42%；其他各行各業婦女的受害比率相差不多。

可見，台灣姊妹面對丈夫動粗的機會頗多，要如何是好啊？

緊急要做的有三：先是，保護自己生命的安全。其次，趕緊設法離開現場。第三，找婚姻輔導人員幫忙。至於保護自己的方法，高師大輔導中心主任黃有志有所提示：

- 不要逞強，硬撐；
- 要大聲呼叫求救；
- 儘可能保護自己的生命安全，不要在沒有把握下存心拼鬥；
- 迅速離開現場避難；
- 馬上撥電話給最快可能馳緩的親朋好友；
- 爭執時不要逞口舌之快，要鼓起勇氣報警，請警察制止或是協助就醫；
- 千萬不要忍耐，公開暴力，讓旁人知道如何幫忙；
- 保留所有施暴的證物，驗傷單、筆錄、凶器等等，必要時拍照。**❺**

看來，台灣丈夫還沒有悔改的爲數不少，奉勸姊妹們學幾段空手道、柔道吧！有備無患，外可打擊偷襲的野狼，內可教訓虐妻的野夫；就是沒有機會施展應用，也有強身健美之功。

【42】

好狗唔咬鷄，好漢唔拍某。

Hó-kaú m̄-kā-ke, hó-hàn m̄-phah-bó·.

Ho-kaú m̄-kā-ke, ho-hàn m̄-phá-bó·.

自古好漢都愛某。

用來教訓粗暴的男人。警告他，「拍某」如瘋狗，而台灣的好

丈夫像好獵犬，絕對不會偷襲家裏的雞鴨。

勸歸勸，中國人勸疼愛妻妾，勸了數千年，台灣人也勸了四百餘年，但效果不彰！最後，還得靠賢慧又勇敢的女人出來示威抗議，建立法條來保護婦權。我國台灣今年已經通過了「家庭暴力防治法」，例如：

> 加害者若有酗酒、濫用藥物、罹患或疑似罹患精神疾病，對被害人習慣施暴或施暴情節嚴重者，都必須強制接受治療。
>
> 治療費用初擬由加害人自付；若拒不接受治療，將處三年以下有期徒刑、拘役或科新台幣十萬元以下罰金。(《中時電子報》1999 (6.28) 22:00)

惡犬不能隨意咬雞了！虐妻小人，要送院治療，要罰款，要徒刑。眞好！

【43】

猛虎住於房內，半暝展威無人知。

Béng-hó͘ tī pâng-laī, poàⁿ-mî tián-ui bô-lâng-chai.

Beng-hó͘ tī pāng-laī, poáⁿ-mî tén-ui bō-lāng-chai.

閨房虎嘯！

萬分詼諧地諷刺悍婦就是在三更半暝，猶仍努力不懈地敎訓老翁。譏刺她是閨房中的猛虎，深夜在「展威」。此外，先人用「無人知」來影射這隻雌虎白天是非常溫柔，萬分賢慧的；而這位受虎欺的先生大白天是「驚某協會」會長，當然不敢去按鈴抗告虐夫。

展威：野獸展示其威力，以鎮懾敵人或獵物。

　　這句俗語令您聯想到什麼？可能是「河東獅子吼」吧。她是大文豪蘇軾形容好友陳季常的夫人柳氏的獅威：

　　　　龍邱居士也可憐，
　　　　談空說有夜不眠；
　　　　忽聞河東獅子吼，
　　　　拄杖落手心茫然。

　　看來陳太太不但性情剛烈，更是管理夫婿的能者。陳先生談禪話仙冷落了夫人，她勇敢走出來喊停，解散一小群男人通宵臭彈。眞賢慧也！古之女性主義猛將也！

　　那麼，蘇學士的「忽聞河東獅子吼，拄杖落手心茫然」名句，比對我台灣先人的「猛虎住於房內，半暝展威無人知」名諺，如何？

　　「河東獅子」對「閨房猛虎」而言：前句的母獅雖猛，但牠遠而泛的在河東一地展威，其臨場感較弱；而後一句的母老虎，巡邏在同一個屋簷裏，同睡在一張小床上，其威脅性是切身的，其強度是冷凍男性的。

　　再以「拄杖落手心茫然」對「半暝展威無人知」而論：杖脫手，心茫然，顯示受到驚嚇的嚴重反應，誇張得很好，但嫌深度不足。相對的這句話，半暝的展威是疲勞審問，是精神虐待；先生的艱苦無人知，他得隱忍壓迫鬱卒，承受難以向人啓齒的見笑。

　　多麼美妙的房內猛虎獻雌威啊！也許，偶而經驗一下也不錯。但我家只有綿羊！

【44】

上山嗵通惹虎，入門嗵通惹某。

Chiūⁿ-soaⁿ m̄-thang jiá-hó·, ji̍p-mn̂g m̄-thang jiá-bó·.

Chiūⁿ-soaⁿ m̄-thāng jia-hó·, ji̍p-mn̂g m̄-thāng jia-bó·.

安家守則第一條。

　　用做警言。大概是常常和老某吵架的翁婿的座右銘吧！類似句有：「通惹虎，入門嗵通惹某。」

　　本句粗糙地說什麼：「入門嗵通惹某。」世上那有丈夫如此惡劣，回家就要「惹某」。無聊！同時，太太並非虎姑婆，回家何須如此提心吊膽？這樣的警告，太過於神經質，有礙心理健康。

【45】

嗵驚虎，只驚刺查某。

M̄-kiaⁿ hó·, chí-kiaⁿ chhiah cha-bó·.

M̄-kiāⁿ hó·, chi-kiāⁿ chhiá chā-bó·.

　　用法和意思相似於上一句。

　　句裏的「刺查某」，指的不是分佈世界各地的同類女士，而特指同居一個閨房裏的賢又能的太太。不難想像，這種驚嚇非同小可，不僅是幸福的威脅，也已經是生命的剝削了！

　　　（參看，「惹熊惹虎，嗵通惹著刺查某。」112.14）

【46】

手若空，著想要拍翁。

Chhiú nā-khang, tio̍h siūⁿ-beh phah-ang.

Chhiú nā-khang, tō siūⁿ-bé phá-ang.

真多情的太太也。

用來譏刺超級「刺查某」，說她患了世上罕有的毛病：手一旦沒事做，就要動手修理翁婿——眞是《天方夜譚》外一章。不過，據說世上有要打要罵才有情意的賢伉儷呢。

【47】

跪算盤。

Kuī sìng-poân.

Kuī sńg-poân.

教不嚴，妻之過？

用來調侃「太太萬歲黨」的忠貞黨員。說他不服從黨意，隨意行事，必須制裁：因屬初犯，暫免開除夫籍，但罰「跪算盤」，給他思過的機會。

什麼是「跪算盤」？筆者雖然沒有實驗過，但不難想像：那是兩個膝蓋跪壓在尖銳的木珠上面來受苦思過。據悉，聰明的丈夫都會央求太太恩准改「跪枕頭」；據說，照准的機率有99%以上。開玩笑，如此「罰跪」。

看了上面數句俗語(.43-.47)，好像台灣妻子都很會修理丈夫，好像都是唐山純種的雌老虎。非也！比對來看，台灣丈夫的唐山無賴劣根性較強。譬如，今年台北地院處理了結婚三年多，受迫害的婦人請求判決離婚案。

這位太太說，結婚當晚丈夫就翻臉，嫌她嫁妝少；婚後二、三個月就罵她是不會下蛋的母雞。不久，流產回娘家休養，他提出「離婚備忘錄」迫她簽字；不從，他再提出「不離婚備忘錄」迫她接受。這件「不離婚備忘錄」明載：

女方所有財產和其他情事，包括買房子、車子、鑽石、不生

育時由外人代孕，皆歸男方全權處理，女方不得異議。

女方所有生活起居作息時間，皆由男方規定之，違者遭受男方處分，不得有異議、抗告。

女方不得干涉男方因找人代孕生子之人選。(《自由時報》1999(3.6):14)

眞是豈有此理的「備忘錄」！賢妻的「跪算盤」，算啥？——我嗅到了「白色恐怖」的一陣陣屍臭！

【48】

床頭位，聖！

Chhṅg-thaû uī, siàⁿ!

Chhn̄g-thaū uī, siàⁿ!

尊命了，賢妻！

譏刺大丈夫男子漢，唯賢妻「聖言」是聽。例如，她說「一中，一台」，當然是一個中國，一個台灣；一邊一國。類似語有：「枕頭神，聖！」「枕頭鬼，卡聖過三界公。」

枕頭神、枕頭鬼：台灣民間宗教中，並沒有這兩種鬼神。此二詞，指神通廣大的枕邊人，她柔聲細語，音量雖輕，音色雖美，但句句穿腦，丈夫不敢或忘，不敢不身體力行。

智慧的「床頭位」，要聖就讓她聖吧，何害之有？最怕的應是「奸臣」的讒言，古人有勸：「堂堂八尺軀，莫聽三寸舌，舌上有龍泉，殺人不見血。」(宋、羅大經《鶴林玉露》)

家庭裏「三八牽手」的亂奏一通，沒有人頭落地的危險。可否姑妄聽之，或是當做安眠曲？

【49】

一個枕頭督, 卡贏三個總督。

Chi̍t-ê chím-thaû tok, khah-iaⁿ saⁿ-ê chóng-tok.

Chi̍t-ê chim-thaū tok, khá-iāⁿ sāⁿ-ē chong-tok.

用法和意思類似上面幾句。句形近似本句的有:「一個枕頭殼,卡贏三個宰相。」

枕頭督、枕頭殼[chim-thaû-khak]:虛擬的名詞,用指深具影響力的枕邊人;枕頭督,喻指無上威權,有如總督;枕頭殼,喻指思想控制,有如頭腦。

從上面這幾句俗語看來,台灣丈夫是相當「驚某」的哦!但據說,我國最驚某的,就要算是蘇澳鎮蘇南里的男士了!他們就是和好友吃喝到酒酣耳熱,一聽到「河東獅吼」,馬上聲稱太太有事找,頭也不回的趕回家去了。久而久之,蘇南路也就被稱爲「驚某巷」。

爲甚麼他們如此驚敬賢妻呢?據說,和該里「張公廟」的石獅子有關:該廟一反慣例,把母獅擺在右,雄獅擺在左——根據,右大左小的原理,該里的「母獅」也就威靈顯赫了。(→《中央日報》1997(3.20):6)

眞好!小姐若愛管翁,請妳嫁來蘇澳驚某巷。

【50】

挨枕頭弦。

E chím-thaû hiân.

Ē chim-thaū hên.

賢妻安眠曲。

用來嘲諷女人,說她總是喜歡給丈夫說些家人的是非長短。

句裏用了一個很妙的譬喻「挨枕頭弦」！說這位太太的專業是「翁婿臨床諮商師」。

唯太太「聖言」是聽的俗語雖然不少，但唐山文化感染下的老先人，幾乎是說的一套，做的又一套。他們在這裏大呼「太太萬萬歲」，在那裏戲弄太太，說她是什麼「枕頭神」啦，「枕頭鬼」啦，「枕頭督」啦，「枕頭殼」啦，「枕頭弦」啦！嘻皮笑臉，把慧質蘭心的賢妻扭曲、消遣，物化成「枕頭的」任何東西。

如此老翁眞是不堪造就，跪算盤太便宜，恐非新加坡的鞭刑難以見效！事實上，「挨枕頭弦」的賢妻也得檢討哦，要是老調一成不變，難怪老翁黑白講的也。以色列賢人也有這樣的話：「寧願住在屋頂的一角，不跟愛嘮叨的妻子同住寬敞的房屋。」(《聖經·箴言》21:9)

善絃者，琴瑟可能和鳴；嘮叨的嘴巴，一定令人厭煩。

【51】
聽某嘴，大富貴。

Thiaⁿ bó͘ chhùi, toā hù-kùi.

Thiāⁿ bo͘ chhùi, toā hú-kùi.

賢妻良言如慧炬！

用做警語。用法有正反二種：一、從字面直解，提倡唯妻言是聽的道理，要丈夫服從賢妻良言，則功名富貴可期。同類語有：「聽某令，卡好敬神明。」二、用來提醒男人，不要輕易聽信賢妻諫言，更不可受她的指揮，如此才可避免失敗，求得富貴。

❻

或問：「聽某嘴，大富貴。」眞的嗎？回曰：「也眞，也假！」

其理何在？道理也頗簡單。三八太太，愚昧牽手的話聽不

得，其理由人盡皆知。但，滿有智慧和仁慈的太太，她的話語自然蘊含著智慧和愛心，何只對於丈夫，就是對於衆人都是有益，有力的影響。

賢妻慧語帶來的大利多鐵證如山。蘇志成在祝賀李登輝總統金婚記念文集中指出：「社會各界要求政府對二二八事件表示歉意的聲浪甚高。總統自己身爲二二八的受害者，卻要代表政府向社會致歉，心中不免遲疑。但夫人一句：『這是你身爲總統的責任！』卻讓總統坦然接受民意的要求，代表政府表示最誠摯的歉意，也化解冰封社會記憶中的傷痕。」(《中央日報》1999(4.6):4)

賢慧哉！我國第一夫人曾文惠女士，一言榮耀了她的丈夫，一言溫暖了全國民心。

【52】

毋通聽某嘴，則免攬胸吐大氣。

Ḿ-thang thiaⁿ bó·-chhuì,

    chiah-bián lám-heng thò·-toā-khuì.

Ḿ-thāng thiāⁿ bo·-chhuì,

    chiá-ben lam-heng tho·-toā-khuì.

聽信讒言？

用做警語。挑明妻言可怕至極，絕不可言聽計從，否則「代誌大條」！說得更露骨，更慘烈的毋聽妻教的俗語有：「聽母嘴無敗害，聽某嘴絕三代。」

攬胸：手臂雙雙用力交叉互抱於胸前；這是表示萬分苦悶，無可奈何的情態。　**吐大氣**：深又長的嘆息。

爲甚麼妻言不可聽，不可信呢？老先人說：「聽母嘴無敗害，聽某嘴絕三代。」再清楚不過，原來「聽某嘴」和「聽母嘴」是

敵對的，是不能並存的！所以，丈夫一旦聽了「某嘴」，所謂「乖骨肉」之類的惡，必然產生，必然使人「攬胸吐大氣」，甚至「絕三代」！

哀哉，此種迷信毀壞了多少家庭，把公婆、媳婦和後生推下煉獄。難道，太太滿腦漿糊，開口只會說沒有衛生，滿有毒素的小報告，鬼主意？

那麼，所謂「聽母嘴無敗害」，真的嗎？要看情形啦！雖然有許多婚姻問題跟「母嘴父嘴」有關，但父母嘴若是智慧仁愛的，也大有助益。若愚是再婚的夫人，夫家是大家庭三代同堂。因為是再嫁，所以家人用疑慮的眼光來看她。但若愚說，就是公公的一句話，救了她，使她成為人人稱讚的好媳婦。

究竟她的公公說了什麼？若愚說，婚前公公告訴她和她的丈夫：「我娶的媳婦是一張白紙，你們以後吵架或不愉快絕不能拿過去的事當話柄來吵，不然婚就別結了。」

她說：「…我永遠記得我是一張白紙，當一張白紙的心情是那樣的被尊重，被疼愛。」那句話有力地支持她，是她成功的，喜樂的再婚的動力。(→《自由時報》)1999(6.9):41)

智慧的言語是創造和幸福的動力，但乖謬的惡口和統戰的喊話是毀滅的魔咒。聽，聽，聽，聽誰的？聽什麼？都得想一想哦！

【53】

半路，折扁擔。

Poàn-lō͘, chih pin-tān.

Poán-lō͘, chī pīn-tān.

糟透了！

用來形容喪偶的苦境。夫妻到了中年，兒女成群，夫婦之中忽然有人先去的，使家庭這個重擔難以繼續挑著前進。譬喻的表象用的是挑夫最難適應的慘況：挑運貨物到了中途，扁擔折斷，進退兩難。

這句俗語要表達的悽慘，比「斷絃」沈重得太多了！絃斷，樂曲是默寂了，一片沈悶哀傷；但扁擔是生產工具，是謀生的手段，它斷了、碎了、毀了，要如何是好呢？生存的焦慮陣陣襲來，無力回應，無處逃避。完了！

完了？未完。他／她要收拾散落的重擔，緊抱希望，艱難又孤獨地奮鬥下去。

【54】

中年失妻，親像三歲囡仔無老爸。

Tiong-liân sit chhe,

　　chhin-chhiuⁿ saⁿ-hoè gin-á bô laū-pē.

Tiōng-lên sit chhe,

　　chhīn-chhiuⁿ sāⁿ-hoé gin-á bō laū-pē.

孤兒鰥夫苦難言。

一個「半路，折扁擔」的丈夫的感慨。說他中年喪妻，煞像三歲小孩喪父，孤苦無依，非常悽慘。

看！這個「大男人」哭喪著臉，不知所措；平時發號施令的丈夫氣勢何在？眞是虛有其表啊！但，話可不能這樣講哦。據說，台灣人的賢妻，是丈夫的慈愛姆母，是他富貴的高照福星，是他社會排場做秀的明星，是…他的一切！

不過，請別感動得太早。君不聞，先人大聲宣傳什麼：「妻子如衣服」，「死某換新衫！」這一切無情義的話，何等粗魯、現

實，哪像文士的多情。君記得，蘇東坡喪妻後十年(1075年)夢見愛妻王氏，醒來做了一闋傳誦千古的「江城子」來思念她：

> 十年生死兩茫茫，不思量，自難忘。千里孤墳，無處話淒涼。縱使相逢應不識，塵滿面，鬢如霜。
>
> 夜來幽夢忽還鄉，小軒窗，正梳妝。相顧無言，惟有淚千行。料得年年斷腸處，明月夜，短松岡。

　　我一直覺得，先人若要眞正表達喪妻的痛苦，也許說「中年失妻，親像三歲囡仔無『老母』」比較妥當。爲甚麼？對於三歲小孩，老母是生命體最密切的關聯，是生活的依靠，是感情、感覺、認識的第一對象。這些，豈是「老父」的內涵？

【55】

夫妻本是同林鳥，大限來時各自飛。

Hu-chhe pún-sī tông-lîm niáu,

　　taī-hān laî-sî kok-chū hui.

Hū-chhe pún-sī tōng-līm niáu,

　　taī-hān laī-sî kok-chū hui.

恩愛夫妻也分離。

　　用法有二：一、勸善老人用來「開化」喪偶的人，請他／她們節哀順變，無須過份憂傷。因爲翁某原似「同林鳥」——兩鳥偶然同棲於一林一樹一枝，「大限」臨頭，也就各自飛去了！二、用來勸夫妻不可爭執，要和好，因爲這對同林鳥，有緣同棲一樹，在大限來臨之前，珍惜良緣，彼此親愛才是應該。

　　大限：死期也，上天給每一個人壽數的極限。

看這句無情的俗語，把我心內沸騰的熱情冷卻了好幾千度。一想到好相愛的「同林鳥」，只是爲了大限臨頭就得孤獨地「各自飛」去，眞是心疼啊！如此這般的各自飛去，太缺乏浪漫，太沒有希望。

君不聞，人家白居易給唐玄宗和楊貴妃創造了什麼「長生殿」來幽會，讓他／她們相約要成爲天上的「比翅鳥」：

> 臨別慇懃重寄詞，詞中有誓兩心知。
> 七月七日長生殿，夜半無人私語時。
> 在天願做比翅鳥，在地願爲連理枝。
> ……

怎樣？這還差不多。各自飛，不好！不好！眞不好！

【56】
好針緊裂鼻，好某緊過世。

Hó-chiam kín líh-phīⁿ, hó-bó· kín koè-sì.

Ho-chiam kin lī-phīⁿ, ho-bó· kin koé-sì.

賢妻難白頭。

舊說，賢慧的妻子比較難以長久廝守。爲甚麼？有人說是上天吃醋，見不得夫妻恩愛；我們不敢同意此說。筆者認爲，好妻如諸葛孔明，「六出祁山拖老命」，她如蠟炬來燃燒自己，溫暖了老翁，照亮了全家——這也是「好針緊裂鼻」所要比擬的。

針…鼻：針眼也，細線穿透的細孔。　好針緊裂鼻：針細，鼻大的縫針，當然比較好用，但針鼻相對薄弱，也就容易斷裂。

【57】

前廳做師公，後廳做媒人。

Chêng-thiaⁿ choè sai-kong, aū-thiaⁿ choè moê-lâng.

Chēng-thiaⁿ chó saī-kong, aū-thiaⁿ chó moē-lâng.

速戰速決。

　　用來諷刺寡婦絕情，丈夫屍骨未寒，已經開始再嫁的行動了。譬喻萬分刻薄，說前廳爲亡夫「做師公」，而後廳已有媒婆來爲自己議親。

　　做師公：道士爲逝者做功德的法會。台灣民間道教的喪事儀式也，因爲是由「師公」主持，所以說「做師公」。

【58】

死某若割韭荣，死翁若換破蓆。

Sí-bó͘ ná koah-kú-chhaì, sí-ang ná oāⁿ-phoà-chhiòh.

Si-bó͘ na koá-ku-chhaì, si-ang na oāⁿ-phoá-chhiō.

你死，我閣嫁啦！

　　用來嘲諷夫妻的恩愛何等薄弱又短暫。說，死太太的，不久再娶個新娘，就如同收割韭荣，過不了幾天就可再割。死丈夫的，也沒啥，很快就再嫁了，如同甩掉一張破草蓆，換了一張新的。——但願，有情人一聽，變諷刺爲「警言」，應趁著大限臨頭之前，多珍惜好姻緣。

　　本句，坊間有認爲是「寬慰喪夫或喪妻的話語。」我們不同意這種解釋，因爲不符合民間寬慰喪偶者的實際情形。實際上，用來慰問的大多是：節哀順變，生死有命，照顧自己之類的話；對窮友，則關心經濟生活；對子女多的，則關心其子女敎養的問題。若用這句俗語來「寬慰」，那眞是不通情理至極！

【59】

死某換新衫，死翁換飯坩。

Sí-bó͘ oāⁿ sin-saⁿ, sí-ang oāⁿ pn̄g-khaⁿ.

Si-bó͘ oāⁿ sīn-saⁿ, si-ang oāⁿ pn̄g-khaⁿ.

用法和意思相似於上一句。

有更勢利的一句是：「有錢死某換新衫，無錢死某哭哀哀。」當然，這些俗語都不能用做「寬慰」，乃是嘲諷、譏刺夫妻恩愛隨死別而亡，昔日有過的戀情愛慕，遺忘得何等迅速。多麼無情啊！

【60】

在生嫁九翁，死了尋原人。

Chaī-siⁿ kè kaú-ang, sí-liáu chhoē goân-lâng.

Chaī-siⁿ ké kau-ang, si-liáu chhoē goân-lâng.

信用好，老主顧來。

舊說，儘管一個女人一再改嫁，但在死後的世界，她還是屬於第一個丈夫的妻子。這是一種民俗信念，可能是從一而終的觀念的餘緒吧。

【61】

前翁有情，後翁有義。

Chêng-ang ū-chêng, aū-ang ū-gī.

Chēng-aŋ ū-chêng, aū-ang ū-gī.

最難消受情義人。

形容女人就是再嫁給一個好丈夫，生活供給無缺，事事安定過日，但還是心心念念那個有情的前夫。

【62】

閣織無好布，閣嫁無好某。

Koh-chit bô hó-pò͘, koh-kè bô hó-bó͘.

Kó-chit bō ho-pò͘, kó-kè bō ho-bó͘.

尋好翁來再嫁！

　　舊說。斷言再嫁夫人不會是個好妻子。這是舊時代的偏見，強烈反映著女人的貞操和從一而終的婚姻觀；用來比擬的是斷機再織的布爲次級品。如此比擬女人的婚姻，是不倫不類的。

　　現代人看了這句俗語，應該有不同的思考：再嫁，是爲了要尋求更好的翁婿，乃是非常的，不得已的手段也。

【63】

後婚老婆後婚漢，有著食無著煞。

Aū-hun laū-pô aū-hun hàn, ū-tio̍h chia̍h bô tio̍h-soah.

Aū-hūn laū-pô aū-hūn hàn, ū-tō chiā bô tō-soah.

柴米夫妻爲吃來。

　　用來譏刺再婚夫妻，刺他／她們的結合完全是爲了肚腸，假如一朝斷了柴米，則婚姻關係也就「煞」了。

　　結婚，彼此扶養對方是天經地義的事，用「有著食無著煞」斷定結合的動機，不但太過於刻薄，也不符合台灣人婚姻生活的實況。

　　後婚老婆後婚漢：再婚的老夫妻。　　有著食：有吃的就留下來吃。　　無著煞：沒得吃的，就散夥。

【64】

嫁來嫁去，嫁著一個老秀才。

Kè laî kè-khì, kè-tióh chit--ê laū siù-chaî.

Ké laī ké-khì, ké-tiō chit--ē laū siú-chaî.

姻緣好魅力強的女人。

謠諺。嘲諷再嫁夫人，說她一嫁再嫁，但越嫁越差，最後嫁了一個貧寒的老人。

這句俗語源自台灣的童謠，舊時流行在彰化一帶，筆者小時候哼過：

> 俺蒲嬌，哮咧咧，
>
> 哮要嫁，嫁何位？
>
> 嫁樹仔尾溜，樹仔尾溜無綠豆；
>
> 嫁水營，水營水內洶；
>
> 嫁石榴，石榴要結籽；
>
> 嫁老鼠，老鼠要鑽孔；
>
> 嫁釣魚翁，釣魚翁要釣魚；
>
> 嫁蟾蜍，蟾蜍要匿蚊；
>
> 嫁熬酒桶，熬酒桶要熬酒；
>
> 嫁掃帚，掃帚要掃地；
>
> 嫁賣雜細，賣雜細的要搖鈴瑯；
>
> 嫁師公，師公要讀疏；
>
> ……
>
> 嫁死狗，死狗人要刣；
>
> 嫁來嫁去，嫁著一個老秀才。❼

【65】

忠臣不事二主，貞女不嫁二夫。

Tiong-sîn put-sū jī-chú, cheng-lú put-kè jī-hu.

Tiōng-sîn put-sū jī-chú, chēng-lú put-kè jī-hu.

所謂從一。

　　舊說，有節操觀念的女人不再嫁，正如，忠烈的百官不投降，不事奉新的帝王。

【66】

要守, 守乎清；要嫁, 嫁乎明。

Beh-chiú, chiú ho͘ chheng; beh-kè, kè ho͘ bêng.

Bé-chiú, chiu hō͘ chheng; bé-kè, ké hō͘ bêng.

反地下夫人說。

　　主張女人不論是守節或是再嫁，都是要光明正大，守寡要乾脆，再嫁要正式。這是應該的，聰明的做法，如此才有法律保障，也才有社會的地位，清楚的家庭意識；女人的尊嚴，由此得到維護。

　　今日，自由同居盛行的德國社會，有許多年輕人趨向比較「保守」的婚姻觀。據悉，不少高中女生已經有「要嫁，嫁乎明」的婚姻觀了。

【67】

死寡易守, 活寡難煞。

Sí-koáⁿ iⁿ-chiú, oa̍h-koáⁿ lân-soah.

Si-koáⁿ īⁿ-chiú, oā-koáⁿ lān-soah.

女人守貞難易說。

　　舊說，斷言丈夫死了，妻子要守寡守節，不動再嫁念頭，或持守清心寡慾並不困難；但，如果是「有翁仔某名，無翁仔某行。」(→.15)那就很困難克服孤守空房的苦悶和煩躁了。

　　這種說法純粹是男人本位的退想。當知，用「死寡」或「活寡」來談論，來想像女人的性生活是很不健康的！

> 游鍵至此，朋友電告，CNN映播
> 我國921大震災，心憂如焚
> 祈禱恩慈上帝
> 憐憫我國我民
> 安息蒙難靈魂，醫治受傷同胞
> 扶持家園產業田地毀損的兄弟姊妹
> 慈光引導親愛同胞走出死蔭幽谷
> 誠心所願。阿們！

注釋

1. 參看「鴛鴦」《大辭典》下（台北：三民書局），頁5521。

2. 李獻璋《台灣民間文學集》，頁91。

3. 同上引。頁14-15。

4. 同上引。頁39。

5. 這裏的統計數字和理解「保護自己的方法」，係引用自：黃有志「忍讓再忍讓，婚姻暴力變本加厲」《中央日報》1999(5.25):7。

6. 爲甚麼有這種兩極的不同解釋呢？這就關聯到解釋學的問題了。首先，解釋必須按照本句的文字來解釋；其結果，就是第一種用法。其次，解釋者須要將解釋句還原在適當的文化社會脈絡來考察；這樣，就產生了

第二種用法的解釋。例如，「毋通聽某嘴，則免攪胸吐大氣」一類的俗語，便是有力的證據。

7. 李獻璋，同上引。頁183。又，本節引自李氏的四首歌謠，其中有些台灣漢字和原來的引用資料不同，那是出於筆者，爲要一致化本書的用字。

第七節 婚前婚外

本節段落：

婚前關係01-03　未婚懷孕04-06　男女私奔07-08

紅杏出牆09-17　外遇納妾18-27　雜交離異28-31

【01】

生米，煮熟飯。

Chhiⁿ-bí, chú se̍k-pn̄g.

Chhīⁿ-bí, chu se̍k-pn̄g.

香又Q的蓬萊米飯！

　　用法有二：一、舊時，常用來勸說雙方家長，請他／她們同意並且要趕快讓後生和查某囝結婚，因為人家已經大腹便便，「有身」七八個月了——譬如生米被令郎煮成飯，放著不吃是會「臭酸」的也。二、泛指人應該接受自己一手造成的事實，那是責任、義務、道理，不是高興不高興，也不是有面子沒面子的問題。

　　有身[ū-sin]：懷孕，珠胎暗結了。　臭酸[chhàu-sng]：食物腐敗生黏液，變酸發臭。

　　（參看，「米成飯，則講姆。」226.03）

【02】

先坐車，後補票。

Seng chē-chhia, aū pó-phiò.

Sēng chē-chhia, aū po-phiò.

補婚。

　　用來恥笑少年人，說他／她們先上床，先懷孕，先弄璋弄瓦，然後比對基因無誤，再來補辦婚禮，補登記戶口。本句妙喻是「補票」，引申做補辦必要的手續。以此譬喻來嘲笑躁進的愛人，真是諷人高手。

　　筆者所屬的St. Johannis教會，在過去的一年裏，已經有二對新婚夫妻，帶著他／她們的小嬰孩來舉行結婚典禮。婚禮後，接著給他／她們的嬰孩舉行「洗禮」儀式；但見披戴白紗的新娘媽媽，從伴娘手裏接來嬰孩，抱給牧師施洗。禮拜堂裏充滿著比平常的婚禮濃烈百倍的喜氣。禮畢，觀禮者圍繞著這對新婚夫妻和他／她們的小寶寶，來祝福他／她們。

　　德國市際(IC)火車可以「先坐車，後補票」，沒有罰款，不加手續費，也沒有見人譏刺補票的人。市內公車，平時沒有控制。據悉，有一種人坐公車根本不買票，更遑論補票了。

　　上面兩句俗語，都沒有鼓勵人「先坐車，後補票」或「要坐車，不買票」的用意。真的按照這名諺行事的話，當事人難免有麻煩，甚至會受到一定程度的傷害。

【03】

食要死，食要死，食食咧，無留地址。

Chia̍h beh-sí, chia̍h beh-sí, chia̍h-chia̍h--leh, bô-laû tē-chí.

Chiā bé-sí, chiā bé-sí, chiā-chiā--lè, bō-laū tē-chí.

野貓偷腥不留跡。

　　年輕的女人用來表達深沉的幽怨。說她被野人「吃」了，而且被吃了好長的一段時期；他吃厭了就開蹓落跑，連留個姓名、地址、電話都沒有。

讀此俗語，如見其女，真是懵懂未開的夏娃，連不知姓名，不知來自何方的食客也要招待，也要自願「獻身」。事後反悔咒罵，於事何補？

小姐既然保守，就不要開放；意亂情迷之前先記下姓名，要個地址，留下電話號碼。當知，白吃的老饕多的是！——先賢這句俗語原是給「乖查某囝」說教的；「一夜春族」的人民當然有「忠言逆耳」的自由。

食：特指婚前婚外的性關係，偷情也。 食食咧：食了，胡亂食飽了。 無留地址：喩指只要滿足肉體的慾望，沒有相許的愛情。

（參看，「請東請西，無請彼項。」219.13）

【04】

婆姐母，創治在室女。

Pô-chiá-bó, chhòng-tī chaī-sek-lú.

Pō-chia-bó, chhóng-tī chaī-sek-lú.

糟糕的惡作劇。

用來恥笑未婚的小姐懷孕生子。那是應用我國台灣民間信仰，生育神話中「婆姐母」的搞怪。她們對於久婚不孕，拜神問佛求子的人不送，偏偏給偷度「八通關」的未婚小姐送子送女。真是討厭！

背景：台灣民間信仰中有司生育的神「註生娘娘」，也稱做「註生娘媽」，或稱爲「臨水夫人」。祂有十二「婆姐」，乃是娘娘屬下的使女，專門執行祂有關婦女生育大事的命令。台南市臨水夫人廟可以看到十二婆姐的偶像，各以不同姿勢抱著一個嬰孩，煞是可愛。

這些婆姐的功能複雜，可由其名稱窺知一斑，有：註生婆；

註胎婆；監生婆；抱送婆；守胎婆；轉生婆；護產婆；註男女婆；送子婆；安胎婆；養生婆；抱子婆。台北市松山慈佑宮多了一個「接生婆」，她原來是該地善心的助產士杜玉娘女士。❶我國民俗技藝陣頭有「十二婆姐陣」。陣頭行過門前，家有小孩的父母，會抱孩子要婆姐摸摸頭，說是會感受平安。

　　句裏的這位「在室女」，是被婆姐們「創治」了。為甚麼？可能是婆姐少見多怪，看少年人情慾沸騰，看得眼發炎，心發酸。於是私下贈胎送子，聊表薄懲吧。

　　婆姐母：媒母的舊稱；此處專指註生娘娘的助理們。　創治：作弄、搞怪、惡作劇。　在室女：處女也。

【05】

床母，創治人。

Chhñg-bú, chhòng-tī lâng.

Chhng-bú, chhóng-tī lâng.

床母也來湊熱鬧。

　　用來恥笑未婚生子的女人，說她這個私生子是「床母」創治的傑作！為甚麼？也許是因為這對小情人非正式的周公之禮，「弄污」了床母吧。——祂是眠床之神，專司守護兒童，照顧他／她們安眠。

　　當知，床母創治我國少女的情形相當嚴重，乃為亞洲開發國家之冠，每年給15-19歲少女，送來15,000多個體重不足、早產和死亡率高的嬰兒。（→《自由時報》1998(8.28):11）

【06】

鴨母討食別人區，生卵家己的。

Ah-bú thó-chiah pat-lâng khu, siⁿ-nñg ka-kī--ê.

Á-bú tho-chiā pát-lāng khu, sī^n-nńg kā-kī--ê.
顧家的乖鴨母。

金太太是自由主義者，子女都是以放任爲家訓。她有一個未出嫁的女孩從外地回來生產，當了一門未及規劃的外婆。隔壁九嬸婆聞訊，就用這句俗語來歡迎這位未婚媽媽。

句裏的譬喻是很美的田園生活景像：一隻活潑的母鴨，四處努力撈食。時候一到，呱呱，呱呱，大腹便便，一拐一拐地走回家，自動爬進鴨寮生起蛋來。用這樣的表象來比擬未婚生子的乖查某囝，雖然意境奇妙，聯想力豐富，但並不符合台灣女孩的生活和社會情景。

舊時，未婚生子者，災情嚴重不遜於921大地震，其破壞深遠，尤其是十四五歲女童子。她的父母那能像飼主歡迎鴨母回家生蛋一般來給她做月子？她的父母何處去找個大面子來接納「父不詳」的外孫寶寶？她的國中、高中當局豈能接受推嬰兒車來上學的女生？

發明這句俗語的先人實在有夠天眞，把老傳統看成「家醜歹事」大而化之，幽默地比擬成鴨母外食，回家生蛋！也好，父母看到自己的乖查某囝遭此「震災」，不給她支持又要怎樣？難道要落井下石，宣佈解散父女關係？難道眞的要把乖查某囝「剁來飼豬母」？

另外，「鴨母食家己的粟，生卵別人的」一句，說的是：女孩子長大了，就得出嫁，留不得啦——譬如鴨母在娘家養大，然後要嫁出去夫家生蛋。乍看相似於「鴨母討食別人區，生卵家己的。」其實含義不同。

鴨母：母鴨。台語的造詞形式是「動物＋母」，例如：鳥母、鷄

母、鵝母、兔母、貓母、豬母、牛母、虎母、獅母，等等。 **討食：**家禽尋覓食物。舊時農村，家家戶戶都要養幾隻鷄鴨或鵝；牠們晚關晨放，餵食有限，通常在竹圍裏四處覓食。 **剁來飼豬母：**（責罵話）打殺碎屍來餵母豬，當飼料。

【07】

姻緣相對著，一個提被，一個提蓆。

In-iân saⁿ-tuì-tióh, chi̍t-ê the̍h-phoē, chi̍t-ê the̍h-chhióh.

Īn-ên sāⁿ-tuí-tiō, chi̍t-ē thē-phoē, chi̍t-ē thē-chhiō.

緣深難分急私奔。

用來嘲諷一對愛火焚燒不息，帶著簡單行李相攜私奔的男女。譏刺的表象是「一個提被，一個提蓆」，形容他們逃離家庭何等緊急，恥笑他／她們窮困落魄，宛如乞丐夫妻。

【08】

紅頂四轎扛唔行，戴帕仔巾隨人溜溜走。

Âng-téng sì-kiō kng m̄-kiâⁿ,

tì phè-á-kin toè-lâng liu-liu-cháu.

Āng-teng sí-kiō kng m̄-kiâⁿ,

tí phé-a-kin toé-lāng liú-liú-cháu.

父母之命vs.自由意志。

用法有二：一、可能是老爸用來斥罵跟人私奔的查某囝。說她明媒正娶，六禮齊備，「紅頂四轎」來親迎的不要，偏偏頭纏「帕仔巾」來私跑。眞是太不識好歹，自甘賤賣名門閨秀的身份。二、用做「敬酒不食，食罰酒」！以禮相邀不從，偏偏要強迫才答應。類似句有：「用彩旗鼓迎唔行，戴帕仔巾隨人溜溜走。」

紅頂四轎：頂上有紅尖珠，由四個轎夫抬的花轎；一般軟轎，僅

由二個轎夫抬動。 彩旗鼓：彩旗隊和鼓陣。 帕仔巾：舊時女人戴
在頭上的美麗頭巾。 迎[ngiâ]：用正式的婚姻的禮儀來迎娶。

【09】

未娶某，呣通笑人某嬈；

　　未生囝，呣通笑人囝不肖。

Boē chhoā-bó·, m̄-thang chhiò-lâng bó· hiâu;

　　boē sīⁿ-kiáⁿ, m̄-thang chhiò-lâng kiáⁿ put-siàu.

Boē chhoā-bó·, m̄-thāng chhió-lāng bó· hiâu;

　　boē sīⁿ-kiáⁿ, m̄-thāng chhió-lāng kiáⁿ put-siàu.

外遇意識不可無。

　　警語。提醒人不要肆無忌憚地批評別人的太太紅杏出牆啦，
騷包啦；也不可以無情地臭罵人家的孩子不賢不孝。爲甚麼？因
爲這些事都可能隨時發生在自己身上。同類語有：「未娶某，呣
通笑人某勢走；未生囝，呣通笑人囝勢哮。」

　　嬈：女人刻意表現女性特有的嬌媚於言行舉止。嬈，原義甚美，
但實際用來譏刺女人，義同「騷包」。 勢走[gaû-cháu]：諷刺女
人，不安於室。 勢哮[gaû-háu]：指小孩沒有得到媽媽應有的照
顧。

　　（參看，「十個查某，九個嬈。」112.12）

【10】

翁穿草鞋出門，某得縛鞋帶。

Ang chhēng chhaú-ê chhut-mn̂g, bó· teh pa̍k-ê-toà.

Ang chhēng chhau-ê chhut-mn̂g, bó· té pa̍k-ē-toà.

另類出門。

　　譏刺不守婦道的女人。丈夫一出門，她就隨時出牆去了。

穿草鞋出門：男人出門去工作；穿草鞋的人，喻指出賣勞力的工人。 縛鞋帶：出外遊玩，幽會去了。

【11】

瞞翁，騙婿。

Moâ ang, phiàn saì.

Moā ang, phén saì.

有了背叛。

形容太太已經有了不可告人的秘密，大概是外遇的那一種瞞騙吧。

當然這句俗語是男人說的，在男人主導的社會，倒不如說「瞞某騙妻」比較實在。施寄青在「感情門診」系列有一篇「想得愈多愈不得解脫」中有這樣的話：

> ……很少人在婚姻中能免於配偶的背叛，因此我的名言是「有婚姻就有外遇」，外遇總是如影隨形地與婚姻相始終。
> 在我將走出婚變時，有次去看崔台菁的秀，她在舞臺上說這一生不企求愛她一輩子的男人，她只求找到一個能騙她一輩子的男人。我在台下暗暗喝采：「好個聰明的女人。」不過我想她一輩子都找不到，因為這樣的男人如鳳毛麟角。❷

婚姻實相如此，夫妻之間心理有了這一層準備，就比較知道如何防範、應付真真假假的感情問題了。

【12】

捾籃仔，假燒金。

Koāⁿ nâ-á, ké sio-kim.

Koaⁿ nā-á, ke siō-kim.

假動作帶球走。

　　用法有二：一、舊時，用來譏刺不安於室的婦女，她外出沒有正當的理由，就以上廟「燒金」謝神祈安為藉口，來幽會情人。二、引申之，用來譏刺偽善之徒，以美好動人的宣傳來進行詭詐的陰謀。類似語有：「呂祖廟燒金，糕仔獪記得提。」

　　這句老諺，近日來成為許多人上報討論的焦點，煞是有趣。❸我們僅舉二事：

　　一、名諺再現江湖

　　最近的這句冰凍已久的俗語，因為李登輝總統於今年九月十三日，在宜蘭縣市鄉鎮村國民黨基層座談會時力薦「連蕭配」。席上忽有礁溪鄉二龍村村長林阿讚站在椅子上，手執麥克風來質疑國民黨中央打壓宋楚瑜，沒有促成「連宋配」。

　　此時，李總統應用這句俗諺來回應。說宋楚瑜從政以來「假有心」，這些年到處散財與走透透的目的，全是有計劃的作為，為今日競選總統鋪路，就如同明明是要去遊玩，卻假裝提籃要去廟裏燒金拜拜。

　　二、可能的背景

　　原始情景：舊時民風保守，鄰里關係密切，婦女盛裝外出必受左鄰右舍盤問：「何處去也？」「去創啥？」等等問題。在這情景下，婦女要和情人幽會，自不能坦白相告。於是，手提「謝籃」，裝些金紙、線香、糕餅等供物，以上廟「燒金」祈福為藉口去會野郎。

　　類似情景：到了第二次世界大戰末期，日本政府實施經濟管制，民生物資不能自由買賣，違者處以拘留29天。人民為逃避日

本警察檢查盤問，以拜神的謝籃裝鷄鴨魚肉，上露香燭，裝做要去廟裏燒香，來瞞騙經濟警察的眼目。

籃仔：舊時婦女上廟拜神，大多手揹「謝籃」，籐絲編成，漆成深紅色。小型的直徑可有1.5尺，深約1.2尺，分成二層，上有同質料的蓋子──謝籃，非菜籃，形體身份殊異也。　燒金：個人上廟拜神祈願也，因爲拜拜的儀禮之一是燒金，故名。燒金紙酬謝得道之神，燒銀紙安撫鬼神。　呂祖廟燒金，糕仔繪記得提：這句俗語也是頗有來歷的，和「揹籃仔，假燒金」有異曲同工之妙。據說，這座呂祖廟在東安坊，今市警局附近。該廟仕有尼姑，因不守淸規，常常引誘良家婦女與登徒子在此幽會。有不良婦女藉「糕仔忘記帶回」爲由，潛赴廟裏暗室賣淫。後爲有司查獲，驅逐尼姑出廟，並將其改爲縣轄引心書院，即後來「蓬壺書院」前身。❹

【13】

七里香，盤過牆。

Chhit-lí-hiong, poâⁿ-koè chhiûⁿ.

Chhit-li-hiong, poāⁿ-koé chhiûⁿ.

紅杏出牆去也。

用來嘲諷女人偷漢子。譬如種植在庭院裏的「七里香」，不甘芳華憂鬱在深庭，逾越道德規範的高牆，趕風騷去了。

七里香：學名台灣海桐(Pittosporum Formosanum)，海桐科，常綠小喬木，葉互生，革質，倒蛋形；葉緣均銳，全綠。花序園錐形，花小具芳香，果球形。庭園樹，供觀賞。分佈在我國台灣、菲律賓、印度。❺　盤過牆：翻越過牆圍、籬笆。

【14】

一馬，掛雙鞍。

Chi̍t bé, koà siang-oaⁿ.

Chi̍t bé, koá siāng-oaⁿ.

分身有術。

　　用法有二：一、譏刺不正當的婦人，她有了外遇，如同一馬被二個騎士所乘用。二、形容沒有集中精神於受交託的代誌，一心二用。——《名賢集》有言：「一馬不備雙鞍，忠將不事二主。」

　　本句譬喻形像單純，一馬一鞍是正常狀態，一馬兩鞍就有困難，有問題。雖然用喻簡單，但用意不善，仍然一貫輕視女人的態度。君不見，擬指女人爲「馬」，而她的男人是「騎」士！

【15】

阿西阿西，娶某合人公家。

A-se A-se, chhoā-bó· kap lâng kong-ke.

A-sē A-sē, chhoā-bó· kap lāng kōng-ke.

另類慷慨。

　　用來譏刺愚昧的男人，他的妻子有了外遇而毫無知悉，或是沒她的辦法，只好聽其「自然」。

　　阿西阿西：泛稱愚蠢糊塗的男人；阿西，人名，不知何方人氏，但以愚昧聞名於世，後來成爲「傻瓜」的代名詞。　合人公家：與人共享；公家，股份也。

【16】

甕底飼金魚。

Àng-té chhī kim-hî.

Áng-té chhī kīm-hî.

養小鬼仔。

　　用來諷刺婦女養小白臉。爲甚麼用這個表象爲譬喻，我們不

得其解。至於「杯底呣通飼金魚」則全然另一種用法：表示男人交際拚酒的所謂有氣魄，「乾杯啦！」

【17】

娶婊做某，呣通娶某做婊。

Chhoā-piáu choè bó˙, m̄-thang chhoā-bó˙ choè piáu.

Chhoā-piáu chó bó˙, m̄-thāng chhoā-bó˙ chó piáu.

從善vs.隨惡。

用法有二：一、妻子婚前種種可以不論，婚後就該重新來過，不准私通亂來。二、做警語。告誡男人應當認眞工作，維持足夠的生活條件，不可讓妻子因貧困而下海。

這句俗諺意義凜然不多讓於聖訓，說「娶婊」爲妻可以，因爲娼女從良，成爲好女人是可能的。但是「娶某做婊」，則是夫妻雙方的墮落，不足爲訓。

【18】

歕鼓吹，送客兄。

Pûn kó˙-chhoe, sàng kheh-hiaⁿ.

Pūn ko˙-chhoe, sáng khé-hiaⁿ.

人言不可信，送客兄。

用來譏刺瞞翁騙婿的女人，譬喩是昔時台南市的傳說，有婦人哄騙愚夫吹響「鼓吹」，趁機送走客兄。

典故：好久以前，台南市有一家「鼓吹店」。老闆娘淫蕩成性，私通男人，趁丈夫外出給人「歕鼓吹」的時候，約爲入幕之賓。某日，其夫出去歕吹，因事提早回來。那時老闆娘和客兄正在巫山行樂。知夫轉回，先將情夫藏於門後，告訴他，但聞鼓吹聲響，即可從正門溜出去。

於是，老闆娘開正門迎夫，問他：「聽說，若將吹手的雙目掩住，則鼓吹任歕不響。有無其事？」老闆回曰：「豈有此理，每吹必響。不信，可試給妳看。」於是老闆娘用雙手掩住她丈夫的眼睛，力奏一曲。此時，情夫已經趁機溜走了。夫問：「有沒有吹出聲來？」婦答：「有，有。人言不可信，不可信也！」

鼓吹：樂器名，哨吶也；音色憂鬱而高揚，台灣民間常用鼓吹來迎棺和送殯；當「激勵」的動詞時，讀做［koˊ-chhui］。 客兄：或作「契兄」，指姦夫，也指嫖客之老主顧。

【19】

別人的某，睏燴過五更。

Pa̍t-lâng-ê bóˊ, khùn-boē koè gōˊ-kiⁿ.

Pa̍t-lāng-ē bóˊ, khún-bē koé gōˊ-kiⁿ.

偷飲井水不甘甜。

用做警言，勸人不可跟有夫之婦搞關係，那不但不會有結局，而且也不能安穩行樂。

舊時，「別人的某，睏燴過五更」幾乎是專用來勸化男人的；現代，咱台灣社會也已經到了女人須要用「別人的翁，睏燴過五更」來勸善的時候了。作家吠月之犬給我們透露了一些訊息：

> 單身的面貌越來越詭譎多變，模糊不清。
>
> 與許久不曾連絡的單身朋友碰面，我已學會在問題點上噤聲不語，幾次的經驗下來，被我戲稱轉入Part Time單身領域的朋友越來越多，想要尋找專職Full Time單身的例子已逐漸稀疏可數。
>
> 單身與否，以狀態及時間做分割，最常見的狀況是中午時間暫時脫離單身……對方是個已婚者，只有中午的短暫時間至此與

她相會。

……

　　Part Time單身看似短暫地脫離單身，心靈上那把快樂的鑰匙卻已握在別人手中，她的快樂啟始於別人穿過鑰匙孔的開門聲。其他時候的看似單身卻是個被鎖住，失去自由的圍城，等待快樂的戲碼以分以秒地浸蝕著青春。

　　Part Time的單身有如盛魚的流籠，一旦順著水勢置身其中，想要脫身不免被刺得血淋淋。

　　妳單身嗎？Part Time還是Full Time？也許在不久的將來，這會成為流傳的耳語！❻

　　要廝守得長久，要眠到日上三竿的安穩，還是要「正式」。偷來暗去的，兼任的，地下的等等「露水鴛鴦」都難久享！人可以拒絕「保守」，但得接受自由開放的「非自由的」限制，奈何！

【20】

為膣散，為膣死，為膣走千里。

Uī-chi sàn, uī-chi sí, uī-chi chaú chhian-lí.

Uī-chi sàn, uī-chi sí, uī-chi chau chhēn-lí.

最難過女人關。

　　用做警語。譏刺地要男人注意，所謂「英雄難過美人關」帶來的嚴重後果是：不惜為她千里奔波，為她傾家蕩產，為她「獻身捨命」！

　　膣：女人的外陰；民間粗話，用來詈罵女人，指其為下賤的女人。　散：散鄉，變更也。　走千里：喻指勞碌奔波。

　　古人面對「外遇」問題，氣炸腦筋，只知咒罵狗男女，將問題簡約成「飽暖思淫慾」。如此，對於了解和預防問題毫無助益。東海大學教授簡春安主持過相關研究，我們僅舉出外遇的原因數據於下。

　　受害者認爲是：大男人主義，30.8％；男人本性的見異思遷，26.4％；同情對方，18.7％。外遇者認爲是：對配偶不滿的報復行爲，32.6％；工作應酬日久生情，25.8％；同情、憐愛和協助對方而陷入，20.2％。介入者所了解的，與外遇者差不多，只是順位正好相反。

　　有趣的是，絕多數外遇者覺得新歡較好溝通，佔90.2％；但有63.4％外遇者認爲元配比較賢慧。簡教授說，這是值得配偶注意的！（→《中國時報》1989(11.22):30）

【21】

一某無人知，二某捨施代。

Chı̍t-bó· bô-lâng chai, nn̄g-bó· siá-sì-taī.

Chı̍t-bó· bō-lāng chai, nn̄g-bó· siá-sí-taī.

眞見笑也！

　　斷言，一夫一婦才是正常，若是男人納妾，家有複數的細姨奶，那是「捨施代」了。爲甚麼「捨施代」？因爲先人眼見那些納妾的家庭，妻妾明爭暗鬥；妻妾生養的第二代也難得同胞手足眞情。民間傳統對娶妾者並無好感，雖不至於有「不成體統」或「丟人現眼」一類的批判。

　　本句又作如：「一翁一某無人知，一翁二某捨施代。」句裏的「無人知」或說成「無人議」；「捨施代」或說成「見笑代。」

　　無人知：*沒有話說，沒有人恥笑。*　　**無人議**：*沒有被鄰里議論，*

來說長論短。　捨施代：可憐的代誌也，因爲家裏常有大批鬥，大革命；捨施，可憐也。　見笑代：可恥的代誌。

【22】

大某無權利,細姨交鎖匙。

Toā-bó͘ bô koân-lī, sè-î kau só-sî.

Toā-bó͘ bō koān-lī, sé-î kaū so-sî.

兩虎相爭。

　　形容夫人失寵，沒有「權利」行使主婦的角色，而細姨已經爭得了控制家計大權，手中握有「鎖匙」。

　　這句成語造句相當有趣，第一分句平述元配太太的尊嚴和權力的失落；第二分句用「交鎖匙」爲譬喻，形容姨太太後來居上，大權在握了。

　　交鎖匙：被主人交託以掌理金錢的職權；字義是握有鑰匙，如收銀櫃、保險箱、珠寶箱一類的鑰匙，應非毛廁的吧！

【23】

未起正身,先起護龍。

Boē-khí chiàⁿ-sin, seng-khí hō͘-lêng.

Bē-khi chiáⁿ-sin, sēng-khi hō͘-lêng.

細姨先來。

　　用法有二：一、恥笑人先娶偏房，而後娶正室；先娶入細姨，後娶一個當做太太。二、引申用法，諷刺人行事不按代誌的輕重緩急，而倒行逆施。

　　背景：本句用來譏刺的表象是台灣傳統住宅：「三合院」。建築的順序是「正身」先來，然後「護龍」。而所謂「正身」或稱「大厝」，乃是U字形三合院底部橫排，通常是坐南向北，房有

五或七間;「護龍」,則是兩翅相對的那兩側房間。

【24】

厝若有醋桶,免想要娶細姨。

Chhù nā-ū chhò·-tháng, bián-siūⁿ beh chhoā-sè-î.

Chhù nā-ū chhó·-tháng, bén-siūⁿ bé chhoā-sé-î.

真軟土深掘也!

用來嘲笑驚某的大丈夫,又妄想什麼齊人之福。先人斷言,免想!當知家中「醋桶」爆發的厲害。——那麼,是否家有賢慧溫柔的夫人,都會帶給她的丈夫「齊人之福」?真是鴨霸男人的「家天下」思想。

醋桶:喻指嫉妒心強烈,又敢奮力鬥爭的女人。

【25】

家欲齊置兩犁,家欲破置兩妻。

Ka iok-chê tì lióng-lê, ka iok-phò tì lióng-chhe.

Ka iok-chê tí lióng-lê, ka iok-phò tí lióng-chhe.

生產致富,鬥爭必亡。

用做警言。鼓勵人購置兩張犁來認真耕作,來齊家,來營造安樂;警告人切勿娶細姨,那是毀家,敗德的勾當。語見,《注解昔時賢文》;本句的上聯是:「家欲富子強父,家欲成弟強兄。」

【26】

起厝無閒一年,娶某無閒一日,

娶細姨無閒一世人。

Khí-chhù bô-êng chit-nî, chhoā-bó· bô-êng chit-jit,

chhoā-sè-î bô-êng chi̍t-sì-lâng.

Khi-chhù bō-ēng chi̍t-nî, chhoā-bó͘ bō-ēng chi̍t-ji̍t,

　　chhoā-sé-î bō-ēng chi̍t-sí-lâng.

麻煩長相左右的代誌。

　　用做警言。警告人不要納妾，那將是非常辛苦的事。要是蓋新房屋要忙一年，結婚只要忙一天的話，那麼娶姨太太是要終身勞碌的。為甚麼？因為終其一生家庭沒有安寧的日子，三不五時大小型的家庭運動會一開，還得當運動員兼裁判的也；就是任其發揮，也是不得清靜！

　　妙哉，老先人！觀察如此入微，可能是終身無閒的勞動者了。

【27】

著愛想穿前補後補，嗯通想娶前某後某。

Tio̍h aì-siūⁿ chhēng chêng-pó͘ aū-pó͘,

　　m̄-thāng-siūⁿ chêng-bó͘ aū-bó͘.

Tiō aí-siūⁿ chhēng chēng-pó͘ aū-pó͘,

　　m̄-thāng-siūⁿ chēng-bó͘ aū-bó͘.

前後某，不值得前後補！

　　用做格言。勸人要集中精神來追求功名富貴，穿戴「前補後補」的官服，千萬不要胡思亂想艷婦美妾的「前某後某」。——然而，當了官，發了財之後又如何？是否繼續修心養性，或者心猿可以奔野還祖？

　　總之，本句是精心傑作的諺語，義正詞嚴，比擬的形像鮮明生動。巧妙地用「前補後補」做為羨慕，力求的對象，而相對的「前某後某」乃是應該消滅的邪思妄想，這些「某」是飛躍龍門的

大阻礙也。

　　前補後補：補服也，是清國主要的一種官服。服之前後各綴一塊補子，其上繡以文禽或猛獸的紋飾。按《清大會典》規定：文官一品繡鶴；二、三品孔雀；四品雁；五品白鷴；六品鷺鷥；七品鸂鶒；八品鵪鶉；九品練雀。武官一品繡麒麟；二品獅；三品豹；四品虎；五品熊；六品彪；七、八品犀；九品海馬。御史、給事中，監察史等，都繡獬豸。群臣以上的皇子、親王繡龍；貝勒、貝子、鎮國公繡蟒。❼

【28】

賣龜買鱉，食滋陰。

Bē-ku bé-pih, chiạh chû-im.

Bē-ku be-pih, chiā chū-im.

滋陰補陽人換妻。

　　用法有二：一、恥笑人閨幕不修，聽任妻子自由出牆，而自己也到處努力採花。二、譏刺以貴易賤的愚昧的行爲。

　　漢學家許成章對這句俗語另有解說：「……蓋龜雖亦可食，究不如鱉裙之滋補也。至於今之所謂換妻俱樂部會員，聞以醫生居多，似以嘗黿爲目的，雖志在試異味。其均屬於龜類，則無疑義也。妙語解頤。只要是龜，不烏其可得乎？」❽

　　食滋陰：食補品以供給女性特別須要的營養；對於男人，則稱爲補陽，或壯陽。

【29】

貧賤之交不可忘，糟糠之妻不下堂。

Pîn-chiān chi kau put-khó bōng,

　　chau-khong chi chhe put hā-tông.

Pīn-chēn chī kau put-kho bōng,

chaū-khong chī chhe put hā-tông.

貧賤太太萬歲！

　　格言。提醒人不可忘記貧賤的時候交遊的朋友，不可離棄貧窮時一起奮鬥的妻子。因爲人一旦有了地位，朋友自然增多；人富貴了，就會妄想齊人之福。

　　典故：東漢時，光武的妹妹新寡，妹私下愛慕大中大夫宋宏。帝也有意拉攏，但宋宏並不落入皇帝所拋出的試探而順勢易妻。這段故事的原典如此：「時帝姊湖陽公子新寡。帝與共論朝臣，微觀其意。主曰：『宋公威儀德棄，群臣莫及。』帝曰：『方且圖之。』後宏被引見，帝令主坐屏風後。因謂宏曰：『諺云，貴交易，富易妻。人情乎？』宏曰：『臣聞，貧賤之交不可忘，糟糠之妻不下堂。』帝謂主曰：『事不諧矣！』」（見，《後漢書·宋宏傳》）

　　糟糠之妻：貧窮困苦的時候共患難奮鬥過來的妻子；糟糠，貧民粗劣的食物。　　**下堂**：離棄、離異。

【30】

查埔莫學百里奚，查某莫學買臣妻。

Cha-po˙ bȯk-hȧk Pek Lí-hê,

　　cha-bó˙ bȯk-hȧk Maí-sîn chhe.

Chā-po˙ bȯk-hȧk Pek Li-hê,

　　chā-bó˙ bȯk-hȧk Mai-sīn chhe.

真柴米夫妻也。

　　勸善老人用來勸化貧賤夫妻，必要互相扶持，協力奮鬥，不可離異。用來做爲鑑戒的是「百里奚」和「買臣妻」；大善人疾呼：「莫學！莫學！」爲甚麼莫學百里奚和買臣妻呢？

　　百里奚，春秋時人，原爲虞大夫，後爲秦穆公的賢相。奚少

時家貧，相傳為求功名，而休妻。人豈可為了求功名富貴而休妻？如此，百里奚當然是不可學的也。

朱買臣(?-115B.C.)，漢武帝時，任會稽太守。得志之前家庭貧困，妻不堪困苦而求離去。相傳，為官之後，妻求再合，不得，乃自縊而死。如此，豈是女人所當效尤的？

現代人離婚的原因複雜，已經不是這二句俗語的「富貴貧賤」所能說明的了。去年台北地院判准離婚的理由，就有遺棄121件，佔56%；虐待43件，佔20%；配偶判刑18件；重大事由18件；外遇11件；精神病3件；重婚和生死不明各1件。(→《自由時報》1999(4.3):6)──顯然，結婚是一種未完成的感情事業。

【31】

有倒回豬，有倒回牛，倒回查某絕後嗣。

Ū tò-hoê ti, ū tò-hoê gû, tò-hoê cha-bó· choa̍t hō·-sû.

Ū tó-hoē ti, ū tó-hoē gû, tó-hoē chā-bó· choa̍t hō·-sû.

覆水難收！

舊說，帶有幾分咒詛和恐嚇的語氣，「宣言」女人一旦自求離異，則以後沒有修和，再團圓的可能性。

此語構句用的是起興修辭式，「有倒回豬，有倒回牛」是興句；台灣婚姻禮俗中有「倒回豬」肉，而沒有「倒回牛」肉，她純然用來起興，引出主句「倒回查某絕後嗣。」

倒回：送回部份禮品；完聘和結婚時，男方送給女方的大餅、豬肉等，只能收下一部份，其餘的必須「回」給男家。 覆水難收：按《俗語典》注：「太公既封齊侯，道遇前妻再拜求合。公取盆水覆地，令收之。僅得少泥。公曰：『誰言離更合，覆水定難收。』(《鶡冠子注》)」❾

　　時代不同了！現代女人大多有獨立謀生的能力，不必要隱忍在男人的淫威之下度日；女權思想揚棄了這句俗語所涵蓋的誤謬。報載，去年台北地院判決離婚的215件之中，由女性提出離婚請求的高達七成；而子女監護權由母親獲得的佔86.54%，父親僅得13.64%。當局指出，現在法庭已經不是「勸合不勸離」，罔顧女人權益的鄉愿了。(→《自由時報》1999(4.3):6)

注釋

1. 阮昌銳《莊嚴的世界》(台北：文開出版社，1982)，V-60。

2. 接著，作者施女士説了一個解脱欺瞞背叛，開化憂憤的故事，很值得一讀。見，《自由時報》1999(9.22):38。

3. 經李登輝總統金口引用，這句老話身價萬倍，識者紛紛上報注解，一時百家爭鳴，各自介紹所認識的正宗用法，求真之熱心，討論之熱情，萬分感人。此事可參看，《自由時報》1999(9.14):1，及其後數日「自由廣場」的讀者回應。綜觀各人所見，原始場景和細節雖有出入，但故事的結構點是明白可見的「奸傷」——不論是「藉口燒金會客兄」或「傷裝拜佛渡物資」。

4. 朱鋒「台灣方言之語法與語源」《台北文物》(1958年7卷3期)，頁19。

5. 見，「七里香」《大辭典》(台北：三民書局，1985)，頁28。

6. 吠月之犬「與孤獨的無盡遊戲」《自由時報》(1999)「花編心聞」。

7. 參看，鍾敬文主編《中國禮儀全書》(合肥：安徽科學技術出版社，1995)，頁50-51。

8. 許成章「台灣諺語賞析(八)」《台灣文化》(1988年一月)，頁61。

9. 胡朴安等篇《俗語典》(上海：上海書店，1983)，酉集，頁107。

第八節　嫁翁謠諺

本節段落：

體格外貌01-04　疾病殘障05-12　素行不良13-16

工作職業17-31　貧富品性32-36　老翁無翁37-38

【01】

嫁著矮仔翁，燒香點燭叫別人。

Kè--tioh é-á ang, sio-hiuⁿ tiám-chek kiò pat-lâng.

Ké--tiō e-a ang, siō-hiuⁿ tiam-chek kió pat-lâng.

上凳點香自己來。

嘲諷身材超低的丈夫，說他太矮小，無法把點燃的線香和蠟燭供獻在「紅格桌」上。

紅格桌：舊時台灣民間信仰的家庭，正廳有八仙桌，其後有高出八仙桌許多的神案桌，是所謂的「紅格桌」。在那上面擺設著祖先牌位、神像、香燭，或神龕。

這一節我們收集了許多「嫁翁謠諺」，有幾個相關問題應該說明。

一、文學形式的問題：嫁翁謠諺看起來是各句分開流傳的。但我們認為她最初的形式可能是整首童謠，由相當固定的幾個句子合成一首。如此推測，可由舊時台南安平流行的「童謠」得到佐證：

嫁互臭腳翁，捻綿績，塞鼻孔。

　　嫁互晴暝翁，梳頭抹粉無彩工。

　　嫁互隱龜翁，綿績被，會隔空。

　　嫁互啞口翁，講話比手畫腳驚死人。

　　嫁互粗皮翁，被空內，有米香。

　　嫁互討海翁，三更半暝撈灶孔。

　　……

　　嫁互讀冊翁，三日無食也輕鬆。❶

　　二、反映原初的生活和社會情景：這種嫁翁謠諺，不是憑空謠唸的，而是有所指謂，例如「臭腳翁」、「粗皮翁」、「討海翁」和「讀冊翁」等等，原來都有具體的嘲諷對象。臭腳和粗皮，反映的是舊時安平漁夫常有的皮膚病，那是海水和鹹分造成的職業病。而討海翁和讀冊翁，也是昔日安平聞名於全台灣的兩種人。

　　三、後起的其他「嫁翁謠諺」：後來，只要民間要反映嫁翁的某種情況，某種現象，自然地套上「嫁著…翁，……」這類句型來造謠諺了。例如，報載有不少台商在中國搞「重婚」，製造了許多家庭糾紛，害慘了台灣太太。若有人要反映這種情形，很可能造出一句：

　　嫁著台商翁，驚伊一邊一某，二國二房。（→.30）

如此，頗能反映部分台商在中國亂搞「偏房」的情形。相信兩國政府不好好處理的話，這一類的台商也許會越來越多，這一類的嫁翁謠諺也會越做越多了。

　　四、嫁翁謠諺的有趣和有害：這類謠諺有不少是唸來叫人喜

歡，詼諧而又不流於刻薄的句子。但有不少嫁翁謠諺含義和用意不善，例如，侮辱殘障，譏刺人身，輕視女人等等。這些都是唐山的惡質文化，應該予以批判。這樣的謠諺，尤其是對於兒童，會污染他／她們純潔的心靈，無形中造成好譏誚的性情。同時，對於理解女人的角色和婚姻也是有害的。

五、我們的態度：精諺給人智慧，歹話朽壞思想。嫁翁謠諺也是如此，必須善加批判，善加應用。願那些好的，可愛的嫁翁謠諺唸出一片歡喜的心情來！

【02】

嫁著躼腳翁，要睏斬腳胴。

Kè--tiòh lò-kha ang, beh-khùn chám kha-tâng.

Ké--tiō ló-khā ang, bé-khùn cham khā-tâng.

蝸牛縮身亦安眠。

　　嘲諷身材瘦長的丈夫，可能是比太太高了一大截吧。同類句有：「嫁著躼腳翁，死了斬腳胴。」

　　要睏斬腳胴：喻指床太小，腳太長。　　死了斬腳胴：喻指下肢太長，一般尺寸的棺木容納不了他的遺體。

　　舊時丈夫矮於妻子的，會遭到人家嘲笑，所以女人選擇對象時都要男人高她幾公分。但時代不同了，例如，過去日本女人擇婿要「三高」，即身材高、學歷高、收入高。現在，她們不但不再堅持高身材，卻反過來喜歡矮個子的男朋友。例如，1993年嫁給德仁親王的小和田雅子身高有164公分，親王矮她一公分；她若穿起五吋的高跟鞋，那麼親王就得矮她十幾公分了。東京街頭常可看到高頭大馬的女生，牽掛著比她矮一大截的男生。歐洲男女朋友論交論嫁，更是高矮不論的了！

怎樣？哈日族的台灣女生！

【03】

嫁著撇腳翁，夯柴刀鑿腳胴。

Kè--tio̍h phiat-kha ang, giâ chhâ-to chha̍k kha-tâng.

Ké--tiō phet-khā ang, giā chhā-to chha̍k khā-tâng.

義肢一雙踱方步！

　　調諷嫁了一位下肢畸形，行路時一對小腿，一雙足向外撇開走路，以致於身體向前後左右顛顛簸簸地移動著。

　　夯：舉，拿，例如，夯手，舉手也。　柴刀：砍柴的厚重砍刀。　鑿腳胴：砍斷小腿。

【04】

嫁著緣投翁，三日無食也輕鬆。

Kè--tio̍h iân-taû-ang, saⁿ-ji̍t bô-chia̍h iā khin-sang.

Ké--tiō en-taū-ang, sāⁿ-ji̍t bō-chiā iā khīn-sang.

蜜月未了心消沈。

　　調侃女人嫁給一個外貌英俊的男人為妻，高興得三天三夜不必吃飯——輕鬆得太早了。反義句有：「嫁著緣投翁，十暝九暝空。」

　　其實，大部分台灣女人是不敢嫁給緣投翁的。為甚麼？據說緣投翁比一般翁風流，大部分是「麻煩」的製造者；老先人說：「嫁著緣投，無尾溜。」(→211.24) 當然，緣投翁之「古意的」還是有，但為數不多就是了。此外，敢嫁給緣投翁的女人，也得「適配」才可望減低發生麻煩的機率。

　　十暝九暝空［chha̍p-mî kaú-mî khang］：十有九夜要孤守空房；「十…九」，十中有九也，指極多（物質的數量或事件發生的機會）。

【05】

嫁著粗皮翁，被內有米香。

Kè--tioh chho·-phôe-ang, phoē-laī ū bí-phang.

Ké--tiō chhō·-phoē-ang, phoē-laī ū bi-phang.

分床而眠衛生好。

　　嘲笑嫁給患了皮膚病的人爲妻，剌她潔淨不了共用的棉被，因爲沾滿了丈夫脫落的「米香」──患的可能是牛皮癬，有多層銀白色皮屑脫落。把脫落的皮屑說成米香，太刻薄了。

　　聽到這句話，難免覺得噁心！可憐的太太沒有她自己的乾淨床舖，勉強和皮膚病的老翁同枕共被。這是先人不衛生和貧窮的遺跡。噫，可憐的世代！

　　米香：喻指皮膚屑；米香，爆米花混以麥芽糖膏製成的米粿。

【06】

嫁著痀手翁，行路若搧人。

Kè--tioh khoê-chhiú ang, kiâⁿ-lō· ná iat-lâng.

Ké--tiō khoē-chhiu ang, kiāⁿ-lō· na et-lâng.

招友引朋古意人。

　　嘲笑手臂畸形的翁婿，說他走起路來，擺動的雙手好像在「搧人」。

　　痀手：先天手臂畸形，筋骨扭曲，手掌可能往內或外翻轉。　搧人：打出手勢來招呼熟人。

【07】

嫁著跛腳翁，行路若跳童。

Kè--tioh paí-kha ang, kiâⁿ-lō· ná thiàu-tâng.

Ké--tiō pai-khā ang, kiāⁿ-lō· na thiáu-tâng.

有不踢正步的自由。

　　恥笑下肢殘障的人。他難以平穩行走，被惡意形容做乩童的
「跳童」。

　　*跳童：跳神也，民間咸信乩童被神明附身時，全身就不由自主的
跳動抑或顫抖不停。*

【08】

嫁著曲痀翁，蓋著綿被會隔孔。

Kè--tiȯh khiau-ku ang, kah--tiȯh mî-phoē oē keh-khang.

Ké--tiō khiāu-kū ang, ká--tiō mī-phoē ē ké-khang.

側臥而睡，何孔之有？

　　嘲笑駝背者無法俯貼地蓋好綿被。

　　*曲痀：隱龜也，駝背的人。　　隔孔：（人物之間）謄出了一定的空
間。*

【09】

嫁著臭頭翁，捻綿績塞鼻孔。

Kè--tiȯh chhaù-thaû ang, liàm mî-chioh that phīⁿ-khang.

Ké--tiō chhaú-thaū ang, liám mī-chioh that phīⁿ-khang.

戴個口罩吧。

　　恥笑婦人嫁給一個「臭頭」丈夫。另一句是譏刺臭腳的：「嫁
著臭腳翁，捻綿績塞鼻孔。」──海水不可斗量，人不可「頭」
相！中國史上有幾個風雲人物是「臭頭」。

　　*捻：用大拇指和食指摘取小部份的物質；例如，捻一小塊泥
土。　　綿績：棉被的棉絮。　　臭頭：癩痢頭也，頭上長滿黃癬或膿
包，處處脫髮。*

【10】

嫁著晴暝翁，梳妝抹粉無彩工。

Kè--tiȯh chhiⁿ-mî ang, se-chng boah-hún bô-chhaí-kang.

Ké--tiō chhīⁿ-mî ang, sē-chng boá-hún bō-chhai-kang.

女爲悅己者容？

　　恥笑她化裝得萬分艷麗，但翁婿閉目養神修心。我們懷疑，舊時女人「梳妝抹粉」的目的僅爲翁婿。其實，伶俐的婦女都很注意「婦容」，即使翁婿沒有眼福，天下有眼睛的人還是會欣賞美容的！

　　晴暝：眼盲，眼障。　梳妝抹粉：美髮又美容。　無彩工：白費功夫，沒有功效，不能達到預期的目的。

【11】

嫁著啞口翁，講話比手畫刀驚死人。

Kè--tiȯh éⁿ-kaú ang, kóng-oē pí-chhiú oē-to kiaⁿ-sí-lâng.

Ké--tiō eⁿ-kau ang, kong-oē pi-chhiu oē-to kiāⁿ-si-lâng.

驚啥？比畫的是手語呀！

　　嘲笑婦人的先生是語障人士。但見他向太太「比手畫刀」來傳話；只要兩情相悅，「手語」無礙情意。

　　比手畫刀：比手畫腳也，沒有國際規範的自己流「手語」。　驚死人：嚇死人了；驚死我啦！

【12】

嫁著臭耳翁，講話聽無氣死人。

Kè--tiȯh chhaù-hīⁿ ang, kóng-oē thiaⁿ-bô khì-sí lâng.

Ké--tiō chhaú-hīⁿ ang, kong-oē thiaⁿ-bô khí-si lâng.

唇語筆談也能通。

恥笑她的先生不聽不講台灣北京話，或台灣話，或任何語言，但聽講特殊的語言。

臭耳：耳聾，聽障。台語中的「臭頭、臭耳、臭腳」等名詞中的「臭」字，泛指「疾病」的意思多於腐敗的「氣味」；就是「臭人」也可如是解，他是道德品性有毛病的人。

聽不懂，千萬不要生氣，就是面對語障、聽障人士，只要有耐心，還是能夠克服阻礙的——就算是「比手畫腳」，也是一種訊息，一種溝通啊！

【13】

嫁著風流翁，山珍海味嘛食繪輕鬆。

Kè--tioh hong-liû ang,

　san-tin haí-bī mā chiah-boē khin-sang.

Ké--tiō hōng-liū ang,

　sān-tin hai-bī mā chiā-bē khīn-sang.

酸醋少飲心輕鬆。

譏刺不幸的女人，說她嫁了一個喜歡追風，到處探花的翁婿，使她隨時跟踪，無心享受山珍海味。

山珍海味：形容家庭富裕，飲食精緻。其實，山珍海味是因人而異的，濁富之徒是熊掌猴腦，龍蝦魚刺；清修之士是鹹薑鹽巴；一般人是山雞烏魚。　嘛…繪：也不會…；也沒有…（讓步詞，雖有某種條件，但沒有那種實際）。例如，食卡好嘛食勢肥；閣卡勢的先生來教嘛讀繪升級。

【14】

嫁著貧憚翁，儉腸塌肚也無彩工。

Kè--tioh pîn-toaⁿ ang, khiām-tńg neh-tō· iā bô-chhaí-kang.

Ké--tiō pīn-toaⁿ ang, khiām-tn̄g né-tō͘ iā bō-chhaí-kang.
雌虎展威有彩工？

嘲笑她的丈夫好吃懶做，雖然太太萬分勤儉，但寅支卯糧，
「無彩工」也。

　　貧惲：懶惰。　　儉腸塌肚：勤儉縮食以儲金蓄銀。　　無彩工：
→.10　有彩工：詼諧地做為「無彩工」的反義語；恐怕台灣話尚無「有
彩工」的表現法。

【15】

嫁著酒鬼翁，酒醉相拍扭頭鬃。

Kè--tiōh chiú-kuí ang,

　　chiú-chuì sio-phah giú thaû-chang.

Ké--tiō chiu-kui ang,

　　chiu-chuì siō-phah giu thaū-chang.

吃酒假猯法不容。

　　諷刺女人嫁給一個兇惡的醉仙，借酒裝瘋，動不動就要修理
賢妻——先人說是「相拍扭頭鬃」，可能嗎？當然不是相拍！老翁
留的是「和尚頭」，再賢能的妻子也無能扭他的「頭鬃」，何況醉漢
動粗是他們的鄙性。

　　相拍：拳腳你來我往的交打，謂之相拍；一方被打，叫做修
理。　　頭鬃：頭髮。　　酒猯：借酒裝瘋的行動。

　　這個「酒鬼翁」，假如是一醉就頭昏腦脹，上床睡覺的，還算
是「酒德尚佳」，稍可容忍。若是飲不了二三滴啤酒就要起「酒
猯」，要「扭頭鬃」修理太太，那將是很難容忍，應該祭出「家暴防
治法」來馴夫教婿了。

　　然而，我國台灣的女性賢慧有餘，心腸硬度不足。婦運人士

廖碧英指出，自從今年月24日至七月23日爲止，全國共受理894個家暴案件，核准保護者也接近八成。但是，這些受暴的太太看到翁婿要處以「禁制令」、「遷出令」或「遠離令」時，卻要求法官收回成命，給歹翁悔改自新。法院也因此遭受到相當大的困擾。

看來，太太要治療酒猾翁，非廖女士所說的：「以非常心落實家暴防治法」不可！(→《自由時報》1999(8.6):15)我們贊成用「非常心」來治療「酒猾」，那是非醫治不可的病症啊！君不聞：「酒醉心頭定，酒猾無性命。」(→426.15)

治翁，才是救翁護己的做法啊！

【16】

嫁著博繳翁，博若贏，一手捾肉，一手捾蔥；
　博若輸，當到空空空。

Kè--tio̍h poa̍h-kiáu ang, poa̍h nā-iâⁿ,
　chi̍t-chhiú koāⁿ bah, chi̍t-chhiú koāⁿ chhang;
　poa̍h nā-su, tǹg-kaù khang-khang-khang.

Ké--tiō poā-kiau ang, poā nā-iâⁿ,
　chi̍t-chhiu koāⁿ bah, chi̍t-chhiu koāⁿ chhang;
　poā nā-su, tńg-ká khā-ng-khāng-khang.

真慘，厨房通當舖！

譏刺賭徒缺乏家庭責任意識，生活完全被賭博惡習所宰制。本句，以高度詼諧來發揮強烈的諷刺：贏繳，有肉有蔥；輸繳，當到空空空！——真是一語道破，賭博背後的悲慘。

　博繳：有考「博局」爲其正字者，但本文從俗。　當：典當也。
空空空：一無所有，眞空了。

　　(本句又見，342.18；「博繳、賭博」→342.01～32)

【17】

嫁著做田翁，汗酸臭羶重。

Kè--tiòh chòe-chhân ang, koāⁿ-sng chhaù-hiàn tāng.

Ké--tiō chó-chhān ang, koāⁿ-sng chhaú-hén tāng.

最奇妙汗臭生飯香！

　　嘲諷做穡的翁婿，大太陽底下赤身短褲耕作，一天汗濕汗乾無數次，汗臭浸染全身，「褻瀆」了太太的香鼻子。同類句有：「嫁著做穡翁，頭毛結草總。」

　　做穡[choh-sit]：做田也，耕種田園為業。　頭毛結草總：農婦忙著耕作，連頭髮也沒有時間好好梳理，只能像草總一般的束做一把。形容非常忙碌，以致於沒有時間梳頭髮。　草總[chhaú-cháng]：割稻，打穀以後，將整把稻草自尾部用稻草綑做一大束；一大束，稱為一總。

【18】

嫁著做工翁，日出日落則見著人。

Kè--tiòh chòe-kang ang, jit-chhut jit-lòh chiah kìⁿ-tiòh lâng.

Ké--tiō chó-kāng ang, jit-chhut jit-lō chiá kíⁿ-tiō lâng.

日出日落為一工。

　　嘲諷嫁給「做工」的丈夫，他早出晚歸，忙碌得整天看不到人——其實太太要整天「見著」老翁也很容易：當翁婿的「小工」就得了。

　　做工：分粗工，幼工；師傅工，小工。做工，若沒有特別限定，通常指的是無須專門技術的勞工；須要專門技術的，是師傅工；小工：在師傅指揮下做比較簡單的工作，如，師傅在架上砌牆，小工在地上遞磚送泥等等。　一工：日出日落為一工，勞動時間在12小時以

上；昔日，「做工人」的工資是以「工」爲單位計算的。工資也因是否包含正餐而不同，但慷慨的主人，通常有香菸、茶水、點心招待。

【19】

嫁著雜細翁，搖鈴鐺鼓，出門看查某。

Kè--tioh chap-sè ang, iô lin-long-kó·,

　　chhut-mn̂g khoàⁿ cha-bó·.

Ké--tiō chap-sé ang, iō līn-lōng-kó·,

　　chhut-mn̂g khoáⁿ chā-bó·.

冤枉，做生意的也。

　　譏刺「賣雜細」的翁婿，出去一整天都是在看女人。因爲他賣的雜細都是女人用品，顧客大多是小姐女士。

　　本句，由故意的冤枉和扭曲，來造成如此詼諧的句子。

　　雜細：零散細項的女人用品，如，衣服須要的附屬品，白粉、髮油、針線、鬆緊帶等等雜物。　搖鈴鐺鼓：賣雜細的人，搖響小鈴鐺鼓來叫買。

　　舊時，鄉村常有「搖鈴瑯鼓」來賣雜細。有一首童謠如此描述：

　　　　透早出門鈴鐺旋，

　　　　阿清伯仔賣雜細。

　　　　緊來哦，要俗賣，

　　　　互你歡喜咧。

　　　　公道買賣是卡有底，

　　　　生理實實仔做。

一庄過一庄，嘿！
一街過一街。
來哦！
雪文、香水、胭脂、胖粉
鈕仔、紗線、面巾、目鏡
剪一塊啦！花仔布咧！
囡仔兄哦，你愛啥貨？
……

一個出世世間來最伙
無論老人囡仔少年家
事事合人計較
有什麼目的咧！

搖鈴鐺，賣雜細！❷

【20】

嫁著討海翁，三更半暝弄灶孔。

Kè--tio̍h thó-haí ang, saⁿ-kiⁿ poàⁿ-mî lōng chaù-khang.
Ké--tiō tho-hai ang, sāⁿ-kīⁿ poáⁿ-mî lōng chaú-khang.
好孔，閣食宵夜！

　　嘲笑「討海某」不得安眠，他的「討海翁」常常三更半夜才能回家。這時，她得馬上起床為飢腸轆轆的老翁下廚「弄灶孔」，煮些東西給他充飢。

　　當知，舊時討海大多是近海魚撈，他們隨潮汐漲落的韻律而

「討海」，上岸的時間也得跟潮汐同進退。

　　討海：入海捕魚；字面是，從海裏討生活。　弄灶孔：喩指煮東西來吃；字面是，清理灶底的爐灰而後生火燃燒。

　　(參看，「掠貓仔過龜山，著展你會曉討海。」323.49)

【21】

嫁著刣豬翁，無油煮菜也香。

Kè--tio̍h thaî-ti ang, bô iû chú-chhaì iā phang.

Ké--tiō thaī-tī ang, bō iû chu-chhaì iā phang.

豬油汜濫了廚房！

　　嘲笑「刣豬」嫂的廚房非常油膩，幾乎「出油」了。君不見，她炒菜煮菜，都不須要另外用油爆香。

　　世上那有「無油煮菜也香」的道理？如此，煮出來的菜可能非常不香吧。顯然的，這句話是諷刺，刺她的廚房油污嚴重，悶著濁重臭味。

【22】

嫁著總庖翁，身軀油油膾輕鬆。

Kè--tio̍h chóng-phò· ang, sin-khu iû-iû boē-khin-sang.

Ké--tiō chong-phó· ang, sēng-khu iū-iû bē-khīn-sang.

腥臊油膩也難嚥。

　　調侃總庖夫人，他的先生全身油跡，使她看了倒足胃口，食不下嚥──可能是愛吃「鹹酸甜」了！

　　總庖：大廚師也。　愛吃鹹酸甜：有喜了。鹹酸甜者，鳳梨、話梅、李仔、木瓜等等的蜜餞。我國台灣宜蘭、員林、安平等地有不同風味的蜜餞，名聞台僑所到的世界各地──家裏有台灣的鹹酸甜的話，也會拿出來招待德國客人，但是他／她們大多不欣賞，只是「鳳

梨酥」頗愛吃。

【23】

嫁著賣菜翁，三頓呣是菜，就是蔥。

Kè--tiòh bē-chhaì ang, saⁿ-tǹg m̄-sī chhaì, chiū-sī chhang.

Ké--tiō bē-chhaí ang, sāⁿ-tǹg m̄-sī chhaì, chiū-sī chhang.

面有菜色真可憐。

　　恥笑賣菜的太太，「三頓」得從菜攤帶些佬而黃的蔬菜回來自用，餐餐蔬菜，頓頓吃蔥，不知肉味久矣！

　　菜…蔥：菜是泛指一般的蔬菜；蔥，爆香用，幾乎煮菜、炒菜都用得著它。

【24】

嫁著做衫翁，看人穿到媠咚咚。

Kè--tiòh choè-saⁿ ang, khoaⁿ lâng chhēng--kah
　　suí-tang-tang.

Ké--tiō chó-sāⁿ ang, khoáⁿ lāng chhēng--ká
　　sui-tāng-tāng.

免費欣賞女模也不錯。

　　嘲笑裁縫師傅的夫人，她丈夫都是給顧客做美麗衣衫，很少給她做一襲時裝。整天在裁縫店幫忙老翁，看出入的女客穿得「媠咚咚」，反顧自己一年到頭穿的那件工作服，胃酸就沸騰不息了。

　　做衫翁：丈夫是裁縫師傅。　媠咚咚：衣服穿戴華麗，裝扮得光艷照人。

【25】

嫁著生理翁，日日守空房。

Kè--tiòh seng-lí ang, ji̍t-ji̍t chiú khang-pâng.

Ké--tiō sēng-li ang, ji̍t-ji̍t chiu khāng-pâng.

做生意兼辦外交。

　　嘲笑商人婦，丈夫往天涯海角去發財，太太卻只能孤守閨房。

　　生理：生意也。商人，生理人；大商賈，大生理人，大事業家；小商人，小生理人。

【26】

嫁著消防翁，三暝二暝空。

Kè--tiòh siau-hông ang, saⁿ-mî nn̄g-mî khang.

Ké--tiō siāu-hōng ang, sāⁿ-mî nn̄g-mī khang.

奮不顧妻，打火去也。

　　調侃消防人員的太太，她們的丈夫夜間常常出動救火，難得共枕；太太還得提心吊膽，憂慮翁婿和災民的生命財物的安全。

　　本句是新的台灣謠諺，清國時代、唐山社會是產生不了這句俗語的。同時，這一類新諺，供我們清楚認識俗諺形成的一個社會情況。

　　拍火：滅火、打火、救火也——北京語的「救火」一詞也頗好玩：消防人員去「救」應該消滅的火？或是去「救」火宅中的人物？

　　「嫁著消防翁，三暝二暝空」是長期流行在我國台灣消防界的俗語，充分表達了消防人員的勞苦。事實也是如此，他／她們勤務二天，休息一天，而且服勤的48小時內不得擅離駐地。消防署統計，1997年消防隊緊急救護出勤達305,000餘次，平均一天出勤835.7次；一人一年出勤救護高達53件。(→《自由時報》1998(12.21):7)

　　我們的消防勇士是平時保護台灣人安全的天使：火災進火宅打火，震災入危樓廢墟救人，水災跳入洪流救溺，人家侵入毒蛇惡獸要他，人懸吊在電梯裏要他，摘除虎頭蜂巢要他，送急患就醫也要他，民間大小代誌都要他！

　　近日，仔細讀了集集震災中，消防人員、阿兵哥、警察、醫師、社工人員、宗教人員⋯等等，都奮不顧身地救人。回頭再看這句「嫁著消防翁⋯」，眼淚已經奪眶而出。據悉，我國消防人員的待遇不好，消防設備落後日本十年以上。我們呼籲政府改善他／她們的待遇，購置最新的消防器材。

【27】

嫁著做茶翁，十暝九暝空，第十暝閣親像死人。

Kè--tiòh choè-tê ang, chàp-mî kaú-mî khang,

　　tē-chàp-mî koh chhin-chhiūn sí-lâng.

Ké--tiō chó-tē ang, chàp-mî kau-mī khang,

　　tē-chàp-mî kó chhīn-chhiūn si-lâng.

茶好喝，茶翁難嫁。

　　嘲笑丈夫是製茶師傅。製茶從殺青、醱酵、烘焙等等過程都要一氣呵成。「做茶翁」得連續數日以茶廠為家，太太只好忍受「十暝九暝空」的孤單。難熬地等到第十天深夜，老翁算是回來了，但一進房門，就栽入床舖，睡得「親像死人」。

　　本句，謠得很實在，借著太太的怨嘆反映出製茶師傅的辛苦。尤其是「第十暝閣親像死人」一句，透露出做茶師傅工作的繁重，同時洩漏了太太久旱望甘霖，有烏雲無滴雨的失望懊惱。

【28】

嫁著拍金翁，插到一頭金咚咚。

Kè--tio̍h phah-kim ang,

　chhah-kah chi̍t-thaû kim-tang-tang.

Ké--tiō phá-kīm ang,

　chhá-ká chi̍t-thaû kīm-tāng-tang.

金天使再世？

　謠唸拍金仔嫂頭上插滿金飾，金光刺眼，寶氣嗆鼻，令九嬸婆羨慕不已。

　拍金翁：身爲金匠的老翁也。　金咚咚：金銀珠寶的首飾非常耀眼。

　我們都知道，現代台灣女人不須要「嫁著拍金翁」才能「插到一頭金咚咚」。還有，我們的姊妹們大多偏愛純金，純金首飾，或是金條。歐洲婦女則以白金爲貴；一般人的飾品和婚戒也以18K-16K爲多。

　按世界黃金協會報告，1994年我國佔世界購買24K純金者之第一名，一年有170億新台幣的消費額。我國黃金協會指出，1993年有62％女性購買黃金；其中每人平均消費新台幣9900元，而以20-35歲消費量最大。

　我國台灣中央銀行在1993年時，擁有418公噸的黃金，那是這四十多年來，用台灣人賺的外匯向國際市場購回來的，現在窟藏在新店文園。(→《中央日報》1994(8.19):7)——和蔣介石從中國運來的那幾兩黃金無關。

【29】

嫁著讀册翁，床頭床尾香。

Kè--tio̍h thak-chheh ang, chhn̂g-thaû chhn̂g-boé phang.

Ké--tiō thak-chhé ang, chhn̄g-thaû chhn̄g-boe phang.

夫人的香膏味何在？

　　嘲笑老翁是個非常喜歡躺在床上看書的人，看完的、沒完的隨手一丟，床東床西到處有書。

床頭床尾香：書香也。舊時，書香可能是樟木書櫥薰染，沾在書頁的氣味吧。現代，進步的國家印製的書，沒有油墨和紙張怪味，另有一種書香味；但落後國家印製的書刊，則油墨臭、紙漿臭、殺蟲劑臭，無名臭，等等臭味雜陳。床頭床尾多幾本臭書的話，包他／她中毒。

【30】

嫁著台商翁，驚伊一邊一某，二國二房。

Kè--tiȯh taî-siong ang, kiaⁿ i chi̍t-pêng chi̍t-bó·,
　　nn̄g-kok nn̄g-pâng.

Ké--tiō taī-siōng ang, kiāⁿ i chi̍t-pêng chi̍t-bó·,
　　nn̄g-kok nn̄g-pâng.

台灣有大某，中國飼細姨。

　　譏刺我國到中國經商的許多已婚男人，在中國那邊再婚，造成台灣有正房，中國那邊有偏房。

　　背景：筆者常聞聽到已婚的台商，在中國納妾的情形相當嚴重，有感而試作這句嫁翁謠諺，來反映台灣人婚姻史的這件大事。我們不知道，中國、台灣各地是否流傳類似的諺句。❸

　　汪辜會談，談啥？應該談「嫁著台商翁，驚伊一邊一某，二國二房」的相關重大問題啊。

【31】

賣火炭的個某烏鼻穿，賣豬肉的個某大尻川。

Bē hoé-thoàⁿ--ê in-bó· o·-phīⁿ-chhng,

bē ti-bah--ê in-bó· toā kha-chhng.

Bē hoe-thoàⁿ--è īn-bó· ō·-phīⁿ-chhng,

　bē tī-bah--ê īn-bó· toā khā-chhng.

最忠實的招牌。

　　嘲笑炭商的賢內助和獸肉商的賢妻，都能清楚地反映著他／她們如何實踐「七分後場」(→25.02)的角色。她們分別用「烏鼻穿」爲市招，以「大尻川」爲見本。噫，先人如此用喻，雖然詼諧好笑，但刺人未免太過於刻薄了！類似句有：「賣油的個某，頭光面光；賣火炭的個某，烏鼻穿。」

　　烏鼻穿：鼻孔烏黑也，炭店有的是黑火炭，炭粉入鼻是其必然結果。　大尻川：臀部過份發達；她是獸肉店忠實的太太，三餐油脂豐富，大臀自然誕生。　見本：樣品也，有力地見證著豬肉吃多，必有肥效。　頭光面光：滿髮滿臉沾滿花生油、麻油一類的食用油。

　　在我國台灣還是農業社會的時候，一般人煮飯炒菜都用雜木、樹枝、稻草或穀殼爲燃料；這些燃料一點燃，濃烟陣陣，煮一頓飯，不知要燻出多少公升的眼淚來。有錢人家，用好柴，尤其是喜歡用「火炭」爲燃料。炭火熱度高，火焰持久，沒有黑烟，煮成的乾飯也比較香又Q。

　　火炭是什麼？可能不是現代每一位年輕人都知道的哦！它主要是用相思木和龍眼木爲原料來燒製的，因爲這兩種材料製成的火炭易於引燃，它耐燒、火熱、烟少。燒火炭的過程：分取材、進窯、悶燒、開窯等步驟；前後須時一個月，而每450台斤的樹材，才燒出100台斤的火炭。(→《中央日報》1995(8.9):8)

　　現代，家家戶戶用電，用瓦斯爲燃料，黑臉頰的媽媽不可見了，烏鼻穿的「火炭嫂仔」也幾乎絕跡了，空留「賣火炭的個某烏

鼻穿」來任人想像！——據聞，「豬肉嫂仔」嚴格執行絕油減肥，
所以「…大尻川」也已經不是「賣豬肉的」太太的專利招牌了。

【32】

嫁著有錢翁，驚伊變做採花蜂。

Kè--tiȯh ū-chîⁿ ang, kiaⁿ-i piàn-choè chhaí-hoe phang.

Ké--tiō ū-chīⁿ ang, kiāⁿ-ī pén-chó chhai-hoē phang.

留蜂花蜜驅蜂醋。

　　調侃婦人嫁給有錢的翁婿，最放心不下的是怕他變成蜜蜂四
處沾花惹草。——提心吊膽有啥用？賢慧的太太，除了用心分泌
乳汁來哺嬰之外，也該多多分泌花蜜來養育家蜂，以免四出採
花。

　　*採花蜂：喻指喜歡和良家婦女搞關係的男人；偏愛嫖妓者，則叫
做「開仙」。*

【33】

嫁散翁睏飽眠，嫁好額翁繪精神。

Kè sàn-ang khùn pá-bîn, kè hó-giȧh ang boē cheng-sîn.

Ké sán-ang khún pa-bîn, ké ho-giā ang bē chēng-sîn.

貧婦的自我安慰。

　　斷言嫁給貧窮的丈夫比較平安；心一安定，覺也就睡得香
甜。嫁給有錢的老翁，要防他走私，要隨時查勤，要時時注意安
全距離內的女人，弄得精神分裂，還有什麼精神。

　　第二分句「…繪精神」，又做「…繪寧神」。

　　這句話是妄講妄講的啦，不可信也。君不見，有幾門親事，
父母不問他是「吃什麼頭路」的，「月入多少」？愛富嫌貧，人之常
情也，何須假仙！咸信，嫁給有錢翁比較快樂，君不聞，「貧賤

夫妻，百事哀！」何況，有錢又古意的老翁，多得很啊。

　　安啦，「嫁好額翁」吧！三餐不繼，還能「睏飽眠」嗎？愛滾笑！

　　睏飽眠：安穩睡懶覺；安心睏到日頭曝尻川。　繪精神：提不起精神來。　繪寧神：心意不得安寧。　愛滾笑：開玩笑！玩笑開大了！

【34】

骨力某嫁著拍拚翁，不時面紅紅。

Kut-la̍t-bó· kè-tio̍h phah-piàⁿ-ang, put-sî bīn-âng-âng.

Kut-la̍t-bó· ké-tiō phá-piáⁿ-ang, put-sî bīn-āng-âng.

面赤非干酒！

　　天賜良配，拍拚的男人娶得非常「骨力」的女人，整天認眞工作，忙得血氣沸沸，粉面赤赤。

　　骨力：大小工作勤勉而爲。　拍拚：打拚也。　面紅紅：喩指認眞工作，血氣順暢，身體健康，雖然滿身臭汗。

【35】

嫁著好翁憑翁勢，嫁著歹翁夯翁枷。

Kè-tio̍h hó-ang pn̄g ang-sè,

　　kè-tio̍h phaíⁿ-ang giâ ang-kê.

Ké-tiō ho-ang pn̄g āng-sè,

　　ké-tiō phaiⁿ-ang giā āng-kê.

勢不可盡使，枷何須盡夯？

　　斷言嫁翁是吉凶難卜的代誌，有嫁好翁的，太太乘勢，搖身變成什麼先生娘，什麼夫人，好名好聲地冠上夫君的尊貴頭銜。可憐啦，萬一嫁了歹翁，就有千百萬種的枷來伺候這位賢妻；這

是對善良的夫人相當殘忍的事實啊，例如，賭徒，她將有還不了的債；開仙，她會有治不完的花柳病，甚至感染AIDS；黑道，她將有償不盡的血債，探不完的監；窮凶惡極的，她就得準備收屍了。類似句有：「有人嫁翁憑翁勢，有人嫁翁夯翁枷。」

憑翁勢：依仗著老翁的權勢；利用翁的好處來得方便和利益。

夯翁枷：負載丈夫罪惡刑罰的重擔。

【36】

無人嫁翁食業債，十世無翁唔敢嫁。

Bô-lâng kè-ang chiảh giảp-chè, chảp-sì bô-ang m̄-káⁿ kè.

Bō-lāng ké-ang chiā giảp-chè, chảp-sì bō-ang m̄-kaⁿ kè.

坐上了賊船！

可憐的老某，大概是嫁了一個賭徒之類的翁吧。他滿身賭債，她三餐吃的儘是「業債」，她苦得如訴如泣，「十世無翁唔敢嫁！」單單這一世的嫁翁的苦楚，已經夠受了。

業債：民間相信前世冤孽結成的債務，今世受苦來還債。　十世：民間信仰，輪迴再生十次。

【37】

少年某嫁老翁，梳妝打扮無彩工。

Siàu-liân bó͘ kè laū-ang, se-chng táⁿ-pān bô-chhaí-kang.

Siáu-lēn bó͘ ké laū-ang, sē-chng taⁿ-pān bō-chhai-kang.

色就是空，老翁也！

嘲笑年輕太太面不沾胭脂，頭髮不加梳理，衣著隨隨便便，宛如嫁給一個色空雙修的老道人。

無彩工：常用的台灣話，參看，「嫁著瞑暝翁，梳妝抹粉無彩工。」(.10)「嫁著貧憚翁，儉腸塌肚也無彩工。」(.14)

【38】

一年嫁翁嫁透天，嫁無一個通過年。

Chit-nî kè-ang kè thaù-thiⁿ, kè bô chit--ê thang koè-nî.

Chit-nī ké-ang ké thaú-thiⁿ, ké bō chit--ē thāng koé-nî.

老姊妹，仍須繼續努力！

　　用來諷刺所謂水性楊花的女人。說她不安於室，一嫁再嫁，落得連最古意的老翁也容不得她。——可能是九嬸婆抹黃的，也可能是這位女士所嫁非人。想再嫁的話，就請繼續加油了。

　　本句用的是誇張法，把這個女人說成從元旦到除夕都在嫁人。這種像小孩在後花園玩的嫁翁遊戲，結果當然是沒有翁可過年的了。

　　句裏的這一類女人也眞可憐。生不逢時，要是生在現代，就沒有「嫁無翁」的煩惱了。怎麼說？因爲現代人未嫁之前先行實習的，比比皆是！她們相信有了「臨床經驗」，將來眞的嫁起人來一定會輕駕就熟！

　　前年成大開了「婚姻與家庭」一門課，老師讓一男一女配對做「實習夫妻」，規定「除了那件事」之外，要眞實的體驗夫婦之道。據聞，這一課吸引力太大，選修人數超過預定的三倍。又據聞，媒體披露「實習夫妻」之後，各方意見夾殺，認爲夫妻關係是不能「實習」的。老師擔戴不起「不符社會道德標準」的罪名，不實習了。(→《中央日報》1997(3.22):7)

　　老糊塗！怎能忘記嫁翁是不准開放來「臨床實習」的啊。要嫁翁的小姐女士，只好勇敢地冒險患難了！失敗爲成功之本，諒婚姻也不能例外吧？

注釋

1. 李獻璋《台灣民間文學集》(台北：振文書局，1970)，頁26-27。為了要和本書台灣漢字一致，筆者更動了原文幾個漢字。

2. 轉引自洪惟仁《台灣河佬話語聲調研究》(台北：自立晚報出版社，1985)，頁127。其中筆者更動了數個台灣漢字，以便和本書用字前後一致。又，筆者將「喝鈴鐺，賣雜細」改成「搖鈴鐺，賣雜細」，因為「喝鈴鐺」含有「拍賣」的意思，例如，「喝鈴鐺，賣俗貨」。像阿清伯的生理，應屬「搖鈴鐺，賣雜細」一類。

3. 台大醫院優生保健部主任柯滄銘說：「以榮民想接回大陸兒女的鑑定案來說，平均每十對至十五對就有一對的鑑定結果否決親子關係。台商大陸老婆所生的子女中，平均每十人就有一人鑑定不是與台商所生。」(《中國時報》1999(11.11): 10) 如此，難怪記者感嘆：「兩岸多少婚外情，鐵證如此難置疑！」看起來，問題比台商之一國一房更複雜，更可怕！

養龍育凰大工程

第一節　懷孕生囝

本節段落：

【01】

好歹瓜著會甜，好歹查某著會生。

Hó-pháiⁿ koe tiȯh-oē tiⁿ, hó-pháiⁿ cha-bó˙ tiȯh-oē siⁿ.

Ho-pháiⁿ koe tiō-ē tiⁿ, ho-pháiⁿ chā-bó˙ tiō-ē siⁿ.

生產工具嗎？

　　斷言，不論什麼品種的瓜，一定要會甜，不論什麼樣品格的女人，必要能生男育女。——如此老童生，應該送回幼稚園學學常識！

　　說「好歹查某著會生」當然是謬見，就是她的生育機能障礙，也不能改變女人爲女人的實在——正如有精液，沒有精蟲的查埔人仍然是個查埔人。

　　然而，我國一般人還是堅持老諺所主張的女人「著會生」！君不聞，國人對於結婚和生育的意見調查中，認爲婚後須要有子女者最多，有98%；不須要生孩子的只有1.7%。

　　那麼，爲甚麼要生男育女呢？認爲可以「享受親情」，「比較像個家」的人最多；其次是相信這樣「可以加強婚姻關係的維繫」；少部分人仍然堅持「傳宗接代」是其神聖使命，以長老爲多，年輕人則頗不以爲然了。（→《自由時報》1999(2.24):10）

【02】

𣍐生，呣值錢；要生，性命相交纏。

Boē siⁿ, m̄-tát chîⁿ, beh siⁿ, sìⁿ-miā sio kau-tîⁿ.

Boē siⁿ, m̄-tát chîⁿ, bé siⁿ, sí ⁿ-miā siō kaū-tîⁿ.

生和命的衝突。

　　用來表達婦女對於生育不能自主的怨嘆。舊時，嫁人爲妻的，必要給人家生男育女，如此才能保住太太的地位，才算「值錢」，不然小則被凌辱，大則被驅逐出門。但是，生孩子的代價太高了，要冒「性命相交纏」的危險。同義句有：「無生呣值錢，要生性命在腳桶垺。」

　　「𣍐生，呣值錢」是很惡質的唐山文化傳統。太太若沒有給他生幾個「後生」的話，老翁就要依法去「娶細姨」，去辦理「七出」了。在那時代，婦女的價值和尊嚴眞是被男人剝削淨盡，而淪爲難以歸類的「生產工具」；工具若不能生產東西，能不「呣值錢」嗎？這句俗語哀嘆的，誠非無病呻吟啊。

　　說「要生，性命相交纏」也是可憐的事實！昔日婦產醫學不發達，生產衛生常識不足；就是正常生產的，也常有情況發生，難產的，眞是凶多吉少了。說生囝是「生命交關」，是「性命相交纏」的代誌，一點都不誇張。

　　性命在腳桶垺[kha-tháng kîⁿ]：喩指生孩子是冒生命危險的事，字面義是生命在「腳桶」邊緣。舊時，台灣老祖母生子不是在床上進行的，而是坐在「腰桶」邊緣，將嬰孩生在桶裏，所以也叫做「臨盆」。句裏說「腳桶」是不正確的，因爲腳桶爲洗衣、洗澡、洗嬰仔之用；腰桶，才是產婦坐在桶垺來生孩子的。❶　七出：禮記載，「婦有七出，不順父母去，無子去，淫去，妒去，有惡疾去，多言去，竊盜

去。」(《大戴禮·本命》)

【03】

毋驚兒女晏,只驚歲壽短。

Ṁ-kiaⁿ jî-lú oàⁿ, chí-kiaⁿ hoè-siū té.

Ṁ-kiāⁿ jī-lú oàⁿ, chi-kiāⁿ hoé-siū té.

催生有理囉?

老翁用來「促請」賢妻趕緊給他生幾個孩子。太遲的話,「只驚歲壽短」,來不及看到他的龍子鳳女了。

雖然「毋驚兒女晏」的意思是「只要老妻會生就好!」語氣還算溫和。但是催逼的「理由」卻是相當嚴重的「只驚歲壽短!」換言之,老翁以退為進,向夫人宣示:「限汝在老夫成仙之前,給我生囝!不然……」

有相關俗語:「少年生囝是應該,食老生囝則搖擺。」──老夫有種,老蚌生珠,相當「搖擺」囉?頗不見得!據悉,鄰里暗笑,老夫妻也自覺羞羞臉!

晏:晚也,遲了。 搖擺[hia-pai]:(有寶可展示)神氣、囂張(→132.31)。

這句俗語反映出,先人驚嚇不已的是短命,等不得含飴弄孫。其實,更該「驚」的是「不孕症」。醫家指出,我國不孕症盛行率達10-15%!就算是試管嬰兒手術發達,但手術能否成功是一回事,鉅大醫療費更是一回事。有汪姓夫妻三年內花在試管求嬰的錢已經七、八十萬。(→《中時電子報》1999(3.9)AM12:08)

不孕既是我國十對就有一對以上的夫妻的問題,那麼政府當局就應該敦請醫學,生態學等專家探尋病因,從根本改善全體國民的健康,降低不孕率!雖然已經立法「有條件開放代理孕母」,❷

這畢竟是治標的做法。

【04】

播田落雨，卡贏娶某大肚。

Pò·-chhân lȯh-hō·, khah-iâⁿ chhoā-bó· toā-tō·.

Pó·-chhân lō-hō·, khá-iāⁿ chhoā-bó· toā-tō·.

自己田，自己種！

　　用法有二：一、斷言孩子必要是自己的「種子」，不要娶一個懷了別種的新娘，雖然她大腹便便，臨盆指日可待。二、主張一切要事，務必親手經營。

　　這句俗語用了「播田落雨」為表象，雙關「藍田種玉」和「稻田插秧」，然後強調此二件要事不可假手他人。理由是：前者，有關血統大事，必要自己一脈相傳的孩子；後者，雨天播田，人涼快，秧苗容易存活，何樂不為？

　　播田落雨：暗指男人「播種」。　娶某大肚：影射她肚裏的孩子另有其父。

　　男讀者諸君，看這句俗語請勿太集中精神於「播田落雨」才好。當知，要當一個現代爸爸得有足夠的勇敢進產房「陪產」才行。這可不像官員「全國走透透」下基層「巡視」一類的動作，更非太太產後來「驗收」的作業。

　　記者徐雅慧指出，老翁須要上課，須要受訓。自賢妻懷孕第七個月開始，得接受十小時的「產前教育」：學習胸式、腹式呼吸法，神經放鬆法，懷孕危險徵兆法，母乳哺育法，產前運動法等等，紮實的硬功夫。

　　具備這些知識和技巧，到時要給賢妻擦汗、潤嘴唇，還要會做些「貼心的動作」！然後，戴上胎心探測器，負責監視胎兒心

跳，掌握有無缺氧。賢妻用力時，老翁得扶住她的脖子，使賢妻集中力量在腹部。到了適當時間，老翁得用拳頭頂住夫人的肚子，將乖团一拳推出母體。(→《自由時報》1999(5.3):14)

真好，經過這一番生產大合作，夫妻恩愛必成，家庭人口必增！──誰要嫁給只要「播田落雨」的傢伙？

【05】

笑做你笑,干單阮有团通叫。

Chhiò choè-lí chhiò, kān-nā goán ū-kiá^n thāng kiò.

Chhiò chó-li chhiò, kān-nā goán ū-kiá^n thāng kiò.

媽媽一聲除羞恥。

用來譏刺金蓮姑娘生了一個「父不詳」的禧年寶寶。但她敢做敢當，大大方方回應大姼婆，說：「笑罵由你，孩子叫媽由我！」──未婚媽媽金蓮開放瀟灑，大姼婆又能怎樣？

然而，非婚生子女對老母的「姘夫」是不客氣的，俗云：「豬仔飼大隻，唔認豬哥做老爸。」──她的孩子不認母親的男人為父親，認為是「豬哥」。

笑做你笑：嘲諷譏笑由你；做你，(語言、行動)隨你便。 干單阮有：只是我有(別人認為不該有的人、物)。 通叫：可(得到、聽到)呼叫。

【06】

父精,母血。

Hū cheng, bú hoeh.

Hū cheng, bu hoeh.

無卵行嗎？

舊說，人類受胎是由於老父的精和老母的血結合的。婦科脈

理說：「血旺易胎，氣旺難孕。」(《瀕湖脈學‧婦兒脈法》)「母血」停斷是不會懷胎的，儘管「父精」何等剛猛。

　　唐山傳統的醫學知有「父精」，不知有「母卵」。這大概是因為婦女的「經血」肉眼可以觀察得到；但是「母卵」不但肉眼難見，老漢醫大國手更不敢想像婦女也會「生蛋」。

　　好啦！既然生孩子要「父精，母卵」。那麼，無卵的母親要如何是好？徵卵呀！目前，我國法律規定「捐卵」是無報酬的，但高度商業化的美國社會，好品牌的母蛋比鑽石更值錢。史丹福等幾個大學出現這樣的廣告：

重金徵卵子　酬勞五萬美金

　　徵求一名身高五呎十吋，體格健壯的女性的「卵子」。她的大學入學學科能力測驗須在1400分以上。但全美國具有這些條件的女人，只有百分之一。(→《中時電子報》1999(3.9)AM12:05)

　　於此，我們面對一些嚴肅的問題：如此下去，生命會不會成為消費品？還有，親子關係是什麼？會不會成為，人無父無母，只有精和蛋？

【07】
石頭孔，爆出來的。
Chió h-thaû khang, piak chhut-laî--ê.
Chiō-thaū khang, piak chhut-laì--è.
石母生石猴。

　　舊時，大多數老母用來回答孩子的「我從何處來？」這位老母雖然生了八、九個孩子，但子宮啦，受精啦，懷孕啦，臨盆啦，都是懵懵懂懂的。對於生男育女更是不知其所以然，所以擠出道

聽途說的這句話來搪塞。同類句有：「林投腳扱的。」

這句「石頭孔，爆出來的」，可能是講古仙《西遊記》大開講的影響吧。看那花果山，水簾洞的美猴王，不是靈石孕育的仙胞，迸裂滾出的石卵，見風化成的嗎？（→《西遊記》第一回）

真好，眼看自己的寶寶，美麗、聰明又活潑，說他／她們是美玉爆出來的小靈猴，也不太冤枉他／她們吧！

【08】

見君，大三分。

Kìⁿ-kun, toā saⁿ-hun.

Kíⁿ-kun, toā sāⁿ-hun.

生命的會遇。

調侃結婚不久的新娘，會見「阿君」才那麼幾天，肚子就如氣球般地漲大了起來。

這句話頗有色彩！用「君」的擬音來雙關郎「君」和郎「根」。新娘常見「君」，而裙帶不放寬者，豈不是有違周公的禮敎？

老先人的世代，幾乎沒有不「見君，大三分」的女人。但在將近40年前（1960），美國的大科學家偏偏作孽，發明了什麼「避孕丸」，推翻了先人「見君定律」。

發明者是哈佛大學的婦產科醫生John Rock和生理學家Gregory Pincus。這位婦科醫生在93歲受訪問時表示，其偉大的發明並非爲了「女性解放」，他聲明，對女性解放不感興趣。

不論如何，這是20世紀，20項重要發明之一。《時代雜誌》創辦人的夫人Clare B. Luce論到避孕丸時，說：「現代女人終於自由了，就像男人一樣自由，她可以安排自己的身體，並追求心智的生長，嘗試一個成功的生涯。」（《中國時報》1990(2.7):30）

嘻，避孕丸是啥？大膽解構了蒙拿麗莎的神秘微笑！

【09】

四十三,生一個鬥頭擔。

Sì-chȧp-saⁿ, siⁿ chi̍t-ê taù thaû-taⁿ.

Sí-chȧp-saⁿ, sīⁿ chi̍t-ê taú thaū-taⁿ.

最後的重擔。

　　嘲笑婦人到了四十三歲的年紀，還在繼續生產。本句，刺她生了一個老來子，不是要湊熱鬧，而是要來「鬥頭擔」的。

　　生…鬥擔：喻指生一個囝來增加麻煩。因爲43歲的老母理該享受清閒，此時生囝，豈非夯枷？字面上，一擔〔taⁿ〕有兩頭；鬥頭，湊足成一擔。

【10】

四十四,斷囝蒂。

Sì-chȧp-sì, tn̄g kiáⁿ-tì.

Sí-chȧp-sì, tn̄g kiaⁿ-tì.

生產完畢。

　　斷言，婦女到了四十四歲，就沒有生孩子的希望了。

　　句裏的「斷囝蒂」是很美麗的想像。老母似花，開花就會結果；花蒂斷，花果從何而來？

【11】

查某坐頭胎,查埔隨後來。

Cha-bó͘ chē thaû-thai, cha-po͘ toè-aū laî.

Chā-bó͘ chē thaū-thai, chā-po͘ toé-aū laî.

先囝飼，後金郎！

　　舊說。用來鼓勵人多多生產，尤其是第一胎弄瓦的人。本句

說，首胎女生，那麼第二胎以後男生就會來報到；此先罔飼，後金郎之說也。顯然是勉勵的加油話，姑妄聽之可也。

　　一胎化政策下的人民，應該慎重考慮台灣這句慧語。靈驗的話，豈不是府上陰陽和順，有女有男；夫人回春，艷美勝過一枝花！

　　（參看，「一男一女，一枝花；二男二女，受拖磨。」33. 23）

【12】

病囝寒，大肚熱。

Pīⁿ-kiáⁿ koâⁿ, toā-tō joa̍h.

Pīⁿ-kiaⁿ koâⁿ, toā-tō joa̍h.

如患瘧疾。

　　這可能是老大家的經驗談吧。說的是女人懷孕初期，身體對於寒冷比較敏感；但到了大服便便快要臨盆的時候，則身體比較怕熱。

【13】

十月懷胎，艱苦無人知。

Cha̍p-goe̍h hoâi-thai, kan-khó bô-lâng chai.

Cha̍p-goē hoâi-thai, kān-khó bō-lāng chai.

老翁知乎？

　　斷言，女人從受胎、病囝害喜，懷胎到臨盆生產，這十個月之間所承受的艱苦，豈是別人所能體會的？

　　有何艱苦？自從受胎開始，女人的身體開始變化，例如，病囝的嘔吐、疲倦、懶散；味覺失調，偏愛鹹酸甜一類的，但厭惡某些平常的食物。還有，大腹便便，行動沈重，24小時負荷「重

懷」，於是全身熱透，就是自閉於冷凍深閨，也是無能散熱分毫！

【14】

補胎，卡贏做月內。

Pó·-thai, kah-iâⁿ choè goèh-laī.

Po·-thai, ká-iāⁿ chó goē-laī.

補習教育開始！

提倡注重懷孕期間的健康和營養。斷言這段期間的「補胎」比做月子的進補和調養更有益於產婦的健康和嬰兒的發育。

背景：補胎，包含孕婦的密集營養補給，增強她的心身健康，同時進行胎教，教育未來的諾貝爾獎得主。這種思想和做法是很古老的唐山傳統，孫思邈「孕婦飲食禁忌」記載，孕婦三個月以後應進行如此養胎：

> ……焚燒名香，口誦詩書，古今箴誡，居處簡靜…彈琴瑟、調身心、和情性、節嗜慾…生子皆良，長壽、忠孝、仁義、聰慧、無疾。
>
> 兒在胎日月未滿…腑臟骨節未成足…飲食居處，皆有禁忌：妊娠食羊肝，令子多厄；…妊娠食兔肉、犬肉，令子無音聲並唇缺；妊娠食雞肉、糯米，令子多寸白蟲；…妊娠食…鴨子，令子心寒；妊娠食雀肉並酒，令子心淫情亂，不畏羞恥；妊娠食鱉，令子短項。❸

顯然，這是富且貴的孕婦養胎法，不是一般婦女所能想像的。君知乎？昔日台灣農婦，在田野耕作中臨盆，自己抱著新生

赤子走回來「轉臍」的時有所聞，哪有燒名香，誦詩書，唸箴誡，彈琴瑟，調身心，和情性，一類的天福？

　　然而，「居處簡靜」對於孕婦和胎兒確實重要，噪音、煩躁確是有害。當知，現代人的胎教比古人更積極，如劉志偉賢伉儷所實踐的：從第四個月起，每天固定時間，用約30分鐘和胎兒講話，然後按摩，接著聽古典音樂，讀輕鬆幽默的書。如此，胎兒在腹中漸有反應，會仰首，踢腳，表現得非常快樂。出生後，啼哭時只要聞父母的呼聲，就會停哭來探索聲源。真有意想不到的效果。(→《自由時報》1999(4.10):43)

　　至於養胎食物，舊時一般孕婦要是三餐粗飯淡菜能吃個飽就已經很補胎了，誰敢奢望「羊肝、兔肉、犬肉、雞肉、糯米、鴨子、雀肉、鱉肉」這一類好料可吃？偶得一二種珍饈，絕對不會讓它變成禁忌的。現代的補胎食品比較科學化，沒有禁忌的聯想，也比較平民化。醫生鄭博仁給孕婦開出一至五每日輪換的「優生食譜」。那是：

一、每日一個蛋，一塊豆腐、豆乾或等量豆製品。

二、水果、奶類，各色水果，必含一個柑橘。

三、三碟各色疏菜。

四、四碗米飯、麵食、馬鈴薯。

五、50公克各色魚蝦蟹。(→《中央日報》1997(4.1):4)

　　善哉！這食譜沒有「龜龜鱉鱉」的禁忌，是咱多數台灣家庭吃得起的。筆者誠心抄引，當做祝福我台灣萬千懷胎的母親，當做歡迎就要降臨寶島永續台灣的優秀國民。

【15】

人，七成八敗。

Lâng, chhit-chiaⁿ peh-paī.

Lâng, chhit-chiaⁿ pé-paī.

溫暖子宮不願留！

斷言，早產嬰兒存活的情形是：第七個月出生的可能存活；第八個月出生的則可能活不了。類似句有：「七成八敗，九歹育飼。」

成…敗：（生命、事物的）存…亡。　歹育飼[phaiⁿ-iō-chhī]：很難養育。

這句俗語顯示先人對於「早產兒」的理解和態度，顯然有其時代的侷限性。早產兒是什麼？按屏基醫師卓德松的說法是：「凡體重在2,500公克以下或不足36週新生兒均屬早產兒。」

我們注意的是，早產兒的存亡並非「八敗」或「…九歹育飼」這回事。卓醫師認爲，若無「呼吸道窘迫性症候群、先天性心臟病、顱內出血、壞死性腸炎、感染等等病症，應能順利存活下來。」該醫院1998年共照顧218個早產兒，存活率95.9%；全國每年約有30,000個早產兒；現存誕生時最輕的，只有530公克。(→《自由時報》1999(4.8):7)所以，對於這些七八九出生的嬰孩，不可輕易放棄，要有信心才好。

早產兒的照顧，在我國算是開發頗慢的一門。但有好消息：今年三月已經有「早產兒基金會」和台大、馬偕、成大、長庚和中醫學院等簽約成立「早產兒醫療訓練中心」。

讓我用感謝的心意提起：我國第一家專門照顧早產兒的是來自比利時醫療傳教的聖母聖心會修女趙懷仁。她在1962年，於台

北永和設立的「早產兒保溫中心」。(→《自由時報》1999(3.30):7)她愛
上帝，也愛台灣人。眞多謝！

【16】

湳胎，無三日空腹肚。

Laù-the, bô saⁿ-jı̍t khang pak-tó·.

Laú-the, bō sāⁿ-jı̍t khāng pak-tó·.

真善生者也。

　　可能是老母的教導和安慰吧。說流產以後，很快就會再受
胎。言下之意，是要乖查某囝好好保養身體，安慰她，很快就會
有喜訊的啦！

　　*湳胎：流產也；坊間有寫做「落胎」。　　無三日：過不了幾天；二
件事發生的前後時間相當密接。　　無…空腹肚：指很快又懷孕了；肚
裏有「東西」。*

　　看到這句俗語，就應該關心「湳胎」的問題。報載，我國15歲
至18歲高中女生，在1997一年，有1,056人由醫師施行「湳胎」手
術。而這種現象從七月起，到九月達到高峰，造成所謂「九月墮
胎潮」。(→《自由時報》1997(12.29):3)

　　此外，我國醫界大膽推估，國內一年墮胎人次有四十萬，比
一年的總出生人數三十二萬上下還多。這項人工湳胎率是法國的
六倍！(→《中國電子報》1999(6.12)PM11:57)

　　這數字指出，學校、父母和社會傳統的「不可行！」禁令和勸
導好像沒有什麼功效。降低這種情形，應該有可行的辦法才
是——法國能，爲甚麼我國不能？

【17】

人生咱，咱生人。

Lâng siⁿ-lán, lán siⁿ-lâng.

Lâng sīⁿ lán, lán sīⁿ-lâng.

只能咬緊牙關？

　　用來鼓勵產婦，要堅忍陣痛的苦楚，因爲老母生咱也是這般的艱難。相似句有：「人生妳，妳生人。」──赤腳大家的口氣可能是這樣的哦：「哀，哀啥！驚痛閣敢嫁翁！人生妳，妳生人啊，哀啥！」

　　　（本句另解，見111.05）

【18】

苦瓜母，生苦瓜囝。

Khó·-koe bú, siⁿ khó·-koe kiáⁿ.

Kho·-koē bú, sīⁿ kho·-koē kiáⁿ.

就是甜瓜生囝也呼痛！

　　老大家的警告，語氣是旣鼓勵又「恐嚇」，提醒臨盆的媳婦不准愁眉苦臉，更不准呼天搶地。爲甚麼連呼痛的權利都沒有？據說，如此「苦瓜面」會感染嬰孩，給赤腳婆婆生「苦瓜囝」是不允許的也！

【19】

慢呣生，捻解邊。

Bān m̄-siⁿ, liàm kaí-piⁿ.

Bān m̄-siⁿ, liám kai-piⁿ.

奔馬催生較有效。

　　舊說。婦女臨盆，雖然陣痛緊密，但胎兒就是偏偏不願離開溫暖的子宮。這時已經驚動了村裏所有的老婆婆，人人前來敎授她的催生秘法。據說相當靈驗的，就是本句俗語的「捻解邊」法；

解邊一捻，嬰兒馬上呱的一聲墜地！

捻：用拇指和食指按住皮肉，然後用力向上下左右夾起，造成劇烈的刺痛，特別是面頰、屁股、大腿等，肉多而敏感的部位。 解邊：鼠蹊也，腿股和小腹交接的凹處。

看了這種「捻解邊」的難產急救法，令我憶起好久以前讀過的一篇文章，說古羅馬人讓難產婦女躺在馬路上，由騎士跑馬往她身體衝過。據說，產婦受到驚嚇，腹肌用力收縮，頑皮赤子也就被趕出伊甸樂園了。

託產科醫學之福，現代人生子變得「多采多姿」，化難產為安產，消滅了「捻解邊術」和「奔馬催生」的恐嚇，美化苦瓜面成為天使臉，撫慰了痛苦化成喜樂和祝福。

善哉！真想有陣痛又陣喜的經驗。

【20】

緊唔生，慢唔生，弄到火種無火星。

Kín m̄-siⁿ, bān m̄-siⁿ, lōng--kaù hoé-chéng bô hoé-chhiⁿ.

Kín m̄-siⁿ, bān m̄-siⁿ, lōng--ká hoe-chéng bō hoe-chhiⁿ.

全家參加生產！

用來形容家人等候嬰兒哇哇墜地的情形。那是歡喜的焦急混合著緊急生火燒熱水來洗嬰兒的緊張場面。

這句俗語很實在，也很漂亮，暗示著這位產婦生產並不很順利，而是「緊唔生，慢唔生」的姍姍來遲。但是，一家人早已動員了起來。可能是小姑吧，她踞在大灶前準備沐嬰熱水。她太緊張了，以致於「弄到火種無火星」——頻頻攪動灶裏的火種，連火種上的火星也被她弄熄了！

弄：用火箸撥開火灰的動作。 火種…火星：舊時，燒柴木的大

灶，做完了一餐飯菜之後，並不完全清除爐灶裏的火炭，而將其中還沒有燒盡的火柴用火灰蓋住，好留下來做爲下一次生火的「火種」。下次生火時，撥開灶灰，露出火種，再用細小的柴枝架在火種上，用吹筒來送風生火。

【21】

頭過，身著過。

Thaû-koè, sin--tio̍h koè.

Thaû-koè, sin--tiō koè.

小天使過難關。

　　用法有二：一、斷言胎兒的頭部若是在正確的位置，即可順利出宮，身體四肢無礙臨凡。二、用來鼓勵人面對困難時必要堅持，必要用信心來克服，難關一過，什麼都會順利成功。(→437.10)

　　「頭過，身著過」是歸納順產的情形而說的。其實，胎兒的頭部太大，間頂距超過10.5公分的話，要陰道生產，幾乎是不可能的。至於，嬰兒腦積水、連體嬰、巨嬰、胎位不正(包括臀部向下、前額向下、後枕位橫位等等錯誤姿勢)，都不是先人所能夠想像的「頭過，身著過」這回事了。❹

　　(本句另解，參看437.10)

【22】

生囝得平安，親像重出世。

Siⁿ-kiáⁿ tit pêng-an, chhin-chhiūⁿ têng chhut-sì.

Siⁿ-kiáⁿ tit pēng-an, chhin-chhiūⁿ tēng chhut-sì.

終於渡過了黑水溝！

　　形容產婦順利臨盆，眼見胸懷中的赤子，一切的陣痛都已經

過去。現在有的是獲得新生命的歡喜，如同唐山羅漢腳渡過黑水溝，登上美麗島的興奮。

　　舊時，婦產醫學、衛生常識和設備條件都差的世代，產婦臨盆和嬰兒誕生都是性命交關的代誌。難產喪命的，常常發生，甚至順產的，也有因為接生的處理不當而傷害產婦或嬰孩的。

【23】

生贏鷄酒香，生輸四片枋。

Siⁿ iâⁿ ke-chiú phang, siⁿ su sì-phìⁿ pang.

Sīⁿ iâⁿ kē-chiu phang, sīⁿ su sí-phíⁿ pang.

以生命為賭注的生產。

　　用來形容孕婦臨盆的危險，那是生命「輸贏」的賭注，贏則有「鷄酒香」為「酬報」；輸掉了，「四片枋」伺候。

　　本句，讀來覺得沈重非常！用「生贏」對「生輸」來造成嚴肅的對偶句，透露出舊時產婦普遍不安的心理。「鷄酒香」，充滿喜氣的做月內，比對「四片枋」，黯淡哀傷的做師公，眞是一場壯烈的生死決戰。

　　四片枋：薄棺也；暗示簡單收屍，草草埋葬了事；因為這個可憐的女人，還沒有贏得「顯妣」的身份。

　　做月內的產婦吃「鷄酒」沒稀罕，千百香客拚吃鷄酒，才算有趣！竹山鎭紫南宮在每年元宵的還願活動，煮麻油鷄酒來招待香客。二年前，該寺用20個大灶，用了3,000斤鷄肉來煮鷄酒。由上午10點半開始，到下午一點半止，三千斤鷄肉做的萬斤麻油鷄酒一掃而空！(→《中央日報》1997(2.23):4)眞是民間宗教的一大奇觀也。

【24】

田螺吐囝，爲囝死。

Chhân-lê thò·-kiáⁿ, uî-kiáⁿ sí.

Chhān-lê thó·-kiáⁿ, uī-kiáⁿ sí.

由死而生？

　　用法相似於上一句。同類句有：「芎蕉吐囝，爲囝死。」「田
螺生囝爲囝死，生囝生命在溝垺。」

　　芎蕉…爲囝死：芎蕉[kin-chio]，香蕉也；因爲芎蕉生產以後，
蕉農要整株砍斷，所以有說，生蕉爲蕉死。　　田螺…在溝垺：田螺的
螺體離開螺殼，萬一殼被溝水帶走，田螺也就爲生囝而亡了。

　　善哉！無死哪會有生？有生哪能無死？芎蕉囝已經茁壯，蕉
母安息主懷吧！田螺囝也已經生生不息，敬請螺母駕返西天！

【25】

望冬，生鵝卵。

Bāng-tang, sīⁿ gô-nñg.

Bāng-tang, sīⁿ gō-nñg.

巨嬰神話。

　　用來調侃嬌小玲瓏的女人生了一個巨嬰。譬喻是「望冬」小
鳥，一口氣生了九顆台灣大頭鵝卵一般的鳥蛋。

　　望冬：鳥名，小山鶯，體型極爲細小。 ❺

　　台中市澄清醫院開業67年以來，接生無數，但在今年喜獲打
破記錄的巨嬰。母親尤女士，現年25歲，懷孕前體重只有47公
斤，算是流線型身材。懷孕37週時院方發現，胎兒至少在3,800
公克以上，建議她提早引產，未得同意。

　　等到第39週，剖腹順利產下巨嬰，重5,700公克，身高有62

公分（一般新生兒平均體重3,200公克，身高48公分）！又悉，這個小巨人到目前爲止只有心室缺損，其他並無大礙。（→《自由時報》1999（3.17：10）

　　恭喜啊，恭喜！小媽咪，生巨嬰，雖然稍遜於望冬仔姊。

【26】

單丁，過代。

Tan-teng, koè-taī.

Tān-teng, koé-taī.

ㄞ類一胎化。

　　舊說，單生獨子的，會世代相傳，成爲數代單丁。老先人是很難接受此種「遺傳」限制的，因爲一般人說是祖德不厚，所以家門人丁單薄，難以達成百子千孫大夢。

　　丁：男孩子、男人，如壯丁、丁稅。

　　法國生化專家在1990年，於染色體Y上面發現決定男性性器官發育的基因SRY；最近，意大利科學家發現女性決定基因DSS。（→《中央日報》1995（2.16）：8）

　　如此，人類要不「單丁」，而要「多丁」或是「多女」，好像有了選擇的可能性。然而，要是不好好控制此種知識和技術，私心自用，不但會引起男女人口的失衡，恐怕會導至人類滅亡──試想，中國人搞「一胎化」，若是人人只要「丁」，不要「女」，結果會怎樣？

【27】

荏荏爛爛，生著生歸捾。

Lám-lám noā-noā, siⁿ--tio̍h siⁿ kui-koāⁿ.

Lam-lam noā-noā, sīⁿ--tiō sīⁿ kuī-koāⁿ.

貧窮國家人口多。

　　舊說，平常儀容不整，衣著不潔，性情隨和的女人，比較會生孩子，而且一生就是「歸悺」。

　　荏荏爛爛：大概邋遢度已經到了足以上報的程度了。　*歸悺：整個大串，如同肉粽悺，一悺至少也有24顆粽子。*

　　這句老諺反映著先人「邋遢女人子女多」的印象，是否眞的如此，頗難論斷。但我們可以說，假如賢妻在十年內生了五個兒女，她雖然原性萬分伶俐，本性是24小時的愛美，不淪爲荏爛查某也頗不可能！

　　婦女荏荏爛爛，是一家一庭的代誌。但是一家、一國「生歸悺」，不加控制，一定影響子女和人民的教育程度，文化素質和生活品質。無數邋邋遢遢的百姓，不僅使他／她們自己的國家越來越窮困，而且也將造成「地球村」的恐慌：環境污染、生態失衡、人口品質反淘汰等等，都是整個地球的危害。

　　當知，全球人口，每分鐘增加148人(247人生，99人死)。今年十月12日聯合國定爲「60億人日」，當天零晨三分在波士尼亞，誕生了「60億寶寶」。(→《自由時報》1999(10.13):5)這一切豈非地球村的紅燈？像中國領導人說，別管我國的人口眾多，乃是缺乏世界觀的鴨霸心態。

【28】

有濫擅生，無濫擅死。

Ū lām-sám siⁿ, bô lām-sám sí.

Ū lām-sam siⁿ, bō lām-sam sí.

生時，死已決定！

　　舊說，生是偶然的，不能選擇的，冥冥之中成爲何人子女是

不能自主的；先人憤憤不平，責爲「濫擅生」。人之死也，壽數被限定，死的方式也被決定，人力無能回天；先賢無奈地說是「無濫擅死」。

這句俗語反映了我們台灣大多數人的生命觀，那是很容易贏得一般人信服的的定命論。

濫擅：隨意、任意、胡亂(行動、行爲)。

(參看，「未註生，先註死。」131.10)

【29】

早早嘛三個囝，慢慢嘛三個囝。

Chá-chá mā saⁿ-ê kiáⁿ, bān-bān mā saⁿ-ê kiáⁿ.

Cha-chá mā sāⁿ-ē kiáⁿ, bān-bān mā sāⁿ-ē kiáⁿ.

仍須努力生產！

用來寬慰久婚不孕的夫妻。斷言，人之一生不論早晚，要生養幾個孩子是註定的。

早早嘛…慢慢嘛…：或早或慢(結果是一樣)。

【30】

有囝有囝命，無囝天註定。

Ū-kiáⁿ ū-kiáⁿ miā, bo-kiáⁿ thiⁿ chù-tiāⁿ.

Ū-kiáⁿ ū-kiáⁿ miā, bo-kiáⁿ thiⁿ chú-tiāⁿ.

天下兒女皆天賜！

斷言，一個人之是否生男育女，乃是天決定的，強求不得也。

看了這句俗諺，我悼念921震災的孤兒。有意而有能力養育孩子的話，除了「親生」一法，還有「收養」一途！何必迷信「囝著親生」！請勿誤信親生囝才會「有孝」，親生囝弑父殺母的屢聞不

鮮哦！

　　現在，我國一日之間產生許多孤兒，難道這不是上天「註定」要大善人，大善德，來接納這些孤兒爲子爲女嗎？

　　力求親生而不能得者，請勿無病呻吟；請用第三眼一照，天賜兒女處處。問題是，誰是有福的養父母！

【31】

咬金湯匙出世的。

Kā kim thng-sî chhut-sì--ê.

Kā kīm thng-sî chhut-sì--ê.

金童玉女下凡。

　　用法有二：一、形容誕生在富貴人家的公子哥兒。二、譏刺門閥子弟，不知天高地厚，不知人間痛苦。句裏的表象是「金湯匙」，不言可喻，它喻表富豪之家。

【32】

腳骨長，有食福。

Kha-kut tñg, ū chiáh-hok.

Khā-kut tñg, ū chiā-hok.

展翅高飛？

　　用法有二：一、用來表述祭物的意義，乃是嬰兒誕生後第三天，酬神的牲禮把雞腳放直在外，以象徵這個孩子一生滿有食福。二、用來揶揄串門子的親人朋友，他／她一入門就有好料的可吃，眞是腳骨長也。

　　（本句另解，參看422.07）

【33】

哺父哺母，食父食母。

Pō·-pē po·-bú, chiạh-pē chiạh-bú.

Pō·-pē po·-bú, chiā-pē chiā-bú.

發育太好了。

民間俗信，認爲嬰孩若誕生時就已經長有門牙，是會剋父剋母的。這時，就要請道士來壓煞解禳。

背景：通常嬰孩要到第九個月時才長出第一顆牙齒，所謂「七坐、八爬，九發牙。」若有嬰兒落地就已經長有牙齒，那就是反常；反常，就是怪異。齒的功用是咬切、摩碎，而嬰孩不會吃東西，有牙何用？如此懷疑，幻想這個小嬰孩豈不是要來「哺父哺母，食父食母」的嗎？眞慘，迷信害人。

哺：用牙齒把食物切細，然後嚼磨，以利呑嚥。

【34】

辰戌丑未，無大細耳，嘛高低目。

Sîn-sut thiú-bī, bô toā-sè hīⁿ, mā koân-kē bạk.

Sîn-sut thiú-bī, bō toā-sé hīⁿ, mā koān-kē bạk.

視聽失調之時。

命相家之言。在辰戌丑未時誕生的嬰孩，要不是兩耳大小不一，就是雙眼生得高低不平。

辰戌：上、下午7至9時。　丑未：上、下午1至3時。

有誰的耳目同一分寸，同一水平的？可能沒有！何須碰上「辰戌丑未」這些時辰？

【35】

要借人死，呣借人生。

Beh chioh-lâng sí, m̄ chioh-lâng siⁿ.

Bé chió-lāng sí, m̄ chió-lāng siⁿ.

奪我萬福金山。

　　舊說，不要將自己的家借給別人生產，就是嫁出去的乖查某囝也不例外。順月的時候，產婦一定要待在自己的家，以便在自己的閨房裏生孩子。因為民間咸信，借人家生產的話，家裏所有的福氣會被這個嬰孩奪走。至於借人死，可以！相信死者會感恩圖報，賜福給客死之家。

　　那麼，萬不得已借人家的地方，包含娘家，生產的話，就要供獻糕餅、香燭、鞭炮、金紙等祭物向該家的神龕祭拜，以免奪走別人的福份。❻

　　　（參看，「乞食，死在馬槽內。」113.17）

【36】

月內食一嘴，卡贏月外食到畏。

Goėh-laī chiảh chỉt-chhuì, khah-iâⁿ goē-goā chiảh-kaù uì.

Goē-laī chiā chỉt-chhuì, khá-iāⁿ goē-goā chiā-ká uì.

月內重於月外。

　　斷言，產婦務必重視月內的飲食，宜當吸收豐富的營養，那是比平常的飲食更有益於恢復生產的虧損。

　　本句是針對產婦而言的，但「補胎，卡贏做月內。」(.14)主要是針對養胎而言的。

月外：產婦做月子以後的平常日。　*食到畏：（食物、零嘴）吃到*
厭惡，沒有胃口。

【37】

鹽會生風，薑母會去風。

Iâm oē siⁿ-hong, kiuⁿ-bú oē khì-hong.

Iâm ē sīⁿ-hong, kiūⁿ-bú ē khí-hong.

雞酒是不加鹽巴的也！

　　這是產婦月內飲食調養守則之一。說，做月子的飲食不要加鹽，因爲相信「鹽會生風」。同時，爲要避免「月內風」，就得用薑母煮雞酒、薑母煮腰子來去風，來滋補，因爲相信「薑母會去風」。

　　風：月內風也，月內的風寒，症狀「比平常的感冒厲害百倍，不是腰酸背痛，就是手腳麻痺，並時而腹疼如絞，時而呻吟不已。爲古來最忌諱的婦人病。」❼

【38】

憑囝食，憑囝睏，憑囝領雙份。

Pîn-kiáⁿ chia̍h, pîn-kiáⁿ khùn, pîn-kiáⁿ niá siang-hūn.

Pīn-kiáⁿ chiā, pīn-kiáⁿ khùn, pīn-kiáⁿ nia siāng-hūn.

吃得好睡得飽，月內也。

　　用來形容產婦在月內調養時期的情形，她吃的是麻油雞酒和油飯等等平時難得吃到的好料；又除了吃雞酒和抱抱小嬰孩之外，就是睏。

　　「月內」媳婦如此大吃大睡，是光明正大的，也是赤腳大家敢怒不敢言的代誌。所以，這位做月內的媳婦，萬分得意，詩興大作，吟道：「憑囝食，憑囝睏，憑囝領雙份！」

　　厲害大家聽入耳裏，記在心裏，看在添孫份上，等待月外算賬。

注釋

1. 還有一種產兒的方式是，臨產時用稻草鋪在地上，產婦蹲著，把嬰兒生在稻草上面，此謂之「坐草」。參看，洪惟仁《台灣禮俗語典》，頁17。

2. 衛生署提報行政院的草案，對於代孕母的規定是：20歲以上，40歲以下的婦女，現有或曾有婚姻關係；代孕母與受術夫妻不能是四親等內，輩份不相當的親屬，例如，母親、婆婆不可以做爲女兒或媳婦的代孕母，姊妹則可。至於求代孕母者，丈夫要在55歲以下，妻子未滿50歲，經檢查和評估都適合者，如，健康的生殖細胞，或妻子無子宮者等等。此外，精和卵不可以是冷凍進口的，也不可以有商業行爲。(→《中央日報》1999(3.4):4)

3. 轉引自，林明峪《台灣民間禁忌》，頁93-94。

4. 舊時，民間所說的難產有：倒頭生，腳先出來的；坐斗生，屁股先生出來的；揹數珠，臍帶纏住脖子的，等等。按婦產科醫師吳文藝說的「難產四大類」，僅摘其要點是：一、嬰兒頭部太大(這是最常見的情形；還有巨嬰、連體嬰、胎位不正的胎兒等等)；二、骨盤腔狹窄；三、子宮、卵巢長瘤及陰道組織異常；四、子宮收縮不好，收縮缺乏規律，有氣無力，推不動嬰兒。(→《自由時報》1999(8.2):43)

5. 望冬爲小山鶯之說，係根據陳修《台灣話大詞典》「望冬」一詞。筆者小時所見的「望冬丟仔」，鳥體比麻雀猶少了許多，羽色淡黃，飛時上上下下；未知是否就是「望冬」。有待識者指教。

6. 參看，林明峪，同上引，頁127。

7. 同上引，頁133。

第二節　弄璋弄瓦

本節段落：

【01】

生男，育女。

Seng lâm, io̍k lú.

Sēng lâm, io̍k lú.

弄璋vs.弄瓦！

　　用指結婚之後，夫妻倆養育的有後生和查某囝，算是完成了人生在世的重要責任之一。

　　「生男，育女」是一件大喜事，一般人頗難找到得體的賀詞，於是紛紛不求甚解地，用元前第八世紀的「弄璋」和「弄瓦」來祝賀一番。

　　為甚麼嘴巴說「生男，生女」都一樣的現代人，還喜歡套用弄璋弄瓦的老話呢？殊不知古代男嬰在「弄璋」，女嬰在「弄瓦」的時候，一幕幕重男輕女的悲劇就開始上演了！它的劇本是《詩經·小雅·斯干》：

　　　　乃生男子，載生之床，
　　　　載衣之裳，載弄之璋；
　　　　其泣喤喤，朱芾斯皇，
　　　　室家君王。

乃生女子，載生之地，
載衣之裼，載弄之瓦；
無非無儀，唯酒食是議，
無父母詒罹。❶

多麼可憐的女嬰啊！一臨凡間就被可惡的「大男人主義」虐
待，被家庭、社會歧視。君不見，老先人數千百年來的心態還不
是：

男嬰睡在床上啊，女嬰打地鋪！
男嬰穿衣裳咧！女嬰裹粗布褓。
男嬰玩玉圭學做貴人哦！女嬰弄紡紗瓦片來當織女。
男嬰啼哭猛如「陳水螺」也！女嬰嘛給老爺閉嘴乖乖靜靜。
男嬰升官發財去吧！女嬰，留下煮飯燙酒，不准製造麻煩。

——「陳水螺」者，防空警報的巨響也。怎樣？現代人當然沒
有如此對待他／她們的男孩女孩。但請摸心自問，集體潛意識裏
的「璋瓦」真的停弄了嗎？難說！難說！

【02】
頂無兄，下無弟。

Téng bô-hiaⁿ, ē bô-tē.

Téng bō-hiaⁿ, ē bō-tē.

單生貴子。

可憐，單操一個！父母沒有給他／她生幾個兄弟姊妹，乃是
「先天的一胎化」也。

【03】

加人，加福氣。

Ke lâng, ke hok-khì.

Kē lâng, kē hok-khì.

人口爆炸一原因。

古今台灣人聞聽親友新增人口之後，用來表示祝賀之詞。意思是：「恭喜！恭喜！多子多福，人愈濟，福氣愈多！」雖然道喜和受喜的雙方，對於「濟囝，碌死老父」(→13.19)一類的代誌，知之甚詳。

【04】

查埔也著疼，查某也著成。

Cha-po· iā-tio̍h thiàⁿ, cha-bó· iā-tio̍h chhiàⁿ.

Chā-po· iā-tiō thiàⁿ, chā-bó· iā-tiō chhiàⁿ.

疼不分女孩男孩。

九嬸婆用來勸勉隔壁親家，請他／她千萬不可偏心，不論後生或查某囝，都該疼愛。

這句俗語的重點應該是在第二分句，強調父母要注意「成」查某囝，因為後生從來都是受到父母的偏愛。若是如此，這句話所涵蓋的意思就頗不簡單了，在那寵愛後生，輕看查某囝的時代。當知，九嬸婆提出「成」這個民間傳統，乃是舊時對女兒的權利起碼的保障。

成：嫁妝也。民間有一定程度的「共識」，例如，後生得田園、厝宅等，查某囝得新家庭須要的傢俱、現金、金銀珠寶，等等。但大富之家，查某囝仍然可能得到不動產為妝奩的。

理論上，疼囝不分查埔或查某。但實際上，偏心的序大人多

得很。先人知其缺點，所以搖囝歌一再提醒爲人父母者，「查埔也著疼，查某也著成！」有一首搖囝歌唱道：

> 嬰仔搖，嬰仔睏［Iⁿ-á iô, iⁿ-á khùn］；
> 一暝大一寸［chi̍t-mî toā chi̍t-chhùn］。
> 嬰仔搖，嬰仔惜［Iⁿ-á iô, iⁿ-á sioh］；
> 一暝大一尺［chi̍t-mî toā chi̍t-chhioh］。
> 搖囝日落山［Iô-kiáⁿ ji̍t lo̍h-soaⁿ］，
> 抱囝金金看［phō-kiáⁿ kim-kim-khoàⁿ］。
> 囝是我心肝［Kiáⁿ sī goá sim-koaⁿ］，
> 驚汝受風寒［kiaⁿ lí siū hong-koâⁿ］。
> 仝是一樣囝［Kāng-sī chi̍t-iūⁿ sim］，
> 那有兩心情［nah-ū nn̄g sim-chêng］。
> 查埔也著疼［Cha-po͘ iā-tio̍h thiàⁿ］，
> 查某也著成［cha-bó͘ iā-tio̍h chhiâⁿ］。
> 疼囝像黃金［Thiàⁿ-kiáⁿ chhiūⁿ n̂g-kim］，
> 成人成責任［chiâⁿ-lâng chiâ chek-jīm］。
> 飼到汝嫁娶［Chhī-kah lí kè-chhoā］，
> 我則會放心［goá chiah-oē hòng-sim］。❷

　　父母知道自己有人性的軟弱，知道有偏心的可能性是很好的，如此才能改進，才能做到更美善的關愛。

【05】

剩查埔，無剩查某。

Chhun cha-po͘, bô chhun cha-bó͘.

Chhūn chā-po͘, bō chhūn chā-bó͘.

棄殺女嬰！

　　原指唐山的殺嬰，棄嬰惡俗。本句點出，被棄殺的嬰兒都是「查某」的，而「查埔」剩下來，得以保留生命——生死以「性別」為標準！何等荒謬的惡見呀！

　　有史以來，我國台灣的殺嬰和棄嬰極為少見，可能是因為民性純樸，經濟富裕，生活容易等等因素使然吧。然而，自七十年代以來，台灣人向性解放潮流跟進，發生了棄嬰的新現象。

　　令人憂慮的是，重男輕女的人惡用婦科技術，如虎添翅地「操縱性別」。據聞，最近我國南部有公司形態的「包生男孩」檢驗單位，廣告「不滿意可安排流產服務。」未知有多少女嬰被檢出而慘遭殺害？醫界懷疑120:100男女嬰比例的嚴重失衡，是否「殺女嬰」為其主因。（→《聯合報》1994(8.12):3）

　　不僅是我國，世界各地殺女嬰事件仍然不絕。九五年「世界婦女大會」在北京開會時，美國總統夫人希拉蕊在演講中說：「每年全球有二千萬女嬰因為重男輕女觀念被殘殺。」（《中央日報》1995(9.17):7）

　　總之，這句俗語不是過去式的，當下挑戰著台灣人認識：父母或任何人，或任何主義沒有權利決定「剩查埔，無剩查某」或是「剩查某，無剩查埔」。

【06】

向後生尻川，姆向查某団面。

Ǹg haū-siⁿ kha-chhng, m̄ ǹg cha-bó·-kiáⁿ-bīn.

Ǹg haū-siⁿ khā-chhng, m̄ ńg chā-bo·-kiaⁿ-bīn.

靠後生，不靠查某団。

　　可憐的老父母的「自覺」，道出自己只能依靠後生，雖然這個

後生對他╱她老夫妻並不很孝順；他╱她們不敢依靠查某囝，因
爲她算是嫁出去的外人，雖然查某囝總是比較貼心。——舊時的
社會習俗和可恨的重男輕女觀念作祟，奈何！

*向：依靠也，心身投向。　後生尻川：喩指「歹面相見」，給父母
沒有好臉色看；屁股相向，有啥好看？　查某囝面：喩指「親切甜
蜜」，常給父母安慰和歡迎的笑容。*

【07】

三條龍，食也食繪窮；三隻虎，食也食繪苦。

Saⁿ-tiâu lêng, chia̍h-iā chia̍h-boē-kêng;

　　saⁿ-chiah hó͘, chia̍h-iā chia̍h-boē-khó͘.

Sāⁿ-tiâu lêng, chiā-iā chiā-bē-kêng;

　　sāⁿ-chiá hó͘, chiā-iā chia̍h-bē-khó͘.

看，老夫強大的生產動力。

可能是生活好，後生多的老爸的誇口吧！說他家裏有好幾個
善鑽營如蛟龍，極鴨霸像老虎的壯丁。

據說，老人的這群後生，分別把持士農工商學兵肥職，外兼
「八大行業」首席顧問。所以嘛，老人一家大吃大喝，山不崩而益
高；揮霍隨意，黑金不減而日增——「窮苦」跟毒龍猛虎是絕緣的
也。

*三條龍…三隻虎：喩指好幾個能力強，善於生產、發財的公子。
龍虎是男人的表象；至於房裏的那種「猛虎」，乃是溫柔賢妻三不五時
的撒嬌。*

（參看，「猛虎住於房內，半暝展威無人知。」26.43）

【08】

飼後生養老衰，飼查某囝別人的。

Chhī haū-siⁿ ióng ló-soe, chhī cha-bó·-kiáⁿ pát-lâng ê.

Chhī haū-siⁿ iong lo-soe, chhī chā-bo·-kiáⁿ pát-lāng ê.

還是男生較重要哦！

　　父母的告解。道出他／她們之所以要辛辛苦苦養育後生，而比較「凊彩」養查某囝，原因是：前者，要養我們老翁某的「老衰」；後者，已經是如同潑出去的水，「別人的」了！類句有：「飼後生替老父，飼新婦替大家。」

【09】
加水加豆腐，加囝加新婦。

Ke-chuí ke taū-hū, ke-kiáⁿ ke sin-pū.

Kē-chuí kē taū-hū, kē-kiáⁿ kē sīn-pū.

羅漢腳後生，如何？

　　用來提倡多生幾個賢後生。理由是，子多，媳婦多，孫兒也會多！這樣的話，才可望實現「大戶」人家的美夢。

　　本句俗語用的是興起手法，「加水加豆腐」是興，單單挑起「多」的印象，要在指向「多子」多孫的可能性。──「水多腐多」，信不得也！水多豆少，只有製「豆漿」的命運！

【10】
濟囝，嗯認散。

Chē-kiáⁿ, m̄ jīn-sàn.

Chē-kiáⁿ, m̄ jīn-sàn.

家慶閱兵展動力？

　　貧窮而又生了一大串男丁的父母，用這句話給自己加油。這個重男輕女的老父，展示他有許多壯丁，勞動力廉而多，一定會給他打造成「21世紀最強大的家族」。

（本句又見，11.29）

【11】

濟囝唔認散，歹囝不如無。

Chē-kiáⁿ m̄-jīn sàn, phaíⁿ-kiáⁿ put-jû bô.

Chē-kiáⁿ m̄-jīn sàn, phaiⁿ-kiáⁿ put-jū bô.

強家的變素：歹囝！

這句話透露出一個老爸心裏深處的矛盾和憂悶。看他，一方面相信子多丁多，家必強的傳統教條；另一方面卻有「歹囝」在家裏搞怪的災難。「歹囝不如無」，多麼深沉的怨嘆啊！

【12】

有囝散繪久，無囝富繪長。

Ū-kiáⁿ sàn boē-kú, bô-kiáⁿ pù boē-tńg.

Ū-kiáⁿ sán bē-kú, bō-kiáⁿ pú bē-tńg.

富之夢源。

大概是村長老用來寬慰一對窮苦的老夫妻吧。看他／她們養了七八個後生，人多糧少，無錢教育這麼多的壯丁。這位長老只好安慰他／她倆，說：貧窮是暫時的啦！因爲「有囝」啊。又說，像村裏首富金老爹沒啥，因爲是「無囝富繪長」一類的。

看這句俗語，無囝的勿須在意，因爲孩子不是搖錢樹，不是奴工。何況，孩子不一定都有機會賺錢，就是做大事業，耍大刀的壯丁，也不乏倒閉、落跑、下監的！父母自己發「富」最好。

同時，富和散，都是以「一生」爲限度。句裏所謂的窮「繪久」或富「繪長」者，是先人故意模糊時間觀念，好發揮他／她們的善意。

上面這幾句俗諺，給我們知道舊時「重男輕女」的一斑。但時

過境遷了，現代台灣人的父母應無弄璋弄瓦之分吧！當今，「囝」指的是查某囝和後生了。

【13】

查某囝，別人的家神。

Cha-bó·-kiáⁿ, pa̍t-lâng--ê ke-sîn.

Chā-bo·-kiáⁿ, pa̍t-lāng--ē kē-sîn.

女孩，純屬「別人」！

舊時，重男輕女的父母，用來發洩養育女孩的怨嘆。他／她們恨恨地說：查某囝原是外人，嫁給別人，去逝以後也是別人的「家神」，接受別人的祭拜，福蔭別人的子孫。

查某囝真的如此對娘家絕情嗎？她真的心無父母，情無手足嗎？不，絕非如此。我們應該還記得查某囝們信誓旦旦的說：「食到頭毛白紗紗，嘛愛外家」(14.38)，「斷鹽斷醋，呣通斷外家厝」(14.39)嗎？至於「翁某保老，管伊外家死絕」(25.19)是極少數的例外啦！

親和女一起生活了那麼多年，精神世界不可能是「絕緣的」吧！只是現代台灣女孩，自小在寵愛和富裕的環境裏長大，她們經驗著父母所未曾有過的自由，她們處理和表達感情的方式也殊異於父母。但這些事，並不至於把她製造成「別人」的。

話又說回來，查某囝既已嫁人，表示她有能力經營自己獨立的家庭。按咱台灣的民間信仰傳統而言，成為「別人的家神」是她的命運！好的「娘家」只有祝福，只有關愛；不應心存控制、佔有。

【14】

飼查某囝，食了米。

Chhī cha-bó·-kiáⁿ, chiàh-liáu bí.

Chhī chā-bo·-kiáⁿ, chiā-liau bí.

女孩似「飯桶」？

　　用法相似於上一句。露骨地宣言，養女孩最「無路用」，她只會消耗糧食。

　　安啦，台灣的乖查某囝，盡量吃吧！父母成性喜歡罔講，我國的蓬萊米多得很，煮之不缺，食之不盡的也。

【15】

飼查某囝，隨死會。

Chhī cha-bó·-kiáⁿ, toè sí-hoē.

Chhī chā-bo·-kiáⁿ, toé si-hoē.

女孩，賠錢貨！

　　大妗婆用來調侃隔壁金日富先生，一對窮小販時時借錢來養育八個女孩，也就恥笑他「飼查某囝，隨死會」。

　　也許，查某囝都不能苟同這句俗語，筆者也不能同意。但這句話是「調侃」，用喻要不倫不類才好，要能刺激查某囝嬌瞋掉淚為佳──但聽乖查某囝說：「人家哪裏是「死會」？三不五時還是有『路裏搖』的也。」

　　背景：句裏用做譬喻的是民間標會，「隨會仔」也。有一二十個同事好友為互助而招集的，有民間職業會頭為滾錢而招攬的。參加者還沒有有標出會金之前，是為「活會」，若出得起該次標會最高的利息錢，可標得全數會款。此後要按月繳本金餘款和利息，此謂之「死會」。

　　（參看，「不孝新婦三頓燒，有孝查某囝路裏搖。」11.57；13.20）

【16】

查某囝，賊。

Cha-bó·-kiáⁿ, chha̍t.

Chā-bo·-kiáⁿ, chha̍t.

嫁妝惹禍。

大姆婆的「不平之鳴」吧。她眼看金枝出嫁，田地現金之外，嫁妝載滿十二大牛車。她看得眼紅，頻頻替金枝的父母喊賊。

顯然，這句俗語要突顯的是重男輕女的惡習，父母按其經濟能力給查某囝嫁妝，乃是一本平時愛惜之情，是極自然的代誌。不過，大姆婆成性如此，語不傷人死不休，乖查某囝何必懊惱！

（本句又見，24.14）

【17】

柚柑好尾味，查某囝著罔飼。

Iū-kam hó boé-bī, cha-bó·-kiáⁿ tio̍h bóng-chhī.

Iū-kam ho boe-bī, chā-bo·-kiáⁿ tiō bong-chhī.

芳名富美，豈可罔飼？

用來開化輕女的父母，也許這對父母要把初生的女嬰賣掉。這時大姆婆就來勸他／她們，鼓勵他／她們，雖是女孩子，還是要姑罔飼之。

為甚麼？從來認為女孩比後生難照顧，麻煩的代誌較多。但出嫁後，尤其是嫁得乘龍快婿，那就大大榮顯娘家了！於是，大姆婆把查某囝比喻做「柚柑」；剛吃，覺得苦澀，吃後「嘴尾」甘美。

柚柑：非柚也非柑，果肉咬感倒是像未熟透的李子，但顆粒小了許多。五十年前，台灣街頭小攤販，賣有泡浸在甘草水中的柚柑。據

筆者印象，台灣的小女孩普遍喜歡吃柚柑。　罔飼：姑罔養之，不情願地餵養（人、動物）。舊時常看到芳名「罔市」，原是「罔飼」；以「市」為「飼」，更見詭詐！

　　注釋本句俗語時，筆者有許多感想和心願！其一，願女人不再是「罔飼」、「罔腰」，有的是「台英」、「惠台」！更願「中華民國在台灣」、「中華台北」、「中國台灣」等等混亂實在的名號，早日正名做「台灣民主共和國」！

【18】

飼狗母炫狗公，飼查某囝炫媒人。

Chhī kaú-bú siâⁿ kaú-kang,

　　chhī cha-bó͘-kiáⁿ siâⁿ moê-lâng.

Chhī kau-bú siāⁿ kau-kang,

　　chhī chā-bo͘-kiáⁿ siāⁿ moē-lâng.

夫星閃爍得很啊。

　　用來調侃朋友，他一手養了幾個夠資格出嫁的美女，笑他進進出出的客人都是來說親的。

　　這句採用起興句式，主句是第二分句「飼查某囝炫媒人」，單言女孩子長大了，媒婆來了。不能解成「比對」或「譬喻」，那樣的話，是譏刺人家的查某囝如同引誘雄犬的「狗母」——頗有公然毀謗之嫌，小心哦！

　　炫：（人物，氣味）強烈的吸引。例如，糖炫胡蠅，巧克力炫囡仔。

【19】

一家養女百家求，一馬不行百馬憂。

It-ka ióng-lú pek-ka kiû, it-má put-hêng pek-má iu.

It-ka ióng-lú pek-kā kiû, it-má put-hêng pek-má iu.

淑女vs.害馬。

　恭喜，隔壁李家養了一個小姐，秀外慧中，體態夢露，當了好幾屆「Miss Taiwan」候選人，因此吸引了千百家公子前來求親。語見，《增廣昔時賢文》。

　本句用的是對比異對式，用「淑女」和「害馬」爲不同的比對：美女百家求，害馬就很難處理了！

　一馬不行百馬憂：不行的馬是害馬；使百馬憂的那隻馬，害群之馬也。

【20】

第三查某囝，食命。

Tē-saⁿ cha-bóꞏ-kiáⁿ, chiȧh miā.

Tē-sāⁿ chā-boꞏ-kiáⁿ, chiā miā.

最好命的那一個查某囝。

　斷言，家裏的第三號女孩，是不吃「父公仔屎」的，她不須要依靠父母的庇蔭和影響，凡事大吉利，因爲她吃的是自己的「富貴命」。

　這句話透露出台灣民間的一種見解：「第三查某囝」最好命。舊時說親的時候，一聽到「第三的」，印象好了七八成，據說，大姊最強腳，么妹可能比較軟弱，而第三居中，剛柔調配得最妙。於是，成親率也就比其她姊妹高了許多。

　食命：依靠大吉利的先天「命」運而活。　　強腳[khiàng-kha]：做事的能力好，決斷力強，眞能幹也。　　軟弱[nńg-chiáⁿ]：依賴性強，遇到艱難的代誌比較沒擔當，軟弱的查某囝也。

【21】

要生查某囝，則有人哭腳尾。

Beh siⁿ cha-bó͘-kiáⁿ, chiah-ū lâng khaù-khā-boé.

Beh sīⁿ chā-bo͘-kiáⁿ, chiá-ū lāng khaú-khā-boé.

育女目的僅乎此？

　　有女無男的媳婦用來自嘲。老大家迫她限時生男，但她連連育女；老翁借此機會，吵著要「娶細姨」。此情此景，迫出這句話來發洩心裏沈重的鬱悶。

　　試想，哪有好好的，萬分幸福的台灣老母，敢冒犯忌諱大談「哭腳尾」的代誌？爲了要「哭腳尾」來生查某囝？豈有此理！一般人聽到這種帶凶帶煞的話，不連說阿彌陀佛才怪。

　　背景：父母臨終，子孫要忍住啼哭。一旦過逝，就要子在左，女在右，圍著遺體而大啼哭了。舊時，慟哭是要有韻有詞，如唱「哭調」。這種唱哭是要「哀父叫母」的，是要叙述自己對於死父或死母的遺憾和悲痛，此非查某囝不能勝任。

　　其後，用白布中央縫以紅綢的「水被」蓋住遺體，並在死者的腳下方祭以「腳尾飯」(白米飯一碗，上面放一個鴨蛋，插住一雙筷子)，燒銀紙，點香燭。❸此時，查某囝得再慟哭一番。

【22】

生查某囝免悲傷，生後生免歡喜。

Siⁿ cha-bó͘-kiáⁿ bián pi-siong, siⁿ haū-siⁿ bián hoaⁿ-hí.

Sīⁿ chā-bo͘-kiáⁿ bén pī-siong, sīⁿ haū-siⁿ bén hoāⁿ-hí.

皆大歡喜！可乎？

　　九嬸婆用來安慰一連生得幾胎女孩的母親，要她不要悲傷，因爲生個男生也不是什麼了不起的喜事。

　　試想，要是當事人弄的是璋，您看九嬸婆敢說她「生後生免歡喜」嗎？當然，大大不敢的也。老台灣人，生後生都是笑哈哈的，都有道不盡的「恭喜」；「不幸」生查某囝，就嘀咕著「罔飼」、「罔腰」不停。

　　「生查某囝免悲傷」反映著生爲台灣女的「悲哀」！古時如此，現代如何？當然好了許多，改良了不少，但是仍然不理想。台大社會學教授王麗容指出：

　　我國婦女人權六項指標的指數是：教育權，3.18；自由權，2.86；婚姻與家庭權，2.50；工作權，2.46；社會參與權，2.27；人身安全權，2.12。──3爲及格。

　　這些指數顯示，我國婦女權僅有「教育權」勉強及格，其他都處於不及格狀態，尤其是婦女人身安全，乃是婦女心中最大的隱憂。(→《自由時報》1999(4.28):9)

　　諸位，生查某囝眞的免悲傷嗎？社會有強暴女人的惡漢處處，家庭虐妻辱女案件層出不窮，女人的身體安全權如此糟糕，生查某囝能不悲傷嗎？而且這種憂傷是比所謂「香火不傳」的悲哀強烈！

　　看了這句俗語，不能一笑或一哭置之！應該起來參與「婦權運動」，給咱台灣女人有做爲女人充足的安全、權利和尊嚴。

【23】

四個恭喜，扛一個罔市。

Sì-ê kiong-hí, kng chi̍t-ê bóng-chhī.

Sí-ē kiōng-hí, kng chi̍t-ē bong-chhī.

揚眉吐氣的罔飼。

　　用來安慰養了好多「罔市」的父母。指出庄頭轎店一家生了

十多個壯丁，都是給貴罔市姑娘抬轎子的貨色。

　　本句說的是：生得壯丁，「恭喜」；生得女兒，「罔市！」那麼，「恭喜」給「罔市」抬轎的話，有啥恭喜的！當知，先人的社會將轎夫打入「下流」。

　　我們認爲，不論「罔市」小姐是爲了出嫁而坐轎，或是爲貴夫人來坐轎，只要她還帶有傳統的「罔飼」的意味，那麼，女人就不能說是出頭天的！

　　此外，台灣人並不獨寵後生，鍾愛查某囝的人多得很啊！幾年前看了一篇「我疼女兒的心情很像愛情」，深受感動。抄下來一起欣賞，也可當做我們對待孩子的態度的省思！

　　　　寫一個新手爸爸等待小孩平安長大的心情：

　　零歲　　自從她第一次趴在我肩上睡著時，我開始覺得我疼女
　　　　　　兒的心情很像愛情。

　　一歲　　期待聽到她叫「ㄅㄚㄅㄚ」的聲音。

　　三歲　　睡覺睡成大字形。

　　四歲　　上幼稚園，開始暗戀林志穎。

　　五歲　　蛀牙，拔牙，蛀牙……擔心。

　　六歲　　也許會把麥當勞當做第二個家庭。

　　七歲　　我將收到她做的父親卡，感動莫名。

　　九歲　　開始有些隱私連做爸爸的都不能聽。

　　十二歲　國小畢業，爲了剪掉辮子而傷心。

　　十三歲　開始講別人不懂女人的心情。

　　十五歲　走出父母期望的尷尬年齡。

　　十八歲　要不是煩惱學業就是吵著當歌星。

　　十九歲　第一次跟同學在外過夜。

二十歲　初嘗初戀滋味。

二十二歲　初嘗失戀滋味。

二十四歲　她發誓要有自己的事業。

二十五歲　爲了嫁給所愛的男人放棄一切。

結果　我變成外公，

再度爲她的孩子甘願受累。(《中時晚報》1995(4.13):8)

筆者相信，心理正常的父母應該不會刻意重男輕女的。所有的輕別乃是文化、社會、傳統沈澱下來的毒素在作祟。台灣人要心靈改革，爲人父母的，豈可不清除「囝飼」、「囝腰」、「囝扱」、「囝好」一類的囝見？

【24】

多丁，奪財。

To–teng, toa̍t–chaî.

Tō–teng, toa̍t–chaî.

後生，賊！

可能是一家儘生壯丁的家長，痛定思痛的良心話吧。意思淺顯，說後生一多，老爸有限的田園一分再分，也就變得相當窮困了。——何只「查某囝，賊」？德國南部農人的傳統是把所有的田園都給長子繼承，其餘的孩子就得出外謀生。這樣一來，可保得足夠的農地，不至於越分越小。因此，有許多南部的德國人在前世紀就移民到北美州發財了。如此，似可避免「多丁，奪財」的錯覺和怨嘆。

【25】

濟囝濟女濟冤家，無囝無女活菩薩。

Chē-kiáⁿ chē-lú chē oan-ke, bô-kiáⁿ bô-lú oàh-phô·-sat.

Chē-kiáⁿ chē-lú chē oān-ke, bō-kiáⁿ bō-lú oā-phō·-sat.

化孤老爲菩薩？

　　大家長用來發洩怨嘆。說是子女多，麻煩的事也多，不如無子無女，來得清靜，做個活菩薩。

　　人是很奇怪的動物啊！人少，孤單，覺得無聊；人多，吵雜，又覺得受不了。應該想一想，菩薩是從嚴格的自律中修得清靜自在，不是虛空的清靜。

　　我們台灣人的民族性，太愛「鬧熱」，把生活環境弄得處處有高分貝的聲響；家裏、學校、工作場所，都是如此。我們必要學習自制，包含講話聲量的控制，尤其是公共場所應該控制「手機」的使用。

　　無囝無兒的閒靜，蕭煞，不好！人多，猶有清靜，眞清靜也！

【26】

子女是眼前歡。

Chú-lú sī gán-chiân-hoan.

Chu-lú sī gan-chēn-hoan.

昇華做記憶歡吧！

　　斷言，子女承歡膝下的時間何其短暫，只有他／她們小時候在一起生活的這個階段。說的也是，子女長大之後，出外的出外，嫁人的嫁人，老父母的確頗寂寞了。

【27】

望做忌，呣通望趁飼。

Bāng choè-kī, m̄-thang bāng thàn-chhī.

Bāng chó-kī, m̄-thang bāng thán-chhī.

牲醴好吃嗎？

　　父母用來發洩失望的怨嘆，透露出期待生男育女來奉待晚年的困難。說的是一派氣話，要獲得兒女供養之唯一的希望是「做忌」。

　　做忌：序大人逝世週年的祭拜。此時供獻的祭物有「牲醴」，如豬、鷄或鴨，魚，等三牲；菜飯，果子；酒、茶；燒香、燒銀紙。

嗯通望趁飼：不可奢望子女賺錢來扶養父母；趁飼，趁錢來養飼序大人。

注釋

1. 載：則，便。　寢之床：睡在床上。　弄之璋：給男嬰一塊圭玉玩弄。　喤喤：哭聲極大。　朱芾：朝服，天子純紅色，諸侯黃色。　室家君王：有家有室，爲君爲王。　寢之地：睡在地上。　裼：粗的棉織布；布裙，或產婦穿的裙子。　弄之瓦：給女嬰一塊紡磚玩弄——訓練她當織女？太早囉！　無非無儀：乖乖的，無須文華儀態。　唯酒食是議：只學些煮飯備酒的家事。　無父母詒罹：不要給父母惹麻煩爲要。

2. 黃獻麟提供「搖囝歌」《台灣教會公報》(1991(12.1):19)。爲配合本《語典》台灣漢字使用上的一致性，我們改變這首歌裏的幾個字。

3. 參看，吳瀛濤《台灣民俗》(台北：振文書局，1970)，頁145。

第三節　龍飛鳳舞

本節段落：

【01】

七坐，八爬，九發牙。

Chhit chē, peh pê, kaú hoat-gê.

Chhit chē, pé pê, kau hoat-gê.

第一份成績表。

　　指出舊時我國台灣健康嬰孩，正常發育的情形，那是：第七個月時會坐；第八個月，會爬行；第九個月，長出第一顆門牙來。

　　現代，國人經濟普遍富裕，育嬰知識進步，嬰仔營養豐富，母親育兒的成績應該打破這句俗語「七八九」的記錄了。

【02】

會行，行晬一；𣍐行，行晬七。

Oē kiâⁿ, kiâⁿ chè-it; boē-kiâⁿ, kiâⁿ chè-chhit.

Oē kiâⁿ, kiāⁿ ché-it; bē-kiâⁿ, kiāⁿ ché-chhit.

會𣍐相差六個月？

　　舊說。細囝學步，發育良好的在「晬一」就會走——頭大身輕，雙腳無力，顛顛簸簸，叫人萬分憐愛。那些被歸類做「𣍐行」的，就要忍耐到「晬七」了。

　　會…繪…：比較行爲能力有無的不同情態，例如，「會飲酒，威士忌二矸無礙；繪飲的，麥仔酒半杯道顛顛醉了。」　晬一…晬七：度晬後的第一、第七個月；度晬 [tō·-chè]，嬰仔生日的第一週年。

【03】

勢跋倒，勢大漢。

Gaû poa̍h-tó, gaû toā-hàn.

Gaū poā-tó, gaū toā-hàn.

因仔是跋大的？

　　舊時，父母或是阿媽阿公，給小兒孫加油的話。細囝學走路努力不懈，跌倒了，爬起來再走，如此反覆跌跌走走的！父母、公媽雖然心裏有些「唔甘」，但知這是細囝生存的必要掙扎，只好「勢跋倒，勢大漢」，不停地從旁鼓勵。

　　有一句可愛的相關語，說：「牛囝出世，十八跋。」剛出生的小牛囝，體軀奇重，使牠顛躓了那麼多次，而後才能站隱，才能走路。

　　勢…，勢…：越…越。表示二種行爲、能力之間的因果關聯，例如，「勢食飯，勢做工。」「嬰仔勢食勢睏，卡勢大漢。」　勢大漢：身體長高的速度快。　大漢：身體高度；高個子。例如，「伊有若 [loā] 大漢？」問他／她身高多少；「伊眞大漢！」說他／她身材高大。

【04】

一歲手裏抱，二歲土腳趖，三歲老母叫哀呵。

Chi̍t-hoè chhiú--nih phō, nn̄g-hoè thô·-kha sô,

　　saⁿ-hoè laū-bú kiò ai-o.

Chi̍t-hoè chhiú--nì phō, nn̄g-hoè thō·-kha sô,

　　saⁿ-hoè laū-bú kió aī-o.

逸出監視範圍！

形容小孩子一至三歲之間「活動」的不同情形：一歲的嬰兒，跟著媽媽的懷抱移動。二歲的幼囝，在床舖上、地板上爬行。到了三歲的時候，媽媽就要大聲「叫哀呵」了！正是俗語所說的：「囡仔會走，大人逐到咩咩吼。」

趖：（細囝、爬蟲）在地上爬行。 叫哀呵：叫苦連天也。 逐 [jiok]：追逐、緊跟（人、物之後）。 咩咩吼 [meh-meh-haú]：喘噓噓的，宛如台灣老山羊公 [iûⁿ-káng] 的咩咩叫。

爲甚麼「三歲老母叫哀呵」呢？因爲這時，小孩雖會走路，甚至也會爬上爬下，但還不認識什麼是危險。老母，任何帶小孩的人，都得時時要小孩在自己身邊的安全範圍內活動。

然而，台灣小孩健康活潑，宛如玉山小猴子，哪能「乖乖的」在限定範圍裏翻滾。可能的結果是看顧他／她的老母變成了「跟屁蟲」。小孩兒活動力強，連續幾個小時跟下來，老母平時腰酸背痛的毛病能不發作？可憐的老母啊，叫她如何是好？又能怎樣，只好頻頻「哀呵」來散發酸痛、疲倦。

游鍵至此，憶起28年前某日下午，筆者正在書房準備講章。忽然聽到三歲多的孩子立德緊急又宏亮的啼哭聲。馬上奔出，往聲源一看，膽裂心碎！孩子就站立在「新化教會」禮拜堂的屋頂上！旁邊站著一個七八歲的男孩。屋簷靠著一張工人沒帶走的竹梯。

我假裝鎮定，說：「蹲下來！蹲下來！爸爸上來抱。」

小孩就蹲坐在中脊上，待我接下。那一夜，孩子服了梁炳元醫師的藥，而後才能安眠。

每次憶及，餘悸猶存，虧咎未減！謝謝上帝保佑。

【05】

二歲乖，四歲睚，五歲上歹。

Nn̄g-hoè koai, sì-hoè gaî, gō·-hoè siōng-phaíⁿ.

Nn̄g-hoé koai, sí-hoé gaî, gō·-hoè siōng-phaíⁿ.

由順從到作譴。

　　用指一個健康小孩的性格，隨著身體發育而改變：二歲時乖乖，四歲時頑皮，到了五歲時，最不聽話。同義句有：「三歲乖，四歲睚，五歲押去刣。」

　　　　（*此二句見，121.02,03*）

【06】

囝仔三歲朝皮，五歲朝骨。

Gín-á saⁿ-hoè tiâu-phoê, gō·-hoè tiâu-kut.

Gin-á sāⁿ-hoè tiâu-phoê, gō·-hoè tiâu-kut.

及時養成小孩的好習慣。

　　斷言幼兒教育應該儘早開始，對於三歲大的小孩，影響已經及於「皮」相；五歲大的，則已經深及「骨」髓了。

　　　　（*本句另解，參看121.04*）

【07】

初來新娘，月內幼囝──奧款待。

Chho·-laî sin-niû, goe̍h-laī iù-kiáⁿ──oh khoán-thai.

Chhō·-laî sīn-niû, goē-laī iú-kiáⁿ──ó khoan-thai.

需要細心照顧。

　　斷言，還沒有滿月的小嬰孩，很難對待。這樣說莫不是要嬰孩的媽媽和家人，細心照顧軟綿綿的紅嬰仔。

（*首句注解，參看13.04*）

【08】

幼囝,無六月。

Iù-kiáⁿ, bô la̍k-goe̍h.

Iú-kiáⁿ, bō la̍k-goe̍h.

小心，不要著涼。

指出，雖然是炎熱的六月天，但對於小嬰孩的穿著是不能大意的，必要隨時注意，以免感冒。

為甚麼特指「六月」呢？因為咱台灣在農曆五、六、七月之中常有「西北雨」；尤其是台北，多的是午後陣風陣雨。這種乍雨乍晴，乍暖還寒的氣候，幼囝尚難適應，所以說小嬰孩「無六月」！

【09】

囡仔,頭燒耳熱應會。

Gín-á, thaû-sio hīⁿ-joa̍h èng-oē.

Gin-á, thaū-sio hīⁿ-joa̍h éng-ē.

小毛病，難免！

用來寬解年輕，沒有育兒經驗的父母。斷言，小孩身體偶而發冷發熱，感冒咳嗽之類的毛病難免。雖有安慰的意思，但不是「沒啥！」幼囝似花，必要隨時細心照顧。

應會：雖非必然，但難免發生（例如，疾病、事故、損失等，負面的一些代誌）。

【10】

頭一個照册飼,第二個照豬飼。

Thaû-chi̍t--ê chiàu-chheh chhī, tē-jī--ê chiàu-ti chhī.

Thaū-chi̍t--ê chiáu-chheh chhī, tē-jī--ê chiáu-ti chhī.

理論vs.實際。

　　用來調侃年輕的媽媽，笑她第二胎以後的育嬰，就不再按照書本的指導來做，而是用自己的經驗來養育小孩。

　　這句俗語用了兩個很有意思的表象：「照冊飼」和「照豬飼」。老先人心內嘀咕的是：前者，書呆氣燻房，孩子養得相當懦弱幼秀，名曰文彬；後者，鄉土味濃厚，孩子餵得非常健壯活潑，名叫武雄。

【11】

毋通龜照卵。

M̄-thang ku chiàu-nn̄g.

M̄-thāng ku chiáu-nn̄g.

放自然些！

　　父母養育小孩的根本大法。道出一層很重要的原理：照顧小孩不可「過份」呵護、溺愛；應該給他／她們多些自由生長的空間。用做例證的是「龜照卵」的自然法。

　　那麼，龜有什麼照蛋法？無法，無法！海龜只能在沙灘上挖洞生卵，然後蓋之以海沙，置之以不理，讓天地陰陽，生命之光，自然之氣來照顧孵化。吉時一到，小龜仔個個破殼而出，興奮地回應著海洋的呼喚，可愛地紛紛跳進萬頃碧波。

　　試想，要是龜母龜父大發慈心，日夜輪班孵卵的話，結果會怎樣？

　　照：看也，顧也、照顧。

【12】

做母，三年白賊。

Choè-bú, saⁿ-nî peh-chhat.

Choé-bú, sāⁿ-nî pē-chha̍t.

騙囝仔？

舊說。指出舊時教育細囝的方法之一：「白賊法」，非營利的哄騙術也！

母親這三年育嬰的白賊，眞是無奇不有，像什麼「食飯扒無清氣，會娶貓某。」(→17.24)等等一言難盡的「教訓」，都有公用程式可用。僅舉其普遍而著名的哄話，如：

　　「毋乖？賣去唐山，挖心肝！」(→17.42)——淸國時代。

　　「閣哭，大人[Tai-jîn]掠去灌水！」——日據時代。

　　「不乖？被抓去槍斃！」——蔣氏恐怖時期。

　　「敢不聽話？共匪打飛彈來炸死你！」——現代。

這些哄騙的特色都來自「恐怖的台灣史事件」，然後橫蠻地製成口號來恐嚇天眞的小孩。太不衛生了，大大殘害著台灣小孩的心靈！

看來，台灣父母要根本消除「白賊」教育，還得先有台灣整全的獨立，充分的民主自由！

【13】

食七分飽，穿七分燒。

Chia̍h chhit-hun pá, chhēng chhit-hun sio.

Chiā chhit-hūn pá, chhēng chhit-hūn sio.

衣食切勿過份。

指出養育小孩，日常應注意的要點：不可吃太飽，不可穿太多衣服。這是先人的經驗智慧，太飽有傷胃腸，導致肥胖超重；太暖身體流汗，容易招致感冒。同類句有：「脹豬肥，脹狗瘦，脹囝仔黃痠疸。」「豬賬大，狗脹壞，人賬飽則耐曝。」

燒：溫暖，這裏不指「燃燒」；例如，「今仔日加眞寒，出門著穿乎燒！」 脹[tiùⁿ]：吃得太飽，腸胃有飽脹的感覺。 黃痠疸[ñg-sng-tháng]：面黃肌瘦，酷似患了黃疸兼營養不良的症狀。壞[haī]：有害，生病也。 耐曝[naī-pha̍k]：在大太陽底下工作可維持較久的不疲倦，耐曬也。

「請勿給孩子們吃太飽！」這句俗語是對現代的台灣父母說的。因爲吃多了，跟兒童肥胖是有密切關聯的。雖小胖可愛，但大胖有礙健康。

據體育司長吳仁宇指出：目前我國國中小學生肥胖盛行率已達15％至20％，即約有600,000國中小學生是肥胖兒。同時，教育部也在國中小學開設「體重控制減肥班」。這二年來，該班都是供不應求。(→《自由時報》1999(4.4):10)

青少年肥胖，中老年人難免「發福」。看來，諸位父老兄弟姊妹，是應該起來大力推行「食七分飽」運動了！

【14】

好好鱟刣到屎流，婿婿囝育到臭頭。

Hó-hó haū thaî-kaù saí-laû,

　　suí-suí kiáⁿ io-kaù chhaù-thaû.

Ho-ho haū thaī-ká saí-laû,

　　sui-sui kiáⁿ iō-ká chhaú-thaû.

可憐，會生繪育！

舊時，用來譏刺不會照顧孩子的媽媽，她把一個健康又漂亮的孩子，養成一個臭頭囝。第一分句，喻指處理事物不得要領，把好東西弄壞了；譬喻是亂刀處理不了鱟魚。

句裏用「婿婿囝」變成「臭頭」來喻指這個老母很不會育囝，可

能衛生環境和衛浴設備都差，吃的東西也頗不新鮮的樣子，以致於孩子「生頭發尾」——可愛的孩子被「製造成」鄰里討厭的臭頭囝。哀哉，真慘！

　　婧婧囝：四肢健全，外貌清秀，給人印象良好的小孩。　臭頭：→11.47; 28.09。　生頭發尾：喻指上自頭，下至腳，瘡生處處。

　　現在台灣人的衛生常識相當發達，衛浴設備便利，說孩子要養到「臭頭」是頗不簡單的代誌！然而，當今父母面對的是更嚴重的所謂「偏差的小孩」問題，而這又不是每一個父母都有能力面對的。中研院教授吳齊殷指出：

　　　偏差小孩並不是來自單親或離婚家庭，而「不當教養」才是小孩出現偏差的主因…大部分家長不知如何教養小孩。

　　　研究調查台北市國中1400多位學生，三年之久。結果顯示，家長理解小孩的情形是：

　　　不清楚小孩每天行踪，5%；

　　　不清楚自己的小孩和誰在一起，11%；

　　　沒有和小孩討論生活事情的習慣，30%；

　　　太忙不能陪小孩，44%。

　　　當小孩做錯事的態度是：咆哮怒罵，46%；毆打，16%；皮帶鞭打，7%。更令人擔心的是，大部分家長根本不對小孩解釋處罰原因，暴力也因此成爲小孩用來解決問題的方法。」（→《自由時報》1999（4.26）:3）

　　鸞不會刨，沒啥；囝不會教養，問題就頗嚴重了！怎麼辦？——趕快收斂怒氣，放下皮帶，懺悔認罪；然後，乖乖的學些教女養兒的功課吧！

（第一分句詳解，參看「好好舒，刣到屎流。」434.25❶）

【15】

十月懷胎，三年奶哺。

Cha̍p-goe̍h hoâi-thai, saⁿ-nî leng-pó·.

Cha̍p-goē hoāi-thai, sāⁿ-nî lēng-pó·.

阿母，感謝妳！

　　用來形容母親養育孩子的辛勞。懷孕十個月之久，接著嬰孩誕生之後的第三天開始，就要一連給細囝哺乳三年！

　　爲了注釋這句美妙的「三年奶哺」，我以感恩和歡欣的心情不惜「獻醜」，現身說諺！

　　五十餘年前，某日。我剛吃飽母乳，阿母抱我坐在她膝上，問我：

　　「你敢愛[kám-aì]去讀幼稚園？」

　　「愛啦！」我毫不遲疑地回答。

　　「唔久[m̄-kú]……幼稚園的囝仔攏無人吃奶哦……要安怎？」

　　「也獪曉轉來吮吮咧，則閣去。」

　　「傷遠[siuⁿ-hng]啦！…嬤[maì]食奶，來食別項，敢唔好？」

　　「有啥通好食？」

　　「有哦！眞濟項，親像……啊！我知，你上愛食炸粿[chìⁿ-koé]…」

　　「著，著！有包蚵仔彼款的。」想到熱騰騰的蚵仔炸粿就要流口水。

　　「好，安呢決定。食蚵仔炸粿，嬤閣吮奶！」

　　母子商定之後，即日實施。故鄉溪湖名點「蚵仔炸粿」從此代替母乳。在我上幼稚園前夕，順利結束慈母的「五年奶哺」──先慈那年四十有六。

【16】

囡仔屎，放膾了。

Gín-á-saí, pàng boē-liáu.

Gin-á-saí, páng bē-liáu.

收不到上級命令啦！

　　用來形容養育小孩的麻煩和辛勞。句子說的是，細囡在二歲半以前，大腦還沒有下達命令給括約肌來控制便溺，所以說「囡仔屎，放膾了」；其實，拉的次數並非「膾了」，約有六至八次。在正常養育和發育之下，到了三歲時，應該都會控制。

　　說的，比做的輕鬆！一天七、八次清理屎尿，換尿布，洗屁股，豈是好玩的工課[khang-khoè]？

【17】

唔是屎就是尿，唔是吼就是笑。

M̄-sī saí chiū-sī jiō, m̄-sī haú chiū-sī chhiò.

M̄-sī saí chiū-sī jiō, m̄-sī haú chiū-sī chhiò.

所謂抔屎搦尿。

　　用法類似上一句。指的是二歲半以前的小孩，大小便不會控制，媽媽總有收拾不完的黃金水銀。處理細囡屎尿，不僅是麻煩，也是「很髒」的代誌；因此，「抔屎搦尿」成爲感念「慈」愛的成語。

　　嬰孩的笑臉是天下最美妙的，那麼眞純，那麼滿足，妥當地回應著慈愛、溫暖的愛惜。嬰仔的哭泣令人震驚和憐惜，大吼大

叫，盡力抗議違反生命和生存法則的一切；直率地要求關愛、照顧、健康、歡喜。

「唔是屎就是尿，唔是吼就是笑！」雖是辛勞的，「髒髒的」，卻是最能經驗已經墮落的真善美的一種活動。何樂而不生囝？生一、二個，賴好你敢知？

唔是…就是…：重要的台語句型，意思是：非此，即彼；不是甲，就是乙。例如，「查某囡仔上愛吃蜜餞，唔是鳳梨膏，就是李仔鹹。」　抔屎搦尿[mi-saí la̍k-jiō]：赤手處理細囝的屎尿。　賴好你敢知？[loā-hó lí kam-chai]：多麼美妙，知道嗎？

【18】
講話精霸霸，放屎糊蚊罩。

Kóng-oē cheng pà-pà, pàng-saí kô͘ báng-taù.

Kong-oē chēng pá-pà, páng-saí kō͘ báng-taù.

言語行動不一的年紀！

用法相似於上一句。小孩到了四五歲的時候，雖然很會講話，但開始變得相當頑皮，有時刁得令人生氣。為甚麼？這時，孩子雖然像隻聒噪的牛蛙，但偶爾會「泄屎」，控制不了，也就「放屎糊蚊罩」了。

看來，老先人並不因為小孩這種「糊蚊罩」的事就心灰意冷，而卻表現那麼「幸福感」，多麼集中精神來欣賞他／她們的「講話精霸霸」！

精霸霸：(思想、言語的能力)相當靈敏、順暢、直率，有時出乎意外的單純又美麗的表現法。

快樂的父母喜歡回憶「講話精霸霸」，隱忍、忘懷「糊蚊罩」的往事。是的，這樣才好！彭翠美的「童言」，有一段很美的描述：

女兒的論點常叫我哭笑不得，但又不時對她那神奇的腦袋驚嘆不已！

記得她三歲時，每晚講完故事入睡前，總會說：「等太陽出來的時候…你們再叫我起來！」每每想到她這句話，都會心生憐惜。……

小姊弟倆撒嬌時最愛撲到我的懷裏。大女兒說：「媽咪，我愛妳！」兒則跟著說：「啊咪，愛妳！」後兩字倒是說得字正腔圓，逗得老媽喜孜孜、樂陶淘！（《中央日報》1994(12.15):8）

孩子講話精霸霸，像彩虹那麼短暫。父母應該知所珍惜「無忌童言」，細心聆聽，用心欣賞！——別忘了錄下音影！

【19】

清氣小姑，碗蓋屎。

Chheng-khì sio-ko·, oáⁿ khàm-saí.

Chhēng-khí sio-ko·, oáⁿ khám-saí.

遮羞新法。

用法有二：一、形容初為人母，「潔身自愛」，要逃避臭屎而不可得——哪個媽媽能不接觸嬰孩的屎尿？二、調侃「抔屎搦尿」的媽媽；原來人家當小姐的時候擔任「衛生課長」，每次看到糞便都是如見惡鬼的。

背景：有一位嫂嫂，到小姑的家做客。一進客廳，就聞到一股兒便香味。見地板上一攤尿水，中間卻蓋著一個飯碗。嫂嫂看在眼裏，不好意思點破。

但小姑卻忙著解釋，說：「抱歉，抱歉！阿雄剛打翻了一碗

飯，來不及收拾呢！」

據悉，這位小姑曾以潔癖聞名鄉里。在嫂嫂面前一時難以放下身段，來實踐媽媽清理屎尿的工作。

嫂嫂一回來，興奮地將這一則新聞報導給隔壁的大妗婆。二個鐘頭之後，整個大肚村流傳著：「清氣小姑，碗蓋屎！」

【20】

俗囝半眠，飼囝半飽。

Kah-kiáⁿ poàⁿ-bîn, chhī-kiáⁿ poàⁿ-pá.

Ká-kiáⁿ poáⁿ-bîn, chhī-kiáⁿ poáⁿ-pá.

一切都為了細囝。

用來形容養育小孩的緊張，事事以細囝的安全、健康、舒服為優先。句裏是用「半眠」和「半飽」來表現媽媽的辛勞。

原來，舊時極多數台灣人的媽媽和小嬰孩睡在一起。嬰孩不睡，母親哪敢合眼，怎能安眠？媽媽隨時都會醒來看顧嬰孩的。小孩，到了會吃飯的時候，得花個大半天來餵食；等到他／她吃飽之後，才隨便吃些冷飯菜來果腹。

俗囝：意指母親乳養細囝；俗，字面義是與、和、帶。　半眠…半飽：睡不成睡，難得安眠；吃不成吃，沒有時間享受。

（比較，「憑囝食，憑囝眠，憑囝領雙份。」31.38）

【21】

豬仔囝會上槽，豬母食屎無。

Ti-á-kiáⁿ oē chiūⁿ-chô, ti-bú chiah-saí bô.

Tī-a-kiáⁿ ē chiūⁿ-chô, tī-bú chia-saí bô.

好料的，都被吃光了？

用來揭示舊時老母營養不良的秘密。媽媽養大了幾個小孩，

他／她們高高興興地自己吃飯，胃口總是好得出奇，爭先恐後衝刺，菜飯一掃而空。老母有啥可吃？

　　這句俗語用了農家養豬的一種景像為譬喻：母豬把嬰豬養大，一群飢腸轆轆的小豬，一看主人把潘倒進食槽，馬上爭相「上槽」吃潘，吱吱雜雜，吃個淨盡，豬媽媽只好眼巴巴地餓肚了。

　　會上槽：小豬斷奶，自己會就槽吃潘。　　**食屎無**：喻指沒有東西吃，連屎都沒得吃——豬不是狗，不吃屎！

【22】

一塊紅紅，顧到成人。

Chit--teh âng-âng, kò˙--kah chiâⁿ-lâng.

Chit--teh āng-āng, kó˙--ká chiāⁿ-lâng.

紅嬰仔大漢了！

　　養育細団是千辛萬苦的大工程，由軟弱的紅嬰仔，養育照顧到大漢。

　　句裏的「一塊紅紅」係指初生嬰兒，如此描繪是畢卡索一派的抽象表現法：五官不顯，軀體細小，軟弱的一團生命。而「顧到成人」，則頗有我國濃厚的田園氣息：織女已經婷婷玉立，牧童活潑又多情。

　　多美的俗語啊！如此描畫嬰孩長大成人。

【23】

一男一女一枝花，一男二女受拖磨。

It-lâm it-lú it-ki-hoa, it-lâm jī-lú siū thoa-boâ.

It-lâm it-lú it-kī-hoa, it-lân jī-lú siū thoā-boâ.

一陰一陽好乾坤！

　　斷言，老母不能生養三個以上的子女，那是勞累艱難的重擔。最理想的是「一男一女」，旣有兒女叫「媽媽」，也有機會當少年「大家」和「丈姆」。

　　背景：蔣介石及其軍隊撤退來台以後，用反攻大陸需要兵源爲理由，鼓勵婦女多生小兵。到了六十年代，蔣夢麟主持農復會，洞察蔣政權這項錯誤又危險的政策。大膽提倡「節育」，拋出「一男一女，恰恰好」的口號。

　　那時蔣夢麟受到保守派人士惡毒又猛烈的圍剿，加之以「共匪」一類的罪狀。但蔣夢麟博士深信台灣人節育是正確的主張，是救台灣的必要措施。他回應「殺蔣夢麟以謝國人！」大聲說，如果我的主張錯了，我寧可被殺頭，那麼至少可以減少一個人。幸虧，他說服了蔣宋美齡，得到她的支持，由農復會成功地推動家庭計劃。

　　今年十月是世界人口「六十億年」，我國尚能維持現有的人口數，無疑的是當年實施「一男一女，一枝花」運動的佳果。相對的，中國在六十年代，前北大校長馬寅初也提出節育，但在毛澤東的「人多好辦事」定調之下被鬥倒鬥臭。如今，中國人口壓力太大，實施嚴酷的「一胎化政策」，可說是自吃迫害先知的惡果！❷

　　（參看，「男人三十一枝花，女人三十老人家。」112.04）

【24】

生一個囝，落九枝花；魯一個囝，剝九領皮。

Siⁿ chı̍t-ê kiáⁿ, lak kaú-ki hoe;

　　ló· chı̍t-ê kiáⁿ, pak kaú-niá phoê.

Sīⁿ chı̍t-ē kiáⁿ, lak kau-kī hoe;

　　ló· chı̍t-ē kiáⁿ, pak kau-nia phoê.

「老母」的真像。

斷言，女人生男育女極容易衰老。用來譬喻的是：凋謝飄零的花瓣和皮包骨的老病婦。

本句用的是對偶正對修辭式：「生一個囝」對「魯一個囝」，而結果同樣災情嚴重，前者「落九枝花」，後者「落九領皮。」

落九枝花：媽媽像花欉，而花蕊有限，生一子凋落一朵花，怎會不是個「老母」呢？ 魯：（需要付出大量精神力和體力的）照顧、養育細囝。 剝九領皮：瘦骨嶙峋也，肌肉油脂已經化做「魯囝」的能量了。

【25】

鷄母炁囝會輕鬆，鷄公炁囝會拖帆。

Ke-bú chhoā-kiáⁿ oē khin-sang,

　　ke-kang chhoā-kiáⁿ oē thoā-phâng.

Kē-bú chhoā-kiáⁿ ē khīn-sang,

　　kē-kang chhoā-kiáⁿ ē thoā-phâng.

母的厲害在此！

斷言，母親養育孩子，勝任愉快；父親笨手笨腳，養起孩子，雙方都覺得不對勁。此一偉大發現，是老智者詳細觀察「賢母鷄」之養子有方，「笨公鷄」之育兒不行，所披露的妙論也。

顯然本句是以舊時台灣福佬人「男外女內」社會結構為背景。而客家人則採取「女外男內」的風俗；如此，非客家弟兄就可誇口：「鷄公炁囝會輕鬆」囉！總之，炁囝之輕鬆，之拖帆是後天的、社會的、文化的代誌。——父權主義者，千萬不可據以相信：女人的神聖責任儘在輕鬆生囝炁囝。

其實，有良心的台灣人早就說過：「生一個囝，落九枝花；

魯一個囝，落九領皮！」(→.24)請教咧，老母育囝焉囝真的會輕鬆嗎？

　　育囝：養育照顧小孩；焉，帶頭、引導。　　拖帆：(做事)零零落落，笨手笨腳，難以週全。

　　這句古諺的時代背景已經遠逝。但當前情勢殊異，因離婚、喪偶、未婚生子、重婚、分居等原因，產生了許多單親家庭——許多鷄母、鷄父沈重地拖帆！不論母代父職，父代母職或兄姊代父母職，都需要剛強的體魄，志在帶小孩迎向光明。

　　我國成立「單親兒中途之家」時，工作人員唱出「向日葵的花季」來鼓勵所有單親家長。歌詞感人肺腑：

> 孩子請聽母親的低語
> 當婚姻愛情不再美麗
> 當一切回憶都已過去
> 我還有你
> 追逐生命的奇蹟
> 追逐生活的歡愉
> 當愛在延續心中感激
> 你看向日葵的孩子堅強獨立
> 你們總向有陽光的一邊去
> ……
> 放開心中的愛
> 在我身邊你會想起那次相聚
> 那一個向日葵的花季　(→《中央日報》1999(5.3):7)

　　人，沒有終生的「拖帆人」，也沒有一世的「坐船客」。順

風、逆風，隨波、衝浪各有其時。致意慈光引導，觀星定向，洞識海流，把穩帆舵，遠瞻可能入帆的港口彼岸。

【26】

通無父，吥通無母。

Thang bô-pē, m̄-thang bô-bú.

Thāng bō-pē, m̄-thāng bō-bú.

母親是孩子的生命！

用指孩子小時候依靠母親的程度，遠勝過依賴父親。這層意思，先人說得很絕，但很實在：無父，沒啥；無母，大大不可！

為甚麼？這句俗語沒有交代，但心理學家早就看到這項事實。記得奧國心理分析大師Erich Fromm說過這樣的話：「母親對孩子而言，是生命和愛，而父親是定向(orientation)。」

母親對子女為恆常而永久的影響，自無疑問。但父親為子女的定向則有商榷的餘地。因為父子間的時空和世界，同質的、重疊的部分不多，父之為「定向」，是相當漂泊不確定的。父子間若能留有一絲絲感情的「意向」，就非常稀罕又寶貴的了！

【27】

生囝師仔，飼囝師傅。

Siⁿ-kiáⁿ sai-á, chhī-kiáⁿ sai-hū.

Sīⁿ-kiaⁿ saī-á, chhī-kiaⁿ saī-hū.

飼囝事大。

斷言，女人要煞過臨盆陣痛這一關雖然不容易，但是要將所生的孩子養育成人成器，才是真正困難，要真功夫，大本事！

師仔…師傅：用指能力、程度的比對，例如：學生…老師；粗淺…高強；初級…高級；簡單…困難。　飼囝：養育子女。

　　那麼，「飼囡師傅」到底要具備什麼樣的功夫，什麼樣的態度呢？這雖是一言難盡的問題，但有一首育囡歌可以窺見舊時養育「查某囡」辛苦的一斑：

一歲二歲手裏抱 [Chi̍t-hoè nn̄g-hoè chhiú--nih phō]，
三歲四歲土腳趖 [saⁿ-hoè sì-hoè thô·-kha sô]。
五歲六歲漸漸大 [Gō·-hoè la̍k-hoè chiām-chiām toā]，
有時頭燒閣耳熱 [ū-sî thaû-sio koh hīⁿ-joa̍h]。
七歲八歲真勢吵 [Chhit-hoè peh-hoè chin-gaû chhá]，
一旦顧伊二枝腳 [it-tàn kò·-i nn̄g-ki kha]。
九歲十歲教針黹 [Kaú-hoè cha̍p-hoè kà chiam-chí]，
驚伊四界去庚絲 [kiaⁿ--i sì-kè khì kiⁿ-si]。
十一十二著拍罵 [Cha̍p-it chap-jī tio̍h phah-mē]，
教伊合人學做衫 [kà--i kah-lâng o̍h chò-saⁿ]。
十三十四學煮菜 [Cha̍p-saⁿ cha̍p-sì o̍h chú-chhaí]，
一塊桌面辦會來 [chi̍t-tè toh-bīn pān oē-laî]。
十五十六要轉大 [Cha̍p-gō· cha̍p-la̍k tńg-toā-lâng]，
驚伊合人去風花 [kiaⁿ--i kah-lâng khì hong-hoa]。
十七十八做親成 [Cha̍p-chhit cha̍p-peh chò chhin-chiaⁿ]，
一半歡喜一半驚 [chi̍t-poàⁿ hoaⁿ-hí chi̍t-poàⁿ kiaⁿ]。

　　　　（《中央日報》1994(11.14):4）

　　對比來看，現代台灣人養育子女，在精神上、經濟上的負擔是比舊時百倍沈重。煩惱交通、治安、升學、交友、婚姻、工作、職業、風颱、地震、土石流、毒物、放射線污染，還有中國侵吞。此外，又得煩惱教育費：有人算過，從五歲到完成留學，

至少需要八百萬元。這還不包括補習和才藝訓練費用。(→《自由時報》1997(12.4):44)

怎麼辦?安啦!我國窮子弟攻得國內外博士學位的,多多有也!君不聞,「一枝草,一點露!」(→114.03-04)

【28】

臭嘴去,芳嘴來。

Chhaù-chhuì khì, phang-chhuì laî.

Chhaú-chhuì khì, phāng-chhuì laî.

肉包vs.爛牙。

舊時,老父母用做白巫咒語❸,以為驅除嬰仔的臭嘴。那是,做「度晬」時,用祭拜祖先的「包仔」,向度晬嬰仔的嘴巴擦一擦,同時唸唸有詞:「臭嘴去,芳嘴來!」然後,這個包子丟給狗吃。❹咸信,如此嬰孩的臭嘴巴馬上變得萬分芳香。

可憐,巫術、迷信發達的人民!相信肉包拭嘴,而不知刷牙,不知口腔衛生,不知有牙科醫學。先人如此擦擦擦擦,擦到1875年,才有基督教的宣教師馬偕由加拿大來台北給台灣人拔爛牙,醫臭嘴──那年,被馬偕拔掉680顆蛀齒;三年後,再拔掉1426顆。❺

游鍵至此,不覺兩眼淹水!憶起六十年代,在國校大門前,看郎中免費拔牙賣藥,一夜拔掉了四、五十顆壞牙齒的場面。螢幕也映出開口就見犬牙交錯的、無牙的、齲齒的、金牙的、鐵齒的,還有寥寥幾顆動搖的黃牙、黑牙的父老兄弟姊妹。啊,多麼荒謬的「臭嘴去,芳嘴來!」醫生說:「一立方毫米牙菌斑,可有一億細菌!」

怎樣?台灣人談心靈改革,不拋棄呼風喚雨「急急如律令」

一類的巫術心態，行嗎？說「行！」也可以。只怕不僅口臭牙爛，更可怕的是心硬腦死，被人插上一面紅色招魂幡也不悔悟！

【29】

貫豬哥耳。

Kǹg ti-ko hīⁿ.

Kńg tī-kō hīⁿ.

跑不掉囉？

　　舊時，老父母用做白巫咒術。曩時，若有小男孩在發育過程中常常生病，孩子長得皮包骨的。這時，村裏九嬸婆一類的老人就熱心的要父母給這個小男孩「貫耳」，然後用一條紅線洞穿打結。

　　這樣做的話，據說惡鬼再也不要找這個孩子麻煩，因爲他變得「不男不女」，是個「賤人」，不配鬼神來作弄他。

　　貫：貫穿、貫通、通過。　豬哥：種豬，專門養來配種的公豬
(→325.21)。

【30】

扭耳，食百二。

Giú-hīⁿ, chia̍h pah-jī.

Giu-hīⁿ, chiā pá-jī.

扭耳vs.飛彈。

　　舊時，老父母用做白巫咒語。用來給小孩子鎮驚，當他／她們跌倒，受到驚嚇時，父母拉起孩子，一邊拉拉那個孩子的耳朵，一邊唸唸有詞：「免驚，免驚！扭耳，食百二！」俗信如此收驚，孩子也就平安了——「食百二」，匯給這個孩子被驚嚇奪減的壽數，如此兒命可保。

另有不必扭耳，單唸「咒語」的鎮驚諺：「一二三四，囝仔人跌倒無代誌。」如此這般，我們台灣人應該勤練「扭耳」囉？不但九二一大震，無驚；就是中國的飛彈、中子彈打來，更加免驚！

啊，難道台灣人是生爲「著驚」的民族？沒有免於驚嚇的意願和自尊嗎？難道要執迷不悟於「扭耳」的技倆來自欺！

（參看，「一二三四，囝仔人落水無代誌。」17.35）

【31】

企齊齊，發齊齊。

Khiā chê-chê, hoat chê-chê.

Khiā chê-chê, hoat chê-chê.

爲甚麼立正？

舊時，老父母用做白巫咒語。這句話用來處置孩子乳齒；脫落之後，上排的乳齒必須投入床下，而下排的，就必須拋上屋頂。這時，孩子必須雙腳立正，一邊唸「企齊齊，發齊齊」，一邊拋投脫落的乳齒。

【32】

食土，快大模。

Chiȧh-thô͘, khoài toā-bô͘.

Chiā-thô͘, khoái toā-bô͘.

原始的強壯劑。

老阿媽用來鼓勵跌倒的小孫仔。看到他／她跌疼了，吃了滿滿一口沙土，拉他／她一把之外，就說：「食土，快大模。」——沒關係，多吃些塵土，才會快快的長大成人。

快大模：快速地長高長大，快大漢也。

【33】

細腳一雙，目屎一甕。

Sè-kha chı̍t-siang, ba̍k-saí chı̍t-àng.

Sé-kha chı̍t-siang, ba̍k-saí chı̍t-àng.

廢她雙足！

　　用來形容舊時小女孩「纏足」的痛苦。老母爲要給小女孩縛成一雙小腳，可憐的乖查某囝被整得死去活來，淚流滿一甕又一甕，又滿一甕！

　　爲甚麼父母如此橫心「虐待」乖查某囝呢？簡單一句，惡質唐山文化傳統教授的「細腳是娘，大腳是嫺」的惡俗作祟──「娘嫺之辨」在搞鬼！

　　細腳：纏成了的小腳，所謂的「三寸金蓮」。　目屎一甕：形容萬分痛苦，淚流不盡；甕，拿拔形狀，陶瓷材質的容器，舊時用來盛米，裝酒；大小有三斗，有五斗米甕。　娘…嫺：夫人…婢女。　大腳：自然健康的雙腳，天足也。

　　背景：台灣漢人婦女直到天足運動以前，中流以上的家庭，女孩都要纏足。但客家和原住民婦女例外，因爲她們要參加家庭的勞動生產。

　　纏足是凌辱女人的唐山惡習，源自南唐帝王淫穢的後宮。奇怪的是，到了康熙三年明令嚴禁，違者處以重刑，但漢人卻以瘋狂的纏足做回應，四年後禮部只得奏廢成命。傲慢昏庸的漢人，用殘廢女人肢體來「反淸」，眞是曠世最混蛋歹事！

　　纏足是如何進行的呢？按著名台灣民俗學家，日人片岡巖《台灣風俗誌》一書所載：

　　纏足的方法分二期，女子四、五歲時，將第二趾以下緊縛屈曲在蹠面，給她穿「尖腳鞋」，這是纏足的初步。至七、八歲時，擇日由母親親自加強緊縛，使舶狀骨脫臼，然後寬約十公分的白布(腳帛)，如纏綳帶一般繫纏全足，上面再穿弓鞋。

　　最初每日解腳帛洗足一、二次，並散佈明礬粉再纏縛，如此一次再一次加強緊縮，致使腳踝腐爛，痛苦異常，終日悲哭。畸形足趾未癒前無法步行，因爲變形的結果不能做正常的步行，爲了支持身體重量，不得不以足踵尖端的小面與拇趾蹠面平均運步。❻

　　易言之，纏足是強行折斷小女孩的舶狀骨，緊束壞死腳踝肌肉，使之腐爛消化，再加強力綁緊，結果製成腳跟幾乎和拇趾相連弓起的肉瘤。往事眞是不堪回首，愚昧的文化是人民的魔咒！

　　台灣解放纏足的先鋒，不是鄭成功，不是淸國的台灣漢人士紳，不是日本人，而是1886年(光緒12年)在台南開設的長老教「女學」校。❼

　　(參看，「要嫁，則縛腳。」322.10)

【34】

會食則會大，會哭則會活。

Ē-chiȧh chiah-oē toā, oē-khaù chiah-oē oȧh.

Ē-chiā chiah-ē toā, ē-khaù chiah-ē oā.

健康的生命現象。

　　斷言，小孩子食慾旺盛，很會吃飯的，會長得健康又快速；那生下來會哭的嬰孩，才能存活。

　　這句俗語的「會哭則會活」不難了解，至於「會食則會大」則

是話中有話，含蘊父母對兒女的慈愛，和下一句「…飼囝無論飯」(.35)有異曲同工之妙。

　　不過，賢父母應該避免孩子吃到解放褲帶！當記得「脹豬肥，脹狗瘦，脹囡仔黃瘦疸」(→.13*)的古訓；即使不見得會「黃瘦疸」，反而會變成「小巨人」，對孩子可能頗不方便，對於健康也沒有什麼益處。

【35】

飼鷄無論糠，飼囝無論飯。

Chhī-ke bô-lūn khng, chhī-kiáⁿ bô-lūn pñg.

Chhī-ke bō-lūn khng, chhī-kiáⁿ bō-lūn pñg.

會食則會大。

　　用來形容父母疼愛孩子的心意和養育孩子的態度。怕的是孩子們吃不下飯，哪有計較一餐吃幾碗飯的。這句俗語，有另外加上一個尾巴的：「飼鷄無論糠，飼囝無論飯，飼父母算頓。」

　　本句用的是對偶正對式修辭法，「飼鷄」和「飼囝」兩兩相對，而「無論糠」和「無論飯」都是積極地鼓勵鷄仔和囡仔「盡量吃」，雖然動機和目的有天淵之別。

　　飼鷄無論糠：舊時農家養幾隻鷄來撿小孩散落桌下的飯粒菜餚，或收拾三餐剩餘的食物；多養幾隻的話，主人就得加米糠爲飼料了。主人是務實主義的信徒，鷄吃他幾斤糠，就得還他幾斤肉。

　　（參看，「飼囝無論飯，飼父母算頓。」11.56）

【36】

有的，苦囝呣食；無的，驚囝大食。

Ū--ê, khó·-kiáⁿ m̄-chiah; bô--ê, kiaⁿ-kiáⁿ toā-chiah.

Ū--ê, kho·-kiáⁿ m̄-chiā; bô--ê, kiāⁿ-kiáⁿ toā-chiā.

一樣心，二樣情。

　　斷言天下父母心，誰都疼愛自己的孩子。但富裕人家，父母掛心的是孩子吃不下山珍海味；貧窮的，連僅有的粗飯淡菜也怕孩子胃口大開，不夠他／她們吃飽。

　　這句俗語用的是對偶反對式手法，對襯出父母一樣的愛，只因爲「有的」和「無的」經濟能力有差別，產生了「苦囝呣食」和「驚囝大食」兩種不同態度。

　　人間充滿許多矛盾，許多無可奈何的事！願天下父母，給孩子有吃不完的糧食，喝不盡的淨水。那「無能」實現的意願，也不至於被「限制」淘空洗盡。

【37】

屘囝，食卡有奶。

Ban-kiáⁿ, chiah khah-ū leng.

Bān-kiáⁿ, chiā khá-ū leng.

母疼尾囝。

　　斷言，老母比較寵愛么兒。

　　句裏的「食卡有奶」是一種譬喻，表示得到較多的愛惜，並不實指「吃乳較多」。筆者「五年奶哺」的經驗是，「思奶[sai-nai]」的感情多於吃奶的實際需要。美哉，那充分享受母乳的孩子有福了！母乳是恩寵，是奧妙。❽

　　雖然上帝賜給新生兒珍貴的母乳，但我國母乳的哺育率一直很不理想。爲了推廣，苗栗縣護理督導員戴世娟，做了一首很感人的帶動唱「母乳哺育歌」，調寄「月下對口」。歌詞是這樣的：

　　　天下的父母愛呀，

從給我親情來！

您餵我，喝母奶，

母愛更加源源來。

在媽媽的懷裏呀，

溫暖又實在，

母奶營養、衛生好，

是我的最愛，是我的最愛！（《自由時報》1997(3.25):11）

　　反覆唸了七、八遍，極受感動，激起那熄滅已久的「思奶」——如果我是媽媽，一定給紅嬰仔吃我的乳汁，最短也要三年又四個月。

　　（詳解參看，「娘，惜細囝。」11.32）

【38】

孤鷄，唔食米。

Ko·-ke, m̄-chiảh bí.

Kō·-ke, m̄-chiā bí.

人多飯香。

　　喻指獨生子女胃口都不會很好，宛如一隻孤零零的小鷄，因爲沒有迫切的「生存競爭」，養尊處優慣了，好料當前也不當做一回事。

　　也許我們都經驗過，和親朋好友一起吃飯、吃東西，會吃得很開心。因爲開心，就是粗飯淡菜，平常無奇的小點心，滋味也都變成非常美好，難免吃到解放褲帶。

【39】

豬唔大，大對狗去。

Ti m̄-toā, toā-tuì kaú khì.

Ti m̄-toā, toā-tuí kaú khì.

押錯了注？

　　舊時，用指應該長進的孩子，卻不爭氣；沒有寄以厚望的，卻反而非常傑出。在那重男輕女的時代，句裏的豬和狗係指後生和查某囝，反映著先人的偏執愚昧。同類句有：「瘦狗，卸主人〔siah chú-lâng〕。」──主人好丟臉哦！

　　本句，借喻農家養豬和養犬。養豬要賣肉賺錢，主人不惜血本，能吃多少，就餵多少，反正會吃才會大。誰知，這些大吃好料的肉豬們，何等的忘恩負義，隻隻吃得瘦骨嶙峋。但見那隻看門犬，好吃懶睡，犬腹垂地，大如神豬。

【40】

三歲拍母，母歡喜；三十歲拍母，母氣死。

Saⁿ-hoè phah-bú, bú hoaⁿ-hí, saⁿ-cha̍p-hoè phah-bú,
　　bú khì-sí.

Sāⁿ-hoè phá-bú, bú hoāⁿ-hí, sāⁿ-cha̍p-hoè phá-bú,
　　bú khì-sì.

子不教，氣死難免。

　　用來形容序大人的失望。三歲小孩打媽媽，說是孩子聰明可愛；三十歲後生忤逆老母，老母不堪辱而被氣死。

　　此二「打」之差別毋庸贅言。從育兒的觀點而質問：「三歲拍母」，媽媽該覺得高興嗎？為甚麼不改變細囝的「打」為「親親」，為「摸摸」呢？真的要打，也好，給他一個小皮球吧！趁孩子還小，就該教他不可打人。幼不教，等到「三十歲拍母」時，再來懊惱，再來氣死，未免悔之晚矣！

【41】

細漢煩惱伊未大，大漢煩惱伊未娶。

Sè-hàn hoân-ló i boē-toā, toā-hàn hoân-ló i boē-chhoā.

Sé-hàn hoān-lo ī boē-toā, toā-hàn hoān-lo ī boē-chhoā.

永遠的關懷！

　　斷言父母總是深刻關懷孩子的一切：小時候，掛心他／她們身心的發育和健康；長大了又爲他／她們的婚事操心。句裏的「未大」和「未娶」，反映著舊時農業社會父母的心事。

　　台灣現代父母操煩的名目可多了。考試、升學是台灣父母長久的煩惱；同居不婚、混性雜交、感染愛滋又是另一類新煩惱；豺狼匪徒要人、要錢、要命的煩惱；公司倒閉、裁員、轉業、失業的操煩；一個月之中12999次地震餘震的掛心。煩惱又煩惱，大大超過「大」和「娶」的煩惱！

　　然而，父母不能只有煩惱，那是太消極了！應該更積極的來看現代世界，看現代的台灣社會：危機這麼多，契機也是那麼多！孩子們的複雜世界，就是他／她們多采多姿的活動和生活的園地！現代的孩子有誰願意活在「日出而作，日入而息，鑿井而飲，耕田而食」(《擊壤歌》)的世界？

　　安啦！孩子年輕就是本錢！父母對於他／她們最珍貴的心願，不是煩惱，而是充滿希望的祝福和虔誠的代禱。

【42】

飼到大，無飼到老。

Chhī--kaù toā, bô chhī--kaù laū.

Chhī--kah toā, bō chhī--kah laū.

願望的緊張。

　　指出父母疼愛子女的祈願和限制。對一般人而言，養育兒女成人已經是相當艱難的事，若說子女的「養老」也要父母負責，那真是太可憐了。

　　為甚麼？一般情形都是烏髮送白髮，父母養子女一生的可能性比較少。若是有的話，大概是孩子有了嚴重的心身殘障；不然就是不務正業，終身依賴父母支持。

　　「飼到大」一定是喜事，「飼到老」可能是悲劇。雖然父母有永遠的慈愛，但他／她也有無法超越的許多限制。啊，獨立自強，最爽，最讚！

【43】

望子成龍，望女成凰。

Bāng chú sêng-liông, bāng lú sêng-hông.

Bāng chú sêng-liông, bāng lú sēng-hōng.

只有期許，不能失望。

　　斷言，父母養育子女，對於他／她們的發展和成就都有某一種美好的、高貴的想像和期待。這種「看好」的內容雖然極為複雜，但先人用「龍」和「凰」來做為後生和查某囝的表徵——凰，雌鳳也。

　　我們知道，「龍、凰」是專制帝王時代的價值表象。平民誰敢說要當老「龍」，不抄家滅族才怪；成「凰」嗎？被監禁在昏君後庭，淪為玩具，諒非一般父母所願意。而實際上，所謂的「成龍成凰」，大多數人也只能做到「攀龍附鳳」，當跟班，跑龍套——看當今恐龍的傳人，還不是專制獨裁者的馬前卒。

　　現代父母，若是非得套用這句名諺不可，非用「龍啊凰啊」來寄託希望不行，也應該從專制傲慢的文化釋放龍凰，恢復這兩

種「靈物」原有的象徵意義和內涵才好。那會是什麼？豐富得很，我們僅強調：

龍，來去自如，是獨立的、民主的、能力的象徵。《易經》乾卦載：「用九。見群龍無首。吉」不是暴君之邦，而是自由平等，共存大吉的國家。又載：「雲行雨施，品物流行。」象徵著造福人類的能力，不是吸食民脂民膏的恐龍。龍這種民主的、博愛的、能力的性格，才是現時台灣的父母「成龍」的期許吧！

鳳，秀外慧中，是道德的、和平的、藝術的記號。《山海經》描繪鳳凰，五采而文，表徵仁信禮義；她飲食自然，能歌善舞，于飛於梧桐綠野，是滿有才能和創意的藝術家！如此期許祝福乖查某囝「成鳳」，該是今之台灣父母的心願吧！

諸位年輕的台灣父母，請多多加油！給我國，給世界多養育幾隻二十一世紀的「自由龍」和「文明鳳」吧！恭敬呼籲，誠心祈願。善哉，阿們！

注釋

1. 抱歉！434.25有誤，「好好鱉…」句裏，以「鱉」為是。
2. 參看，胡文輝，「劫灰飛盡古今平」《自由時報》1999(10.17):4。
3. 所謂「白巫術」(white magic)，係利用良善的神力，通過簡單的巫術行為、或語言、或儀式來行使治病，收驚等工作。依靠邪魔的能力，作法來害人的，則稱為「黑巫術」(black magic)。
4. 參看，洪惟仁《台灣禮俗語典》，頁23。
5. 此一數字係根據馬偕博士日記。見，王溢嘉「齙齜番拔牙」《自由時報》

1999(5.28):41。

6. 片岡巖著，陳金田譯《台灣風俗誌》(台北：大立出版社，1981)，頁94-95。

7. 參看，賴永祥《教會史話》第四輯(台南：人光出版社，1998)，頁79-80。

8. 輔大食研所教授蔡敬民在「回應牛奶是補？…」指出媽媽分泌乳汁的成分隨嬰孩的生長而逐漸修改。奇妙的是，早產媽媽的乳是符合早產的營養須要的。甚至同一乳房先後餵乳吸出的脂肪量是先低後濃，免嬰兒太早飽足，最後脂肪量上升，使嬰兒得到飽足感。(→《自由時報》1999(6.16):15)此外，母乳是最衛生、自然、營養、經濟的嬰兒食品，比一般奶粉對大腦發育和神經系統大有好處。研究人員對526兒童追踪九年後發現：經母乳哺育至少三週的兒童，較只喝沖泡牛奶長大的，得神經失調機率減半。因為大腦發育須要長鏈脂肪酸，母乳有此成分，而奶粉沒有。(→《中央日報》1995(2.9):8)

本卷索引

一、發音查句索引

說明：

一、以諺語首字的本調爲準，按台灣話羅馬字的字母順序排列。

二、首字同音異字的，按筆劃遞增排列。

三、索引號碼代表「卷章節.句」，例如：

　　阿西阿西，娶某合人公家。　　　27.15係本卷「第2章7節，第15句」

　　因仔三歲朝皮，五歲朝骨。　　…121.04係「卷1第2章1節，第4句」

四、索引號碼有「*」者，係同類句或反義句，例如：

　　鴨母討食別人區，生卵家己的。　27.06

　　鴨母食家己的粟，生卵別人的。　27.06*

五、標示「*」號的諺句，通常置於各諺句注釋文字第一段的最後。

六、同字異音，如文白二音，按照不同發音，分別排列。例如：「無」字，有[bô]和[bû]；「一」，[chı̍t]、[it]；「有」，[iú]、[ū]；「人」，[jîn]、[lâng]；「三」，[saⁿ]、[sam]；「大」，[taī]、[toā]等等。

A

a	阿娘，阿娘，我呣嫁！烏頭仔車駛倒退，	24.27
	等候明年十八歲！	24.27
	阿西阿西，娶某合人公家。	27.15
ah	鴨母食家己的粟，生卵別人的。	27.06*
	鴨母討食別人區，生卵家己的。	27.06
aì	要序細有孝，也著序大做得起。	18.05
	愛某婧，給某擔水；	
	愛某白，給某洗腳白。	26.26

	愛花連盆，愛子及孫。	11.22
án	俺媽兜好迌迌！	14.13
ang	尪公聖，呣值著尪媽定。	25.03
	翁仔某無相棄嫌，菜脯根罔咬鹹。	25.46
	翁仔某是相欠債。	22.09*
	翁某，穿仝領褲。	25.42
	翁某保老，管伊外家死絕。	25.19
	翁某，四目相對。	26.04*
	翁某相拍常事，佔的人奇事。	26.36
	翁某，相惜過一世。	25.47
	翁某同心，烏土變黃金。	25.43
	翁某，第一親。	25.16
	翁穿草鞋出門，某得縛鞋帶。	27.10
	翁親某親，老婆仔抛車輪。	11.62
	翁會趁，某會擒。	26.17
	翁生某旦，食飽相看。	26.04
àng	甕底飼金魚。	27.16
âng	紅頂四轎扛呣行，戴帕仔巾隨人溜溜走。	27.08
aū	後尾門仔開透透，新娘仔家己到。	24.23
	後母，卡做後母名。	11.16*
	後婚老婆後婚漢，有著食無著煞。	26.63

B

ban	屘囝，食卡有奶。	33.37
bān	慢呣生，捻解邊。	31.19
	萬兩黃金未爲貴，一家安樂值千金。	18.46

	萬惡淫爲首，百善孝爲先。	18.07
bāng	望做忌，嘸通望趁飼。	32.27
	望多，生鵝卵。	31.25
bat	識禮，無囝婿通做。	24.25
bé	買賣憑中人，嫁娶憑媒人。	23.46; 24.01*
	買厝看樑，娶某看娘。	23.08*
bē	賣祖宗老本，食子孫糧。	18.54
	賣火炭的個某烏鼻穿， 　　　賣豬肉的個某大尻川。	28.31
	賣油的個某，頭光面光； 　　　賣火炭的個某，烏鼻穿。	28.31*
	賣龜買鱉，食滋陰。	27.28
	賣去唐山，挖心肝。	17.42
beh	要借人死，嘸借人生。	31.35
	要守，守乎清；要嫁，嫁乎明。	26.66
	要娶嘉義人，要嫁台南翁。	23.32
	要嫁都市乞食，嘸嫁草地好額。	23.29
	要死，死路去。	17.39
	要生查某囝，則有人哭腳尾。	32.21
	要生浪子，嘸生戇囝。	11.53*
béng	猛虎住於房內，半暝展威無人知。	26.43
bó·	某若會食氣，翁就會掌志。	25.39
	某會，嘸值著翁勢。	25.09
	某是玉皇上帝，父母是囝仔大細。	25.34
	某大姊，坐金交椅。	23.26*

bô	無後台，行無腳步。	25.01
	無米有舂臼，無囝抱新婦。	13.01*
	無某無猴，做賊做黨。	21.09
	無某無猴，穿衫破肩頭。	21.06
	無某，攬被鼓。	21.05
	無錢，呣敢食人大塊餅。	24.05
	無食人的家內飯，呣知人的家內事。	16.13
	無針不引線，無媒不成親。	23.46*
	無彩，好花插牛屎。	25.30*
	無好後台，行無好腳步。	25.01*
	無好兄，累小弟。	12.19
	無囝呣通靠姪，無褲呣通靠裙。	14.15
	無人嫁翁食業債，十世無翁呣敢嫁。	28.36
	無冤無債，不成父子； 　　無冤無仇，不成夫妻。	11.11; 25.24
	無冤無家，不成夫妻。	26.36*
	無冤無仇，𣍐結歸球。	22.09
	無拍是土，要拍是金。	17.59
	無生呣值錢，要生性命在腳桶墘。	31.02*
	無時無候，二九老。	24.31
	無捨施，生囝去學戲。	16.14*
	無想好死，也著想好生。	13.12
boē	未曾斷尾溜，就會作謔。	17.48
	未娶某，呣通笑人某勢走； 　　未生囝，呣通笑人囝勢哮。	27.09*

未娶某，嗯通笑人某嬌；

　　　　未生囝，嗯通笑人囝不肖。　　27.09

未娶是母囝，娶了是某囝。　　11.60

未娶新婦涎道流，娶了新婦目屎流。　13.05

未出後母，先出後父。　　11.18

未起正身，先起護龍。　　27.23

嬒生，嗯值錢；要生，性命相交纏。　31.02

bȯk　莫罵酉時妻，一夜受孤棲。　26.35

bong　摸著卵脬，疼命命。　　11.35

摸著箸籠，則知頭重。　　26.22

bōng　望子成龍，望女成鳳。　　33.43

bú　母囝嫁父子。　　24.30

母舅公，卡大三界公。　　14.18

bû　無婦，不成家。　　21.04

無婦不成家，無夫不成室。　　15.01

CH

cha　查某坐頭胎，查埔隨後來。　31.11

查某囝仔，上轎十八變。　　21.22

查某囝要嫁翁，也著會飼翁。　23.14

查某囝，嬒藏得。　　16.05

查某囝，賊。　　24.14; 32.16

查某囝賊，恨無力。　　24.14*

查某囝飼大就加嫁，嗯通剃頭做尼姑。　16.06; 21.26

查某囝，別人的家神。　　32.13

查某囝第一嗯嫁搖銅鐘，

第二哯嫁踏山嶺，第三哯嫁粿針兄。 23.34

查某人若想孔，家內就會鬆。 25.41

查某人，三世無厝。 21.11

查某哯嫁卑南人，新婦要娶卑南姑娘。 23.33

查埔莫學百里奚，查某莫學買臣妻。 27.30

查埔田，查某岸。 26.16

查埔也著疼，查某也著成。 32.04

查埔囝得田園，查某囝得嫁妝。 24.16

chá 早早嘛三個囝，慢慢嘛三個囝。 31.29

早婚，添一代。 21.02

chai 在厝，查某囝皇帝；出厝，查某嫺大細。 13.27

在厝日日好，出厝朝朝難。 15.02

在家從父，出嫁從夫。 18.16

在家敬父母，在校敬先生。 18.17

在生無人認，死了一大陣。 18.27

在生無通沃嚨喉，死了則得哭棺柴頭。 18.25*

在生一粒土豆，卡贏死了拜一個豬頭。 18.25*

在生嫁九翁，死了尋原人。 26.60

在生哯祭嚨喉，死了則孝棺柴頭。 18.25*

chap 十指，通心肝。 11.34*

十個囝，十樣生。 11.07

十月懷胎，艱苦無人知。 31.13

十月懷胎，三年奶哺。 33.15

十九無嫁，二五無娶。 24.19

十枝指頭仔伸出來，嘛有長短。 11.08*

	食一，挾二，想三，驚四。	17.26
	食七分飽，穿七分燒。	33.13
	食蕃藷，無存本心。	18.33
	食互肥，通互人割肉。	17.38*
	食到頭毛白紗紗，嘛愛外家。	14.38
	食飽，則想著父。	18.34
	食飽，通互人割肉。	17.38
	食飯食阿爹，趁錢積私蓄。	15.14
	食飯坩中央。	15.13
	食飯扒無清氣，會娶貓某。	17.24
	食飯扒無清氣，會嫁貓翁。	17.24*
	食潘吭吭叫，剪耳吱吱叫。	17.15
	食土，快大模。	33.32
chiām	暫別，勝新婚。	26.07
chiap	捷關，無親人。	14.55
	捷罵呣聽，捷拍𣍐疼。	17.67
	捷拍若拍拍，捷罵若唱曲。	17.67*
chiàu	照父梳頭，照母縛髻。	17.11
chin	眞鑼假鼓。	25.15*
chím	枕頭鬼，卡聖過三界公。	26.48*
	枕頭神，聖！	26.48*
chio	贅翁養子，事出無奈。	16.08; 24.35
	贅入娶出。	24.36
chioh	借錢娶某，呣通借錢起厝。	24.21
	借錢娶某，生囝無地估。	24.22

chioh	石頭孔，爆出來的。	31.07
chiòng	將相本無種，男兒當自強。	11.05*
chit	鯽魚卡大無上砧，卡歹弟婦也無大伯嫌。	18.35
chit	一翁一某無人知，一翁二某見笑代。	27.21*
	一翁一某無人知，一翁二某捨施代。	27.21*
	一馬，掛雙鞍。	27.14
	一某無人知，二某捨施代。	27.21
	一欉肉豆，卡好三個查某囝。	11.76
	一嘴飯，一尾鮭到。	17.27
	一個翁，卡贏三個序大人。	25.11
	一個某，卡好三身天公祖。	25.05
	一個未娶，一個死翁；	
	若無棄嫌，也是通。	23.45
	一個枕頭殼，卡贏三個宰相。	26.49*
	一個枕頭督，卡贏三個總督。	26.49
	一個囡仔，卡鬧熱過三個大人。	15.07
	一個囡仔，四兩福。	11.28*
	一個人，四兩福。	11.28
	一個歹新婦，二個歹大家，三個歹家教。	13.22
	一下鼓聲，二下鑼，仙拍都燴和。	26.31
	一好配一醜，無兩好通相排。	21.34
	一歲手裏抱，二歲土腳趖，	
	三歲老母叫哀呵。	33.04
	一家，一業。	12.10
	一枝牛尾，遮一個尻川。	16.11

	一斤囝，呣值著四兩翁。	25.10
	一斤肉，呣值著四兩蔥；	
	四個囝，呣值著一個翁。	25.10*
	一窟蟳，無一隻有膏。	16.23*
	一人一家代，公媽隨人祀。	16.28
	一人看出一家，新婦看出大家。	13.21
	一蕊好花，放到黃。	21.32
	一年嫁翁嫁透天，嫁無一個通過年。	28.38
	一年培墓，一年少人。	16.24
	一年新婦，二年話抵，三年師傅。	13.14
	一二三四，囡仔人落水無代誌。	17.35
	一二三四，囡仔人跌倒無代誌。	33.30*
	一世人的父母，二世人的妗仔兄嫂。	14.32
	一世破婚，三世窮。	22.11*
	一代無好某，三代無好囝。	21.18
	一代無好母，三代無好囝。	23.09
	一代娶矮某，三代生矮鼓。	23.25*
	一代睭新婦，三代睭子孫。	23.25*
	一代大新婦，三代大囝孫；	
	一代娶矮某，三代出矮鈷。	23.25
	一塊紅紅，顧到成人。	33.22
	一稠豬仔，無一隻會刣得。	16.23
chiū"	上床夫妻，落床客。	26.10*
	上山呣通惹虎，入門呣通惹某。	26.44
chiú	守錢父，了尾仔囝。	16.15

	臭頭囝，嘛是古錐古錐。	11.47
chhe	妻賢夫禍少，子孝父心寬。	18.10; 25.06
	妻家財，家己來。	24.18
chheng	清明無轉厝，無祖；過年不回家，無某。	15.23
	清官，難斷家內事。	16.10
	清氣小姑，碗蓋屎。	33.19
	清秀才郎，倒配不良婦；乖巧女子，反招愚拙夫。	21.35
chhēng	穿衫見父，兌衫見翁。	18.14*
	穿破則是衣，到老則是妻。	25.25*
	穿破則是衣，死了則是妻。	25.25
chhi	痴人畏婦，賢女敬夫。	25.36
chhi^n	生米，煮熟飯。	27.01
	瞎瞑仔，背跛腳仔過河。	26.19
chhì	菜瓜鬚，肉豆藤。	14.43
chhī	飼某，飼到肥朒朒；飼父母，飼到剩一枝骨。	18.30
	飼查某囝，食了米。	32.14
	飼查某囝別人的，飼新婦通做大家。	13.01
	飼查某囝，隨死會。	32.15
	飼後生養老衰，飼查某囝別人的。	32.08
	飼後生替老父，飼新婦替大家。	13.02; 32.08*
	飼狗母炫狗公，飼查某囝炫媒人。	32.18
	飼到大，無飼到老。	33.42
	飼雞無論糠，飼囝無論飯。	33.35

	飼鷄無論糠，飼囝無論飯，飼父母算頓。	33.35*
	飼囝無卡快，飼父母卡奧。	11.66
	飼囝無論飯，飼父母算頓。	11.65
	飼囝無惜刣一隻豬，飼父母惜添一雙箸。	18.28
	飼豬飼狗，絪柴搦草。	26.25
	飼豬好刣，飼外甥仔，去唔來。	14.21
chhiah	赤腳大家。	13.07
chhian	千好萬好，唔值著咱厝好。	15.03
	千經萬典，孝義爲先。	18.06
	千兩銀，獪買親生囝。	11.30
	千富萬富，唔值著家己厝。	15.03*
chhin	親成五十，朋友七十。	14.45
	親戚莫交財，交財斷往來。	14.49
	親戚是親戚，錢數要分明。	14.48
	親兄弟，勤算賬。	12.15; 18.38
	親姨，娘嬭面。	14.30
	親家，變冤家。	14.54
	親家對面，禮數原在。	14.46*
	親囝親兒，唔值著荷包仔兩個錢。	11.74
	親欺，極無醫。	14.53
	親輸友，親成輸朋友。	14.50
	親堂好，相致蔭；親堂歹，相連累。	14.16
chhiò	笑做你笑，干單阮有囝通叫。	31.05
chhit	七坐，八爬，九發牙。	33.01
	七成八敗，九歹育飼。	31.15*

	七里香，盤過牆。	27.13
chhiú	手夯孝杖，則知苦哀。	11.72
	手曲，屈入無屈出。	12.05
	手若空，著想要拍翁。	26.46
	手捧斗，腳踢狗；見著狀元翁，開金口。	21.30
chhiū	樹大分椏，囝大拆伙。	12.11; 16.25
	樹大分椏，人大分家。	12.11*; 16.25*
chhĥg	床母，創治人。	27.05
	床頭拍，床尾和。	26.28
	床頭位，聖！	26.48
chho͘	初來新娘，月內幼囝——奧款待。	13.04; 33.07
chhoā	娶某冊呣讀，嫁翁腳呣縛。	25.37
	娶某看娘嬭，嫁翁看老父。	23.10*
	娶某師仔，飼某師傅。	25.38
	娶某大姊，好到死。	23.26
	娶一個新婦，過一個囝。	13.16
	娶婊做某，呣通娶某做婊。	23.18*; 27.17
	娶新婦房來紅，嫁查某囝房內空。	24.17
	娶著歹某，一世窮。	21.14
	娶著歹某，卡慘三代無烘爐， 　　　四代無茶鈷。	21.17*
	娶著好某，卡好做祖； 　　　娶著歹某，一世人艱苦。	21.16
	娶著施黃許，尊敬若天祖。	23.36
chhù	厝若有醋桶，免想要娶細姨。	27.24

	厝起勇，卡輸囝孫勇。	18.48
chhuì	嘴食嘴嫌，臭酸食到生黏。	13.32
chhun	春天，後母面。	11.13
	剩查埔，無剩查某。	32.05
chhut	出門忍忍辱辱，入門苦死某囝。	15.24
	出門假那拍唔見，轉來親像扱著。	15.31

E

e	挨枕頭弦。	26.50
ē	會，無論親疏。	14.52
	會食則會大，會哭則會活。	33.34
	會做新婦雙頭瞞，𣍐做新婦雙頭傳。	13.31
	會做大家眞淸閒，𣍐做大家踞灶前。	13.24
	會揀，揀人頭；𣍐揀，揀門頭。	23.13
	會生得囝身，𣍐生得囝心。	11.09
	會讀册是戀父母，𣍐讀册是戀子弟。	17.32
èng	應時勢，唔是老父戀。	11.38

G

gaû	勢跋倒，勢大漢。	33.03
giâm	嚴父出孝子。	17.05
	嚴官府出厚賊，嚴父母出阿里不達。	17.70
gín	囡仔食到飫，則有通落到公媽嘴。	15.17
	囡仔人，有耳無嘴。	17.20
	囡仔看著娘，無事吼三場。	11.45
	囡仔會走，大人逐到咩咩吼。	33.04*
	囡仔三歲朝皮，五歲朝骨。	33.06; 121.04

	囡仔屎，放燴了。	33.16
	囡仔是翁某的蜈蚣釘。	15.19
	囡仔，頭燒耳熱應會。	33.09
giú	扭耳，食百二。	33.30
gō·	五男二女，食飯家己煮。	15.30
	五百姻緣，天註定。	22.07
goá	我鞋疊你鞋，使著頭殼犁犁。	24.28
goā	外家厝，倩燴富。	14.36; 24.37
goān	願嫁死某佝，唔嫁離某旦。	23.19*
goē	外甥食母舅，親像食豆腐。	14.22*
	外甥食母舅，親像豬母哺豆腐； 　　母舅食外甥，親像豬母哺鐵釘。	14.22
	外甥親像狗，食了就要走。	14.20
goe̍h	月內食一嘴，卡贏月外食到畏。	31.36
gōng	戀外媽育外孫，戀鷄母孵草墩。	14.11
	戀外媽，疼外孫。	14.11*
	戀鷄母，孵鴨孫。	14.12*
	戀鷄母孵鴨孫，戀外媽疼外孫。	14.12
gû	牛团出世，十八跋。	33.03*
	牛稠內，觸牛母。	12.17

H

haí	海翁娶三界娘仔。	23.01*
hê	蝦要跳著趁生，查某团要嫁著趁茈。	21.28*
heng	兄弟如手足，妻子似衣服。	12.09; 25.20
	兄弟不和，交友無益。	12.22

	好花，插牛屎。	25.30
	好花也著好盆，嬌娘也著嬌阿君。	21.33
	好狗唔咬鷄，好漢唔拍某。	26.42
	好囝好迢迢，歹囝不如無。	11.51
	好囝唔免濟，濟囝餓死父。	11.64*
	好囝唔免濟，歹囝誤老父。	11.64*
	好囝唔免拍，歹囝無彩肉。	17.60
	好囝唔免父公業，好女唔免父母嫁妝。	24.16*
	好囝，唔出贅。	24.33
	好若麥芽膏，歹若冤仇人。	26.29
	好歹瓜著會甜，好歹查某著會生。	31.01
	好歹湯著會燒，嬌醜查某著會笑。	23.24
	好新婦，歹後頭。	14.40
	好竹出好筍，歹竹出痀崙。	11.03*
	好鐵唔拍茱刀，好查某唔嫁癮哥。	23.19
hó·	虎毒，不食子。	11.43
hō·	互翁治，唔通受某欺。	26.38*
	互囝吵無夠，孫仔掠來鬥。	11.27
	互你食，互你穿，互你用， 　　　互你做人無路用。	17.14
hoa	花無錯開，天無錯對。	22.06
hoan	番婆快牽，三腳鼎奧安。	24.39
	幡仔夯上肩頭，則知哭。	18.23
	翻過來獪中翁意，翻過去獪中囝意。	26.13
hok	覆水難收。	27.31*

	嫁女擇佳婿，勿索重聘； 　　娶妻求淑女，勿計厚奩。	23.17*
kah	佮囝半眠，飼囝半飽。	33.20
kā	咬金湯匙出世的。	31.31
kam	甘願擔蔥賣荽，嘸甘願合人公家翁婿。	23.20
kāng	仝父各母是該親，仝母各父是他人。	12.02
	仝頓奶頭，卡同心。	13.02*
	仝桌食，仝床睏，也是緣份。	22.04
kaú	九頓米糕無上算，一頓冷糜扱起來唸。	13.11
	九領牛皮，做一下趕。	17.52
kaù	教之道，貴以專。	17.06
	教婦初來，教兒嬰孩。	17.04
ke	加水加豆腐，加囝加新婦。	32.09
	加人，加福氣。	32.03
	家無主，掃帚頭著顛倒扳。	16.17
	家內飼豬著豬槽，泔若濟，潘著濁。	16.03
	家若要興，姑姪仔嫁歸間； 　　家會敗，姊妹做同姒。	23.40
	家若要敗，姊妹仔嫁做同姒。	23.39
	街婦進房，家敗人亡。	23.18
	鷄母燗囝會輕鬆，鷄公燗囝會拖帆。	33.25
	鷄母嘸關，要拍厲鴒。	17.19
kè	嫁查某囝，卡慘著賊偷。	24.14*
	嫁出去的查某囝，潑出去的水。	24.15
	嫁入城無食嘛好名，嫁入山有食嘛烏乾。	23.30

嫁著緣投翁，三日無食也輕鬆。　　　28.04

嫁著曲痀翁，蓋著綿被會隔孔。　　　28.08

嫁著痲手翁，行路若搧人。　　　　　28.06

嫁著躼腳翁，要睏斬腳胴。　　　　　28.02

嫁著躼腳翁，死了斬腳胴。　　　　　28.02*

嫁著跛腳翁，行路若跳童。　　　　　28.07

嫁著貧憚翁，儉腸塌肚也無彩工。　　28.14

嫁著博繳翁，博若贏，一手捾肉，一手捾蔥；

　　博若輸，當到空空空。　　　　　28.16

嫁著歹翁，絕三代。　　　　　　　　21.19

嫁著撇腳翁，夯柴刀鏨腳胴。　　　　28.03

嫁著拍金翁，插到一頭金咚咚。　　　28.28

嫁著生理翁，日日守空房。　　　　　28.25

嫁著消防翁，三暝二暝空。　　　　　28.26

嫁著台商翁，驚伊一邊一某，二國二房。　28.30

嫁著刣豬翁，無油煮菜也香。　　　　28.21

嫁著讀冊翁，床頭床尾香。　　　　　28.29

嫁著討海翁，三更半暝弄灶孔。　　　28.20

嫁著有錢翁，驚伊變做採花蜂。　　　28.32

keh　　隔壁，請親家。　　　　　　　　　14.47

　　　隔壁親家，禮數原在。　　　　　　　14.46

kek　　激骨，食肉屑。　　　　　　　　　17.44

kéng　揀也揀，揀著一個賣龍眼。　　　　23.44

　　　揀後注，唔免揀大富。　　　　　　23.11

　　　揀囝婿揀一個，揀新婦揀一家。　　23.07*

	揀來揀去，揀著爛匏杓。	23.44*
kìⁿ	見君，大三分。	31.08
kiaⁿ	驚某大丈夫，拍某豬狗牛。	25.33
	驚看日頭影，頂顜新婦摃破鼎。	13.30
kiáⁿ	囝無嫌母醜，狗無嫌主人窮。	11.46*; 18.02
	囝𣍐偷生得。	11.04
	囝兒是眼前歡。	32.26
	囝婿一下到，丈姆婆仔雙腳囊落灶。	14.08
	囝婿，半子。	14.06
kim	金牛，相觸。	24.10
	金蠅，也站嬌花欉。	26.08
kin	芎蕉吐囝，為囝死。	31.24*
kín	緊行無好步，緊嫁無好翁。	21.20
	緊哷生，慢哷生，弄到火種無火星。	31.20
	緊紡無好紗，緊嫁無好大家。	21.21
kiò	叫豬叫狗，哷值著家己走。	15.29
	叫大舅，掠大龜。	14.19
kǹg	貫豬哥耳。	33.29
ko	哥好，哷值著嫂好。	15.27
koh	閣織無好布，閣嫁無好某。	26.62
ko·	姑來加添水，姨來加量米。	14.25
	姑換嫂，一頭好，一頭倒。	23.38
	姑表骨肉親，姨表是他人。	14.26
	姑表相趁，歸大陣。	23.37
	姑丈，變姊夫。	14.28

	姑疼孫，仝一姓；妗疼孫，使目箭。	14.27
	孤鷄，唔食米。	33.38
kó·	古早是大家新婦，現在是新婦大家。	13.18*
	古井，獪離得拔桶。	26.09
koè	過來獪中翁意，過去獪中囝意。	15.25
koāⁿ	捾籃仔，假燒金。	27.12
koah	芥菜無割，唔成欉。	17.55
	割著歹稻望後冬，嫁著歹翁一世人。	21.15*
kok	國亂思良將，家貧思賢妻。	25.08
kóng	管，若米升。	17.63; 318.16
	講話精霸霸，放屎糊蚊罩。	33.18
kú	久長病，不孝子。	18.29
kuī	跪算盤。	26.47
kun	君子廳，小人房。	26.10
kut	骨力某嫁著拍拼翁，不時面紅紅。	28.34

KH

kha	尻川安鐵片。	17.51*
	尻川皮，邊乎綫。	17.51
	腳骨長，有食福。	31.32; 422.07
	腳來手來，大某拍到死；	
	嘴笑目笑，細姨唔甘指。	26.41*
khah	卡慘生番把路頭。	26.32
khan	牽豬哥，趁暢。	23.49
khe	溪埔蕃藷厚根，平埔媽厚親。	14.44
khí	起早得罪翁婿，起晏得罪公婆。	13.29; 26.14

	起厝無閒一年，娶某無閒一日，	
	娶細姨無閒一世人。	27.26
	起厝動千工，拆厝一陣風。	18.56
khiā	企齊齊，發齊齊。	33.31
khiàm	欠債怨財主，不孝怨父母。	11.70
	欠囝債，夯囝枷。	11.10*
khit	乞食婆，選好漢。	23.41
	乞食，有你份。	17.37
khó·	苦瓜母，生苦瓜囝。	11.01*; 31.18
	苦瓜雖苦仝一藤，兄弟雖夕仝一心。	12.04
khò	靠父食父，靠母食母。	11.48
khoàⁿ	看某婿，無酒嘛天天醉。	26.05
khui	開門七件事，柴米油鹽醬醋茶。	16.01
khùn	睏過來獪中翁意，睏過去獪中囝意。	15.25*
	睏破三領蓆，掠君心肝獪得著。	25.22
khut	窟仔內無水，獪飼得人的魚。	13.25

L

laî	來興，顧嘴無顧身。	17.28
la̍k	六十無孫，老來無根。	11.21
	慄慄慄，獪得新婦著；	
	新婦著，褲頭帶目藥。	13.06
lám	荏荏爛爛，生著生歸指。	31.27
lâm	男無妻家無主，女無夫身無主。	21.12
	男人是魚網，女人是魚籃。	26.16*
	男治外，女治內。	26.16*

	男大當婚，女大當嫁。	21.25
lān	卵神翁，三八某。	25.31
lâng	人濟好做穡，人少好過年。	15.11
	人，七成八敗。	31.15
	人交桃園結義，咱交林投竹刺。	12.26*
	人人嫁翁，傳後世。	21.03
	人生咱，咱生人。	31.17
	人生人疼，狗生狗疼。	11.36
	人生妳，妳生人。	31.17*
	籠床貓，顧粿。	26.39
laù	潦胎，無三日空腹肚。	31.16
laū	老翁疼芷某，芷某不如無。	23.28
	老母無腳白通縛，買鞋互藝旦穿。	18.32
	老牛，食幼草。	25.29
	老戲勢拍鼓，老翁勢疼芷某。	25.17
	老人吐氣會輕鬆，囡仔吐氣想要嫁翁。	17.23
	老父扛轎，囝坐轎。	11.37
lêng	寧願飼虎，唔願飼狗。	12.20
	寧養賊子，不養痴兒。	11.54
	寧可無官，不可無婚。	21.10
	寧食開眉糜，唔食臭面飯。	13.20*
	龍生龍，鳳生鳳；隱龜生凍戇。	11.03*
lí	你無嫌人大枝腳，人無嫌你無蚊罩。	25.46*
	你若要做牛，唔驚無犁通拖。	17.43
	妳若要閒，且來嫁安平。	23.31*

	妳若要閒，嫁來安平。	23.31
lī	呂祖廟燒金，糕仔燴記得提。	27.12*
liȧh	掠囡仔做肉砧。	17.68
	掠貓仔，看貓母。	23.08
liȯk	六禮齊到。	24.07
liông	龍生龍子，虎生豹兒。	11.03*
liōng	量才取婦，稱女嫁夫。	23.16
lú	女死男門斷，男死女轉厝。	14.33
	女大不可留，強留必成仇。	21.27
luî	雷公仔點心。	17.41*
	雷公，尋無著。	17.41
lūn	論輩，無論歲。	14.41

M N NG

m̄	毋要觀音面，只要夫星現。	23.21
	毋曾做著大家，腳手肉慄慄惙。	13.03
	毋驚虎，只驚刺查某。	26.45
	毋驚兒女晏，只驚歲壽短。	31.03
	毋驚你富，只驚你好後注。	18.49
	毋是屎就是尿，毋是吼就是笑。	33.17
	毋通閹雞趁鳳飛。	23.42
	毋通龜照卵。	33.11
	毋通聽某嘴，則免攬胸吐大氣。	26.52
mn̂g	門戶破鬖，豬狗亂藏。	16.18
	門扇板，鬥毋著旁。	26.27
	門當，戶對。	23.01

mô·	毛蟹，教囝袒橫行。	17.08
moâ	瞞翁，騙婿。	27.11
ná	愈拍，皮愈厚。	17.66
nâ	林投腳扱的。	31.07*
ǹg	向後生尻川，唔向查某囝面。	32.06
n̂g	黃金滿籯，不如教子一經。	17.31
nn̄g	二歲乖，四歲睚，五歲上歹。	33.05
nî	年成年，節成節。	15.21
	年若年，節若節。	15.21*
niáu	鳥鼠仔，食飯坩中央。	15.13*
niû	娘，惜細囝。	11.32

O

o·	烏鴉那敢配鳳凰？	23.43
	烏鶖，騎水牛。	25.26
	烏雞母生白雞蛋，家家都有長短事。	16.12
	烏貓白肚，值錢二千五。	24.08
oáⁿ	碗細塊，箸大腳。	25.28
oa̍h	活唔祭嚨喉，死則拜豬頭。	18.25
oē	會行，行晬一；𣍐行，行晬七。	33.02
	會得兩人睏仝枕，卡好露水凍花心。	26.03
ok	惡妻孽子，無法可治。	16.16
oan	鴛鴦水鴨。	26.01
ông	王侯將相，管𣍐著囝孫放蕩。	17.71
ōng	鳳梨好食，酸閣甜。	26.06

P

	憑囝食，憑囝睏，憑囝領雙份。	31.38
pn̄g	飯籬吊韛鞦，鼎蓋水內洘。	16.20; 131.19
pó	保領入房，無保領一世人。	23.48*
pô	婆姐母，創治在室女。	27.04
pó·	補胎，卡贏做月內。	31.14
pò·	播田落雨，卡贏娶某大肚。	31.04
pō·	哺父哺母，食父食母。	31.33
poàn	半路，折扁擔。	26.53
poân	盤嘴小姑，缺嘴尿壺。	15.28
poa̍h	跋落囝兒坑。	15.10
poe	杯底唔通飼金魚。	27.16*
pûn	歕鼓吹，送客兄。	27.18
put	不孝父母，祭祀無益。	18.26
	不孝有三，無後為大。	18.19
	不孝新婦三頓燒，有孝查某囝路裏搖。	11.57; 13.20
	不求同年同月同日生，	
	但願同年同月同日死。	12.25
	不打不成器。	17.58

PH

phah	拍某一下箠，害某三日唔食糜。	26.34
	拍虎掠賊，也著親兄弟。	12.07
	拍狗唔出門，親家你也來。	14.03; 422.19
	拍破人姻緣，七代窮。	22.11
phaín	歹囝仔，厚賴頭。	17.47
	歹兄累弟，歹囝累父。	12.19*

	三人共五目，日後無長短腳話。	24.02
	三年做大風颱，都唔養人新婦仔栽。	13.01*
	三代，無絕後頭親。	14.34
	三代無烘爐，四代無茶鈷，	
	道唔通娶著歹某。	21.17
	三條龍，食也食膾窮；	
	三隻虎，食也食膾苦。	32.07
	三廳官，膾判得家內事。	16.10*
saí	屎桶仔漏泄泄，大餅茗花扛倒退。	24.26
	駛番仔牛。	24.38
sam	三從，四德。	18.15
	三虎，必有一豹；三鷹，必有一鷄。	12.18
	三代粒積，一代開空。	18.53
sán	瘦狗，卸主人。	33.39*
sè	細漢無責督，大漢做碌碡。	17.02*
	細漢母親，大漢某親。	11.59*
	細漢母生，大漢某生。	11.59
	細漢煩惱伊未大，大漢煩惱伊未娶。	33.41
	細漢若唔鬱，大漢著鬱不卒。	17.02
	細漢偷挽匏，大漢偷牽牛。	17.01
	細腳一雙，目屎一甕。	33.33
	細腳是娘，大腳是嫺。	33.33*
seng	生男，育女。	32.01
	先坐車，後補票。	27.02
sēng	盛到爬上天。	17.13*

	盛囝不孝，盛某攪鬧。	17.13*
	盛豬夯灶，盛囝不孝。	17.13
	盛豬夯灶，盛囝不孝；	
	盛查某囝，獪落人家教。	17.13*
si	施黃許，刺查某；	
	娶著施黃許，敬伊若天祖。	23.36*
siⁿ	生查某囝免悲傷，生後生免歡喜。	32.22
	生一個囝，落九枝花；	
	魯一個囝，剝九領皮。	33.24
	生的請一邊，養的恩情卡大天。	11.20
	生贏鷄酒香，生輸四片枋。	31.23
	生緣免生媠，生媠無緣上剋虧。	23.23
	生囝容易，敎囝難。	17.62
	生囝師仔，飼囝師傅。	33.27
	生囝得平安，親像重出世。	31.22
sí	死某若割韭菜，死翁若換破蓆。	26.58
	死某換新衫，死翁換飯坩。	26.59
	死寡易守，活寡難煞。	26.67
	死人肉，獪走得件作手。	17.53
	死新婦，好風水；死後生，折腳腿。	13.13
sì	四十三，生一個鬥頭擔。	31.09
	四十四，斷囝蒂。	31.10
	四個恭喜，扛一個岡市。	32.23
sī	是親唔是親，無親卻是親。	14.51
	是唔是，罵家己。	17.18

	序大無好叫，序細無好應。	17.10
	序大無好話，序細無好聲。	17.10*
	序大若是做得好，新婦無人敢夯篙。	13.23
siáⁿ	啥人父母無疼囝？啥人公媽無疼孫？	11.26
siang	雙手抱孩兒，則知父母時。	11.71
	雙手抱雙孫，無手通攏裙。	11.23
siàu	少年某嫁老翁，梳妝打扮無彩工。	28.37
	少年生囝是應該，食老生囝則搖擺。	31.03*
	少時是兄弟，長大各鄉里。	12.13
sin	身體健康，學問普通，算盤會摸。	23.05
	新烘爐，新茶鈷。	26.02
	新婚，不如久別。	26.07*
	新婦，大家；查某囝，娘嫺。	11.69; 13.18
	新娘睏祖笑，新郎睏祖仆。	26.12
sîn	辰戌丑未，無大細耳，嘛高低目。	31.34
sio	燒糜傷重菜，婿查某囝損囝婿。	26.11*
	燒糜傷重菜，婿某傷重婿。	26.11
sioh	惜花，連枝惜。	14.10
siū	受翁治，嘸通受某欺。	26.38*
siūⁿ	想食伊豬頭，著先死互看。	18.24
sù	賜子千金，不如教子一藝。	17.31*
sū	事親，當做是孤囝；分產，當做是散家。	18.12
	樹欲靜而風不息，兒欲而養父母不在。	18.22
suí	婿醜無塊比，合意卡慘死。	23.22
	婿花在人欉，婿某在人房。	25.48

| suî | 隨夫貴，隨夫賤。 | 26.21* |
| | 隨人討米，隨人落鼎。 | 16.27 |

ㄊ

ta	大家勇，唔驚新婦軟腳。	13.08
	大家有嘴，新婦無嘴。	13.09
	大家有話，新婦無嘴。	13.09*
taì	帶桃花夜馬，煮一頓飯過三口灶。	17.33*
tan	單丁，過代。	31.26
tán	等大，唔通等娶。	24.32
tâng	銅鑼卡拍銅鑼聲，後母卡做後母名。	11.16
tē	地著親耕，囝著親生。	11.19
	第一煮三頓，第二炊粿，	
	第三縛粽，第四做豆醬。	17.33; 26.24
	第一戇，做老父。	11.42
	第一戇做皇帝，第二戇做老父。	11.42*
	第一門風，第二祖公。	23.02
	第一身體健康，第二學問普通，	
	第三門戶相當。	23.06
	第三查某囝，食命。	32.20
tek	竹仔枝，炒豬肉。	17.50
	竹仔箸，唔敢挾人香菇肉。	24.06
téng	頂無兄，下無弟。	32.02
	頂半暝，食你的粟；下半暝，食咱的粟。	24.29
ti	知子，莫若父。	11.39
	知子莫若父，知弟莫若師。	11.39*

	豬仔飼大隻，唔認豬哥做老父。	31.05*
	豬仔囝會上槽，豬母食屎無。	33.21
	豬母掛鞍，唔是馬。	17.46
	豬公架。	24.40
	豬，欠狗債。	22.09*
	豬唔大，大對狗去。	33.39
	豬生豬囝，狗生狗囝。	11.01*
	豬生豬疼，狗生狗疼。	11.36*
	豬賬大，狗賬壞，人賬飽則耐曝。	33.13*
	豬肚咬出去，草鞋咬入來。	16.22
tî	除了親家，無大客。	14.01*
tiāⁿ	定滯丈姆厝，萬年免想富。	14.37
tiò	釣魚掠鳥，某囝餓死了了。	16.19
tiòh	著愛精光刺，唔通三八刺。	23.15
	著愛想穿前補後補，唔通想娶前某後某。	27.27
	著做乞食，唔著死。	17.39*
	著互翁氣，唔通互某治。	26.38
tiong	中年失妻，親像三歲囝仔無老父。	26.54
	忠臣不事二主，貞女不嫁二夫。	26.65
tiùⁿ	脹豬肥，脹狗瘦，脹囝仔黃瘦疸。	33.13*
tiūⁿ	丈人丈姆，眞珠寶貝；舅仔國公元帥； 　　老父老母，六月破被。	11.63*
	丈人丈姆，眞珠寶貝；老父老母， 　　路邊柴秕。	11.63; 14.04
	丈姆請囝婿，米粉炒鷄屎。	14.07

	丈姆厝，好迌迌。	14.35
	丈姆看团婿，愈看愈可愛。	14.05
tĥg	長尾星仔。	17.40
tn̄g	斷鹽斷醋，嗯通斷外家厝。	14.39
to	多丁，奪財。	32.24
toā	大某無權利，細姨交鎖匙。	27.22
	大姊做鞋，二姊照樣。	12.23
	大隻水牛細條索，大漢新娘細漢哥。	25.27
	大樹蔭宅，老人蔭家。	18.04
	大的無好樣，細的討和尚。	12.24; 17.09
	大五合大七，嗯免動手筆。	23.27
	大团啼，細团吼。	15.06
	大姑大若婆，小姑賽閻羅。	15.26
	大人煩惱無錢，囡仔歡喜過年。	15.22
	大人煩惱無錢，囡仔煩惱過年。	15.22*
	大人，也著囡仔扶。	18.13
	大人咬一嘴，囡仔食到飫。	15.18
	大人起，囡仔佔椅。	17.22
	大人生日食肉，囡仔生日食拍。	15.20
	大是兄，細是弟。	12.01
toh	桌頭，食到桌尾。	17.25
tông	同姓，不婚。	23.35*

TH

thaî	刣鷄，阿媽名。	11.68
thang	通無父，嗯通無母。	33.26

	通惹虎，入門唔通惹某。	26.44*
thaû	頭一個照冊飼，第二個照豬飼。	33.10
	頭過，身著過。	31.21
thiⁿ	天地圓輪輪，串餓是單身。	21.07
	天頂無雲唔落雨，地上無媒不成親。	23.46*
	天頂天公，地下母舅公。	14.17
thih	剃頭剃一旁，欠錢無愛還。	17.45
thian	天師壇，出鬼。	17.69
thiaⁿ	聽某嘴，乖骨肉。	11.58; 25.35
	聽某嘴，大富貴。	26.51
	聽某令，卡好敬神明。	26.51*
	聽母嘴無敗害，聽某嘴絕三代。	26.52*
thiàⁿ	疼翁為翁煩，疼某為某苦。	25.18
thian	天下，無不是之父母。	18.09
thih	鐵釘相，三日無拍就生銹。	17.54
	鐵釘，釘大柱。	24.04
thiu	抽豬母稅。	24.34*
thô	桃園三結義，張飛關公扶劉備。	12.26
thoân	傳宗，接代。	21.01

U

ū	有翁仔某名，無翁仔某行。	26.15
	有翁無婿通倚靠，卡唔值人乞食婆。	21.24
	有翁有翁量，有囝有囝量。	18.03; 25.45
	有錢無錢，娶某過年。	24.20
	有錢，就大輩。	14.42

二、筆劃查句索引

好母生好囝，好	11.03	有一碗通食，嘸	24.34
好田地，嘸值著	11.52; 23.12	有人嫁翁憑翁勢	28.35*
好囝，嘸出贅。	24.33	有子萬事足，無	11.31
好囝好迢迢，歹	11.51	有牛小叔，無牛	15.15
好囝嘸免父公業	24.16*	有囝有囝命，無	31.30
好囝嘸免拍，歹	17.60	有囝是勞，無囝	15.09
好囝嘸免濟，歹	11.64*	有囝散燴久，無	32.12
好囝嘸免濟，濟	11.64*	有志氣查埔會掌	25.40
好好鱟剖到屎流	33.14	有其父，必有其	11.01
好竹出好筍，歹	11.03	有姑是姑丈，無	14.29
好狗嘸咬鷄，好	26.42	有的，苦囝嘸食	33.36
好花，插牛屎。	25.30	有直抱的娘，燴	11.61
好花也著好盆，	21.33	有倒回豬，有倒	27.31
好某無好翁，天	21.36	有柴有米是翁某	25.32*
好若麥芽膏，歹	26.29	有翁仔某名，無	26.15
好翁歹翁，攏嘛	25.14	有翁有翁量，有	18.03; 25.45
好針緊裂鼻，好	26.56	有翁無婿通倚靠	21.24
好新婦，歹後頭	14.40	有賒豬羊，無賒	24.09
好種嘸傳，歹種	11.06	有緣合雙身，無	22.13
好鐵嘸拍菜刀，	23.19	有緣則做伙，做	22.05
守錢父，了尾仔	16.15	有緣做牽手，無	22.12
年成年，節成節	15.21	有錢，就大輩。	14.42
年若年，節若節	15.21*	有錢成囝，無錢	24.13
早早嘛三個囝，	31.29	有錢死某換新衫	26.59*
早婚，添一代。	21.02	有錢姑半路接，	14.24

10劃

13劃

三、語義分類查句

●呂則之 著
BA12／280元（精裝）

●呂則之 著
BA13／400元（精裝）

●鍾肇政 著
BA14／350元（精裝）

●鍾肇政 著
BA15／340元（精裝）

●鍾肇政 著
BA16／380元（精裝）

●王 拓 著
BA17／380元（精裝）

●王世勛 著
BA18／320元（精裝）

●呂秀蓮 著
BA19A／320元（精裝）
BA19B／280元（軟精裝）

●呂秀蓮 著
BA20／340元（精裝）

●葉石濤 著
BA21／160元（精裝）

●東方白 著
BA22／180元（精裝）

●胡長松 著
BA23／300元（精裝）

●宋澤萊 著
BA24／250元（精裝）

●宋澤萊 著
BA25／300元（精裝）

●郭松棻 著
BA26／200元（精裝）

●宋澤萊 著
BA27／160元（精裝）

國家圖書館出版品預行編目資料

台灣俗諺語典, 卷五‧婚姻家庭 / 陳主顯著.
--初版.--台北市：前衛, 1999 [民88]
648面；21×15公分
含索引
ISBN 978-957-801-232-5（精裝）

1.諺語--台灣

539.9232   88017420

台灣俗諺語典
《卷五‧婚姻家庭》

著　　者　陳主顯

出 版 者　前衛出版社
　　　　　10468 台北市中山區農安街153號4F之3
　　　　　Tel: 02-25865708　Fax: 02-25863758
　　　　　郵撥帳號：05625551
　　　　　E-mail: a4791@ms15.hinet.net
　　　　　http://www.avanguard.com.tw

出版總監　林文欽
法律顧問　南國春秋法律事務所 林峰正律師
出版日期　2000年01月初版第一刷
　　　　　2010年01月初版第四刷

總 經 銷　紅螞蟻圖書有限公司
　　　　　台北市內湖舊宗路二段121巷28.32號4樓
　　　　　Tel: 02-27953656　Fax: 02-27954100

©Avanguard Publishing House 2000

Printed in Taiwan　ISBN 978-957-801-232-5

定　　價　新台幣550元